Das Verhältnis des Seerechtsübereinkommens der Vereinten Nationen von 1982 zu fischereirechtlichen Übereinkommen und deren Streitbeilegungsvorschriften

SCHRIFTEN
zum internationalen und zum öffentlichen
RECHT

Herausgegeben von Gilbert Gornig

Band 58

PETER LANG
Frankfurt am Main · Berlin · Bern · Bruxelles · New York · Oxford · Wien

Nils Christian Carstensen

Das Verhältnis des Seerechtsübereinkommens der Vereinten Nationen von 1982 zu fischereirechtlichen Übereinkommen und deren Streitbeilegungsvorschriften

PETER LANG
Europäischer Verlag der Wissenschaften

Bibliografische Information Der Deutschen Bibliothek
Die Deutsche Bibliothek verzeichnet diese Publikation in der Deutschen Nationalbibliografie; detaillierte bibliografische Daten sind im Internet über <http://dnb.ddb.de> abrufbar.

Zugl.: Heidelberg, Univ., Diss., 2004

D 16
ISSN 0943-173X
ISBN 3-631-52909-0

www.peterlang.de

Meinen Eltern

Inhaltsverzeichnis

Literaturverzeichnis

Adede, A. O.	The System for Settlement of Disputes under the United Nations Convention on the Law of the Sea (1987, Dordrecht)
Akaha, T.	"The Postwar Japan-Soviet Fisheries Regime and Future Prospects" 9 Ocean Yearbook (1991), S. 28
Alexander, L. M.	"The Cooperative Approach to Ocean Affairs: Twenty Years Later" 21 Ocean Development and International Law (1990), S. 105
Alexandrov, S. A.	"Accepting the Compulsory Jurisdiction of the International Court of Justice with Reservations: An Overview of Practice with a Focus on Recent Trends and Cases" 14 Leiden Journal of International Law (2001), S. 89
Anderson, D. H.	"The International Tribunal for the Law of the Sea" in Evans, M. D. (Hrsg.), Remedies in International Law: The Institutional Dilemma (1998, Oxford), S. 71
Anderson, D. H.	"Negotiation and Dispute Settlement" in Evans, M. D. (Hrsg.), Remedies in International Law: The Institutional Dilemma (1998, Oxford), S. 111
Anderson, D. H.	"The Icelandic Fisheries Cases – Professor Jaenicke as Agent and Counsel before the International Court of Justice" in Götz, V., et al. (Hrsg.), Liber amicorum Günther Jaenicke – Zum 85. Geburtstag (1998, Berlin), S. 445
Anderson, D. H.	"The Straddling Stocks Agreement of 1995 – an Initial Assessment" 45 International and Comparative Law Quarterly (1996), S. 463

Armas Pfirter, F. M. "Straddling Stocks and Highly Migratory Stocks in Latin American Practice and Legislation: New Perspectives in the Light of Current International Negotiations" 26 Ocean Development and International Law (1995), S. 127

Attard, D. J. The Exclusive Economic Zone in International Law (1987, Oxford)

Aust, A. Modern Treaty Law and Practice (2000, Cambridge)

Ballreich, H. "Treaties, Effect on Third States" in Bernhardt, R., et al. (Hrsg.), Encyclopedia of Public International Law, Vol. IV (2000, Amsterdam), S. 945

Balton, D. A. "The Bering Sea Donut Hole Convention: Regional Solution, Global Implications" in Stokke, O. S. (Hrsg.), Governing High Seas Fisheries (2001, New York), S. 143

Bernhardt, R. "Treaties" in Bernhardt, R., et al. (Hrsg.), Encyclopedia of Public International Law, Vol. IV (2000, Amsterdam), S. 926

Bernhardt, R. "Article 103" in Simma, B., et al. (Hrsg.), The Charter of the United Nations, A Commentary (2. Aufl. 2002, München), S. 1292

Bethge, P. "Fische in Seenot" Der Spiegel, 22/2002, S. 168

Beyerlin, U. "Pactum de Contrahendo, Pactum de Negotiando" in Bernhardt, R., et al. (Hrsg.), Encyclopedia of Public International Law, Vol. III (1997, Amsterdam), S. 854

Bialek, D. "Australia & New Zealand v. Japan: Southern Bluefin Tuna Case" 1 Melbourne Journal of International Law (2000), S. 153

Birnie, P. "Are Twentieth-Century Marine Conservation Conventions Adaptable to Twenty First Century Goals and Principles?: Part I" 12 International Journal of Marine And Coastal Law (1997), S. 307

Birnie, P.	"Are Twentieth-Century Marine Conservation Conventions Adaptable to Twenty First Century Goals and Principles?: Part II" 12 International Journal of Marine And Coastal Law (1997), S. 488
Birnie, P.	"Whaling Regime" in Bernhardt, R., et al. (Hrsg.), Encyclopedia of Public International Law, Vol. IV (2000, Amsterdam), S. 1469
Birnie, P.	"Small Cetaceans and the International Whaling Commission" 10 Georgetown International Environmental Law Review (1997), S. 1
Birnie, P., Boyle, A. E.	International Law and the Environment (2 Aufl. 2002, Oxford)
Blanco-Bazán, A.	"IMO interface with the Law of the Sea Convention" in Nordquist, M. H. (Hrsg.), Current Maritime Issues and the International Maritime Organization (1999, The Hague), S. 269
Blix, H.	The Treaty Maker's Handbook (1973, Dobbs Ferry)
Bothe, M.	"Friedenssicherung und Kriegsrecht" in Graf Vitzthum, W. (Hrsg.), Völkerrecht (2. Aufl. 2001, Berlin), S. 603
Boyle, A. E.	"Problems of Compulsory Jurisdiction and the Settlement of Disputes Relating to Straddling Fish Stocks" in Stokke, O. S. (Hrsg.), Governing High Seas Fisheries (2001, New York), S. 91
Boyle, A. E.	"Dispute Settlement and the Law of the Sea Convention: Problems of Fragmentation and Jurisdiction" 46 International and Comparative Law Quarterly (1997), S. 37
Boyle, A. E.	"The Southern Bluefin Tuna Arbitration" 50 International and Comparative Law Quarterly (2001), S. 447

Bridge, J. W.	"The Court of Justice of the European Communities and the Prospects for International Adjudication" in Janis, M. W. (Hrsg.), International Courts for the Twenty First Century (1992, Dordrecht), S. 87
Brown, C.	"The Proliferation of International Courts and Tribunals: Finding Your Way Through the Maze", 3 Melbourne Journal of International Law (2002), S. 453
Brown, C.	"International Tribunal for the Law of the Sea: Provisional Measures before the ITLOS: The MOX Plant Case" 17 International Journal of Marine and Coastal Law (2002), S. 267
Brown, E. D.	The International Law of the Sea, Volume I, Introductory Manual (1994, Aldershot)
Brown, E. D.	The International Law of the Sea, Volume II, Documents, Cases and Tables (1994, Aldershot)
Brown, E. D.	"Dispute Settlement and the Law of the Sea: the UN Convention Regime" 21 Marine Policy (1997), S. 17
Brownlie, I.	Principles of Public International Law (5. Aufl. 1998, Oxford)
Buergenthal, T.	"Proliferation of International Courts and Tribunals: Is It Good or Bad?" 14 Leiden Journal of International Law (2001), S. 267
Burke, W. T.	"Coastal State Fishery Regulation under International Law: a Comment on the La Bretagne Award of July 17, 1986 (the Arbitration between Canada and France)" 25 San Diego Law Review (1988), S. 495
Burke, W. T.	"The Law of the Sea Convention Provisions on Conditions of Access to Fisheries Subject to National Jurisdiction" 63 Oregon Law Review (1984), S. 73
Burke, W. T.	The New International Law of Fisheries (1994, Oxford)

Burke, W. T. — "Highly Migratory Species in the New Law of the Sea" 14 Ocean Development and International Law (1984), S. 273

Burke, W. T. — "Anadromous Species and the New International Law of the Sea" 22 Ocean Development and International Law (1991), S. 95

Burns, W. C. — "The International Whaling Commission and the Regulation of the Consumptive and Non-Consumptive Uses of Small Cetaceans: The Critical Agenda for the 1990s" 13 Wisconsin International Law Journal (1994), S. 105

Busha, T. S. — "The IMO Conventions" 6 Ocean Yearbook (1986), S. 160

Byers, M. — Custom, Power and the Power of Rules (1999, Cambridge)

Caflisch, L. — "Les zones maritimes sous juridiction nationale: leurs limites et leur delimitation" in Bardonnet, D. (Hrsg.), Le nouveau droit international de la mer (1983, Paris), S. 35

Caflisch, L. — "The Delimitation of Marine Spaces Between States with Opposite or Adjacent Coasts" in Dupuy, R.-J., Vignes, D. (Hrsg.), A Handbook on the New Law of the Sea, Vol. I (1991, Dordrecht), S. 425

Carr, C. J., Scheiber, H. N. — "Dealing with a Resource Crisis: Regulatory Regimes for Managing the World's Marine Fisheries" 21 Stanford Environmental Law Journal (2002), S. 45

Charlier, R.-E. — "Résultats et enseignements des conférences du droit de la mer" 6 Annuaire Français de Droit International (1960), S. 63

Charney, J. I. — "The Impact on the International Legal System of the Growth of International Courts and Tribunals" 31 New York University Journal of International Law and Politics (1999), S. 697

Charney, J. I. "Is International Law Threatened by Multiple International Tribunals?" 271 Recueil de Cours (1998), S. 101

Churchill, R. R. "Dispute Settlement in the Law of the Sea – the Context of the International Tribunal for the Law of the Sea and Alternatives to It" in Evans, M. D. (Hrsg.), Remedies in International Law: The Institutional Dilemma (1998, Oxford), S. 85

Churchill, R. R. "International Tribunal for the Law of the Sea The Southern Bluefin Tuna Cases (New Zealand v. Japan; Australia v. Japan): Order for Provisional Measures of 27 August 1999" 49 International and Comparative Law Quarterly (2000), S. 979

Churchill, R. R., Lowe, A. V. The Law of the Sea (3. Aufl. 1999, Manchester)

Collier, J., Lowe, A. V. The Settlement of Disputes in Public International Law (1999, Oxford)

Colson, D. A., Hoyle, P. "Satisfying the Procedural Prerequisites to the Compulsory Dispute Settlement Mechanisms of the 1982 Law of the Sea Convention: Did the Southern Bluefin Tribunal Get It Right?" 34 Ocean Development and International Law (2003), S. 59

Coull, J. R. World Fisheries Resources (1993, London)

Dahm, G., et al. (Hrsg.) Völkerrecht, Bd. I/3 (2. Aufl. 2002, Berlin)

Dahmani, M. The Fisheries Regime of the Exclusive Economic Zone (1987, Dordrecht)

Davies, P. G. G., Redgewell, C. "The International Regulation of Straddling Fish Stocks" 67 British Yearbook of International Law (1996), S. 199

Davis, K. S. "International Management of Cetaceans under the New Law of the Convention" 3 Boston University International Law Journal (1985), S. 477

Day, D. — "Tending the Achilles Heel of NAFO: Canada Acts to Protect the Nose and Tail of the Grand Banks" 19 Marine Policy (1995), S. 257

Devine, D. J. — "Compulsory Dispute Settlement in UNCLOS Undermined?" 25 South African Yearbook of International Law (2000), S. 97

Douay, C. — "Le droit de la mer et la préservation du milieu marin" in Bardonnet, D. (Hrsg.), Le nouveau droit de la mer (1983, Paris), S. 231

Dumas, N. — "Enforcement of Human Rights Standards: An International Human Rights Court and Other Proposals" 13 Hastings International and Comparative Law Review (1990), S. 585

Dupuy, P.-M. — "The Danger of Fragmentation or Unification of the International Legal System and the International Court of Justice" 31 New York University Journal of International Law and Politics (1999), S. 791

Eiriksson, G. — The International Tribunal for the Law of the Sea (2000, The Hague)

Elferink, A. G. O. — "The Sea of Okhotsk Peanut Hole: De Facto Extension of Coastal State Control" in Stokke, O. S. (Hrsg.), Governing High Seas Fisheries (2001, New York), S. 179

Elias, T. O. — The Modern Law of Treaties (1974, Dobbs Ferry)

Fayette, L. de la — "IMO: Achievements in 2001" 32 Environmental Policy and Law (2002), S. 146

Fischer, H. — "Friedenssicherung und friedliche Streitbeilegung" in Ipsen, K., Völkerrecht (4. Aufl. 1999, München), S. 928

Fleischer, C. A. — "The New Régime of Maritime Fisheries" 209 Recueil de Cours (1988), S. 98

Food and Agriculture Organization	Yearbook, Fisheries Statistics, Capture Production Vol. 90/1 (2002, Rome)
Food and Agriculture Organization	Marine Fisheries and the Law of the Sea: A Decade of Change, FAO Fisheries Circular No. 853 (1993, Rome)
Food and Agriculture Organization	The State of World Fisheries and Aquaculture (2002, Rome)
Franckx, E.	Fisheries Enforcement, Related Legal and Institutional Issues: national, subregional or regional perspectives, Food and Agricultural Organization Legislative Study No. 71 (2001, Rome)
Franckx, E.	Vessel-source Pollution: The Work of the ILA Committee on Coastal State Jurisdiction Relating to Marine Pollution (1991-2000) (2000, The Hague)
Freestone, D.	"Canada and the EU Reach Agreement to Settle the Estai Dispute" 10 International Journal of Marine and Coastal Law (1995), S. 397
Frowein, J. A.	"Jus Cogens" in Bernhardt, R., et al. (Hrsg.), Encyclopedia of Public International Law, Vol. III (1997, Amsterdam), S. 65
Frowein, J. A.	"The LaGrand Case" 62 Zeitschrift für ausländisches öffentliches Recht und Völkerrecht (2002), S. 55
Gillespie, A.	"Small Cetaceans, International Law and the International Whaling Commission" 2 Melbourne Journal of International Law (2001), S. 257
Gjerde, K. M., Pullen, J. S. H.	"Cuba's Sabana-Camaguey Archipelago: the second internationally recognised particularly sensitive sea area" 13 International Journal of Marine and Coastal Law (1998), S. 246
Gloria, C.	"Internationales öffentliches Seerecht" in Ipsen, K., Völkerrecht (4. Aufl. 1999, München), S. 740

Gulland, J. A. — Some Problems of the Management of Shared Stocks, FAO Fisheries Technical Papers, No. 206 (1984, Rome)

Hafner, G. — Die seerechtliche Verteilung von Nutzungsrechten (1987, Wien)

Hart, H. L. — The Concept of Law (1994, Oxford)

Hayashi, M. — "The Management of Transboundary Fish Stocks under the LOS Convention" 8 International Journal of Marine and Coastal Law (1993), S. 245

Heintschel von Heinegg, W. — "Die völkerrechtlichen Verträge als Hauptrechtsquelle des Völkerrechts" in Ipsen, K., Völkerrecht (4. Aufl. 1999, München), S. 92

Herzog, R. — Kulturgut unter Wasser (2002, Aachen)

Hey, E. — The Regime for the Exploitation of Transboundary Marine Fisheries Resources (1989, Dordrecht)

Hey, E. — "Global Fisheries Regulations in the First Half of the 1990s" 11 International Journal of Marine and Coastal Law (1996), S. 459

Hilborn, R., Sibert, J. — "Is International Management of Tuna Necessary?" 12 Marine Policy (1988), S. 31

Hippler Bello, J., Kokott, J., Rudolf, B. — "European Convention On Human Rights – Applicability To Acts Performed Outside National Territory – Acts In Northern Cyprus Possibly Within Turkish Jurisdiction – Territorial Limitation Of Declarations Of Acceptance – Dynamic Interpretation Of Provisions On Enforcement" 90 American Journal of International Law (1996), S. 98

International Maritime Organization — "Implications of the Entry Into Force of the United Nations Convention on the Law of the Sea for the International Maritime Organization (IMO Study, Leg/ Misc/2)" 13 International Organizations and the Law of the Sea: Documentary Yearbook (1997), S. 796

International Maritime Organization	Status of multilateral conventions and instruments in respect of which the International Maritime Organization or its Secretary-General performs depositary or other functions (1982-jeweils fortlaufend ergänzt, London)
International Maritime Organization	Ships' Routeing (7. Aufl. 1999, London)
Ipsen, K.	Völkerrecht (4. Aufl. 1999, München)
Jenks, W.	"The Conflict of Law-Making Treaties" 30 British Yearbook of International Law (1953), S. 401
Jia, B. B.	The Regime of Straits in International Law (1998, Oxford)
Joyner, C. C.	"On the Borderline? Canadian Activism in the Grand Banks" in Stokke, O. S. (Hrsg.), Governing High Seas Fisheries (2001, New York), S. 207
Joyner, C. C., de Cola, P. N.	"Chile's Presential Sea Proposal: Implications for Straddling Stocks and the International Law of Fisheries" 24 Ocean Development and International Law (1993), S. 99
Joyner, C.C., Alvarez von Gustedt, A.	"The 1995 Turbot War: Lessons for the Law of the Sea" 11 International Journal of Marine and Coastal Law (1996), S. 425
Juni, R. L.	"The United Nations Compensation Commission As a Model For an International Environmental Court" 7 Environmental Lawyer (2000), S. 53
Karl, W.	"Treaties, Conflicts Between" in Bernhardt, R., et al. (Hrsg.), Encyclopedia of Public International Law, Vol. IV (2000, Amsterdam), S. 935
Karl, W.	Vertrag und spätere Praxis im Völkerrecht (1983, Berlin)

Kaye, S. M. | International Fisheries Management (2001, The Hague)

Kelsen, H. | "Recht und Logik" in Kelsen, H., Die Wiener rechtstheoretische Schule, Band 2 (1968, Wien), S. 1469

Kelsen, H. | Allgemeine Theorie der Normen (1979, Wien)

Kelsen, H. | "Conflicts Between Obligations Under the Charter of the United Nations and Obligations Under Other International Agreements" 10 University of Pittsburgh Law Review (1948/1949), S. 284

Kelsen, H. | Peace Through Law [Reprint] (2000, New Jersey)

Kirchner, J. | Völkergewohnheitsrecht aus der Sicht der Rechtsanwendung (1989, München)

Koh, T., Jayakumar, S. | "The Negotiating Process of the Third United Nations Conference on the Law of the Sea" in Virginia Commentary, Bd. I, S. 29

Kwiatkowska, B. | "The Australia and New Zealand v. Japan Southern Bluefin Tuna (Jurisdiction and Admissibility) Award of the First LoSC Annex VII Arbitral Tribunal" 16 International Journal of Marine and Coastal Law (2001), S. 239

Kwiatkowska, B. | The 200 Mile Exclusive Economic Zone in the New Law of the Sea (1989, Dordrecht)

Kwiatkowska, B. | "The Australia and New Zealand v Japan Southern Bluefin Tuna (Jurisdiction and Admissibility) Award of the First Law of the Sea Convention Annex VII Arbitral Tribunal" 16 International Journal of Marine and Coastal Law (2001), S. 239

Kwiatkowska, B. | "The Ireland v. United Kingdom (MOX Plant) Case: Applying the Doctrine of Treaty Parallelism" 18 International Journal of Marine and Coastal Law (2003), S. 1

Lagoni, R. "Die IMO als Rechtsetzungsorgan" in Ehlers, P., Erbguth, W. (Hrsg.), 50 Jahre Vereinte Nationen (1997, Baden-Baden) S. 45

Lagoni, R. "Die Errichtung von Schutzgebieten in der ausschließlichen Wirtschaftszone aus völkerrechtlicher Sicht" 24 Natur und Recht (2002), S. 121

Lavalle, R. "Conciliation under the United Nations Convention on the Law of the Sea: a critical overview" 2 Austrian Review of International and European Law (1997), S. 25

Leanza, U. "Delimitation of the Continental Shelf and Exclusive Economic Zone" III Università degli Studi di Roma Tor Vergata, Yearbook (1990/1991), S. 523

Lowe, A. V. "Overlapping Jurisdiction In International Tribunals" 20 Australian Yearbook of International Law (1999), S. 191

Macalister-Smith, P. "Comity" in Bernhardt, R., et al. (Hrsg.), Encyclopedia of Public International Law, Vol. I (1992, Amsterdam), S. 671

Mack, J. R. "International Fisheries Management: How the U.N. Conference on Straddling And Highly Migratory Fish Stocks Changes the Law of Fishing on the High Seas" 26 California Western International Law Journal (1996), S. 313

Malanczuk, P. Akehurst's Modern Introduction to International Law (7. Aufl. 1997, London)

Mangatalle, D. Coastal State Requirements for Foreign Fishing, Food and Agricultural Organization Legislative Study No. 57 (1996, Rome)

Mann Borghese, E. "The IMO and the UN Convention on the Law of the Sea" 7 Ocean Yearbook (1988), S. 8

McDorman, T.	"Canada and Whaling: An Analysis of Article 65 of the Law of the Sea Convention" 29 Ocean Development and International Law (1998), S. 179
McDorman, T. L.	"The Dispute Settlement Regime of the Straddling and Highly Migratory Fish Stocks Convention" 35 Canadian Yearbook of International Law (1997), S. 57
McLaughlin, R. J.	"Settling Trade-Related Disputes Over the Protection of Marine Living Resources: UNCLOS or the WTO?" 10 Georgetown International Environmental Law Review (1997), S. 29
McNair, A. D.	The Law of Treaties (1961, Oxford)
Mendelson, M.	"The Subjective Element in Customary International Law" 66 British Yearbook of International Law (1995), S. 177
Meron, T.	"Classification of Armed Conflict in the Former Yugoslavia: Nicaragua's Fallout" 92 American Journal of International Law (1998), S. 236
Merrills, J. G.	"The Optional Clause Revisited" 64 British Yearbook of International Law (1993), S. 197
Merrills, J. G.,	International Dispute Settlement (3. Aufl. 1998, Cambridge)
Meseguer, J. L.	"Le régime juridique de l'exploitation de stocks communs de poissons au-delà des 200 milles" XXVIII Annuaire Français de Droit International (1982), S. 885
Milde, M.	"United Nations Convention on the Law of the Sea – Possible Implications for International Air Law" 8 Annals of Air and Space Law (1983), S. 167
Morgan, D. L.	"Implications of the Proliferation of International Legal Fora: The Example of the Southern Bluefin Tuna" 43 Harvard International Law Journal (2002), S. 541

Morris, M. A. The Strait of Magellan (1989, Dordrecht)

Mosler, H. "Jus cogens im Völkerrecht" 26 Annuaire Suisse de Droit International (1969/1970), S. 9

Mus, J. B. "Conflicts between Treaties in International Law" 45 Netherlands International Law Review (1998), S. 208

Nandan, S. N., Anderson, D. H. "Straits Used for International Navigation: A Commentary on Part III of the United Nations Convention on the Law of the Sea 1982" 60 British Yearbook of International Law (1989), S. 159

Nelson, L. D. M. "The Work of the Drafting Committee" in Virginia Commentary, Bd. I, S. 135

Nelson, L. D. M. "The Development of the Legal Regime of High Seas Fisheries" in Boyle, A. E., Freestone, D. A., International Law and Sustainable Development (1999, Oxford), S. 113

Nijkamp, H., Nollkaemper, A. "The Protection of Small Cetaceans in the Face of Uncertainty" 9 Georgetown International Environmental Law Review (1997), S. 281

Nordquist, M. H. (Hrsg.) United Nations Convention on the Law of the Sea 1982: a Commentary, Vol. I (1985, Dordrecht), Vol. II (1993, Dordrecht), Vol. III (1995, Dordrecht), Vol. IV (1991, Dordrecht), Vol. V (1989, Dordrecht).

Oda, S. Fisheries under the United Nations Convention on the Law of the Sea" 77 American Journal of International Law (1983), S. 739

Oellers-Frahm, K. "Multiplication of International Courts and Tribunals and Conflicting Jurisdiction – Problems and Possible Solutions", 5 Max Planck Yearbook of United Nations Law (2001), S. 67

Orrego Vicuña, F. The Exclusive Economic Zone (1989, Cambridge)

Orrego Vicuña, F.	"International Cooperation in Salmon Fisheries and a Comparative Law Perspective on the Salmon and Ocean Ranching Industry" 22 Ocean Development and International Law (1991), S. 133
Orrego Vicuña, F.	The Changing International Law of High Seas Fisheries (1999, Cambridge)
Orrego Vicuña, F., Pinto, C.	The Peaceful Settlement of Disputes: Prospects for the Twenty-First Century, Preliminary Report Prepared for the 1999 Centennial of the First International Peace Conference, C.E. Doc. CAHDI (1998)
Otani, Y.	"Quelques réflexions sur la juridiction et la recevabilité vis-à-vis de l'Affaire du thon à nageoire bleue" in Ando, N., et al (Hrsg.), Liber Amicorum Judge Shigeru Oda (2002, The Hague), S. 731
Oxman, B. H.	"The Duty to Respect Generally Accepted International Standards" 24 New York University Journal of International Law and Politics (1991/1992), S. 109
Oxman, B. H.	"Complementary Agreements and Compulsory Jurisdiction" 95 American Journal of International Law (2001), S. 277
Pauwelyn, J.	"The Role of Public International Law in the WTO: How Far Can We Go?" 95 American Journal of International Law (2001), S. 535
Pavlyuk, S. V.	"Regulation of the Turkish Straits: UNCLOS as an Alternative to the Treaty of Montreux and the 1994 Maritime Traffic Regulations for the Turkish Straits and Marmara Region" 22 Fordham International Law Journal (1999), S. 961
Pedrozo, R. A. F.	"Transport of Nuclear Cargoes by Sea" 28 Journal of Maritime Law and Commerce (1997), S. 207

Peel, J. "A Paper Umbrella Which Dissolves in the Rain? The Future For Resolving Fisheries Disputes Under UNCLOS in the Aftermath of the Southern Bluefin Tuna Arbitration" 3 Melbourne Journal of International Law (2002), S. 53

Pinto, M. C. W. "The Duty of Co-operation and the United Nations Convention on the Law of the Sea" in Bos, A., Siblesz, H. (Hrsg.), Realism in Law-Making: Essays on International Law in Honour of Willem Riphagen (1986, Dordrecht), S. 131

Platzöder, R. "Conferences on the Law of the Sea" in Bernhardt, R., et al. (Hrsg.), Encyclopedia of Public International Law, Vol. I (1992, Amsterdam), S. 748

Platzöder, R. Conference on the Law of the Sea: Documents, Bd. I-XVIII (1982-1988, Dobbs Ferry)

Postiglione, A. "A More Efficient International Law on the Environment and Setting Up an International Court for the Environment Within the United Nations" 20 Environmental Law (1990), S. 321

Randelzhofer, A. "Use of Force" in Bernhardt, R., et al. (Hrsg.), Encyclopedia of Public International Law, Vol. IV (2000, Amsterdam), S. 1246

Rau, M. "Die UNESCO Konvention zum Schutz des Unterwasserkulturerbes – eine erste Analyse" 61 Zeitschrift für ausländisches öffentliches Recht und Völkerrecht (2001), S. 833

Rau, M. "The UNESCO Convention on Underwater Cultural Heritage and the International Law of the Sea" 6 Max Planck Yearbook of United Nations Law (2002), S. 387

Reid, G. "The Legacy of Colonialism: A Hindrance To Self-Determination" 10 Touro International Law Review (2000), S. 277

Reuter, P. Introduction to the Law of Treaties (1995, London)

Reynier, Y. L. de "Evolving Principles of International Fisheries Law and the North Pacific Anadromous Fish Commission" 29 Ocean Development and International Law (1998), S. 147

Roche, A. G. "A New Intergovernmental Fisheries Organisation: INFOFISH" in Food and Agriculture Organization, The Law and the Sea: Essays in Memory of Jean Carroz (1987, Rome), S. 207

Romano, C. P. R. "The Southern Bluefin Tuna Dispute: Hints of a World to Come ... Like It or Not" 32 Ocean Development and International Law (2001), S. 313

Romano, C. P. R. "The Proliferation of International Judicial Bodies: The Pieces of the Puzzle" 31 New York University Journal of International Law and Politics (1999), S. 709

Rosenne, R. "Exploitation and Protection of the Exclusive Economic Zone and the Continental Shelf" 54/55/56 Yearbook of the Association of Attenders and Alumni of the Hague Academy of International Law (1986), S. 66

Rosenne, S. Breach of Treaty (1985, Cambridge)

Rosenne, S. "The International Maritime Organization Interface with the Law of the Sea Convention" in Nordquist, M. H. (Hrsg.), Current Maritime Issues and the International Maritime Organization (1999, The Hague), S. 251

Roucounas, E. "Engagements parallèles et contradictoire" 206 Recueil des Cours (1987), S. 9

Salmon, J. J. A. "Marine Environment, Protection and Preservation" in Bernhardt, R., et al. (Hrsg.), Encyclopedia of Public International Law, Vol. III (1997, Amsterdam), S. 289

Sands, P. "Turtles And Torturers: The Transformation of International Law" 33 New York University Journal of International Law and Politics (2001), S. 527

Scharfenberg, S. A. "Regulating Traffic Flow in the Turkish Straits: a Test for Modern International Law" 10 Emory International Law Review (1996), S. 333

Schlochauer, H.-J. "Permanent Court of International Justice" in Bernhardt, R., et al. (Hrsg.), Encyclopedia of Public International Law, Vol. III (1997, Amsterdam), S. 988

Schwarzenberger, G. International Law as Applied by International Courts and Tribunals, Vol. I (3. Aufl. 1957, London)

Schwebel, S. M. "May Preparatory Work be Used to Correct Rather Than Confirm the "Clear" Meaning of a Treaty Provision" in Makarczyk, J. (Hrsg.), Theory of International Law at the Threshold of the 21st Century – Essays in Honour of Krzysztof Skubiszewski (1996, The Hague), S. 541

Schwebel, S. M. "The Southern Bluefin Tuna Case" in Ando, N., et al (Hrsg.), Liber Amicorum Judge Shigeru Oda (2002, The Hague), S. 743

Shahabuddeen, M. "Consistency in Holdings by International Tribunals" in Ando, N., et al (Hrsg.), Liber Amicorum Judge Shigeru Oda (2002, The Hague), S. 633

Shany, Y. The Competing Jurisdictions of International Courts and Tribunals (2003, Oxford)

Shaw, M. N. International Law (4. Aufl. 1997, Cambridge)

Sinjela, A. M. Land-Locked States and the UNCLOS Regime (1983, London)

Skourtos, N. S. "Legal Effects for Parties and Nonparties: the Impact of the Law of the Sea Convention" in Nordquist, M. H. (Hrsg.), Entry into force of the Law of the Sea Convention (1995, The Hague), S. 187

Sohn, L. B.	"'Generally accepted' International Rules" 61 Washington Law Review (1986), S. 1075
Sohn, L. B.	"Peaceful Settlement of Disputes" in Bernhardt, R., et al. (Hrsg.), Encyclopedia of Public International Law, Vol. III (1997, Amsterdam), S. 791
Spelliscy, S.	"The Proliferation of International Tribunals: A Chink in the Armor" 40 Columbia Journal of Transnational Law (2001), S. 143
Stein, T. L.	"The Approach of the Different Drummer: the Principle of the Persistent Objector in International Law" 26 Harvard International Law Journal (1985), S. 457
Stoett, P. J.	The International Politics of Whaling (1997, Vancouver)
Stoll, T.	"Meeresschutz im Küsten- und Offshore-Bereich im Hinblick auf nicht-stoffliche Einflüsse" 21 Natur und Recht (1999), S. 666
Symonides, J.,	"Geographically Disadvantaged States under the 1982 Convention on the Law of the Sea" 208 Recueil de Cours (1988), S. 285
Tahindro, A.	"Conservation and Management of Transboundary Fish Stocks: Comments in Light of the Adoption of the 1995 Agreement for the Conservation and Management of Straddling Fish Stocks and Highly Migratory Fish Stocks" 28 Ocean Development and International Law Journal (1997), S. 1
Teece, D. R.	"Global Overfishing and the Spanish-Canadian Turbot War: can international law protect the high-seas environment?" 8 Colorado Journal of International Environmental Law and Policy (1997), S.89
Thirlway, H. W. A.	International Customary Law and Codification (1972, Leiden)

Tomuschat, C.	"Article 33" in Simma, B., et al. (Hrsg.), The Charter of the United Nations, A Commentary (2. Aufl. 2002, München), S. 505
Tønnessen, J. O., Johnsen, A. O.	The History of Modern Whaling (1982, Berkeley)
Treves, T.	"Codification du droit international et pratique des états dans le droit de la mer" 223 Receuil des Cours (1990), S. 9
Treves, T.	"Réflexions sur quelques conséquences de l'entrée en vigueur de la Convention des Nations Unies sur le droit de la mer" 40 Annuaire Français de Droit International (1994), S. 849
Treves, T.	"Navigation" in Dupuy, R.-J., Vignes, D. (Hrsg.), A Handbook on the New Law of the Sea, Vol. II (1991, Dordrecht), S. 835
Treves, T.	"'Compulsory' conciliation in the U.N. Law of the Sea Convention" in Götz, V., et al. (Hrsg.), Liber amicorum Günther Jaenicke – Zum 85. Geburtstag (1998, Berlin), S. 611
Treves, T.	"The Settlement of Disputes According to the Straddling Stocks Agreement of 1995" in Boyle, A. E., Freestone, D. A., International Law and Sustainable Development (1999, Oxford), S. 253
Treves, T.	"Conflicts Between the International Tribunal for the Law of the Sea and the International Court of Justice" 31 International Law and Politics (1999), S. 809
Treviranus, H.-D.	"Preamble" in Bernhardt, R., et al. (Hrsg.), Encyclopedia of Public International Law, Vol. III (1997, Amsterdam), S. 1097
Udombana, N. J.	"Toward The African Court on Human and Peoples' Rights: Better Late Than Never" 3 Yale Human Rights and Development Law Journal (2000), S. 45

Ünlü, N. The Legal Regime of the Turkish Straits (2002, The Hague)

Varga, J. A. "Mexico's Fishing Law: Translating the Transition" 14 The Transnational Lawyer (2001), S. 1

Vasciannie, S. C. Land-Locked and Geographically Disadvantaged States in the International Law of the Sea (1990, Oxford)

Verdross, A., Simma, B. Universelles Völkerrecht (3. Aufl. 1984, Berlin)

Vierdag, E. W. "The Time of the Conclusion of a Multilateral Treaty: Article 30 of the Vienna Convention on the Law of Treaties and Related Provisions" 59 British Yearbook of International Law (1988), S. 75

Vignes, D. "La valeur juridique de certaines règles, normes ou pratiques mentionnées au TNCO comme 'généralement acceptées'" 25 Annuaire Français de Droit International (1979), S. 712

Vukas, B. "The Law of the Sea Convention and the Law of Treaties" in Götz, V., et al. (Hrsg.), Liber amicorum Günther Jaenicke – Zum 85. Geburtstag (1998, Berlin), S. 631

Vukas, B. "Generally Accepted International Rules and Standards" in Soons, A. H. (Hrsg.), Implementation of the Law of the Sea Convention through International Institutions, 23 Law of the Sea Institute Proceedings (1990), S. 405

Wildhaber, L. "Treaties, Multilateral" in Bernhardt, R., et al. (Hrsg.), Encyclopedia of Public International Law, Vol. IV (2000, Amsterdam), S. 949

Wilting, W. H. Vertragskonkurrenz im Völkerrecht (1996, Köln)

Wolfrum, R. Die Internationalisierung staatsfreier Räume (1984, Berlin)

Wolfrum, R. "IMO interface with the Law of the Sea Convention" in Nordquist, M. H. (Hrsg.), Current Maritime Issues and the International Maritime Organization (1999, The Hague), S. 223

Wolfrum, R. "Die Fischerei auf Hoher See" 38 Zeitschrift für ausländisches öffentliches Recht und Völkerrecht (1978), S. 659

Wolfrum, R. "The Emerging Customary Law of Marine Zones: State Practice and the Convention on the Law of the Sea" 18 Netherlands Yearbook of International Law (1987), S. 121

Wolfrum, R. "Der Zugang zum Meer – eine vernachlässigte oder obsolete Problematik?" in Arndt, H.-W. (Hrsg.), Völkerrecht und deutsches Recht (2001, München), S. 125

Wolfrum, R. "Konkurrierende Zuständigkeiten internationaler Streitentscheidungsinstanzen: Notwendigkeit für Lösungsmöglichkeiten und deren Grenzen" in Ando, N., et al (Hrsg.), Liber Amicorum Judge Shigeru Oda (2002, The Hague), S. 651

Yanagida, J. A. "The Pacific Salmon Treaty" 81 American Journal of International Law (1987), S. 577

Yemi, A.-G. "New Trends In African Human Rights Law: Prospects of an African Court of Human Rights" 10 University of Miami International and Comparative Law Review (2001/02), S. 159

Yturriaga, J. A. de The International Regime of Fisheries (1997, The Hague)

Zuleeg, M. "Vertragskonkurrenz im Völkerrecht, Teil I: Verträge zwischen souveränen Staaten" 20 German Yearbook of International Law (1977), S. 246

Abkürzungsverzeichnis

Bd.	Band
bzw.	Beziehungsweise
ca.	Circa
COLREG	Convention on the International Regulations for Preventing Collisions at Sea
EU	Europäische Union
f., ff.	Folgende, fortfolgende
FAO	Food and Agriculture Organization
Fn.	Fußnote
Hrsg.	Herausgeber
i. V. m.	in Verbindung mit
IAEA	International Atomic Energy Agency
ICJ	International Court of Justice
ICAO	International Civil Aviation Organization
ICNT	Informal Composite Negotiating Text
ICRW	International Convention for the International Regulation of Whaling
IGH	Internationaler Gerichtshof
ILM	International Legal Materials
IMO	International Maritime Organization
ITLOS	International Tribunal for the Law of the Sea
IWC	International Whaling Commission
LNTS	League of Nation Treaty Series
MARPOL 73/78	International Convention for the Prevention of Pollution from Ships
Nr.	Nummer, Nummern
Off. Rec.	Official Records
PCIJ	Permanent Court of International Justice
Res.	Resolution
Rn.	Randnummer
S.	Seite, Seiten

SOLAS	Safety of Life at Sea Convention
SRÜ	Seerechtsübereinkommen
UN Doc.	United Nations Document
UNCLOS I	United Nations Conference on the Law of the Sea 1958
UNCLOS II	United Nations Conference on the Law of the Sea 1960
UNCLOS III	United Nations Conference on the Law of the Sea 1973-1982
UNESCO	United Nations Educational Scientific and Cultural Organization
UNTS	United Nations Treaty Series
Vol.	Volume
WTO	World Trade Organization
WVK	Wiener Vertragsrechtskonvention
z. B.	zum Beispiel

I. Einführung

Das System des modernen Völkerrechts ist geprägt von einer Vielzahl von Vorschriften, die mittlerweile praktisch jeden Aspekt des alltäglichen Lebens betreffen. Auf den Gebieten der Telekommunikation, des Handels, des Verkehrs und des Transports aber auch in den Bereichen Kultur, Bildung und Sport und dem Gesundheitswesen existieren Regelungen, die es ermöglichen, die immer enger werdenden internationalen Beziehungen so weit wie möglich reibungslos ablaufen zu lassen. Das Phänomen der Globalisierung wäre ohne weltweit geltende Regeln nicht möglich.

Auch das Seevölkerrecht ist von dieser Zunahme der Regelungsdichte betroffen. Es gibt kaum einen Aspekt der modernen Schifffahrt, der nicht durch internationale Abkommen geregelt wäre. Das wichtigste Übereinkommen im Bereich des Seerechts ist ohne Zweifel das Seerechtsübereinkommen der Vereinten Nationen von 1982. Dieses Übereinkommen ist in den Jahren zwischen 1973 und 1982 verhandelt worden und mit 320 Artikeln im Haupttext eines der umfangreichsten internationalen Übereinkommen überhaupt. Die Staaten waren sich bewusst, dass für das erfolgreiche Funktionieren der Konvention Streitbeilegungsvorschriften zur Verfügung stehen müssten, um sicherzustellen, dass entstehende Konflikte auch einer Lösung zugeführt werden könnten. Die Vorschriften über die Streitbeilegung im Seerechtsübereinkommen waren zentral für das Zustandekommen eines Konsenses. Der Präsident der Konferenz brachte dies zum Ausdruck.

> "Dispute settlement procedures will be the pivot upon which the delicate equilibrium of the compromise must be balanced. Otherwise, the compromise will disintegrate rapidly and permanently."[1]

Die vorliegende Arbeit soll der Frage nachgehen, wie sich das Seerechtsübereinkommen zu fischereirechtlichen Übereinkommen und deren Streitbeilegungssystemen verhält. Diese Frage trat zum ersten Mal deutlich in den Vordergrund im Southern Bluefin Tuna Case aus dem Jahre 2000. In diesem Fall ging es um die Beilegung einer Streitigkeit, die zwischen Australien, Neuseeland und Japan über die Zulässigkeit eines experimentellen Fischereiprogramms entstanden war. Japan wollte mit diesem Programm nachweisen, dass sich die Bestände des Southern Bluefin Tuna ausreichend erholt hätten und dass deswegen, eine Erhöhung der Fangquoten angebracht sei. Australien und Neuseeland vertraten beide den Standpunkt, dass ein verstärktes Fangprogramm nur negative Folgen haben könnte und deswegen zu unterbleiben habe. Die drei Staaten waren damals die einzigen Mitgliedsstaaten in der Convention on the Conservation of the Southern Bluefin Tuna. Diese Konvention enthielt eine eigene Vorschrift, die sich mit der Beilegung von Meinungsverschiedenheiten über die Auslegung und

---

1 A/Conf.62/WP.9/Add.1, Third United Nations Conference on the Law of the Sea: Documents, Volume V, S. 122, Rn. 6.

Anwendung des Übereinkommens beschäftigte. Gleichzeitig waren die drei Staaten aber auch Mitgliedsstaaten bei dem Seerechtsübereinkommen und waren damit auch von den dort enthaltenen Streitbeilegungsvorschriften betroffen. Während Japan vertrat, dass die Streitigkeit nur nach den Vorschriften der Convention on the Conservation of the Southern Bluefin Tuna beurteilt werden sollte, versuchten Australien und Neuseeland, die Streitbeilegungsvorschriften des Seerechtsübereinkommens zu nutzen. Die zentrale Frage war damit, wie sich diese Streitbeilegungssysteme zueinander verhalten würden. Seit der Entscheidung des Schiedsgerichts im Southern Bluefin Tuna Case[2] gab es zwei weitere Fälle, bei denen diese Problematik im Mittelpunkt der Überlegungen stand. Während der Swordfish Case im Augenblick nicht weiter verfolgt wird, da sich die Parteien auf seine Aussetzung verständigt haben, kommt der MOX Plant Case gerade zu seinem Abschluss. Diese konkreten Fälle geben Anlass, sich eingehender damit zu beschäftigen, welche Rolle andere Übereinkünfte, die sich ebenfalls mit Materien des Seerechts befassen, für das Seerechtsübereinkommen spielen. Es soll überprüft werden, welche Rückschlüsse sich aus diesem Verhältnis für die Anwendbarkeit der verschiedenen Streitbeilegungssysteme ziehen lassen. Eine Betrachtung dieser Fälle erfolgt im letzten Teil dieser Arbeit.[3]

Es finden sich überall im Seerechtsübereinkommen verschiedenste Verweise auf internationale Verträge und Regelungen. Dies macht deutlich, dass das Seerechtsübereinkommen nicht in einen "luftleeren" Raum hinein entworfen wurde, sondern ganz im Gegenteil auf ein Netz unterschiedlichster internationaler Vorschriften und Strukturen zurückgreift. Um die Frage nach dem Verhältnis der Streitbeilegungsvorschriften in ihrem Kontext beantworten zu können, soll zunächst dargestellt werden, wie sich das Seerechtsübereinkommen im Bezug zu anderen seerechtlichen Übereinkommen verhält. Zu diesem Zweck erfolgt eine Analyse der Vorschriften des Seerechtsübereinkommens, die auf andere Übereinkünfte Bezug nehmen. Die ausschlaggebende Vorschrift ist hierbei Artikel 311 SRÜ über das "Verhältnis zu anderen Übereinkommen und internationalen Übereinkünften." Es wird deutlich werden, dass durch Artikel 311 SRÜ dem Seerechtsübereinkommen im System der Vielzahl der seerechtlichen Übereinkünfte eine entscheidende Rolle zugesprochen wird. Die zentrale Kollisionsnorm des Seerechtsübereinkommens, Artikel 311 Absatz 2 SRÜ, verlangt, dass grundsätzlich die in anderen Übereinkommen enthaltenen Rechte und Pflichten mit denen des Seerechtsübereinkommens vereinbar sein müssen. In die Betrachtung müssen also sämtliche Vorschriften des Seerechtsübereinkommens einbezogen werden. Hiervon ausgehend gibt es dann zwei Abstufungen. Zunächst einmal können Staaten *inter se* Abkommen schließen. In diesen kann von den Vorschriften des Seerechtsübereinkommens abgewichen werden, solange davon nicht solche Bestimmungen betroffen sind, von denen abzuweichen mit der

---

2 Siehe III.D.1.

3 Siehe III.D.

Verwirklichung des Ziels und Zwecks des Seerechtsübereinkommens nicht vereinbar ist. Hierbei werden also im Gegensatz zu Absatz 2 des Artikels 311 SRÜ nicht mehr alle Bestimmungen zur Beurteilung herangezogen, sondern eben nur noch solche, die für die Verwirklichung der Ziele des Seerechtsübereinkommens wichtig sind. Noch weitergehende Abweichungen erlaubt Absatz 5 des Artikels 311 SRÜ, der als eigenständige Kategorie zu lesen ist. Solange das Seerechtsübereinkommen in seinen Vorschriften ausdrücklich andere Übereinkommen zulässt, gehen diese den Vorschriften des Seerechtsübereinkommens vor. Im Gegensatz zu einer durchaus vertretenen Meinung sind hiervon nicht alle Vorschriften des Seerechtsübereinkommens betroffen, die in irgendeiner Form andere Übereinkommen erwähnen. Soweit eine Abweichung ausdrücklich zugelassen ist, dürfen diese Abkommen durchaus auch von den Zielen des Seerechtsübereinkommens abweichen. Dieses klingt allerdings weiter reichend als es eigentlich ist. Es wird gezeigt werden, dass die entsprechenden Vorschriften schon jeweils eine immanente Beschränkung beinhalten.[4] Die Absätze des Artikels 311 SRÜ sind als Abstufungen in der systemimmanenten Ordnung des Seerechtsübereinkommens zu lesen. Schon in dieser eigenen Regelung des Seerechtsübereinkommens wird dessen Vorrangstellung deutlich. In diese allgemeine Betrachtung wird auch die Präambel einbezogen.[5]

Anschließend werden verschiedene Arten der Bezugnahme auf andere Übereinkommen dargestellt. Besonders deutlich ist, dass das Seerechtsübereinkommen ein Umfeld schaffen will, durch welches die Staaten zur Kooperation angehalten werden. Bei der genaueren Ausgestaltung des Inhalts der Kooperationsverpflichtungen, hält sich das Seerechtsübereinkommen dann aber zurück. Der Grundstein für eine erfolgreiche Kooperation wird aber durch das Seerechtsübereinkommen gelegt. Auch macht sich das Seerechtsübereinkommen oftmals die Expertise und den in verschiedenen internationalen Organisationen vorhandenen Sachverstand zunutze, wenn es auf die Arbeit einer "competent international organization" verweist und wenn es die Staaten verpflichtet, bestimmte Regelungen zu erlassen, die nicht weniger effektiv sein dürfen als "allgemein anerkannte internationale Vorschriften." Dieses ist quasi als ein Untermaßverbot zu sehen, welches gleichermaßen für alle Mitgliedsstaaten des Seerechtsübereinkommens gilt. Aufgrund der besonderen Rolle, die die International Maritime Organization im Bereich der Seeschifffahrt hat, wird deren Rolle kurz näher dargestellt.[6]

Neben diesen allgemeinen Betrachtungen soll aber auch ein genauerer Blick auf die fischereirechtlichen Vorschriften geworfen werden, da Ausgangspunkt für diese Arbeit der Southern Bluefin Tuna Case ist, der sich eben mit Fragen der

4 Siehe II.B.6.
5 Siehe II.A.
6 Siehe II.C.3.c).

Fischerei beschäftigt. Im Bereich der Fischerei nimmt das Seerechtsübereinkommen in besonderem Maße auf andere Übereinkommen Bezug.

Vor diesem Hintergrund wird dann das Verhältnis verschiedener Streitbeilegungsvorschriften zueinander erörtert. Dafür wird zunächst das "Problem" der Zunahme der Zahl internationaler Streitbeilegungsorgane dargestellt, um dann die Rolle des Teils XV des Seerechtsübereinkommens innerhalb des Seerechtsübereinkommens selbst zu erörtern. Durch die Darstellung der oben genannten Entscheidungen wird gezeigt werden, dass die Anwendung von in einem Übereinkommen enthaltenen Streitbeilegungsvorschriften immer dann geboten ist, wenn die Voraussetzungen für deren Anwendung gegeben sind. So offensichtlich dies klingt, so muss dieses dennoch betont werden, da dies beinhaltet, dass Versuche eines Ausschlusses der Streitbeilegungsvorschriften des Seerechtsübereinkommens nur dann erfolgreich sein können, wenn ein solcher Ausschluss nach den Vorschriften des Seerechtsübereinkommens systemimmanent und im Einklang mit Ziel und Zweck des Teils XV erfolgt.

Mit einem kurzen Ausblick wird diese Arbeit beendet werden.

II. Das Seerechtsübereinkommen und die Bezugnahme auf andere Übereinkünfte

Im Seerechtsübereinkommen[7] nimmt eine Vielzahl von Vorschriften auf andere Übereinkünfte Bezug. Dieses hat seinen ausdrücklichsten Eingang in Artikel 311 SRÜ gefunden, der sich mit dem "Verhältnis zu anderen Übereinkommen und internationalen Übereinkünften" beschäftigt. Schon in der Präambel sind Hinweise darauf enthalten, welche Position das Seerechtsübereinkommen im allgemeinen Völkerrecht einnehmen soll. Daneben existieren verschiedenste Arten der Bezugnahme auf andere Übereinkünfte. Am auffälligsten ist der häufige Verweis auf die Verpflichtung zur Kooperation zwischen den Staaten, die ihren Ausdruck in der Zusammenarbeit unter anderen Verträgen finden soll. In diesem Teil soll diesen verschiedenen Verweisen nachgegangen werden.

An dieser Stelle ist ein Hinweis auf die Wortwahl des Seerechtsübereinkommens nützlich. Innerhalb des Seerechtsübereinkommens kommen die unterschiedlichsten Umschreibungen für einen völkerrechtlichen Vertrag im Sinne des allgemeinen Verständnisses vor.[8] So finden sich im englischen Text die Ausdrücke "convention", "agreement" und „international agreement“ und selbstverständlich auch der Ausdruck "treaty", ebenfalls in der Abwandlung als "international treaty". Es ist auffällig, dass die eigentlich nahe liegende Bezeichnung "treaty" im Seerechtsübereinkommen nur an fünf verschiedenen Stellen vorkommt.[9] Diese Zählung korrespondiert nicht mit der französischen Fassung, in welcher noch seltener auf "traité" Bezug genommen wird. Hingegen wird zum Beispiel die Bezeichnung "agreement" in mehr als 30 Vorschriften im Haupttext und in mehr als weiteren 20 Vorschriften in den Anlagen benutzt. Der Umstand, dass das Wort "treaty" vermieden wird, ist deutlich erkennbar. Eine Begründung dafür ist nicht genau ersichtlich. Nahe liegend könnte sein, dass die Vertragsstaaten vermeiden wollten, einen Begriff zu benutzen, der mittlerweile in Artikel 2 Absatz 1(a) WVK definiert worden war. Eine solche vertragliche Definition gilt natürlich nur für den Vertrag, für den sie geschaffen wurde, aber um sicherzustellen, dass nicht – wie dort verlangt – nur schriftliche Verträge

---

7 United Nations Convention on the Law of the Sea vom 10. Dezember 1982 (UNTS Vol. 1833, No. I 31636, S. 397 und ILM Vol. 21 (1982), S. 1261).

8 Ein völkerrechtlicher Vertrag stellt eine konsensuale Übereinkunft zwischen zwei oder mehreren Völkerrechtssubjekten dar, die zum Inhalt hat, das völkerrechtlich relevante Verhalten wenigstens einer (meist aller) Vertragsparteien zu regeln. Bernhardt, R., "Treaties" in Bernhardt, R., et al. (Hrsg.), Encyclopedia of Public International Law, Vol. IV (2000, Amsterdam), S. 926, 927f.

9 Artikel 92, 110, 116, 146 und 305 SRÜ. Darüber hinaus wird der Begriff "treaty" in Artikel 13, Anlage III (wobei sich der Begriff hier auf eine feststehende Bezeichnung für eine Expertenkommission bezieht); Artikel 22, Anlage VI (wobei hier der Begriff in Abweichung vom korrespondierenden Artikel 288 Absatz 2 SRÜ benutzt wird) und Artikel 1, Anlage IX verwendet.

gemeint sein können, könnten die Staaten weitestgehend den Begriff vermieden haben. Grundsätzlich ist aber die Bezeichnung eines Vertrages ohne weitere rechtliche Konsequenzen[10] und dieses scheint auch der Fall für das Seerechtsübereinkommen zu sein.

A. Die Präambel

Die Präambel des Seerechtsübereinkommens enthält keinen direkten Verweis auf andere internationale Verträge. Allerdings lässt sie Rückschlüsse darauf zu, welche Rolle das Seerechtsübereinkommen im Völkerrecht im Allgemeinen einnehmen soll. Ein genauerer Verweis auf eine bestimmte andere Übereinkunft oder ein System von Übereinkünften wäre aber auch kaum mit der Aufgabe zu vereinen, die eine Präambel im System eines Vertrages erfüllen soll.[11] Präambeln führen üblicherweise nur mit ein paar einleitenden Absätzen in den Haupttext ein und enthalten generell gesprochen vor allem politische Statements über die Natur und den Hintergrund der folgenden Konvention. Insoweit stellt die Präambel des Seerechtsübereinkommens keine Besonderheit dar.

Am nächsten zu einem direkten Verweis auf ein anderes Übereinkommen, kommt der Hinweis im zweiten Absatz der Präambel auf die beiden Seerechtskonferenzen der Vereinten Nationen von 1958 und 1960.[12] Die Seerechtskonferenz von 1958 in Genf führte zu dem Abschluss der vier Genfer Übereinkommen über das Seerecht, wohingegen die zweite Seerechtskonferenz von 1960[13] ergebnislos endete. In der Präambel wird zum Ausdruck gebracht, dass "die Entwicklungen seit [diesen Konferenzen] die Notwendigkeit eines neuen allgemein annehmbaren Seerechtsübereinkommens verstärkt haben."[14] Hiermit ist die teilweise Unzufriedenheit vieler Staaten mit den vier Genfer Übereinkommen angesprochen, die in vielen Bereichen als unzureichend angesehen wurden. Insbesondere die Tatsache, dass keine Festschreibung der Breite des Küstenmeeres erreicht worden war (obwohl hauptsächlich zu diesem Zweck die zweite Seerechtskonferenz einberufen worden war), wurde als ein mit voranschreitender

---

10 Wildhaber, L., "Treaties, Multilateral" in Bernhardt, R., et al. (Hrsg.), Encyclopedia of Public International Law, Vol. IV (2000, Amsterdam), S. 949.

11 Zu Präambeln im Allgemeinen siehe Aust, A., Modern Treaty Law and Practice (2000, Cambridge), S. 336ff.; Treviranus, H.-D., "Preamble" in Bernhardt, R., et al. (Hrsg.), Encyclopedia of Public International Law, Vol. III (1997, Amsterdam), S. 1097.

12 Präambel SRÜ, Absatz 2: "Im Hinblick darauf, dass die Entwicklungen seit den 1958 und 1960 in Genf abgehaltenen Seerechtskonferenzen der Vereinten Nationen die Notwendigkeit eines neuen allgemein annehmbaren Seerechtsübereinkommens verstärkt haben;"

13 Zu UNCLOS I und UNCLOS II siehe Platzöder, R., "Conferences on the Law of the Sea" in Bernhardt, R., et al. (Hrsg.), Encyclopedia of Public International Law, Vol. I (1992, Amsterdam), S. 748 und Charlier, R.-E., "Résultats et enseignements des conférences du droit de la mer" 6 Annuaire Français de Droit International (1960), S. 63.

14 Präambel SRÜ, Absatz 2.

Zeit unhaltbarer Zustand angesehen. Auch fühlten sich die Staaten, die erst in den Jahren nach 1960 gegründet wurden von der Entwicklung des Seerechts ausgenommen und wollten in diesem Bereich die Möglichkeit der Einflussnahme bekommen. Die Frage nach dem Verhältnis des Seerechtsübereinkommens zu den vier Genfer Übereinkommen von 1958 hat in Artikel 311 Absatz 1 SRÜ eine genauere Regelung gefunden.[15]

Darüber hinaus finden sich in der Präambel zwei allgemeiner gehaltene Verweise auf das übrige Völkerrecht. Im siebten Absatz wird festgestellt, dass in "diesem Übereinkommen [die] Kodifizierung und die fortschreitende Entwicklung des Seerechts" verwirklicht wurde. Angelehnt ist diese Formulierung an Artikel 13 Absatz 1(a) der Charta der Vereinten Nationen[16] und findet sich in ähnlicher Form auch im siebten Absatz der Präambel der Wiener Vertragsrechtskonvention von 1969. Deutlich wird dadurch vor allem, dass es sich bei dem Seerechtsübereinkommen nicht ausschließlich um Völkergewohnheitsrecht, aber auch nicht ausschließlich um eine Fortentwicklung des Seerechts handelt.[17] Um zu differenzieren, ob das Seerechtsübereinkommen in bestimmten Vorschriften Völkergewohnheitsrecht kodifiziert oder das Seerecht weiterentwickelt, ist jeweils eine genaue Analyse der einzelnen in Frage stehenden Vorschriften nach den allgemeinen Interpretationsregeln des Völkerrechts erforderlich. Mittlerweile dürfte es für einen Großteil der Vorschriften des Seerechtsübereinkommens nicht mehr fraglich sein, dass sie tatsächlich Völkergewohnheitsrecht zum Ausdruck bringen. Allerdings ist es Vorschriften, die technischer oder organisatorischer Art sind, schon aufgrund ihrer inhaltlichen Natur verwehrt, zu Völkergewohnheitsrecht zu werden.[18] Hiervon wären z. B. die Vorschriften über die Errichtung des Internationalen Seegerichtshofs in Hamburg betroffen. Aber auch

---

15 Siehe hierzu II.B.2.

16 Ein solcher Verweis auf die Formulierung aus der Charta der Vereinten Nationen wurde als angemessen angesehen ("considered appropriate"). A/Conf.62/L.49/Add.2, Rn. 5e), abgedruckt in UNCLOS III, XIII Off. Rec., S. 79.

17 Virginia Commentary, Bd. I, S. 462f. Zu beachten ist, dass die Verhandlungen zu UNCLOS III gerade ohne einen ausgearbeiteten Text der International Law Commission begannen (siehe S. 49). Dieses war unter anderem ein Umstand, der die Dauer der Konferenz erklärte, gleichzeitig aber auch einen breitestmöglichen Konsens ermöglichen konnte, da alle Staaten die Möglichkeit hatten, an den verschiedenen Entwürfen mitzuarbeiten.

18 Nach ganz überwiegender Auffassung setzt das Zustandekommen von Völkergewohnheitsrecht zwei Elemente voraus. Zunächst muss eine ausreichende Staatenpraxis existieren. Diese muss von einem subjektiven Element getragen werden, welches allgemein als *opinio juris (sive necessitatis)* bezeichnet wird. Siehe hierzu Mendelson, M., "The Subjective Element in Customary International Law" 66 British Yearbook of International Law (1995), S. 177, 194ff. Zu den verschiedenen daraus erwachsenden grundsätzlichen Problemen siehe Byers, M., Custom, Power and the Power of Rules (1999, Cambridge), S. 129ff. Zu verschiedenen anderen Theorien über die Entstehung von Völkergewohnheitsrecht siehe Kirchner, J., Völkergewohnheitsrecht aus der Sicht der Rechtsanwendung (1989, München), S. 13ff.

andere Vorschriften im Seerechtsübereinkommen sind nicht zu Völkergewohnheitsrecht geworden. So gehören die Regelungen in Teil XI über die Tätigkeiten im Gebiet[19] ganz ohne Zweifel zu denen, denen der völkergewohnheitsrechtliche Charakter aufgrund mangelnder Anerkennung versagt blieb.

Die in Absatz 8 der Präambel gewählte Formulierung[20] findet sich in mehreren Konventionen wieder, die auf Entwürfe der International Law Commission zurückgehen.[21] Zunächst fand sich in einem der Konferenz vorliegenden Diskussionsentwurf der Zusatz, dass die Regeln des allgemeinen Völkerrechts mit dem Seerechtsübereinkommen vereinbar sein müssen ("not incompatible with this Convention"), wenn diese in Bereichen, in denen es keine Regelung im Seerechtsübereinkommen gibt, ebenfalls Anwendung finden sollen.[22] Auffällig ist die Nähe zu Artikel 311 Absatz 2 SRÜ, in die dieser Absatz der Präambel gekommen wäre, wenn die Formulierung beibehalten worden wäre.[23] Dieser Einschub wurde aber ebenso gestrichen wie auch der Verweis, dass das allgemeine Völkerrecht nur für die Fragen Anwendung findet, die nicht *ausdrücklich* im Seerechtsübereinkommen geregelt worden sind. Diese beiden Streichungen haben zur Folge gehabt, dass die Reichweite dieses Absatzes weiter wurde, ohne gleichzeitig genauere materiellrechtliche Regelungen zu treffen.

B. Die Regelung des Seerechtsübereinkommens in Artikel 311 SRÜ

Das Seerechtsübereinkommen enthält in Artikel 311 SRÜ in Teil XVII über die Schlussbestimmungen eine eigene Vorschrift, die das Verhältnis zu anderen Übereinkommen und internationalen Übereinkünften regelt.

> "1. This Convention shall prevail, as between States Parties, over the Geneva Conventions on the Law of the Sea of 29 April 1958.
>
> 2. This Convention shall not alter the rights and obligations of States Parties which arise from other agreements compatible with this Convention and which do not affect the enjoyment by other States Parties of their rights or the performance of their obligations under this Convention.
>
> 3. Two or more States Parties may conclude agreements modifying or suspending the operation of provisions of this Convention, applicable solely to the relations between them, provided that such agreements do not relate to a provision deroga-

---

19 "Gebiet" bedeutet im Sinne des Seerechtsübereinkommens den Meeresboden und den Meeresuntergrund jenseits der Grenzen des Bereichs nationaler Hoheitsbefugnisse. Artikel 1 Absatz 1 Nr. 1 SRÜ.

20 "In der Bekräftigung des Grundsatzes, dass für Fragen, die in diesem Übereinkommen nicht geregelt sind, weiterhin die Regeln und Grundsätze des allgemeinen Völkerrechts gelten,"

21 Virginia Commentary, Bd. I, S. 462. Zu den ersten Vorschlägen zur Präambel überhaupt siehe A/Conf.62/L.13, abgedruckt in UNCLOS III, VI Off. Rec., S. 125.

22 A/Conf.62/L.49/Add.2 (siehe Fn. 16), Rn. 6d).

23 Siehe II.B.3.

tion from which is incompatible with the effective execution of the object and purpose of this Convention, and provided further that such agreements shall not affect the application of the basic principles embodied herein, and that the provisions of such agreements do not affect the enjoyment by other States Parties of their rights or the performance of their obligations under this Convention.

4. States Parties intending to conclude an agreement referred to in paragraph 3 shall notify the other States Parties through the depositary of this Convention of their intention to conclude the agreement and of the modification or suspension for which it provides.

5. This article does not affect international agreements expressly permitted or preserved by other articles of this Convention.

6. States Parties agree that there shall be no amendments to the basic principle relating to the common heritage of mankind set forth in article 136 and that they shall not be party to any agreement in derogation thereof."[24]

In den Schlussbestimmungen finden sich üblicherweise solche Vorschriften, die thematisch nicht in den übrigen Teilen untergebracht werden können. Im Seerechtsübereinkommen enthalten die Schlussbestimmungen Vorschriften über die Unterzeichnung (Artikel 305), die Ratifikation und die förmliche Bestätigung (Artikel 306), den Beitritt (Artikel 307), das Inkrafttreten (Artikel 308), Vorbehalte und andere Ausnahmen (Artikel 309), Erklärungen (Artikel 310), das Verhältnis zu anderen Übereinkommen und internationalen Übereinkünften (Artikel 311), der Änderung (Artikel 312), der Änderung durch vereinfachtes Verfahren (Artikel 313), der Änderung der Bestimmungen des Seerechtsübereinkommens, die sich ausschließlich auf die Tätigkeit im Gebiet beziehen (Artikel 314), der Unterzeichnung, Ratifikation, Beitritt und verbindliche Wortlaute der Änderungen (Artikel 315), dem Inkrafttreten von Änderungen (Artikel 316), der Kündigung (Artikel 317), dem Status der Anlagen (Artikel 318), dem Verwahrer (Artikel 319) und über die verbindlichen Wortlaute (Artikel 320). Die Bestimmungen über die Festlegung des authentischen Textes, der Zustimmung von Staaten, durch den Vertrag gebunden zu sein, der Art und den Zeitpunkt seines Inkrafttretens sowie über Vorbehalte und die Aufgaben des Verwahrers, fanden ab dem Zeitpunkt Anwendung, an dem der Text des Vertrages angenommen wurde.[25] Artikel 311 SRÜ fand keine vorzeitige Anwendung, da er keine Frage regelt, die sich notwendigerweise vor dem Inkrafttreten des Seerechtsübereinkommens stellt. Ganz im Gegenteil, Bedeutung konnte Artikel 311 SRÜ erst dann erlangen, als das Seerechtsübereinkommen als Ganzes in Kraft getreten war.

Als Teil der Schlussbestimmungen steht die Vorschrift systematisch zwischen den Artikeln 309 SRÜ "Reservations and exceptions" und 310 SRÜ "Declarations and Statements". Artikel 311 SRÜ besteht aus sechs Absätzen, die verschiedene Aspekte behandeln. Verbindendes Element der einzelnen Absätze ist das Verhältnis des Seerechtsübereinkommens zu bestehenden oder zukünftigen Ver-

---

24 Artikel 311 SRÜ.

25 Artikel 24 Absatz 4 WVK.

trägen, die sich mit Materien des Seerechts beschäftigen. Absatz 1 bestimmt das Verhältnis zu den Genfer Übereinkommen über das Seerecht von 1958, während Absatz 2 sich in allgemeiner Form mit der Beziehung zu anderen – bestehenden oder zukünftigen – Verträgen beschäftigt. Die Absätze 3 und 4 sind im Zusammenhang zu lesen und gestatten den Vertragsparteien, eigene Übereinkünfte zu treffen, die unter bestimmtem Voraussetzungen Vorschriften des Seerechtsübereinkommens modifizieren oder suspendieren können. Absatz 5 soll den Vorrang von bestimmten *lex specialis* Vorschriften innerhalb des Seerechtsübereinkommens, die eigene Aussagen zu dem Verhältnis zu anderen Übereinkommen treffen, noch einmal ausdrücklich bestätigen. Absatz 6 legt fest, dass die Vertragsstaaten sich verpflichten, nicht Vertragspartei bei einem Abkommen zu werden, welches von dem in Artikel 136 SRÜ niedergelegten Grundsatz über das gemeinsame Erbe der Menschheit abweicht. Zusätzlich bestimmt Absatz 6, dass der Grundsatz über das gemeinsame Erbe nicht geändert werden darf.[26] Letzterer Aspekt fällt im weitesten Sinne aus dem verbindenden Element des Artikels 311 SRÜ heraus.

1. Entstehungsgeschichte des Artikels 311 SRÜ

Ausgangspunkt für den späteren Artikel 311 SRÜ war die Frage nach dem Verhältnis des entstehenden Seerechtsübereinkommens zu den vier Genfer Übereinkommen von 1958. Diese Übereinkommen waren das Ergebnis der zweiten Seerechtskonferenz der Vereinten Nationen und stellten zum Zeitpunkt der in den Jahren von 1973 bis 1982 stattfindenden dritten Seerechtskonferenz (im Folgenden UNCLOS III) die am weitest reichende Kodifikation des Seerechts dar. Dementsprechend ergab sich für die zu schaffende Konvention die Frage, in welchem Verhältnis die verschiedenen Instrumente zueinander stehen sollten. Im Verlauf der Beratungen, sowohl im vorbereitenden Meeresbodenausschuss zwischen 1969 und 1973 wie auch während UNCLOS III, wurde die Bandbreite der Themen gegenüber dieser eigentlichen Frage notwendigerweise erweitert. Nicht nur die Rolle der Genfer Übereinkommen von 1958 wurde erörtert, sondern auch die anderer Übereinkommen im Allgemeinen.

---

26 Die Positionierung der Vorschrift als Absatz 6 in Artikel 311 SRÜ war Gegenstand einer Diskussion, wurde im Endeffekt aber als für die Frage der Rechtswirkung der Vorschrift wegen mangelnder Relevanz nicht weiter verfolgt. A/Conf.62/L.58, Rn. 7, abgedruckt in UNCLOS III, XIV Off. Rec., S. 128.

a) Der Ausschuss für die friedliche Nutzung des Meeresbodens und des Meeresuntergrunds jenseits der Grenzen des Bereichs nationaler Hoheitsbefugnisse, 1967 – 1973

(1) *Ad Hoc* Komitee

Der Ausschuss für die friedliche Nutzung des Meeresbodens und des Meeresuntergrunds jenseits der Grenzen des Bereichs nationaler Hoheitsbefugnisse, der sich im Endeffekt zum vorbereitenden Organ von UNCLOS III entwickeln sollte, wurde zunächst durch Resolution 2340 (XXII) der Generalversammlung am 18. Dezember 1967 als *Ad Hoc* Komitee[27] geschaffen. Vorausgegangen war das Bemühen des maltesischen Botschafters zu den Vereinten Nationen Arvid Pardo eine erste Begutachtung der Frage vorzunehmen, inwieweit die Ressourcen des Meeresbodens jenseits nationaler Hoheitsbefugnisse im Interesse der gesamten Menschheit genutzt werden könnten. Sein (bzw. Maltas) Antrag[28] einen entsprechenden Diskussionspunkt in die Tagesordnung der XXII Sitzung der Generalversammlung der Vereinten Nationen aufzunehmen, trug den Titel "Declaration and Treaty Concerning the Reservation Exclusively for Peaceful Purposes of the Seabed and of the Ocean Floor, Underlying the Seas beyond the Limits of Present National Jurisdiction, and the Use of Their Resources in the Interests of Mankind". Pardos Ansatz war, dass der Zeitpunkt gekommen wäre, ein Übereinkommen zu schaffen, um den Meeresboden frei von nationalen Hoheitsbefugnissen zu halten und die wirtschaftliche Nutzung im Interesse der Menschheit vorzunehmen.[29] Von der wirtschaftlichen Ausbeutung würden ansonsten nur industrialisierte Staaten profitieren, die aufgrund ihrer fortgeschrittenen Technologie zuerst eine Erschließung des Meeresbodens vornehmen könnten. Die Verwaltung des Meeresbodens jenseits der Grenzen des Bereichs nationaler Hoheitsbefugnisse sollte einer internationalen Behörde übertragen werden,[30] die als Sachwalter für die Staatengemeinschaft diese Aufgabe übernähme.

In seiner anschließenden Rede vom 01. November 1967[31] vor dem Ersten Ausschuss der Generalversammlung (Disarmament and International Security) schilderte Pardo, wie die Entwicklung der Erforschung des Meeresbodens in den nächsten Jahren seiner Ansicht nach weitergehen würde. Er zeigte auf, welche Folgen eine ungehinderte Okkupation des Meeresbodens durch die technologisch weiterentwickelten Staaten haben würde. Der Fortschritt der Technik wür-

---

[27] Der vollständige Titel lautete: *Ad Hoc* Committee to Study the Peaceful Uses of the Sea-Bed and the Ocean Floor Beyond the Limits of National Jurisdiction.

[28] *Note Verbale* von Malta vom 17. August 1967 an den Generalsekretär der Vereinten Nationen, A/6695 (XXII). Abgedruckt in Brown, E. D., The International Law of the Sea, Volume II, Documents, Cases and Tables (1994, Aldershot), S. 333.

[29] A/6695 (XXII) (siehe Fn. 28), Nr. 3.

[30] A/6695 (XXII) (siehe Fn. 28), Nr. 4.

[31] A/C.1/PV.1515 (XXII) und A/C.1/PV.1516 (XXII).

de in naher Zukunft eine wirtschaftliche Ausbeutung insbesondere der Manganknollen erlauben, während gleichzeitig das gegenwärtige Recht den Staaten keinerlei Einschränkungen auferlege, den Meeresboden zu okkupieren. Die Staaten könnten unter Berufung auf Artikel 1 des Genfer Übereinkommens über den Festlandsockel[32] die ihrer Küste angrenzenden Meeresbodengebiete okkupieren.[33] Die Konsequenz dieser Entwicklung wäre, dass technologisch fortgeschrittene Staaten, die mit den entsprechenden Finanzmitteln ausgestattet seien, uneingeschränkte Kontrolle des Meeresbodens erlangen würden. Um die unermesslichen Schätze des Meeresbodens gerecht zu verteilen, bedürfe es eines neuen internationalen Regimes.

Bekanntermaßen sollte sich die Erwartung, dass von dem Meeresboden enorme Reichtümer zu erwarten seien, als nicht richtig erweisen. Mehr als dreißig Jahre nach Pardos Rede gibt es immer noch keine industrielle Förderung von Manganknollen und wird es auf absehbare Zeit auch nicht geben. Dass die Okkupation des Meeresbodens durch technologisch fortgeschrittene Staaten unmittelbar bevorstand, stand allerdings für Pardo und seine Zeitgenossen außer Frage. Entscheidend war lediglich, ob die Ausbeutung "under national auspices for national purposes" oder "under international auspices and for the benefit of mankind" erfolgen würde.[34] Die Schaffung eines solchen Abkommens würde eine weitreichende Aufgabe der Völkergemeinschaft darstellen.[35]

Ergebnis der dreieinhalb Stunden dauernden Rede Arvid Pardos war die Resolution 2340 (XXII), durch welche ein 35 Mitglieder umfassendes *Ad Hoc* Komitee gegründet wurde "to Study the Peaceful Uses of the Sea-Bed and the Ocean Floor beyond the Limits of National Jurisdiction". Es sollte einen Bericht vorbereiten, der zugleich eine erste Bestandsaufnahme der Aktivitäten der Vereinten Nationen auf dem Gebiet wie auch eine Sammlung wissenschaftlicher, techni-

---

32 Artikel 1 des Genfer Übereinkommens über den Festlandsockel lautet im Original: "For the purpose of these articles, the term "continental shelf" is used as referring (a) to the seabed and subsoil of the submarine areas adjacent to the coast but outside the area of the territorial sea, to a depth of 200 metres or, beyond that limit, to where the depth of the superjacent waters admits of the exploitation of the natural resources of the said areas; (b) to the seabed and subsoil of similar submarine areas adjacent to the coasts of islands." Insbesondere das Kriterium der technischen Durchführbarkeit würde hier entsprechende Möglichkeiten eröffnen.

33 A/C.1/PV.1515 (XXII), Nr. 66-68.

34 A/C.1/PV.1515 (XXII), Nr. 64.

35 Der Ausschussvorsitzende brachte die mit der Schaffung eines solchen Abkommens verbundenen Aufgaben zum Ausdruck: "The item proposed by Malta invites our serious attention and deserves due consideration by the United Nations and other international organizations. [...] Here is a new arena where scientists, economists, jurists and politicians must deploy their untiring efforts and pool their resources to promote international, peaceful co-operation for the purposes of serving humanity and enabling it to use for the betterment of the human race all the gifts nature can offer." A/C.1/PV.1516 (XXII), Nr. 18.

scher, wirtschaftlicher und rechtlicher Aspekte des Themas sein sollte. Die Bedeutung der Resolution lag vor allem darin, dass sie den folgenden Ereignissen das Leitmotiv der gemeinsamen, friedlichen Nutzung gab und damit die Möglichkeit einer grundsätzlich anderen Lösung zumindest deutlich erschwert hätte. In den ersten Beratungen des *Ad Hoc* Komitees wurden zunächst Personalfragen und allgemeine Überlegungen zum genauen Umfang des Auftrags der Resolution 2340 (XXII) vorgenommen. Abgesehen von allgemeinen Bemerkungen über die Bedeutung der Rolle der Charta der Vereinten Nationen[36] sowie des Hinweises, dass das Genfer Übereinkommen von 1958 über den Festlandsockel eventuell einer Überarbeitung bedürfe,[37] findet sich kein weiterer Anhaltspunkt auf eine breitere Diskussion, wie ein neues Regime sich zu bestehenden Normen verhalten würde. Die Diskussionen waren allgemeiner politischer und auch wirtschaftlicher Natur, aber es erfolgten keine juristischen Erörterungen zu bestimmten Punkten. Zur Bewertung rechtlicher Fragen wurde während der ersten Sitzung ein Unterausschuss Recht gegründet,[38] der Überlegungen dahingehend anstellen sollte, ob und inwieweit völkerrechtliche Vorschriften auf das Gebiet des Meeresbodens Anwendung fänden.[39]

(2) Ständiger Meeresbodenausschuss

Durch die Resolution 2467 A (XXIII) vom 21. Dezember 1968 wurde das *Ad Hoc* Komitee in einen ständigen Ausschuss umgewandelt, um der Diskussion einen geeigneteren Rahmen zu geben und auch die Bedeutung der zu erörternden Frage zu betonen. Der Titel des Ausschusses wurde leicht geändert und lautete nun Ausschuss für die friedliche Nutzung des Meeresbodens und des Meeresuntergrunds jenseits der Grenzen des Bereichs nationaler Hoheitsbefugnisse[40] (im Folgenden: Meeresbodenausschuss). Der Meeresbodenausschuss erhielt den Auftrag "to study the elaboration of the legal principles and norms which would promote international co-operation in the exploration and use of the sea-bed and the ocean floor."[41] Im Verlauf der ersten Sitzungen erließ der (weiterhin beste-

---

36 Report of the *Ad Hoc* Committee to study the Peaceful Uses of the Sea-Bed and the Ocean Floor Beyond the Limits of National Jurisdiction (SBC Report 1968), 23 UN GA Off. Rec. (A/7230), S. 18.

37 SBC Report 1968 (siehe Fn. 36), S. 15.

38 SBC Report 1968 (siehe Fn. 36), S. 1, 8f.

39 SBC Report 1968 (siehe Fn. 36), S. 42ff.

40 Committee *on* the Peaceful Uses of the Sea-Bed and the Ocean Floor Beyond the Limits of National Jurisdiction anstatt Committee *to Study* the Peaceful Uses of the Sea-Bed and the Ocean Floor Beyond the Limits of National Jurisdiction. Es erhielt den Auftrag eine umfassende Seerechtskonferenz vorzubereiten durch Resolution 2750 C (XXV) vom 17. Dezember 1970. Resolution 2881 (XXVI) vom 18. Dezember 1972 erhöhte die Zahl der Mitglieder ein letztes Mal.

41 GA 2467 A (XXIII) 2(a).

hende) Unterausschuss Recht am 14. März 1969 ein Arbeitsprogramm, welches unter anderem vorsah

> "[t]o study in the context of appropriate provisions of resolution 2467 A (XXIII) the elaboration of legal principles reglating [sic] to: [...] (2) *applicability of international law, including the United Nations Charter*".[42]

Dieser Verweis auf die anwendbaren Normen des Völkerrechts ist aufgrund des eng umschriebenen Auftrags in Resolution 2467 A (XXIII) Nr. 2(a) zunächst nur auf die rechtlichen Probleme im Zusammenhang mit dem Meeresboden zu beziehen. Zu diesem Punkt wurden im Jahr 1969 im Unterausschuss Recht Beratungen durchgeführt.[43]

Durch Resolution 2750 C (XXV) vom 17. Dezember 1970 wurde der Auftrag des Ausschusses dahingehend erweitert, eine dritte Seerechtskonferenz der Vereinten Nationen vorzubereiten und auch einen ersten Entwurf von Artikeln vorzulegen. UNCLOS III sollte sich nicht nur mit dem rechtlichen Regime des Meeresbodens auseinandersetzen, sondern auch eine Vielzahl verwandter Themen des Seerechts behandeln.[44]

Damit war deutlich, dass ein völlig neues Regelungsinstrument geschaffen werden sollte, welches sämtliche Aspekte des modernen Seerechts umfassen sollte. Nachdem der Meeresbodenausschuss durch die Resolution 2750 C (XXV) quasi der Vorbereitungsausschuss für die dritte Seerechtskonferenz der Vereinten Nationen geworden war, wurde sehr schnell auch Gegenstand der Diskussion, wie sich das zu schaffende Übereinkommen in das bestehende Seevölkerrecht eingliedern sollte.

Erste Anhaltspunkte für Diskussionen über Aspekte, die später Eingang in Artikel 311 SRÜ finden sollten, finden sich in einem Vorschlag, den die Türkei im Unterausschuss II[45] des Meeresbodenausschusses im Jahr 1971[46] unterbreitete.

---

42 A/AC.138/SC.1/3 vom 14. März 1969 (Hervorhebung vom Verfasser).

43 Report of the Committee on the Peaceful Uses of the Sea-Bed and the Ocean Floor Beyond the Limits of National Jurisdiction (SBC Report 1969), 24 UN GA Off. Rec. Supp. 22 (A/7622), S.17f.

44 Neben der Schaffung eines Meeresbodensregimes, sollte sich der Ausschuss weiteren Aspekten des Seerechts widmen "including those concerning the régimes of the high seas, the continental shelf, the territorial sea (including the question of its breadth and the question of international straits) and contiguous zone, fishing and conservation of the living resources of the high seas (including the question of preferential rights of coastal States), the preservation of the marine environment (including, inter alia, the prevention of pollution) and scientific research", GA 2470 C (XXV), Rn. 2.

45 Der Auftrag des Unterausschusses II lautete: "To prepare a comprehensive list of subjects and issues relating to the law of the sea [...] and to prepare draft treaty articles thereon." Report of the Committee on the Peaceful Uses of the Sea-Bed and the Ocean Floor Beyond the Limits of National Jurisdiction (SBC Report 1971), 26 UN GA Off. Rec. Supp. 21 (A/8421), Rn. 19, 87.

46 A/AC.138/48, abgedruckt in SBC Report 1971 (siehe Fn. 45), S. 92.

Gegenstand war die Frage nach dem Verhältnis der zu schaffenden Konvention zu den vier Genfer Übereinkommen über das Seerecht von 1958. Die Türkei schlug vor, dass diese Frage vom Meeresbodenausschuss aufgenommen werden sollte, um sie im Hinblick auf die zu entwerfenden Artikel zu erörtern. Eine der wenigen Vorlagen, die schon ausgearbeitete Artikel enthielt, wurde im gleichen Jahr von den Vereinigten Staaten eingebracht. Der Entwurf enthielt verschiedene Artikel zur Breite des Küstenmeeres, Meerengen und der Fischerei und enthielt in zwei Vorschriften[47] Konfliktklauseln, die sich allerdings jeweils nur auf das spezielle Verhältnis zu Konventionen im Bereich der Meerengen, respektive der Fischerei bezogen. Insgesamt wurden die Fragenkomplexe, die im Endeffekt von Artikel 311 SRÜ behandelt werden in den Verhandlungen des Meeresbodenausschusses nur marginal erörtert. Dies ist auch verständlich, da die Notwendigkeit bei der Frage nach dem Verhältnis zu anderen Konventionen zu einem Ergebnis zu kommen, erst dann wirklich relevant wird, wenn tatsächlich die Arbeit an der zu schaffenden Konvention ausreichend weit fortgeschritten ist. So bezieht sich im englischen der Begriff "Final Clauses" als Name für den Teil eines Übereinkommens, in dem üblicherweise ein Vorschrift über das Verhältnis zu anderen Konventionen enthalten ist, nicht auf die Stellung im Vertrag, sondern darauf, dass die Arbeit an den dort enthaltenen Bestimmungen nicht erfolgen kann, bevor die substanzielle Arbeit an den übrigen Vorschriften erfolgt ist.[48]

Der Meeresbodenausschuss sah sich außerstande einen Vertragsentwurf vorzulegen. Ergebnis der schwierigen Verhandlungen waren fünfundzwanzig Punkte, die Gegenstand der Beratungen von UNCLOS III sein sollten. Hier drin sollte auch einer der Gründe für die lange Dauer der dritten Seerechtskonferenz liegen. Die beiden vorangegangenen Seerechtskonferenzen konnten jeweils auf Vorarbeiten und Artikelentwürfe der International Law Commission zurückgreifen. Insbesondere für UNCLOS I lag ein umfangreicher Entwurf vor.[49] Für UNCLOS III musste eine solche Verhandlungsgrundlage erst von den verhandelnden Staaten geschaffen werden.[50] In der vom Meeresbodenausschuss am 18. August 1972[51] offiziell angenommen Themenliste[52] findet sich kein ausdrückli-

---

47 A/AC.138/SC.II/L.40, abgedruckt in SBC Report 1971 (siehe Fn. 45), S. 241. Artikel II Absatz 2 regelte das Verhältnis zu bereits in Kraft getretenen Übereinkünften über spezifische Meerengen; Artikel III Absatz 8 das Verhältnis zu Konventionen und Übereinkünften über die Fischerei.

48 Virginia Commentary, Bd. V, XVII.1.

49 Report of the International Law Commission to the General Assembly (A/3159), Yearbook of the International Law Commission, 1956 Vol.II, S. 253.

50 Zu den Problemen, die sich aus dem Fehlen einer Beratungsgrundlage ergeben, siehe Koh, T., Jayakumar, S., "The Negotiating Process of the Third United Nations Conference on the Law of the Sea" in Virginia Commentary, Bd. I, S. 29, 50ff.

51 Report of the Committee on the Peaceful Uses of the Sea-Bed and the Ocean Floor Beyond the Limits of National Jurisdiction (SBC Report 1972), 27 UN GA Off. Rec. Supp. 21 (A/8721) 1972, Rn. 23.

cher Punkt zu der Frage nach der Stellung der zu schaffenden Konvention oder zu sonstigen allgemeinen Fragen, die üblicherweise unter die Schlussbestimmungen gefasst werden.

b) UNCLOS III

Die Ergebnisse der Beratungen des Meeresbodenausschusses und die vom Ausschuss erstellte Themenliste wurden offiziell Teil der Dokumentation von UNCLOS III.[53] Verhandlungen über die Schlussbestimmungen wurden in konzentrierter Form erst ab 1978 geführt, da in den Jahren davor die Verhandlungen über die "hard-core issues"[54] noch nicht ausreichend weit fortgeschritten waren. In dem Arbeitsprogramm für die siebte Tagung[55] wurde die Plenarversammlung[56] damit beauftragt, Verhandlungen über die Schlussbestimmungen zu führen.[57] Der Präsident unterteilte die Themen der Schlussbestimmungen in solche, die "for various reasons, are likely to prove controversial"[58] und in solche "subjects and issues that may be considered non-controversial".[59] Die Frage nach der "Relation to other Conventions" wurde von dem Präsidenten zu den kontroversen Themengebieten gezählt.

Diskussionsgrundlage für die Schlussbestimmungen war ein Entwurf des Generalsekretärs der Vereinten Nationen vom 26. Juli 1976,[60] der auf Bitten der Konferenz erstellt worden war. Bezüglich "Relation to other Conventions" enthält

---

52 Im Original: List of subjects and issues relating to the law of the sea.

53 GA 3067 (XXVIII) vom 16. November 1973 und A/Conf.62/L.5, abgedruckt in UNCLOS III, III Off. Rec., S. 83.

54 Als "hard-core issues" wurden sieben Themengebiete bezeichnet, die weiterhin strittig geblieben waren, nachdem über den Hauptteil der Bestimmungen eine Einigung erzielt worden war. A/Conf.62/62 vom 13. April 1978, Rn. 5, abgedruckt in UNCLOS III, X Off. Rec., S. 6, 7f.

55 Die siebte Tagung fand im Büro der Vereinten Nationen in Genf vom 28. März bis 19. Mai 1978 und vom 21. August bis 15. September 1978 am Sitz der Vereinten Nationen in New York statt.

56 Ebenso wie bei den Beratungen über die Streitbeilegungsvorschriften tagte die Plenarversammlung hierbei als Informal Plenary.

57 A/Conf.62/61 vom 11. April 1978, Rn. 13, abgedruckt in UNCLOS III, X Off. Rec., S. 1.

58 FC/1 vom 23. Juli 1979, Rn. 5(a), abgedruckt in Platzöder, Bd. XII, S. 349.

59 FC/1 (siehe Fn. 58), Rn. 5(b).

60 A/Conf.62/L.13 (siehe Fn. 21).

der Entwurf aber nur eine Überschrift und keinerlei Vorschlag für einen Text.[61] In einer Fußnote zu der Überschrift zitiert der Entwurf die Absätze 2, 3 und 4 des Artikels 30 WVK über die Anwendung aufeinander folgender Verträge über denselben Gegenstand.[62] Außerdem werden unterschiedliche Kollisionsklauseln aus verschiedenen Übereinkommen der Vereinten Nationen als Beispiele gegeben. Der Präsident der Konferenz hatte der informellen Plenarversammlung drei Fragen zur Diskussion vorgeschlagen.[63] Die erste Frage betraf das Verhältnis zu den Genfer Übereinkommen über das Seerecht von 1958. Die beiden anderen Fragen drehten sich um das Verhältnis der zu schaffenden Konvention zu weiteren Übereinkommen, die von den Vereinten Nationen entwickelt worden waren und zu sonstigen bilateralen Übereinkommen aus dem Bereich des Seerechts.

Am 07. August 1979 wurden auf dieser Grundlage in der Plenarversammlung allgemeine Beratungen durchgeführt, bevor das Thema der Group of Legal Experts zur weiteren Begutachtung überwiesen wurde.[64] In der Zusammenfassung, die der Präsident von der Plenardiskussion anfertigte,[65] zeigt sich, dass die Staaten sich nicht sicher waren, welche Auswirkungen verschiedene Kollisionsklauseln auf bereits vorhandene multi- und bilaterale Übereinkommen haben könnten. Das Hauptproblem, das die im Laufe der aufkommenden Diskussionen eingereichten Formulierungsvorschläge zu lösen suchten, war, dass die mit dem Seerechtsübereinkommen zu schaffende Konvention nicht nur eine Kodifizie-

---

61 Für das Folgende sind insbesondere folgende Dokumente von Interesse: FC/20 Report of the Chairman of the Group of Legal Experts on Final Clauses (Mr. J. Evensen (Norway)) vom 29. März 1980 (abgedruckt in Platzöder, Bd. XII, S. 397); FC/21 Note by the President on Final Clauses (Draft Articles) vom 12. August 1980 (abgedruckt in Platzöder, Bd. XII, S. 404); FC/21/Rev.1 Note by the President on Final Clauses (Kommentierung) vom 19. August 1980 (abgedruckt in Platzöder, Bd. XII, S. 410); FC/21/Rev.1/Add.1 Changes to FC/21/Rev.1 Proposed by the President vom 22. August 1980 (abgedruckt in Platzöder, Bd. XII, S. 422); A/Conf.62/L.60 Preliminary report of the President on the work of the informal plenary meeting on the Conference on final clauses vom 23. August 1980.

62 Siehe allgemein hierzu auch die umfassende Studie des Institute of International Law zu dem Thema "Problems arising from a succession of codification conventions on a particular subject". Die gesamte diesbezügliche Arbeit einschließlich des Preliminary Exposé sowie des Provisional und des Final Reports und der jeweiligen Antworten der Mitglieder der Kommission sind abgedruckt in Institute of International Law, Yearbook, Vol. 66, Part I, Session of Lisbon (1995), S. 39. Der endgültig angenommene Text der Resolution und der Conclusions sind abgedruckt in Institute of International Law, Yearbook, Volume 66, Part II, Session of Lisbon (1995), S. 435.

63 FC/6 vom 7. August 1979, Rn. 4, abgedruckt in Platzöder, Bd. XII, S. 356.

64 Die Plenarversammlung hatte sich entschlossen, dem Vorschlag des Präsidenten der Konferenz zu folgen, und eine Gruppe von Rechtsexperten für die Verhandlungen über die Schlußbestimmungen einzusetzen, um die Diskussionen einfacher zu gestalten. FC/2 vom 27. Juli 1979, abgedruckt in Platzöder, Bd. XII, S. 352. Ausschussvorsitzender war der Norweger Jens Evensen. Oftmals wird die Group of Legal Experts daher auch als Evensen-Group bezeichnet.

65 FC/7 vom 9. August 1979, abgedruckt in Platzöder, Bd. XII, S. 360.

rung des bestehenden Seevölkerrechts darstellen würde, sondern gleichzeitig eine Fortbildung und auch eine Neugestaltung desselben. Daneben existierten viele Konventionen, die sich mit Materien beschäftigten, die ebenfalls von dem Seerechtsübereinkommen geregelt werden würden. Zahlreiche Verträge über Navigationsfragen gingen von einer Aufteilung der Meere in innere Gewässer, Küstenmeer, Anschlusszone und Hohe See aus, so wie es in den Genfer Übereinkommen von 1958 bestätigt worden war. Das Seerechtsübereinkommen führte daneben weitere Meereszonen ein, die darüber hinaus unterschiedliche Arten von Rechten in den einzelnen Zonen anerkennen. Diese neue Unterteilung der Meeresgebiete würde vielfältige Auswirkungen auf bestehende Konventionen haben, die auf die Unterteilung Bezug nehmen.

Sehr technischer Natur sind die Konventionen, die unter der Schirmherrschaft (auspices) der IMO (damals noch Intergovernmental Maritime Consultative Organization) und anderer Sonderorganisationen geschlossen worden waren und die in der einen oder anderen Weise maritime Themen behandelten. In diesem Zusammenhang wurde auch überlegt, ob es nicht angebracht sei, eine abschließende Liste mit Übereinkommen zu erstellen, die von dem Seerechtsübereinkommen beeinflusst werden könnten.[66] Hierbei wurde aber bald die Aussichtslosigkeit dieses Unterfangens angemerkt. Ein weiteres, immer wieder angeführtes Beispiel, ist die Chicago Konvention über die Internationale Zivilluftfahrt von 1944.[67] Diese und die in ihrem Rechtskreis abgeschlossenen Abkommen gehen von einer rechtlichen Unterscheidung verschiedener Zonen der Meeresgebiete aus, die direkte Auswirkungen auf die Art der Überflugrechte haben.[68] Eine Änderung hier, wie es von UNCLOS III vorgenommen wurde, hatte also Folgen, die bedacht werden mussten. Der Präsident der Planarversammlung wies darauf hin, dass es auf jeden Fall vermieden werden müsste, eine Regelung zu finden, die zur automatischen Unanwendbarkeit anderer völkerrechtlicher Vorschriften führen würde.[69]

In der Group of Legal Experts wurden die Diskussionen dann weitergeführt. In seinem Abschlußbericht legte der Ausschussvorsitzende eine Formulierung vor, auf die sich die Gruppe hatte einigen können.[70] Der Vorschlag der Group of Le-

---

[66] FC/7 (siehe Fn. 65), Rn. 5.

[67] Convention on International Civil Aviation vom 7. Dezember 1944 (UNTS Vol. 15, No. II 102, S. 295).

[68] Dieser Umstand und andere Auswirkungen wurden von dem Sekretariat der International Civil Aviation Organization in einem Bericht zu dem Vertragsentwurf der International Law Commission im Jahre 1958 kommentiert, A/Conf.13/31 vom 24. Januar 1958.

[69] "The overriding concern seemed to be that the decision taken on the approach to this question must not produce a treaty provision whose application would result in *automatic abrogation and thereby create a legal vacuum.* In this context the possibility of gradual abrogation was linked with the provisions on transitional arrangements." (Hervorhebung vom Verfasser) FC/7 (siehe Fn. 65), Rn. 9.

[70] FC/20 (siehe Fn. 61), S. 397.

gal Experts im Abschlußbericht enthielt vier Absätze, von denen die Absätze 1 bis 3 weitgehend den späteren Absätzen 1 bis 3 des Artikels 311 SRÜ entsprachen.[71] Völlig anderer Gestalt war der spätere Absatz 5.[72] Auch der spätere Absatz 6 war noch nicht enthalten.

In der endgültigen Fassung und in seiner endgültigen Nummerierung erschien Artikel 311 SRÜ in der informellen Version des Übereinkommensentwurfs vom 22. September 1980.[73] Nachdem zum offiziellen Übereinkommensentwurf vom 28. August 1981[74] keine Änderung vorgenommen wurde, erfolgte im weiteren Verlauf lediglich eine sprachliche Modifikation in Absatz 4,[75] die auf einen Vorschlag des Redaktionsausschusses zurückging.[76] Als Titel des Artikels 311 SRÜ wurde "Relation to other conventions and international agreements" als geeignet angesehen, da der Artikel sich auf das Verhältnis des Seerechtsübereinkommens zu den Genfer Übereinkommen von 1958 und anderen internationalen Übereinkünften beziehe.[77] Zuvor war der Artikel jeweils unter dem Titel "Relation to other conventions" geführt worden.[78] Der Beschluss vom 15. August 1980[79] einen weiteren Absatz 6, der sich mit dem Verhältnis zu – wenn auch verklausuliert ausgedrückt – *jus cogens* beschäftigte, anzufügen, führte zu keiner weiteren Änderung des Titels.

Insgesamt lässt sich feststellen, dass die im Zusammenhang mit Artikel 311 SRÜ geführten Diskussionen in konzentrierter Form erst seit der siebten Tagung von UNCLOS III im Jahre 1978 stattfanden. Ohne Zweifel waren die verhandelnden Staaten im Rahmen ihrer Möglichkeiten genau darüber informiert, welche Abkommen für sie selbst von Relevanz waren und darauf eingestellt, dem-

---

71 In Absatz 2 wurde der Ausdruck "other treaties" durch "other agreements" ersetzt. Ferner wurde in Absatz 3 der Halbsatz "and provided further that such agreements shall not affect the application of the basic principles embodied herein" eingefügt. Ansonsten wurden vor allem stilistische Änderungen vorgenommen, die auf Vorschläge des Redaktionsausschuss-es zurückgingen.

72 FC/20 (siehe Fn. 61), S. 406.

73 A/Conf.62/WP.10/Rev.3, abgedruckt in Platzöder, Bd. II, S. 179.

74 A/Conf.62/L.78, abgedruckt in UNCLOS III, XV Off. Rec., S. 172.

75 Nach dem Wort "of the modification" wurden die Worte "to this Convention" gestrichen und dafür die Worte "or suspension" eingefügt. Der endgültige Absatz 4 lautete damit: "States Parties intending to conclude an agreement referred to in paragraph 3 shall notify the other States Parties through the depositary of this Convention of their intention to conclude the agreement and of the modification or suspension for which it provides." (Hervorhebung vom Verfasser).

76 A/Conf.62/L.152/Add.21 und 27 (diese Dokumente sind nicht Bestandteil der offiziellen Dokumentation geworden). Zur Arbeit des Redaktionsausschusses siehe Nelson, L. D. M., "The Work of the Drafting Committee" in Virginia Commentary, Bd. I, S. 135, 138ff.

77 FC/21/Rev.1 (siehe Fn. 61), Rn. 11.

78 Diese Wortwahl erfolgte bis einschließlich FC/20 (siehe Fn. 61), S. 397.

79 A/Conf.62/L.58 (siehe Fn. 26), Rn. 5ff.

entsprechend ihre Verhandlungspositionen zu bestimmen, um unerwünschte Resultate zu vermeiden.

2. Das Verhältnis des Seerechtsübereinkommens zu den Genfer Übereinkommen von 1958

"Dieses Übereinkommen hat zwischen den Vertragsstaaten Vorrang vor den Genfer Übereinkommen vom 29. April 1958 über das Seerecht."[80] Diese Regelung ist die einzige im Seerechtsübereinkommen, die sich ausdrücklich zu dem Verhältnis zu bestimmten, genau bezeichneten Konventionen äußert. Die Frage nach dem Verhältnis zu den Genfer Übereinkommen war es auch, die den Ausgangspunkt für Artikel 311 SRÜ darstellte.[81]

Die vier Genfer Übereinkommen vom 29. April 1958 über das Seerecht stellten zum Zeitpunkt der Verhandlungen von UNCLOS III zwischen 1973 und 1982 die weitest reichenden Kodifizierungen des Seevölkerrechts dar. Während der ersten Seerechtskonferenz hatten sich die Staaten darauf geeinigt, vier einzelne Übereinkommen zu schaffen und keinen zusammengefassten Konventionstext. Diese Abkommen waren unabhängig voneinander zu ratifizieren. Im Einzelnen waren dies das Übereinkommen über das Küstenmeer und die Anschlusszone, das Übereinkommen über die Hohe See, das Übereinkommen über die Fischerei und die Erhaltung der biologischen Reichtümer der Hohen See und das Übereinkommen über den Festlandsockel.[82] Darüber hinaus wurde auch noch ein optionales Streitbeilegungsprotokoll geschaffen.[83] Heute haben die Übereinkommen jeweils um die 50 bis 60 Vertragsstaaten.[84] Während der Beratungen im Meeresbodenausschuss, die den Ausgangspunkt für UNCLOS III darstellten,[85] wurde die Bedeutung der Genfer Übereinkommen unterschiedlich beurteilt. Insbesondere herrschte Uneinigkeit darüber, in welchem Umfang die Überein-

---

80 Artikel 311 Absatz 1 SRÜ lautet im Original: "This Convention shall prevail, as between States Parties, over the Geneva Conventions on the Law of the Sea of 29 April 1958."

81 Ein Vorschlag der Türkei, der im Meeresbodenausschuss 1971 vorgelegt wurde, lenkte die Aufmerksamkeit offiziell auf diese Frage. Siehe dazu Fn. 46 und den begleitenden Text.

82 Die Convention on the Territorial Sea and the Contiguous Zone (UNTS Vol. 516, No. I 7477, S. 205) hat 51 Vertragsstaaten; die Convention on the High Seas (UNTS Vol. 450, No. I 6465, S. 82) hat 62 Vertragsstaaten; die Convention on Fishing and Conservation of the Living Resources of the High Seas (UNTS Vol. 559, No I 8104, S. 285) hat 37 Vertragsstaaten und die Convention on the Continental Shelf (UNTS Vol. 499, No. I 7302, S. 311) hat 57 Vertragsstaaten. Stand 17. Mai 2002.

83 Optional Protocol of Signature concerning the Compulsory Settlement of Disputes vom 29. April 1959 (UNTS Vol. 450, No. I 6466, S. 169). 37 Staaten haben das Streitbeilegungsprotokoll ratifiziert. Stand 17. Mai 2002.

84 Siehe Angaben in Fn. 82. Die Convention on Fishing and Conservation of the Living Resources of the High Seas hat lediglich 37 Vertragsstaaten.

85 Siehe II.B.1.a).

kommen im Hinblick auf die dritte Seerechtskonferenz eine Rolle spielen sollten.[86] Sämtliche in diesem frühen Stadium vorgebrachten Überlegungen enthielten im Kern, dass die Übereinkommen die Grundlage für UNCLOS III darstellen sollten. Uneinigkeit herrschte aber darüber, ob die Übereinkommen unangetastet bleiben sollten, sie lediglich dort zu erweitern seien, wo die Übereinkommen keine ausreichende Lösung darstellen würden[87] oder ob die Notwendigkeit einer "thorough revision"[88] bestehen würde. Aber schon im Verlauf der Beratungen im Meeresbodenausschuss zeigte sich, dass das Seerechtsübereinkommen eine völlige "Umgestaltung" des bisherigen Seerechts mit sich bringen würde. Seit 1958 war eine Vielzahl neuer Staaten entstanden, die an den Verhandlungen zu den Genfer Übereinkommen von 1958 nicht hatten teilnehmen können und einen kompletten Neuanfang der Verhandlungen forderten. Den Genfer Übereinkommen kam damit gerade nicht die Rolle zu, Grundlage für die Verhandlungen der dritten Seerechtskonferenz zu sein.[89] Dementsprechend war eine Regelung über das Verhältnis des zu schaffenden Seerechtsübereinkommens zu den Genfer Übereinkommen unumgänglich, auch wenn einige Staaten die Ansicht vertraten, dass eine solche Regelung nicht erforderlich sei.[90]

Die endgültige Fassung von Artikel 311 Absatz 1 SRÜ geht zurück auf die Arbeiten der Group of Legal Experts, deren Ergebnisse der Ausschussvorsitzende dem Präsidenten der Konferenz am 29. März 1980 vorlegte.[91] Artikel 311 Absatz 1 SRÜ regelt, dass für die Parteien zum Seerechtsübereinkommen dieses Vorrang vor den Genfer Übereinkommen hat. Als im Seerechtsübereinkommen enthaltene Vorschrift entfaltet Artikel 311 Absatz 1 SRÜ gleiche Rechtswirkung für alle Vertragsstaaten zum Seerechtsübereinkommen. Tatsächlich von dieser Regel betroffen sind aber nur die Staaten, die gleichzeitig auch Vertragsstaaten zu einem oder mehreren Genfer Übereinkommen sind. Für die Staaten, die nur Partei des Seerechtsübereinkommens sind, können die Vorschriften der Genfer Übereinkommen als Vertragstext grundsätzlich nicht greifen.

---

86 SBC Report 1971 (siehe Fn. 45), Rn. 29ff.

87 SBC Report 1971 (siehe Fn. 45), Rn. 31.

88 SBC Report 1971 (siehe Fn. 45), Rn. 33.

89 Es finden sich allerdings verschiedene Vorschriften im Seerechtsübereinkommen, die entsprechende Vorschriften der Genfer Übereinkommen quasi *verbatim* wiedergeben. Im Letter of Submittal des amerikanischen Präsidenten an den Kongreß 1994 wird festgestellt "Virtually all of the provisions of these Conventions are either repeated, modified or replaced by the provisions of the LOS Convention." Treaty Doc. 103-39, 103rd Congress, 2nd Session, Senate, Message From the President of the United States (1994).

90 FC/7 (siehe Fn. 65), S. 361.

91 FC/20 (siehe Fn. 61), S. 401. Zum ersten Mal scheint die Formulierung in einem Vorschlag von 27. Februar 1980 durch den Ausschussvorsitzenden der Group of Legal Experts aufzutauchen (GLE/FC/11, abgedruckt in Platzöder, Bd. XII, S. 475). Im weiteren Verlauf wurde eine Präzisierung dahingehend vorgenommen, dass das genaue Datum der Genfer Übereinkommen in den Text eingefügt wurde.

21 Staaten haben nur eines oder mehrere der vier Genfer Übereinkommen nicht aber das Seerechtsübereinkommen, 51 Staaten das Seerechtsübereinkommen und eines oder mehrere der Genfer Übereinkommen und 84 Staaten haben nur das Seerechtsübereinkommen ratifiziert.[92] Folge dieser Konstellation ist, dass Artikel 311 Absatz 1 SRÜ zwischen den 51 Staaten Anwendung findet, die sowohl das Seerechtsübereinkommen als auch wenigstens eines der vier Genfer Übereinkommen ratifiziert haben. Für diese Staaten gilt, dass in ihren Rechtsbeziehungen die Vorschriften des Seerechtsübereinkommens gegenüber solchen Fragen, die auch in den Genfer Übereinkommen geregelt sind, Vorrang haben. Die Formulierung "hat Vorrang" ("shall prevail") beinhaltet dabei, dass die Genfer Übereinkommen auch weiterhin existieren und auch Rechtswirkungen entfalten können. Während der Verhandlungen zu UNCLOS III waren in diesem Zusammenhang verschiedene Modelle diskutiert worden. Aus der Zusammenfassung, die der Präsident von den Beratungen in der Plenarversammlung zu diesem Verhandlungspunkt anfertigte, werden die Hauptansichten zu dem Verhältnis zu den Genfer Übereinkommen ersichtlich.[93] Hauptsächlich standen sich hier zwei Meinungen gegenüber. Eine Ansicht, die offenkundig mit einiger Vehemenz vorgebracht wurde, vertrat, dass das Seerechtsübereinkommen die Genfer Übereinkommen völlig ersetzen, diese also keine Rechtswirkung mehr haben sollten. Der von diesen Staaten vorgebrachte Formulierungsvorschlag: "[the Convention] supersedes the 1958 Geneva Conventions" impliziert, dass die Rechtswirkung der Genfer Übereinkommen völlig aufgehoben worden wäre. Maßgebliche Begründung war, dass die Genfer Übereinkommen aus einer Zeit stammen würden, in der ein Großteil der an UNCLOS III teilnehmenden Staaten noch überhaupt keine Staaten waren und dementsprechend auch nicht an den Verhandlungen hätten teilnehmen können.[94] So richtig dieser Einwand auch ist, so ist die Folgerung, dass deswegen die Genfer Übereinkommen komplett ersetzt werden müssten, nicht schlüssig. In dieser Form wird nicht der Tatsache Rechnung getragen, dass nicht notwendigerweise alle Staaten, die am Seerechtsübereinkommen mitverhandeln, diesem auch beitreten würden. Aber vor allem bedeutet lediglich die Tatsache, dass nur ein bestimmte Anzahl an Staaten an einer vorangegangenen Konvention mitgearbeitet haben nicht, dass diese in irgendeiner Form weniger Rechtswirkung haben könnte. Folge dieses Ansatzes

---

92 Stand 13. November 2003. In der von der Division for Ocean Affairs and the Law of the Sea der Vereinten Nation geführten Ratifikationsliste des Seerechtsübereinkommens von insgesamt 195 Staaten (oder Völkerrechtssubjekten) haben 34 Staaten weder das Seerechtsübereinkommen noch ein Genfer Übereinkommen ratifiziert.

93 FC/7 (siehe Fn. 65), Rn. 6.

94 Diese Ansicht scheint hauptsächlich von denen Staaten vertreten worden zu sein, die keine Möglichkeit hatten, an den Verhandlungen von 1958 teilzunehmen. Da keinerlei Aufzeichnungen der Beratungen der Informal Plenary existieren, ist dieses allerdings nur eine Vermutung.

wäre ein Verstoß gegen die *pacta tertiis* Regel.[95] Noch weiter ging sogar ein Vorschlag in einem anonymen Arbeitspapier, der sich nicht nur auf das Verhältnis zu den Genfer Übereinkommen zu beziehen scheint, sondern fordert, dass das Seerechtsübereinkommen alle Konventionen in dem Bereich des Seerechts ersetzen solle.[96] Dieser Vorschlag wurde jedoch nicht weiter von der Group of Legal Experts in Betracht gezogen. Dementsprechend wurden andere Vorschläge eingebracht, die sich an Artikel 30 Absatz 4 und Absatz 3 WVK[97] über die Anwendung aufeinander folgender Verträge über denselben Gegenstand orientierten.[98] Artikel 30 Absatz 4 WVK regelt, dass Parteien zu einem multilateralen Vertrag nur dann durch einen späteren Vertrag gebunden sind, wenn sie diesem als Vertragspartei angehören – ein Ausdruck der *pacta tertiis* Regel des Artikels 34 WVK.[99] Durch eine Lösung, die sich an diesen Vorschriften orientiert, konnte sichergestellt werden, dass Rechtsbeziehungen auch für die Staaten bestehen

---

95 Ballreich, H., "Treaties, Effect on Third States" in Bernhardt, R., et al. (Hrsg.), Encyclopedia of Public International Law, Vol. IV (2000, Amsterdam), S. 945; Elias, T. O., The Modern Law of Treaties (1974, Dobbs Ferry), S. 55.

96 Der Vorschlag lautete: "[T]his Convention supersedes [...] earlier Conventions on the Law of the Sea." GLE/FC/9 vom 20. August 1979, abgedruckt in Platzöder, Bd. XII, S. 473.

97 Artikel 30 WVK lautet im Original:
(1.) Subject to Article 103 of the Charter of the United Nations, the rights and obligations of States parties to successive treaties relating to the same subject-matter shall be determined in accordance with the following paragraphs.
(2.) When a treaty specifies that it is subject to, or that it is not to be considered as incompatible with, an earlier or later treaty, the provisions of that other treaty prevail.
(3.) When all the parties to the earlier treaty are parties also to the later treaty but the earlier treaty is not terminated or suspended in operation under article 59, the earlier treaty applies only to the extent that its provisions are compatible with those of the latter treaty.
(4.) When the parties to the later treaty do not include all the parties to the earlier one: (a) as between States parties to both treaties the same rule applies as in paragraph 3; (b) as between a State party to both treaties and a State party to only one of the treaties, the treaty to which both States are parties governs their mutual rights and obligations.
(5.) Paragraph 4 is without prejudice to article 41, or to any question of the termination or suspension of the operation of a treaty under article 60 or to any question of responsibility which may arise for a State from the conclusion or application of a treaty the provisions of which are incompatible with its obligations towards another State under another treaty.

98 FC/7 (siehe Fn. 65), Rn. 6(b). Die WVK war zu diesem Zeitpunkt noch nicht in Kraft getreten. Zur Rolle, die dieses Übereinkommen für UNCLOS III spielte, siehe Vukas, B., "The Law of the Sea Convention and the Law of Treaties" in Götz, V., et al. (Hrsg.), Liber amicorum Günther Jaenicke – Zum 85. Geburtstag (1998, Berlin), S. 631, 636ff.

99 Wilting, W. H., Vertragskonkurrenz im Völkerrecht (1996, Köln), S. 98; Mus, J. B., "Conflicts between Treaties in International Law" 45 Netherlands International Law Review (1998), S. 208, 222ff.; zur Bedeutung des in Artikel 30 WVK anvisierten Zeitpunktes siehe Vierdag, E. W., "The Time of the Conclusion of a Multilateral Treaty: Article 30 of the Vienna Convention on the Law of Treaties and Related Provisions" 59 British Yearbook of International Law (1988), S. 75, 92ff.

bleiben würden, die im Endeffekt nicht Vertragspartei des Seerechtsübereinkommens werden würden.[100] Eine Vertragsklausel, die einen Konflikt mit einem anderen Vertrag, oder wie im vorliegenden Fall mit einer anderen Gruppe von Verträgen lösen will, ist immer Teil eines Vertrages selbst und kann damit nicht über die Grenzen hinweggehen, die von der *pacta tertiis* Regel gesetzt werden.[101]

Auch wenn eine Koexistenz der Vertragsregime erreicht wurde, so handelt es sich – zwischen den betroffenen Vertragsstaaten – um eine Ersetzung der Genfer Übereinkommen. Dieses ist Folge des Rechtsgedanken aus Artikel 30 Absatz 4 in Verbindung mit Absatz 3 WVK.[102] Eine logische Folge der Regelung des Artikels 311 Absatz 1 SRÜ ist, dass im Laufe der Zeit und mit fortschreitender Anzahl der Ratifizierungen des Seerechtsübereinkommens die Genfer Übereinkommen graduell "weniger" Rechtswirkungen entfalten, da immer mehr Staaten an die Vorschrift des Artikels 311 Absatz 1 SRÜ gebunden wären. Aufgrund der (mittlerweile erreichten) Universalität des Seerechtsübereinkommens haben die Genfer Übereinkommen auch tatsächlich an Relevanz verloren. Dies soll nicht bedeuten, dass sie überflüssig geworden wären, da es immer noch Staaten gibt, die das Seerechtsübereinkommen nicht ratifiziert haben[103] und für die das Seerechtsübereinkommen dementsprechend nicht verbindlich ist. Insbesondere die osteuropäischen und slawischen Staaten haben auch noch in den 1990ern die verschiedenen Genfer Übereinkommen über das Seerecht ratifiziert, zu einer Zeit also, als die Großzahl der übrigen Staaten ihr Hauptaugenmerk auf das Seerechtsübereinkommen gerichtet hatte. So hat zum Beispiel Jugoslawien (Serbien und Montenegro)[104] am 12. März 2001 nicht nur das Seerechtsübereinkommen, sondern gleichzeitig auch noch die vier Übereinkommen sowie das dazugehörige optionale Streitbeilegungsprotokoll ratifiziert.

Nicht übersehen werden darf nämlich, dass für Fragen, die nur von den Genfer Übereinkommen geregelt werden, diese weiterhin zwischen den entsprechenden Vertragsparteien auch des Seerechtsübereinkommens von den Genfer Übereinkommen geregelt werden. Als Beispiel lässt sich die Abgrenzung der An-

---

[100] Die Teilnahme an einer Konferenz zum Entwurf eines völkerrechtlichen Vertrages führt für die Staaten, die im Endeffekt diesen Vertrag nicht ratifizieren zu keinerlei Rechtsbindung, Ballreich (siehe Fn. 95), S. 945.

[101] Karl, W., "Treaties, Conflicts Between" in Bernhardt, R., et al. (Hrsg.), Encyclopedia of Public International Law, Vol. IV (2000, Amsterdam), S. 935, 939.

[102] Roucounas, E., "Engagements parallèles et contradictoire" 206 Recueil des Cours (1987), S. 9, 229.

[103] Zu nennen wären hier vor allem die Türkei und die Vereinigten Staaten. Siehe auch Fn. 92. Kanada hat das Seerechtsübereinkommen am 6. November 2003 ratifiziert.

[104] Die Sozialistische Republik Jugoslawien hatte das Seerechtsübereinkommen am 10. Dezember 1982 unterzeichnet und am 05. Mai 1986 ratifiziert.

schlusszone anführen.[105] Im Seerechtsübereinkommen gibt es verschiedene Vorschriften über die Abgrenzung von Meeresgebieten, die in dieser Form auch in den Genfer Übereinkommen von 1958 vorkommen. Es finden sich jeweils Vorschriften über die Abgrenzung des Küstenmeeres[106] und des Festlandsockels.[107] Da das Konzept der ausschließlichen Wirtschaftszone erst während UNCLOS III seine endgültige Form gefunden hat, existieren in den Genfer Übereinkommen keinerlei korrespondierende Vorschriften. Allerdings findet sich eine Vorschrift über die Abgrenzung der Anschlusszone in Artikel 24 Absatz 3 des Übereinkommens über das Küstenmeer und die Anschlusszone, die kein entsprechendes Pendant im Seerechtsübereinkommen gefunden hat. Der im Seerechtsübereinkommen enthaltene Artikel 33 SRÜ über die Anschlusszone legt in Absatz 2 nur die höchstzulässige Breite derselben fest, ohne weitere Angaben über Abgrenzungen von Anschlusszonen von Staaten mit gegenüberliegenden oder aneinander angrenzenden Anschlusszonen vorzunehmen. Über die Gründe für diese Auslassung lässt sich keine einheitliche Antwort finden.[108] Grundsätzlich kann aber festgestellt werden, dass die Nichtabgrenzung der Anschlusszonen im Allgemeinen keine Probleme aufwerfen dürfte, da es sich hierbei um eine Zone handelt, in der es den Küstenstaaten ermöglicht wird, besondere zusätzliche Kontrollrechte auszuüben.[109] Es spricht nichts dagegen, diese Rechte zwei Staaten gleichermaßen in demselben Meeresgebiet einzuräumen, da sich die Ausübung der Kontrollrechte jeweils auf Vorkommnisse in dem eigenen Küstenmeer bezieht. Es gibt aber eine Konstellation, in der eine fehlende Abgrenzung

---

105 Zum Folgenden siehe Treves, T., "Codification du droit international et pratique des états dans le droit de la mer" 223 Receuil des Cours (1990), S. 9, 76f.; Vukas (siehe Fn. 98), S. 647f.

106 Artikel 15 SRÜ und Artikel 12 Übereinkommen über das Küstenmeer und die Anschlusszone. Siehe auch II.C.2.a).

107 Artikel 83 SRÜ und Artikel 6 Übereinkommen über den Festlandsockel. Siehe auch II.C.2.b).

108 Siehe zu den Gründen für eine Nichtaufnahme einer solchen Vorschrift in das Seerechtsübereinkommen Caflisch, L., "Les zones maritimes sous juridiction nationale: leurs limites et leur delimitation" in Bardonnet, D. (Hrsg.), Le nouveau droit international de la mer (1983, Paris), S. 35, 55ff. und Caflisch, L., "The Delimitation of Marine Spaces Between States with Opposite or Adjacent Coasts" in Dupuy, R.-J., Vignes, D. (Hrsg.), A Handbook on the New Law of the Sea, Vol. I (1991, Dordrecht), S. 425, 443.

109 Dies dürfte wohl auch der Grund gewesen sein, warum eine entsprechende Vorschrift im Endeffekt nicht in das Seerechtsübereinkommen aufgenommen wurde, obwohl während UNCLOS III auch diesbezüglich Verhandlungen geführt wurden. Zu den verschiedenen Vorschlägen während UNCLOS III siehe Virginia Commentary, Bd. II, 33.4f., 33.8(b). Nach Auskunft von Richter Vukas, der als Delegationsmitglied für Jugoslawien an UNCLOS III teilgenommen hat, wurde eine solche Vorschrift einfach deswegen nicht bis zum Ende diskutiert, da die Staaten der Ansicht waren, dass die Agenda der zu verhandelnden Themen auch schon so lang genug war.

relevant werden könnte.[110] Neben den Kontroll- und Sicherungsrechten, deren Ausübung Artikel 33 Absatz 1 SRÜ in der Anschlusszone gestattet, sieht Artikel 303 SRÜ vor, dass die Küstenstaaten in ihren Anschlusszonen die Pflicht haben, im Meer gefundene Gegenstände archäologischer oder historischer Art zu schützen. Gemäß Absatz 2 sollen Gegenstände aus der Anschlusszone nur dann entfernt werden dürfen, wenn der Küstenstaat dazu seine Einwilligung gegeben hat. Geht man nun davon aus, dass ein Meeresgebiet in Ermangelung einer Abgrenzungsvorschrift auch durchaus von zwei Staaten als Anschlusszone genutzt werden kann, so erscheint fraglich auf wessen Einwilligung es hier ankommen muss. Da ein Vorrecht eines Küstenstaates diesbezüglich gegenüber einem anderen nicht ersichtlich ist, scheint es – soweit keine gütliche Einigung zustande kommt – keine Lösung zu geben.[111] Dieses gilt auf jeden Fall für Staaten, die nur Vertragsstaat beim Seerechtsübereinkommen, nicht aber beim Genfer Übereinkommen über das Küstenmeer und die Anschlusszone sind. Insoweit würden die Streitbeilegungsvorschriften des Teil XV greifen. Für den Fall allerdings, dass zwischen zwei Staaten ein Disput existiert, die Vertragsstaat bei beiden Konventionen sind, lässt sich annehmen, dass hier eine Lösung nach Artikel 24 Absatz 3 des Genfer Übereinkommens über das Küstenmeer und die Anschlusszone gesucht werden muss. Die Anschlusszonen der beiden Staaten müssten also entlang der Median-Linie voneinander abgegrenzt werden. Dies ergibt sich wie gezeigt daraus, dass Artikel 311 Absatz 1 SRÜ eben bestimmt, dass das Seerechtsübereinkommen Vorrang vor den Genfer Übereinkommen hat, diese aber nicht ersetzt. Dafür spricht auch, dass ein Streit zwischen zwei Staaten, von denen einer nur Vertragsstaat des Genfer Übereinkommens über das Küstenmeer und die Anschlusszone, nicht aber auch des Seerechtsübereinkommens ist, auch nach Artikel 23 Absatz 3 des Genfer Übereinkommens über das Küstenmeer und die Anschlusszone gelöst werden muss. Diese Lösung ist allerdings nicht unumstritten, da auch durchaus angenommen werden kann, dass das Nichtvorhandensein einer solchen Abgrenzungsvorschrift im Seerechtsübereinkommen bedeuten soll, dass diese Frage damit implizit mitgeregelt ist, eine Abgrenzung also gerade nicht erfolgen soll.[112]

Die völkerrechtliche Praxis zu dieser Frage ist gering. Die (damalige) Sozialistische Republik Jugoslawien hat in einer nach Artikel 310 SRÜ abgegebenen Erklärung erläutert, dass sie davon ausgehe, dass der in Artikel 23 Absatz 4 des Genfer Übereinkommens ausgedrückte Rechtsgedanke eine Kodifikation beste-

---

[110] Zu einer zweiten Konstellation (die aber *de facto* kein Problem darstellt) welches sich allein aus einer fehlenden Abgrenzung zweier überschneidender Anschlußzonen ergibt, siehe Brown, E. D., The International Law of the Sea, Volume I, Introductory Manual (1994, Aldershot), S. 137f.

[111] Virginia Commentary, Bd. V, 303.6; Brown (siehe Fn. 110), S. 138.

[112] Caflisch (siehe Fn. 108), S. 56f.

henden Völkergewohnheitsrechts sei.[113] Folgt man dem oben dargestellten Grundsatz, so ändert die Tatsache, dass Jugoslawien hier auf eine Fortwirkung der Vorschrift nach Völkergewohnheitsrecht abstellt, nichts an der Rechtsverbindlichkeit dieser Vorschrift nach dem Vertragsrecht zwischen den entsprechenden Parteien.

Festzuhalten bleibt damit, dass Artikel 311 Absatz 1 SRÜ dafür Sorge trägt, dass die Genfer Übereinkommen von 1958 fortbestehen und für deren Vertragsstaaten, die nicht auch Vertragsstaaten des Seerechtsübereinkommens Rechtswirkung entfalten. Jede andere Regelung wäre ein Verstoß gegen den *pacta tertiis* Grundsatz. Auch die Rechtsbeziehungen von Staaten, die beide Vertragssysteme ratifiziert haben, werden im Verhältnis zu Staaten, die nur die Genfer Übereinkommen ratifiziert haben von diesen bestimmt. Für Fragen, die im Seerechtsübereinkommen nicht geregelt sind (und soweit die Nichtregelung im Seerechtsübereinkommen nicht als ein implizite Regelung zu interpretieren ist), wohl aber in den Genfer Übereinkommen, gelten deren Regeln zwischen den Staaten fort.

3. Artikel 311 Absatz 2 SRÜ als zentrale Kollisionsnorm des Seerechtsübereinkommens

Während Artikel 311 Absatz 1 SRÜ konkret das Verhältnis des Seerechtsübereinkommens zu den Genfer Übereinkommen von 1958 regelt, beschäftigt sich Absatz 2 des Artikels 311 SRÜ mit der generellen Frage des Verhältnisses des Seerechtsübereinkommens zu anderen multi- oder bilateralen Übereinkünften.[114] Absatz 2 nimmt keinerlei zeitliche Einschränkung bezüglich dieser Konventionen vor, so dass hiervon nicht nur bereits bestehende sondern auch zukünftige Übereinkünfte umfasst werden. Die gewählte Formulierung bis einschließlich "arise from other agreements" ist relativ geläufig und hat zur Folge, dass das Seerechtsübereinkommen eigentlich anderen Verträgen den Vorrang einräumt. Der folgende Halbsatz "compatible with this Convention [...]" hingegen ist eine Qualifizierung, die an diese anderen Konventionen eine besondere Anforderung

---

113 Der entsprechende Teil der Erklärung der Sozialistischen Republik Jugoslawien lautet im Original: "3. Owing to the fact that the provisions of the Convention relating to the contiguous zone (article 33) do not provide rules on the delimitation of the contiguous zone between States with opposite or adjacent coasts, the Government of the Socialist Federal Republic of Yugoslavia considers that the principles of the customary international law, codified in article 24, paragraph 3, of the Convention on the Territorial Sea and the Contiguous Zone, signed at Geneva on 29 April 1958, will apply to the delimitation of the contiguous zone between the parties to the United Nations Convention on the Law of the Sea." Erhältlich unter <<www.un.org/depts/los/index.htm>>.

114 Artikel 311 Absatz 2 SRÜ lautet im Original: "This Convention shall not alter the rights and obligations of States Parties which arise from other agreements compatible with this Convention and which do not affect the enjoyment by other States Parties of their rights or the performance of their obligations under this Convention."

dahingehend stellt, dass diese Übereinkünfte mit dem Seerechtsübereinkommen vereinbar sein müssen. Folge dieser Qualifizierung ist, dass die im ersten Halbsatz aufgezeigte Zurückhaltung in ihr Gegenteil verkehrt wird.[115] Kriterium für die Bestimmung der Vereinbarkeit soll sein, inwieweit andere Vertragsstaaten in dem Genuss ihrer Rechte oder in der Erfüllung ihrer Pflichten aus dem Seerechtsübereinkommen nicht gehindert werden. Dieses ist in Absatz 2 zwar sprachlich als zusätzliche Voraussetzung aufgeführt, aber *de facto* Maßstab für die Feststellung der Kompatibilität. Diese Lösung wurde schon in der Diskussion der Plenarversammlung angesprochen und vom Präsidenten in der Zusammenfassung dieser Diskussion wiedergegeben.[116] In den weiterführenden Besprechungen in der Group of Legal Experts konnte sich auf eine dementsprechende Formulierung geeinigt werden,[117] die dann als Absatz 2 des Artikels 311 SRÜ auch Eingang in das Seerechtsübereinkommen gefunden hat.[118] Im System des Seerechtsübereinkommens stellt diese Vorschrift die zentrale Kollisionsnorm dar und ist gleichzeitig Ausdruck der besonderen Position, die das Seerechtsübereinkommen im Gebiet des Seerechts einnimmt.

Eine solche Kollisionsnorm ist notwendig, um im Falle zweier sich widersprechender Verpflichtungen aus verschiedenen Übereinkünften, die zu einem Normkonflikt führen, darüber zu einem Ergebnis zu kommen, welche Verpflichtung Vorrang haben soll. Grundsätzlich können solche Feststellungen durch die Anwendung allgemeiner Interpretationsregeln des Völkerrechts erreicht werden, aber der Vorteil einer Kollisionsnorm ist, dass hier der Wille der Vertragsparteien eindeutig zum Ausdruck gebracht wird.

a) Normkonflikte im Völkerrecht

Prinzipiell steht es jedem Staat als Völkerrechtssubjekt frei, mit anderen Staaten völkerrechtliche Verträge abzuschließen.[119] Die Vertragsfähigkeit ist dabei jedem Staat innewohnend.[120] Unter einem Vertrag ist jede zwischen zwei oder mehreren Staaten beziehungsweise anderen vertragsfähigen Völkerrechtssubjek-

---

115 Zur Rechtsfolge im Falle einer Unvereinbarkeit mit dem Seerechtsübereinkommen siehe II.B.5.

116 FC/7 (siehe Fn. 65), Rn. 7.

117 FC/20 (siehe Fn. 61), S. 401.

118 In der endgültigen Sprachversion erfolgten zwei kleinere Modifikationen. Zum einen wurde "States" zu "States Parties", um deutlicher zu machen, dass die *Vertrags*staaten die angesprochenen Staaten sind, zum anderen wurde der Begriff "treaties" durch "agreements" ersetzt (dazu siehe Fn. 9 und den begleitenden Text).

119 Aust (siehe Fn. 11), S. 47ff. Die unterschiedlichen Special Rapporteurs zur WVK vertraten hierzu unterschiedliche Ansätze. Siehe hierzu Wilting (siehe Fn. 99), S. 38ff.

120 Artikel 6 WVK.

ten getroffene Vereinbarung, die dem Völkerrecht unterliegt zu verstehen.[121] Für das Völkervertragsrecht sind insbesondere die Vorschriften der Wiener Vertragsrechtskonvention wichtig, die zum Großteil Ausdruck des Völkergewohnheitsrechts sind.[122] Da die Vorschriften der Wiener Vertragsrechtskonvention gemäß Artikel 4 WVK jedoch nur auf Verträge Anwendung finden, die nach deren Inkrafttreten geschlossen wurden, ist das Völkergewohnheitsrecht für das allgemeine Vertragsrecht auch weiterhin von großer Bedeutung.[123]

Die Vertragsfreiheit erlaubt es Staaten, mit unterschiedlichen Staaten unterschiedliche Verpflichtungen einzugehen. Dabei existieren keinerlei Regelungen dahingehend, dass sich diese Verpflichtungen nicht widersprechen dürften. Die Möglichkeit von Normkonflikten besteht ohne Zweifel.[124] Nebenerscheinung der dezentralen Rechtserzeugung[125] im Völkerrecht ist, dass es keine zentrale Steuerungsinstanz gibt, die im Vorfeld einen solchen auftretenden Konflikt erkennen und vermeiden könnte. Es existiert keine Hierarchie der Normen.[126] Widersprechen sich die Verpflichtungen aus zwei Verträgen, so sind beide dennoch nebeneinander wirksam. Staaten steht es frei, Verträge zu schließen, die mit ih-

---

121 Heintschel von Heinegg, W., "Die völkerrechtlichen Verträge als Hauptrechtsquelle des Völkerrechts" in Ipsen, K., Völkerrecht (4. Aufl. 1999, München), S. 92, 96. Für eine allgemeine Literaturübersicht über das Recht der völkerrechtlichen Verträge siehe Dahm, G., et al. (Hrsg.), Völkerrecht, Bd. I/3 (2. Aufl. 2002, Berlin), S. 511f. und Ipsen, K., Völkerrecht (4. Aufl. 1999, München), S. 92f. Zur Vertragskonkurrenz siehe ebenfalls Dahm, S. 680. Als Einführung gut geeignet und eine der aktuelleren Veröffentlichungen zu diesem Thema Mus (siehe Fn. 99), S. 208.

122 Shaw, M. N., International Law (4. Aufl. 1997, Cambridge), S. 633.

123 Bernhardt (siehe Fn. 8), S. 927.

124 Teilweise wird zwar vertreten, dass im Völkerrecht nach den Regeln der Logik keine Widersprüche existieren können. Dieses vermag aber nicht zu überzeugen, da die Regeln der Logik nur auf Aussagen angewendet werden können, nicht aber auf Normen. Im Gegensatz zu Aussagen, die Denkakte darstellen, stellen Normen Willensakte dar. Siehe Kelsen, H., "Recht und Logik" in Kelsen, H., Die Wiener rechtstheoretische Schule, Band 2 (1968, Wien), S. 1469, 1470f.

125 Zur dezentralen Rechtserzeugung siehe Pauwelyn, J., "The Role of Public International Law in the WTO: How Far Can We Go?" 95 American Journal of International Law (2001), S. 535.

126 Aufgrund der fehlenden Hierarchie von Normen im Völkerrecht ist die *lex superior* Regel nicht anwendbar. Siehe nur Verdross, A., Simma, B., Universelles Völkerrecht (3. Aufl. 1984, Berlin), § 640ff.

ren Verpflichtungen aus früheren Verträgen nicht vereinbar sind.[127] Einzige Ausnahme hierzu sind solche Vorschriften, bei denen es sich um zwingendes Recht handelt. Denn der Vertragsfähigkeit von Staaten sind nur Beschränkungen im Hinblick auf *jus cogens* auferlegt. Gemäß Artikel 53 Satz 1 WVK ist ein Vertrag nichtig, der im Zeitpunkt seines Abschlusses im Widerspruch zu einer *jus cogens* Norm steht. Im Bezug auf neu entstehende *jus cogens* Normen bestimmt Artikel 64 WVK, dass bestehende Verträge, die mit dieser neuen Norm in Widerspruch stehen nichtig werden.[128] Zu beachten ist hierbei, dass die Nichtigkeit des abgeschlossenen Vertrages aus der *jus cogens* Norm als solcher folgt und nicht aus dessen vertraglicher Verankerung.[129] Es ist wichtig zu betonen, dass es sich in dieser Situation nicht um einen Konflikt von Normen handelt, da ein Konflikt nur vorliegen kann, wenn zwei Rechtsnormen im Rechtssinne existieren. Ein Verstoß gegen *jus cogens* lässt die verstoßende Norm aber gerade von vornherein nicht existieren.[130]

Ein Konflikt zwischen zwei Normen liegt also vor, wenn zwei widersprüchliche Handlungsanordnungen gleichzeitig Geltung beanspruchen und diese Situation auch nicht durch Auslegung der Verträge gelöst werden kann. Kelsen definiert den Fall der Normkollision als

> "wenn das, was die eine [Norm] als gesollt setzt, mit dem, was die andere [Norm] als gesollt setzt, unvereinbar ist, und daher die Befolgung oder Anwendung der einen Norm notwendiger- oder möglicherweise die Verletzung der anderen involviert."[131]

Inhalt der Kollision ist die aus dem Normtext hergeleitete Entscheidungsnorm und ihr Geltungs- bzw. Anwendungsanspruch, welcher für einen bestimmten

---

127 Entsprechende Vorschläge während der Wiener Vertragsrechtskonferenz, spätere Verträge, die mit früheren Verpflichtungen eines Staates unvereinbar sind, für ungültig zu erklären, wurden abgelehnt. Siehe Special Rapporteur Sir Humphrey Waldock, Yearbook of the International Law Commission 1964 Vol. II, S. 41. Insoweit würden die Regeln der Staatenhaftung Anwendung finden. Siehe International Law Commission, Yearbook of the International Law Commission 1966 Vol. II, S. 217. In dem kommentierten Vertragsentwurf heißt es zu dieser Frage: "The Commission, however, noted that under the existing law the question appeared to be left as a matter of international responsibility if a party to a treaty of such a type afterwards concluded another treaty derogating from it." Die Theorie der beschränkten Staatsvertragsfähigkeit wurde insbesondere von den Special Rapporteurs Brierly und Lauterpacht vertreten. Dazu Wilting, (siehe Fn. 99), S. 38f.

128 Im Gegensatz zu Artikel 53 WVK, der nach Artikel 44 Absatz 5 WVK die Nichtigkeit des gesamten Vertrages zur Folge hat, werden bei Artikel 64 WVK nur die entsprechenden Vertragsvorschriften nichtig. Siehe hierzu Heintschel von Heinegg (siehe Fn. 121), S. 160f.; Verdross/Simma (siehe Fn. 126), §§ 528f.

129 Zuleeg, M., "Vertragskonkurrenz im Völkerrecht, Teil I: Verträge zwischen souveränen Staaten" 20 German Yearbook of International Law (1977), S. 246, 247.

130 Roucounas (siehe Fn. 102), S. 62ff.

131 Kelsen, H., Allgemeine Theorie der Normen (1979, Wien), S. 99.

Staat Anwendung finden soll.[132] Dieses Verständnis des Normkonfliktes unterscheidet sich damit von den Ansichten, die einen Normkonflikt schon dann gegeben sehen, wenn überhaupt unterschiedliche Regelungen auf völkervertraglicher Ebene existieren, unabhängig davon, ob auch identische Staaten von diesen unterschiedlichen Regelungen gebunden sind.[133]

Dass ein Staat nicht daran gehindert ist, widersprechende Verpflichtungen einzugehen, bedeutet natürlich nicht, dass dieses auch geschehen müsse. Auch muss eine solche Inkompatibilität nicht notwendigerweise bewusst geschehen. Es besteht im Völkerrecht eine Vermutung dahingehend, dass Staaten beim Abschluss eines neuen Vertrages nicht die Intention haben, diesen gegen bereits bestehende vertragliche Verpflichtungen verstoßen zu lassen.[134] Die stetig steigende Zahl internationaler Verpflichtungen birgt in sich die Gefahr, dass solche Widersprüche unbewusst entstehen und erst später offenbar werden. Gerade im Hinblick auf Verträge, die allgemeine Prinzipien und Grundsätze enthalten, die schon aus ihrer Natur heraus nicht die Bestimmungen und Ausnahmen enthalten können, die für eine direkte Anwendung in der Praxis erforderlich sind und den detaillierten Abkommen, die genau solche praxisrelevanten Vorschriften enthalten, ist es schwierig Konflikte zu vermeiden.[135]

Sollte aber ein Normkonflikt festgestellt werden, also eine Situation entstehen, die nicht schon durch Interpretation hätte vermieden werden können, so muss dieser Konflikt gelöst werden, da ein Staat nicht zwei sich widersprechende Handlungsanordnungen gleichzeitig erfüllen kann.

b) Die Derogation und ihre Rechtsfolgen

Das Bestehen eines Normkonflikts sagt nichts über die Gültigkeit der betroffenen Normen aus. Die Feststellung von Rechtsfolgen hat in einem zweiten Schritt zu erfolgen. Von zwei sich widersprechenden Normen kann nur ein Handlungspostulat erfüllt werden. Dieses geschieht durch die Derogation der einen Norm durch die andere – dadurch allein den Sachverhalt regelnden – Norm.[136] Dabei wird die Derogation nicht durch eine der beiden Primärnormen bewirkt, sondern durch eine dritte, der Derogationsnorm, die eine Sekundärnorm ist.[137] Diese De-

---

[132] Wilting (siehe Fn. 99), S. 7.

[133] Siehe auch Kelsen, H., "Conflicts Between Obligations Under the Charter of the United Nations and Obligations Under Other International Agreements" 10 University of Pittsburgh Law Review (1948/1949), S. 284, 285.

[134] Jenks, W., "The Conflict of Law-Making Treaties" 30 British Yearbook of International Law (1953), S. 401, 427ff.

[135] Jenks (siehe Fn. 134), S. 409f.

[136] Karl, W., Vertrag und spätere Praxis im Völkerrecht (1983, Berlin), S. 58ff.

[137] Hart, H. L., The Concept of Law (1994, Oxford), S. 79ff.

rogationsnorm bewirkt die Aufbrechung der "starren" Primärnormen, von denen eine daraufhin ihre Gültigkeit verliert.[138]

Die Derogation an sich erschöpft sich in der Beseitigung der derogierten Norm.[139] Folge der Anwendung der (sekundären) Derogationsnorm ist dann, dass aufgezeigt wird, welche der im Konflikt stehenden Primärnormen alleinige Geltung beanspruchen kann.[140] Hierbei sollte aber nicht übersehen werden, dass im Völkerrecht grundsätzlich die Möglichkeit besteht, dass ein Konflikt zwischen vertraglichen Normen auch durchaus nicht zu einer Lösung gebracht werden kann.

Bei der Auffindung einer Derogationsnorm ist zwischen zwei Arten zu unterscheiden.[141] Zum einen kann sich die Derogation unmittelbar aus der Rechtsordnung selbst ergeben, in welchem Falle man von der automatischen Derogation spricht. Soweit die Parteien eigene Derogationsnormen in den Vertrag aufgenommen haben, die Derogation also von dem Willen der Parteien abhängig ist, handelt es sich um die gewillkürte Derogation.[142]

(1) Allgemeine Regeln

Die allgemeinen Regeln, die im Völkerrecht zur Lösung von Vertragskonkurrenzen existieren, sind solche der automatischen Derogation. Über die Geltung beziehungsweise Anwendbarkeit dieser Sekundärnormen besteht in der Wissenschaft keine Einigkeit.

Als allgemeine Regeln zu nennen sind hierbei insbesondere die *lex posterior* Regel, die *lex specialis* Regel, das hierarchische Prinzip und die *lex prior* Regel.[143] Keine dieser Regeln kann alleinige Gültigkeit zur Lösung von Vertragskonkurrenzen beanspruchen. Notwendig ist jeweils eine genaue Analyse des Einzelfalls. Wichtig ist erneut zu betonen, dass diese Regeln im Falle eines *Konfliktes* zwischen zwei Vorschriften Anwendung finden.[144] Inwieweit das Ver-

---

138 Kelsen (siehe Fn. 131), S. 101, schreibt in seinem Buch *Allgemeine Theorie der Normen*: "So wie der Normkonflikt kein logischer Widerspruch ist, ist die den Konflikt lösende Derogation kein logisches Prinzip [...] sondern [...] die Funktion einer [...] positiven Rechtsnorm; und zwar nicht einer der beiden in Konflikt stehenden, sondern einer dritten Norm, die bestimmt, dass im Falle eines Normkonfliktes die eine oder die andere der beiden Normen, oder dass beide Normen ihre Geltung verlieren.".

139 Karl (siehe Fn. 136), S. 60.

140 Mus (siehe Fn. 99), S. 210.

141 Karl (siehe Fn. 136), S. 60.

142 Internationale Rechtsprechung hierzu ist wenig vorhanden. Für eine Übersicht der vorhandenen Rechtsprechung bis zur Mitte des 20. Jahrhunderts siehe Jenks (siehe Fn. 134), S. 420ff.

143 Zur Frage inwieweit diese allgemeinen Regeln völkerrechtliche Rechtsregeln darstellen, siehe Dahm (siehe Fn. 121), S. 685f.

144 Karl (siehe Fn. 101), S. 937.

hältnis zwischen Streitbeilegungsklauseln in verschiedenen Übereinkünften tatsächlich einen Konflikt darstellt, ist fraglich. Es sei nur anzumerken, dass zwischen verschiedenen (prozeduralen) Streitbeilegungsmechanismen nur selten wirkliche Inkompatibilität vorliegen dürfte, da grundsätzlich nichts gegen die Koexistenz mehrerer Tribunale spricht. Lediglich der Fall, in dem eine Vorschrift exklusive Jurisdiktion überträgt, würde insoweit Probleme mit sich bringen.

Für Vertragskonkurrenzen gilt es zwei Situationen zu unterscheiden. Zum einen den Fall, dass ein Staat mit einem anderen Staat oder mehreren anderen Staaten einen Vertrag schließt, der im Widerspruch zu einem Vertrag steht, den genau diese Parteien geschlossen haben. Hier ergibt sich die Rechtsfolge aus Artikel 30 Absatz 3 WVK.[145] Soweit die Verträge nicht miteinander vereinbar sind, findet der spätere Vertrag Anwendung. Diese Vorschrift ist Ausdruck des Rechtssatzes *lex posterior derogat legi priori.* Der spätere Vertrag bringt dabei den Willen der Parteien zum Ausdruck eine neue Regelung über einen bestimmten Gegenstand zu treffen. Soweit zu erkennen ist, dass die Parteien den früheren Vertrag nicht mehr gelten lassen wollen, gilt Artikel 59 WVK. Wichtig ist hierbei, dass der entsprechende Vertrag zwischen *denselben* Parteien geschlossen worden sein muss, da nur in diesem Fall die über den früheren Vertrag verfügungsberechtigten Parteien eine einvernehmliche Lösung treffen.[146] Im weiteren Sinne ist hier auch die Nähe zu der Lösung von Vertragskonflikten durch Vertragsinterpretation nicht zu verkennen. Überhaupt ist die Nähe der Konfliktklauseln zu den Interpretationsregeln nicht zu übersehen, und oftmals auch nicht leicht zu unterscheiden.[147] Dieses zeigt sich zum Beispiel auch in der gewählten Formulierung in Artikel 30 Absatz 2 WVK. "When a treaty specifies [...]" bezieht sich nicht nur auf eine ausdrückliche Vorschrift in einem Vertrag, sondern auch darauf, dass sich aus anderen Umständen des Vertragwortlauts entsprechendes ergeben kann. Dies wiederum ist durch Vertragsauslegung festzustellen.

Problematisch ist der Fall, wenn bei einem späteren Vertrag nicht alle Parteien des früheren Vertrages Partei sind, und dieser Vertrag nicht mit dem früheren Vertrag vereinbar ist, ein Staat also gegenüber verschiedenen Parteien einander widersprechende Verpflichtungen übernommen hat. Der dritte Staat kann nicht durch die anderen Staaten seiner Rechte beraubt werden. Es gilt der Satz *pacta tertiis nec nocent nec prosunt.*[148] Gemäß Artikel 30 Absatz 4(b) WVK sind beide Verträge gültig. In Absatz 5 des Artikels 30 WVK ist klargestellt, dass Fra-

---

[145] Zu Artikel 30 WVK über die Anwendung aufeinander folgender Verträge über denselben Gegenstand siehe die Diskussion im Institute of International Law (siehe Fn. 62), Vol. I, S. 121.

[146] Zuleeg (siehe Fn. 129), S. 249.

[147] Dahm (siehe Fn. 121), S. 695f.

[148] Zum *pacta tertiis* Prinzip siehe McNair, A. D., The Law of Treaties (1961, Oxford), S. 309ff; Reuter, P., Introduction to the Law of Treaties (1995, London), S. 101ff.

gen der Staatenverantwortlichkeit, die sich für einen Staat aus Abschluss oder Anwendung eines solchen Vertrages ergeben, unberührt bleiben.

Die *lex posterior* Regel, ist sicherlich die in jüngerer Zeit am meisten Beachtung findende Regel, wenn es um die Lösung von Normkonflikten geht.[149] Die zu früheren Zeiten stark vertretene und aus dem Privatrecht stammende *lex prior* Regel ist hingegen immer weiter in den Hintergrund getreten.[150] Inhalt der *lex posterior* Regel ist, dass im Falle einer zwischen einem älteren und einem jüngeren Vertrag auftretenden Normkollision, die jüngeren Normen den älteren vorgehen.[151]

Neben der *lex posterior* Regel muss an dieser Stelle auch die *lex specialis* Regel genannt werden. Diese Regel besagt, dass von zwei kollidierenden Normen die speziellere Norm gegenüber der allgemeineren Norm Vorrang hat.[152] Insbesondere bei der *lex specialis* Regel ist die Abgrenzung zu einer Vertragsauslegungsregel nicht klar erkennbar. Bei der *lex posterior* Regel wird auf ein – wenn auch eventuell schwer zu bestimmendes[153] – Zeitkriterium abgestellt, welches objektiv benennbar ist. Hingegen ist die Feststellung einer Vorschrift als spezieller gegenüber einer anderen eine reine Frage der Interpretation. Wenn aber diese Interpretation erfolgt ist, dann ist nur schwer zu erkennen, welche Rolle die *lex specialis* Regel noch als Konfliktregel spielen soll.[154]

(2) Konfliktklauseln in Verträgen

Neben den allgemeinen Regeln über das Verhältnis von Verträgen zur Lösung von Konflikten zur automatischen Derogation, steht es den Staaten frei, durch Aufnahme entsprechender Klauseln in den Vertrag die mögliche Unvereinbarkeit mit anderen Verträgen selbst zu regeln und damit ihren eigenen Willen klar zum Ausdruck zu bringen. Hierbei handelt es sich um gewillkürte Derogationsnormen.

In den Papieren zu den Verhandlungen zu dem Wiener Übereinkommen über das Recht der Verträge findet sich die Definition der International Law Commission:

> "[A] clause intended to regulate the relation between the provisions of the treaty and those of another treaty or of any other treaty relating to the matters with which the treaty deals. [...] Whatever the nature of the provision, the clause has

---

149 Karl (siehe Fn. 136), S. 66ff.; Mus (siehe Fn. 99), S. 219ff.

150 Versuche während der Beratungen zur WVK, die *lex prior* Regel zu kodifizieren, wurden nicht angenommen.

151 Dahm (siehe Fn. 121), S. 692ff.

152 Dahm (siehe Fn. 121), S. 695f.

153 Vierdag (siehe Fn. 99), S. 75.

154 Mus (siehe Fn. 99), S. 222ff.; Schwarzenberger, G., International Law as Applied by International Courts and Tribunals, Vol. I (3. Aufl. 1957, London), S. 473.

> necessarily to be taken into account in appreciating the priority of successive treaties relating to the same subject-matter."[155]

Solche Klauseln werden im Allgemeinen als Konfliktklauseln bezeichnet. Die Aufnahme einer solchen Klausel erscheint in der heutigen Zeit, mit der großen Zahl von internationalen Verträgen und der damit auch immer weiter steigenden Zahl von möglichen Konflikten nicht nur wünschenswert, sondern sollte von den Staaten beim Entwurf neuer Verträge ausdrücklich gefordert werden. Diese prozeduralen Vorsichtsmaßnahmen haben den Vorteil, dass sich die beteiligten Parteien dabei über die Reichweite möglicher Konflikte bewusst werden müssen. Insbesondere unbeabsichtigte Konflikte lassen sich über eine dahingehende Verpflichtung vermeiden.[156] So besteht für die von den Sonderorganisationen der Vereinten Nationen abgeschlossenen Verträge eine solche vorherige Konsultationspflicht, bzw. zumindest die Verpflichtung gegenseitiger Information über Gegenstände von gemeinsamem Interesse.[157]

Insgesamt lassen sich die unterschiedlichen Typen von Vertragsklauseln in vier Kategorien unterteilen,[158] wobei die Grenzen zwischen diesen vier Typen untereinander fließend sind: Vereinbarkeitsklauseln, Vorrangklauseln, Verpflichtungsklauseln und Ergänzungsklauseln. Von Interesse sind hier insbesondere die Vorrangklauseln, die im Falle einer Vertragskollision das Verhältnis zwischen den Verträgen festlegen. Eine Variante hiervon ist in Artikel 30 Absatz 2 WVK angesprochen. Soweit ein Vertrag bestimmt, dass er einem früher oder später geschlossenen Vertrag untergeordnet ist oder nicht als mit diesem unvereinbar anzusehen ist, so hat der andere Vertrag Vorrang.[159] Diese Regelung ist Ausdruck des *pacta tertiis* Prinzips.[160] Gleichzeitig können Vorrangklausen aber auch bestimmen, dass der neue Vertrag anderen – sowohl bestehenden als auch zukünftigen – Verträgen vorgehen solle. Soweit sich die Klausel auf zukünftige Verträge bezieht, ist dieses als Verpflichtung an die Vertragsstaaten zu verstehen, keine vom Vertrag abweichenden Verpflichtungen einzugehen, die mit diesem unvereinbar sein könnten. Problematischer sind Vorschriften, die vorsehen, dass das neue Übereinkommen bereits bestehenden Abkommen vorgehen solle. Hier kann eine Verletzung des *pacta tertiis* Grundsatzes erfolgen, wenn dadurch dritte Staaten, die nur bei den vorherigen Abkommen Partei sind, nun ihrer Rechte aus diesem Vertrag beraubt werden sollen. Um dieses zu vermeiden enthält zum Beispiel das Internationale Übereinkommen über die zivilrechtliche

---

155 International Law Commission, Yearbook of the International Law Commission 1966 Vol. II, S. 214.

156 Jenks (siehe Fn. 134), S. 430 (dort Fn. 2).

157 Jenks (siehe Fn. 134), S. 430.

158 Siehe dazu Wilting (siehe Fn. 99), S. 69ff.; Dahm (siehe Fn. 121), S. 696ff.

159 Beispiele für diese Art von Konfliktklauseln siehe bei Blix, H., The Treaty Maker's Handbook (1973, Dobbs Ferry), S. 217.

160 International Law Commission, Yearbook of the International Law Commission 1966 Vol. II, S. 215.

Haftung für Ölverschmutzungsschäden vom 29. November 1969[161] in Artikel XII in der gegenüber anderen Übereinkommen eingeforderten Vorrangstellung den Zusatz "[...] dieser Artikel lässt jedoch die Verpflichtungen von Vertragsstaaten gegenüber *Nichtvertragsstaaten* auf Grund solcher internationaler Übereinkünfte unberührt."[162] In Artikel 311 Absatz 2 SRÜ werden Verträge, die mit Nichtvertragsstaaten geschlossen wurden nicht ausdrücklich erwähnt.

Die Aufnahme von Kollisionsnormen in einen völkerrechtlichen Vertrag bringt den Vorteil mit sich, dass durch diese Norm deutlich zum Ausdruck gebracht wird, welche Gedanken sich die Staaten bezüglich der Stellung des Vertrages in dem System der anderen Verträge gemacht haben. Dieses ist gegenüber der anderen Situation vorteilhaft, wenn aufgrund des Fehlens solcher Kollisionsnormen versucht werden muss, den Willen der Parteien durch Interpretation festzustellen. Natürlich ist der Fall nicht ausgeschlossen, dass auch eine Kollisionsnorm interpretiert werden muss, aber zumindest ist der Ausgangspunkt ein deutlich besserer.

Artikel 311 Absatz 2 SRÜ bringt eindeutig den Willen der Vertragsparteien zum Ausdruck, dass die in dem Seerechtsübereinkommen enthaltenen Rechte und Pflichten keinerlei Auswirkungen auf die Wahrnehmung der Rechte und Pflichten haben, die den Vertragsparteien aus anderen Übereinkommen erwachsen. Hier dran schließt es allerdings das alles entscheidende Caveat an, dass dieses eben nur insoweit gilt, wie diese anderen Rechte und Pflichten mit den Vorschriften des Seerechtsübereinkommens vereinbar sind.

Soweit ersichtlich, erfolgte die erste Anwendung, bzw. genauer, die erste Bezugnahme auf den Artikel 311 Absatz 2 SRÜ in dem Schiedsgerichtsverfahren "Filleting within Gulf of St. Lawrence" zwischen Kanada und Frankreich,[163] in dem es um die Zulässigkeit von küstenstaatlichen Maßnahmen in dem Teil des Golf von St. Lawrence ging, welcher die ausschließliche Wirtschaftszone Kanadas darstellte. Das Tribunal stellte nur kurz fest, dass das zwischen Kanada und Frankreich geschlossene Fischereiabkommen über Fischereirechte im Golf von St. Lawrence von 1972 in den Anwendungsbereich des Artikels 311 Absatz 2 SRÜ fallen würde, wenn das Seerechtsübereinkommen schon in Kraft getreten wäre.[164]

---

161 International Convention on Civil Liability for Oil Pollution Damage vom 29. November 1969 (UNTS Vol. 973, No. I 14097, S. 3).

162 BGBl. 1988 II, S. 825 (Hervorhebung vom Verfasser).

163 Filleting within Gulf of St. Lawrence (auch La Bretagne Arbitration) vom 17. Juli 1986. Der englische Text ist abgedruckt in 82 International Law Reports (1990), S. 590; für den französischen Text siehe XIX Reports of International Arbitral Awards (1990), S. 225. Zu diesem Schiedsspruch siehe Burke, W. T., "Coastal State Fishery Regulation under International Law: a Comment on the La Bretagne Award of July 17, 1986 (the Arbitration between Canada and France)" 25 San Diego Law Review (1988), S. 495.

164 Gulf of St. Lawrence Award (siehe Fn. 163), Rn. 51.

Ziel und Zweck des Artikels 311 Absatz 2 SRÜ ist es, parallele vertragliche Verpflichtungen zwischen den Staaten zuzulassen. Die in den verschiedenen Verträgen enthaltenen Rechte und Pflichten bestimmen dann die Rechtsbeziehungen zwischen den Staaten. Die Ratio hinter dem Ansatz des Artikels 311 Absatz 2 SRÜ ist, dass Abkommen, die mit dem Seerechtsübereinkommen vereinbar sind auch der Fortentwicklung des Seerechts nach den Vorstellungen des Seerechtsübereinkommens dienen.

4. Modifikation der Vorschriften des Seerechtsübereinkommens zwischen zwei oder mehreren Staaten

Artikel 311 Absatz 3 SRÜ erlaubt den Vertragsparteien des Seerechtsübereinkommens *inter se* Abkommen zu schließen, die nur auf die Rechtsbeziehungen zwischen diesen Anwendung finden. Für den Fall, dass ein solches *inter se* Abkommen geschlossen werden soll, sieht Absatz 4 vor, dass diese Absicht den anderen Vertragsstaaten über den Verwahrer[165] mitgeteilt wird.

In dem vom Präsidenten der Konferenz vorgelegten Bericht über die Schlussbestimmungen[166] waren im Vergleich zu dem Abschlußbericht der Group of Legal Experts in Bezug auf Absatz 3 einige sprachliche Änderungen vorgenommen worden. Außerdem wurde noch ein Halbsatz eingefügt, der ein zusätzliches Beurteilungskriterium für die Zulässigkeit eines *inter se* Abkommens stellt. Verlangt wurde nun, dass das *inter se* Abkommen "shall not affect the [application][167] of the basic principles embodied in this Convention".[168] Ähnlich wie bei Artikel 311 Absatz 2 SRÜ ist dieses eine zusätzliche Qualifikation, die den Handlungsspielraum der Parteien insoweit unter einen Vorbehalt stellt. Die wichtigste Änderung in diesem Zusammenhang war aber die Einfügung des Absatzes 4, der an die Artikel 41 Absatz 2 und 58 Absatz 2 WVK angelehnt war, und die Art der Regelung im Seerechtsübereinkommen noch weiter an die der Wiener Vertragsrechtskonvention annäherte.[169] Staaten, die Partei zu einem solchen *inter se* Abkommen werden wollen, sind nun verpflichtet, ihre Absicht und die vorgesehene Modifikation oder Suspendierung *vor* Abschluss des *inter se* Abkommens über den Verwahrer den anderen Staaten mitzuteilen. Die Nähe zu

---

165 Verwahrer des Seerechtsübereinkommens und seiner Änderungen ist der Generalsekretär der Vereinten Nationen. Artikel 319 Absatz 1 und 2c) SRÜ.

166 FC/21 (siehe Fn. 61), S. 404. Der Abschlußbericht der Group of Legal Experts ist enthalten in FC/20. In der ersten Lesung legte der Präsident der Konferenz dann der Plenarversammlung das Dokument FC/21 vor. Dieses wiederum wurde erneut diskutiert und überarbeitet, FC/21/Rev.1. Siehe jeweils Fn. 61.

167 Zunächst lautete die Einfügung "shall not affect the execution of". FC/21/Rev.1/Add.1 (siehe Fn. 61), setzte an Stelle von "execution" das Wort "application".

168 FC/21/Rev.1 (siehe Fn. 61), Rn 11.

169 In der ersten Version des Absatzes (FC/21 (siehe Fn. 61)) war vorgesehen, dass eine Benachrichtigung nicht notwendigerweise vor Abschluß des *inter se* Abkommens erfolgen musste.

Artikel 41 und 58 WVK ist unübersehbar und reicht bis in die sprachliche Übereinstimmung. Die Absätze sind in üblicher Art und Weise nach dem internationalen Recht der Verträge über die Zulässigkeit von *inter se* Abkommen entworfen und sind insoweit nicht weiter streitig.[170]

Die Zulässigkeit von *inter se* Abkommen nach Artikel 311 SRÜ ist an vier Voraussetzungen geknüpft, fünf wenn man mitzählt, dass die *inter se* Abkommen nur zwischen den betreffenden Vertragsstaaten Anwendung finden sollen. Die *inter se* Abkommen dürfen a) sich nicht auf eine Bestimmung beziehen, von der abzuweichen mit der Verwirklichung von Ziel und Zweck des Seerechtsübereinkommens unvereinbar ist, b) die Übereinkommen dürfen die Anwendung der in dem Übereinkommen enthaltenen wesentlichen Grundsätze nicht beeinträchtigen, c) die Bestimmungen der Übereinkünfte dürfen die anderen Vertragsstaaten in dem Genuss ihrer Rechte oder in der Erfüllung ihrer Pflichten aus dem Seerechtsübereinkommen nicht beeinträchtigen und d) die Intention ein solches *inter se* Abkommen zu schließen, muss den anderen Vertragsstaaten durch den Verwahrer mitgeteilt werden. Diese Voraussetzungen sind insgesamt anspruchsvoll. Die grundsätzliche Vorrangstellung, die das Seerechtsübereinkommen im Absatz 2 verlangt, soll nicht durch *inter se* Abkommen wieder umgangen werden können. Ziel und Zweck des Seerechtsübereinkommens sollen vielmehr durch die im Seerechtsübereinkommen selbst vorgesehenen Verpflichtungen zur Kooperation erreicht werden.[171]

Der Wortlaut des Absatzes 3 macht deutlich, dass es grundsätzlich Bestimmungen innerhalb des Seerechtsübereinkommens gibt, die modifiziert oder suspendiert werden können. Der Test, ob ein *inter se* Abkommens nach Absatz 3 zulässig ist, bezieht gerade nur die Vorschriften mit in die Überprüfung ein, die für die "effective execution of the object and purpose" des Seerechtsübereinkommens notwendig sind und die "basic principles" desselben berühren. Vorschriften also, die einen besonderen Gehalt gegenüber anderen Vorschriften des Seerechtsübereinkommens haben. Die übrigen Vorschriften dürfen modifiziert oder suspendiert werden. Diese unbestimmten Rechtsbegriffe lassen allerdings einen genauen rechtlichen Inhalt vermissen und bringen daher die Gefahr mit sich, dass ein Verstoß gegen diese Voraussetzungen unabsichtlich und zunächst auch unbemerkt erfolgen kann.[172] Soweit diese Vorschriften aber nicht berührt werden, ist eine Modifikation oder Suspendierung zulässig.

---

170 Skourtos, N. S., "Legal Effects for Parties and Nonparties: the Impact of the Law of the Sea Convention" in Nordquist, M. H. (Hrsg.), Entry into force of the Law of the Sea Convention (1995, The Hague), S. 187, 192; Vukas (siehe Fn. 98), S. 650f.; Roucounas (siehe Fn. 102), S. 234f.

171 Treves, T., "Réflexions sur quelques conséquences de l'entrée en vigueur de la Convention des Nations Unies sur le droit de la mer" 40 Annuaire Français de Droit International (1994), S. 849, 854. Siehe hierzu II.C.1.

172 Rosenne, S., Breach of Treaty (1985, Cambridge), S. 85f.

Im Falle eines Rechtsstreites der Parteien eines *inter se* Abkommens über die Anwendung oder Auslegung der darin enthaltenen Modifikationen oder Suspendierungen können die Parteien bestimmen, dass die Streitbeilegungsvorschriften des Teils XV Anwendung finden sollen. Gemäß Artikel 288 Absatz 2 SRÜ wäre dann ein nach Artikel 287 SRÜ zu bestimmender Gerichtshof oder Tribunal für die Auslegung dieser Streitigkeit zuständig. Gleichzeitig kann aber auch eine Streitigkeit darüber entstehen, ob eine nach Artikel 311 Absatz 3 und 4 SRÜ vorgenommene Modifikation oder Suspendierung überhaupt zulässig ist oder ob diese sich z. B. auf eine Vorschrift bezieht, von der abzuweichen mit der Verwirklichung von Ziel und Zweck des Übereinkommens unvereinbar wäre. Für die Beilegung einer Streitigkeit über diese Frage wären die Vorschriften des Teils XV direkt anwendbar, ohne dass die Parteien Teil XV ausdrücklich für anwendbar erklären müssten. Gemäß Artikel 288 Absatz 1 SRÜ ist ein Gerichtshof oder Tribunal nach Artikel 287 SRÜ "für jede Auslegung oder Anwendung" des Seerechtsübereinkommens zuständig. Darunter fallen dementsprechend auch Streitigkeiten über die Zulässigkeit der *inter se* Abkommen als solche. Dieses stellt aber auch ein sachgerechte Nähe dar, da die für die Auslegung des Seerechtsübereinkommens am ehesten berufenen Streitbeilegungsorgane auch die Zulässigkeit des *inter se* Abkommens beurteilen können. Soweit das *inter se* Abkommen eigene Streitbeilegungsvorschriften enthält, würden Streitigkeiten über die Auslegung der *inter se* Abkommen nach diesen beigelegt werden. Teil XV bestimmt die Möglichkeiten der Abweichung von den dort enthaltenen Streitbeilegungsvorschriften in eigenen Vorschriften.[173]

Sollte ein dritter Staat der Ansicht sein, dass ein zwischen zwei anderen Staaten geschlossenes *inter se* Abkommen nicht die Kriterien der Absätze 3 und 4 erfüllt, hat dieser ebenfalls die Möglichkeit die Streitbeilegungsvorschriften in Teil XV in Anspruch zu nehmen. Da in diesem Fall zwischen den am Streit beteiligten Staaten kaum eine eigene Abmachung über die Streitbeilegung existieren dürfte, die es erlauben könnte von den Vorschriften des Teils XV abzuweichen, wäre – soweit die Voraussetzungen erfüllt sind – Teil XV anwendbar.

Absatz 3 stellt zusammen mit Absatz 4 gegenüber Absatz 2 eine erste Abstufung in der systemimmanenten Ordnung anderer Verträge zu dem Seerechtsübereinkommen dar. Während Absatz 2 die anderen Übereinkommen insgesamt danach bewertet, inwieweit diese mit dem Seerechtsübereinkommen vereinbar sind und daraus folgernd deren Zulässigkeit bewertet, also eine Beachtung sämtlicher in dem Seerechtsübereinkommen enthaltenen Vorschriften verlangt, ist es nach den Absätzen 3 und 4 zumindest schon einmal möglich, dass – wenn auch nur unter bestimmten Voraussetzungen – von den Vorschriften des Seerechtsübereinkommen-

173 So insbesondere die Artikel 281 und 282 SRÜ. Siehe III.C. Es handelt sich bei einem *inter se* Abkommen mit eigenen Streitbeilegungsvorschriften dementsprechend um ein Kombination von zulässigen Abweichungen nach Artikel 311 Absatz 3 und 4 SRÜ und den Vorschriften des Teils XV.

kommens abgewichen werden darf, soweit zumindest nicht ein bestimmter Bestand an Vorschriften berührt wird. Demgegenüber gestattet Absatz 5 des Artikels 311 SRÜ die weitestgehenden Abweichungen, wenn nicht sogar die völlige Abweichung vom Seerechtsübereinkommen.[174]

5. Rechtsfolge eines Verstoßes gegen Artikel 311 Absätze 2-4 SRÜ

Weder Absatz 2 noch die Absätze 3 und 4 sehen eine direkte Rechtsfolge für den Fall vor, dass ein Abkommen sich nicht mit den dort enthaltenen Voraussetzungen vereinbaren lässt. Dieser Umstand mag die Richter des Schiedsgerichts im Southern Bluefin Tuna Case auch dazu bewogen haben, eine entsprechende Frage den Parteien zur Beantwortung zu stellen.[175]

Wie gezeigt, bestimmt Artikel 311 Absatz 2 SRÜ, dass solange ein anderes Übereinkommen mit dem Seerechtsübereinkommen vereinbar ist, also andere Vertragsstaaten nicht in dem Genuss ihrer Rechte oder der Erfüllung ihrer Pflichten beeinträchtigt werden, das Seerechtsübereinkommen nicht die Rechte oder Pflichten der betreffenden Vertragsstaaten aus dem anderen Übereinkommen ändert. Soweit also beide Übereinkommen miteinander vereinbar sind, bedeutet dies, dass beide Übereinkommen die Rechtsbeziehungen zwischen den Parteien bestimmen. Damit ist aber auch für den Fall der Unvereinbarkeit vorgegeben, dass das Seerechtsübereinkommen den Bestimmungen des anderen Übereinkommens vorgehen würde. Hiervon ausgenommen ist natürlich immer der Fall, dass die Vorschriften des anderen Übereinkommens dergestalt interpretiert werden, dass wieder eine Vereinbarkeit erreicht wird und damit dann auch eine gleichzeitige Anwendbarkeit möglich wird.

Fraglich ist allerdings, welche Bedeutung dieses "Vorgehen des Seerechtsübereinkommens" für die generelle Anwendbarkeit des anderen Übereinkommens im Falle der Unvereinbarkeit hat. Vukas verweist in diesem Zusammenhang auf die Nähe dieser Vorschrift zu Artikel 103 der Charta der Vereinten Nationen.[176] Ebenso wie aus Artikel 103 der Charta der Vereinten Nationen, ergibt sich aber auch aus Artikel 311 Absatz 2 SRÜ keine Rechtsfolge für die weitere Anwendung des in Frage stehenden Übereinkommens.[177]

---

174 Dazu siehe II.B.6.

175 Frage #3 der *Questions of the Tribunal*, gestellt vom Präsidenten am 10. Mai 2000. Die Antworten durch die Parteien erfolgten schriftlich und sind unter <<http://www.worldbank.org/icsid/bluefintuna/ main.htm>> erhältlich.

176 Vukas (siehe Fn. 98), S. 649f.

177 Zu den Rechtsfolgen, die ein Verstoß gegen Artikel 103 der Charta der Vereinten Nationen hat siehe Bernhardt, R., "Article 103" in Simma, B., et al. (Hrsg.), The Charter of the United Nations, A Commentary (2. Aufl. 2002, München), S. 1292, 1297f.; Dahm (siehe Fn. 121), S. 689f.

a) Artikel 311 Absatz 2 SRÜ

Im Zusammenhang mit Artikel 311 Absatz 2 SRÜ ist zwischen zwei Situationen zu unterscheiden. Zum einen, dass ein Vertrag, der ausschließlich zwischen Vertragsstaaten des Seerechtsübereinkommens geschlossen wurde, mit diesem unvereinbar ist. Diese Frage ist von geringer praktischer Relevanz, da sich die Parteien unter keinen Umständen auf den unvereinbaren Vertrag berufen können. Hierbei ergibt sich, dass die betreffenden Verträge soweit diese unvereinbar sind, als beendet anzusehen sind. Für Verträge, die vor dem Abschluss des Seerechtsübereinkommens im Jahre 1982 geschlossen wurden, folgt diese Rechtsfolge schon aus dem *lex posterior* Grundsatz. Für nach 1982 geschlossene Verträge ist diese Rechtsfolge nicht notwendigerweise festzustellen. Rosenne bemerkte hierzu schon frühzeitig, dass – ausgehend von allgemeinem Vertragsrecht – der nachfolgende Vertrag, der mit dem Seerechtsübereinkommen unvereinbar ist, als nichtig anzusehen ist.[178] Die Begründung liegt hierfür darin, dass die Nichtigkeit des nachfolgenden Vertrages in den Bestimmungen des vorherigen liegt. Dieses ist keine Anwendung des *lex prior* Satzes, da ausdrücklich entsprechende Vorschriften im vorangegangenen Vertrag existieren. Da hier die Situation vorliegt, dass nur Vertragsstaaten des Seerechtsübereinkommens betroffen sind, liegt dies nahe an den in den Absätzen 3 und 4 vorgesehenen *inter se* Abkommen. Es ist aber auch die Situation zu bedenken, dass an dem unvereinbaren Vertrag dritte Staaten beteiligt sein können, die nicht Vertragspartei des Seerechtsübereinkommens sind. Hier kann im Falle der Unvereinbarkeit nicht einfach eine Beendigung des Vertrages angenommen werden. Andernfalls wäre dies ein Verstoß gegen die *pacta tertiis* Regel.[179] Dies hat zur Folge, dass gegenüber Drittstaaten ein Vertragsbruch vorliegen kann, wenn sich für einen Vertragsstaat des Seerechtsübereinkommens ergibt, dass ein Übereinkommen nicht mit diesem vereinbar ist und für ihn deswegen die Vorschriften des Seerechtsübereinkommens vorgehen. Für den betreffenden Vertragsstaat zum Seerechtsübereinkommen kann dieses eine Haftung nach sich ziehen.[180] Verträge, an denen Drittstaaten beteiligt sind, müssen ihre allgemeine Rechtsgültigkeit behalten und können nicht einfach für nichtig erklärt werden.

b) Artikel 311 Absätze 3 und 4 SRÜ

Ebenso wie in Absatz 2 ist auch in den Absätzen 3 und 4 keine ausdrückliche Rechtsfolge vorgesehen, für den Fall, dass ein *inter se* Abkommen tatsächlich

---

[178] Rosenne (siehe Fn. 172), S. 93. "The nullity of the later treaty is rooted in the stipulations of the earlier."

[179] Vukas (siehe Fn. 98), S. 649f.

[180] Virginia Commentary, Bd. V, 311.11. Zur Rolle, die der UN Generalsekretär als Verwahrer nach Artikel 319 Absatz 2 SRÜ bei der Beurteilung eines möglichen – beabsichtigten oder unbeabsichtigten – Verstoßes spielen kann, siehe Rosenne (siehe Fn. 172), S. 90ff.

gegen eine der Voraussetzungen (zumindest den oben unter a) bis c) genannten[181]) verstößt. Im Unterschied zu Absatz 2 lässt sich hier aber feststellen, dass ein solches Abkommen auf jeden Fall nichtig ist. Zwar wird in Bezug auf die Rechtsfolge bei der identischen Regelung des Artikels 41 WVK angenommen, dass das *inter se* Abkommen seine Rechtsverbindlichkeit zwischen den Parteien behält,[182] dieses kann aber kaum eine befriedigende Lösung darstellen. Es ist nur schwer ersichtlich, warum ein solches Abkommen seine Gültigkeit behalten sollte. Zum einen kann ein *inter se* Abkommen logischerweise nur zeitlich nach dem Seerechtsübereinkommen geschlossen werden. Die Parteien kannten also den Rahmen für die Zulässigkeit von *inter se* Abkommen zumal sie sich auch ausdrücklich an die formalen Vorschriften des Artikels 311 Absatz 4 SRÜ und die darin enthaltene Notifikationspflicht halten müssen. Zum anderen sind dritte Staaten von diesem nicht betroffen, da das *inter se* Abkommen *qua definitionem* nur zwischen den Vertragsparteien des Seerechtsübereinkommens Anwendung finden kann. Dann spricht aber auch nichts gegen die Aufrechterhaltung der systemimmanenten Ordnung durch die Annahme der Nichtigkeit des *inter se* Abkommens. Ein solches Abkommen, dass unter einem "flaw in its origin"[183] zustande kommt, erlangt zu keinem Zeitpunkt Rechtswirkung.

6. Artikel 311 Absatz 5 SRÜ

Artikel 311 Absatz 5 SRÜ stellt klar, dass Artikel 311 SRÜ keine Anwendung auf Vorschriften innerhalb des Seerechtsübereinkommens findet, nach denen andere internationale Übereinkommen ausdrücklich zugelassen oder gewahrt sind. Im Gegensatz zu den Vorschlägen, die von der Group of Legal Experts im Bezug auf die anderen Absätze des Artikels 311 SRÜ gemacht, und die von der Konferenz ohne größere Modifikationen angenommen wurden, wurde Absatz 5 komplett überarbeitet und neu formuliert. Die ursprüngliche Version lautete im Vorschlag der Group of Legal Experts: "This article shall be without prejudice

---

[181] Siehe S. 72.

[182] Die Parteien des *inter se* Abkommens seien lediglich verpflichtet, auf eine Auflösung des *inter se* Abkommens hinzuwirken. Der Ständige Internationale Gerichtshof scheint davon auszugehen, dass sobald die Rechtswidrigkeit eines *inter se* Abkommens von anderen Staaten gerügt wird, diese durchgreift, Permanent Court of International Justice, Oscar Chinn Case (United Kingdom v. Belgium), Judgement of 12 December 1934, PCIJ Series A./B., No. 63, S. 65, 80. So wohl auch International Law Commission, Yearbook of the International Law Commission 1966 Vol. II, S. 217.

[183] So Richter Schücking, Permanent Court of International Justice, Oscar Chinn Case (United Kingdom v. Belgium), Judgement of 12 December 1934, PCIJ Series A./B., No. 63, S. 65, Separate Opinion Judge Schücking, S. 148, 150 in seinem Sondervotum zu dem Oscar Chinn Fall. Für ihn ist ein *inter se* Abkommen, welches unter einem Verstoß gegen die Vorschriften des "Hauptvertrages" zustande kommt "automatically null and void" ohne dass es der Berufung der anderen Vertragsparteien auf diesen Umstand bedürfe.

to the provisions of this Convention pertaining to its relation to other international agreements."[184] Der Absatz wurde umformuliert, um Vorschläge der Plenarversammlung aufzunehmen und "to state more clearly that international agreements expressly permitted or preserved by other articles of this Convention are not affected by the provisions of article [311] itself."[185] Damit lautete Absatz 5 nun: "This article shall not affect international agreements expressly permitted or preserved by other articles of this Convention."[186] Aber auch diese Umformulierung brachte im Endeffekt nur sprachliche Modifikationen, ohne den eigentlichen Inhalt des Absatzes zu ändern. Gab es auch einige Uneinigkeiten darüber, ob eine solche Vorschrift überhaupt erforderlich sei, so wurde eine solche Vorschrift dennoch aufgenommen.[187]

Absatz 5 legt fest, dass bestimmte Vorschriften innerhalb des Seerechtsübereinkommens dem Artikel 311 SRÜ als *lex specialis* vorgehen können.[188] Inhaltlich bedeutet dies, dass damit Vorschriften innerhalb des Seerechtsübereinkommens, die andere internationale Übereinkünfte ausdrücklich zulassen oder wahren, von der Befolgung der beschränkenden Voraussetzungen der Absätze 2 bis 4 befreit sind.[189] Die Absätze 1 und 6 des Artikels 311 SRÜ sind hiervon nicht betroffen. Bezüglich Absatz 1 kann es keine Überschneidungen zu anderen Vorschriften im Seerechtsübereinkommen geben, da die vier Genfer Übereinkommen von 1958 nur hier überhaupt angesprochen werden und für Absatz 6 gilt, dass dieser Absatz nur die besondere Situation des in Artikel 136 SRÜ niedergelegten Grundsatzes des gemeinsamen Erbes der Menschheit betrifft.

Artikel 311 Absatz 5 SRÜ bewirkt also, dass unabhängig von Absatz 2 andere internationale Übereinkünfte durchaus mit dem Seerechtsübereinkommen unvereinbar sein und andere Vertragsstaaten in dem Genuss ihrer Rechte oder in der Erfüllung ihrer Pflichten aus dem Seerechtsübereinkommen beeinträchtigen dürfen. Ebenso dürften zwei oder mehrere Vertragsstaaten unabhängig von den Absätzen 3 und 4 ein *inter se* Abkommen schließen, das sich auf eine Bestimmung bezieht, von der abzuweichen eigentlich nicht mit der Verwirklichung von Ziel und Zweck des Seerechtsübereinkommens zu vereinbaren ist oder das die in dem Seerechtsübereinkommen enthaltenen wesentlichen Grundsätze beeinträchtigt. Selbst soweit dieses der Fall sein sollte, würden die entsprechenden Über-

---

184 FC/20 (siehe Fn. 61), S. 401.

185 FC/21/Rev.1 (siehe Fn. 61), S. 410.

186 FC/21/Rev.1 (siehe Fn. 61), S. 410.

187 A/CONF.62/L.60, abgedruckt in UNCLOS III, XIV Off. Rec., S. 132. Teile der Delegierten waren der Ansicht, dass sich der Regelungsgehalt des Absatzes 5 schon aus der WVK ergeben würde. Der Absatz wurde dennoch beibehalten, da eine Beibehaltung dieser Regelung gegenüber einer völligen Streichung als vorzugswürdig angesehen wurde.

188 Roucounas (siehe Fn. 102), S. 233; Treves (siehe Fn. 171), S. 853; Virginia Commentary, Bd. V, 311.11.

189 Vukas (siehe Fn. 98), S. 647; Skourtos (siehe Fn. 170), S. 192.

einkommen dennoch Anwendung finden. Allerdings sollte hier schon festgehalten werden, dass dieses weiter reichend klingt als es tatsächlich ist, da – wie zu zeigen sein wird – die entsprechenden Vorschriften im Seerechtsübereinkommen ein solch weit reichendes Abweichen von vornherein beschränken.

Auffällig an Absatz 5 ist, dass er im Gegensatz zu den anderen Absätzen des Artikels 311 SRÜ auf "international agreements / internationale Übereinkünfte" Bezug nimmt. Die Absätze 2 bis 4 sprechen jeweils nur allgemein von "Übereinkünften" ohne das qualifizierende "internationale". Eindeutig von "international agreements" angesprochen sind solche Vorschriften, in denen der Wortlaut der entsprechenden Vorschrift diese Formulierung aufgreift. Dieses geschieht in den vier Artikeln 23, 35(c), 92 Absatz 1 und Artikel 303 Absatz 4 SRÜ. Artikel 311 Absatz 5 SRÜ ist jedoch nicht ausschließlich auf die genannten Vorschriften anzuwenden, die dessen Wortlaut wieder aufgreifen. Das Merkmal "international" ist im Sinne eines völkerrechtlichen Vertrages gemeint. In der Wiener Vertragsrechtskonvention wird "treaty" definiert als "an international agreement concluded between states."[190] Wie schon gezeigt, wurde versucht, den Sprachgebrauch des Seerechtsübereinkommens von dem in der Wiener Vertragsrechtskonvention abzugrenzen.[191] Soweit diese Wortwahl nun wieder aufgegriffen wird, erscheint nicht ganz klar, was genau damit bezweckt werden sollte. Eine Auslegung des Absatzes 5, die ergeben würde, dass dieser sich nur auf die vier erwähnten Artikel bezieht, ist schon mit den *travaux préparatoires* zum Seerechtsübereinkommen nicht zu vereinbaren. Diese sehr spezielle Besonderheit hätte in irgendeiner Form Niederschlag in den *travaux préparatoires* finden müssen.[192] Eher gingen die Vertragsstaaten davon aus, dass Absatz 5 überflüssig sei, da dessen Regelungsgehalt in den Regeln der Wiener Vertragsrechtskonvention enthalten sei.[193] Grundsätzlich nimmt das Seerechtsübereinkommen in vielen Vorschriften Bezug auf andere "agreements" ohne diese mit dem Zusatz "international" zu versehen. Das einschränkende Merkmal für die Anerkennung dieser Abkommen durch das Seerechtsübereinkommen für Artikel 311 Absatz 5 SRÜ ist damit nicht, ob sie "international" sind, sondern eben, ob sie "ausdrücklich zugelassen oder gewahrt" sind.

Sicherlich wäre eine Beschränkung der Anwendbarkeit des Artikels 311 Absatz 5 SRÜ auf die Vorschriften, in denen Bezug auf "international agreements" genommen wird zu eng. Gleichzeitig kann es aber auch nicht möglich sein, dass alle anderen Übereinkommen, die in irgendeiner Gestalt im Text des Seerechts-

---

190 Artikel 2 Absatz 1(a) WVK.

191 Zur Wortwahl im Seerechtsübereinkommen allgemein siehe Fn. 9 und begleitenden Text.

192 Siehe Schwebel, S. M., "May Preparatory Work be Used to Correct Rather Than Confirm the "Clear" Meaning of a Treaty Provision" in Makarczyk, J. (Hrsg.), Theory of International Law at the Threshold of the 21st Century – Essays in Honour of Krzysztof Skubiszewski (1996, The Hague), S. 541.

193 Siehe Fn. 187.

übereinkommens genannt werden oder auf die Bezug genommen wird, diesem vorgehen dürften, beziehungsweise nicht die grundlegenden Anforderungen an die Vereinbarkeit nach Absatz 2 oder auch der Absätze 3 und 4 des Artikels 311 SRÜ beachten müssten. Die Ansicht, die augenscheinlich auch im Virginia Commentary und von einigen Autoren vertreten wird, dass sämtliche Vorschriften im Seerechtsübereinkommen, die in irgendeiner Form andere Übereinkommen erwähnen, unter Artikel 311 Absatz 5 SRÜ zu subsumieren seien, ist abzulehnen.[194] Allein die Erwähnung eines Übereinkommens in einer Vorschrift des Seerechtsübereinkommens kann nicht die Voraussetzung des "ausdrücklich zugelassen oder gewahrt" erfüllen. Dieses kann nicht Sinn und Zweck der Vorschrift sein. Zumal eine Unterscheidung im Seerechtsübereinkommen insoweit erkennbar ist, dass es eben Vorschriften gibt, die ausdrücklich auf andere Übereinkommen Bezug nehmen. Wenn man davon ausgeht, dass durch das Seerechtsübereinkommen ein allumfassendes Recht der Meere geschaffen werden sollte und man diesen Auftrag ernst nimmt, so lässt sich eine so einfache Abweichungsmöglichkeit von den Vorschriften des Seerechtsübereinkommens nicht annehmen.

Artikel 311 Absatz 5 SRÜ ist – der systematischen und grammatikalischen Auslegung folgend – dementsprechend enger am Wortlaut auszulegen. Er greift nur für die Fälle, in denen der Wortlaut einer Vorschrift andere Übereinkünfte *ausdrücklich* zulässt oder wahrt.[195] Da eine solche Abweichung aber die Ausnahme sein soll, hat die Feststellung, welche Vorschriften andere Abkommen *ausdrücklich* erlauben, unter genauer Beachtung des Zweckes und im Geiste des Seerechtsübereinkommens zu erfolgen.[196]

Deutlichstes Beispiel einer Vorschrift, die unter Artikel 311 Absatz 5 SRÜ fällt, ist sicherlich Artikel 35(c) SRÜ in Teil III des Seerechtsübereinkommens über

---

194 Der Virginia Commentary Commentary, Bd. V, 311.11 verweist hierbei auf seine eigene Aufzählung in 311.8, in der er (fast) sämtliche Vorschriften des Seerechtsübereinkommens aufführt, die Verweise auf andere Konventionen enthalten. Hier drauf wird von Kwiatkowska, B., "The Australia and New Zealand v. Japan Southern Bluefin Tuna (Jurisdiction and Admissibility) Award of the First LoSC Annex VII Arbitral Tribunal" 16 International Journal of Marine and Coastal Law (2001), S. 239, 257 und Treves (siehe Fn. 171), S. 855 verwiesen.

195 So auch Australien und Neuseeland in den Antworten auf die vom Arbitral Tribunal gestellten Fragen. Siehe Fn. 175.

196 Auf diesen Umstand verweist auch Crawford in der mündlichen Verhandlung vor dem Schiedsgericht im Southern Bluefin Tuna Case: "In the context of an article which otherwise requires consistency with UNCLOS, the words 'expressly permitted' should be interpreted strictly." Mündliche Verhandlung vom 8. Mai 2000, Vol. II, Plädoyer von James Crawford.

Meerengen, die der internationalen Schifffahrt dienen.[197] Hiernach werden von den Vorschriften des Teils III solche Meerengen ausgenommen, bei denen "die Durchfahrt ganz oder teilweise durch lange bestehende und in Kraft befindliche internationale Übereinkünfte geregelt ist." Der Wortlaut macht deutlich, dass hier andere Übereinkommen ausdrücklich gewahrt sind. Das bedeutet also, dass die entsprechenden Übereinkommen nicht an der Vorschrift des Artikels 311 Absatz 2 SRÜ gemessen werden. Damit dürften diese Übereinkommen Vorschriften enthalten, die eigentlich nicht mit denen des Seerechtsübereinkommens zu vereinbaren sind. Hintergrund zu dieser Regelung ist, dass das System der Transitdurchfahrt nicht für die Meerengen gelten soll, in denen schon Systeme etabliert wurden, die über die Jahre ihr Funktionieren bewiesen haben. Ohne Zweifel ist hierzu die Montreux Konvention von 1936 über die Dardanellen und den Bosporus zu rechnen.[198] Weitere von Artikel 35(c) SRÜ erfasste Übereinkommen betreffen die Magellanstrasse[199] und den Großen und den Kleinen Belt und den Öresund.[200] Die Montreux Konvention räumt dem Küstenstaat Türkei Rechte ein, die in dieser Form eigentlich nicht mit dem Seerechtsübereinkommen vereinbar sind. Nach den Vorschriften des Seerechtsübereinkommens darf die Transitdurchfahrt durch eine Meerenge, die der internationalen Schifffahrt dient, nicht behindert werden.[201] Die Montreux Konvention hingegen sieht z. B. vor, dass Schiffe zum Zwecke einer gesundheitsbehördlichen Überprüfung bei der Einfahrt in die Meerengen einen Stopp vornehmen müssen.[202] Für den Fall,

---

197 Siehe zu dem Recht der Meerengen, die der internationalen Schifffahrt dienen insbesondere Nandan, S. N., Anderson, D. H., "Straits Used for International Navigation: A Commentary on Part III of the United Nations Convention on the Law of the Sea 1982" 60 British Yearbook of International Law (1989), S. 159. Zu Artikel 35(c) SRÜ siehe *id.*, S. 174ff.

198 Montreux Convention Regarding the Regime of the Straits vom 20. Juli 1936 (LNTS Vol. 173, No. 4015, S. 231). Zu beachten ist, dass die Türkei keine Vertragspartei des Seerechtsübereinkommens ist. Zu möglichen Vorteilen, die der Türkei als Mitgliedsstaat des Seerechtsübereinkommens erwachsen könnten, siehe Pavlyuk, S. V., "Regulation of the Turkish Straits: UNCLOS as an Alternative to the Treaty of Montreux and the 1994 Maritime Traffic Regulations for the Turkish Straits and Marmara Region" 22 Fordham International Law Journal (1999), S. 961.

199 Grenzvertrag vom 23. Juli 1881 zwischen Argentinien und Chile. Zur Magellanstrasse siehe Morris, M. A., The Strait of Magellan (1989, Dordrecht), S. 53ff.

200 Vertrag von Kopenhagen vom 14. März 1857. Siehe hierzu Jia, B. B., The Regime of Straits in International Law (1998, Oxford), S. 115ff. Finnland und Schweden haben jeweils bei der Unterzeichnung des Seerechtsübereinkommens eine Erklärung abgeben, dass sie Artikel 35(c) SRÜ dahingehend interpretieren, dass hiervon auch die "strait between Sweden and Denmark (Oresund), as well as […] the strait between Sweden and Finland (the Aland Islands)" (Deklaration von Schweden) und "the strait between Finland (the Aland Islands) and Sweden" (Deklaration von Finnland) erfasst seien. Erhältlich unter <<www.un.org/Depts/los/>>.

201 Artikel 38 Absatz 1 SRÜ.

202 Artikel 3 Montreux Convention. Siehe hierzu Ünlü, N., The Legal Regime of the Turkish Straits (2002, The Hague), S. 43f.

dass an Bord eines Schiffes Fälle von bestimmten ansteckenden Krankheiten vorliegen (oder die Schiffe kürzlich einen Hafen angelaufen haben, in denen diese Krankheiten aufgetreten waren), müssen diese Schiffe die Weiterfahrt mit einem Gesundheitsoffizier an Bord vornehmen und sind verpflichtet, eine Gesundheitsabgabe zu leisten.[203] Ohne die Vorschrift des Artikels 35(c) SRÜ (und des Artikels 311 Absatz 5 SRÜ) hätte argumentiert werden können, dass auch die Montreux Konvention an Artikel 311 Absatz 2 SRÜ hätte gemessen werden müssen und dass damit eine solche Regelung mit dem Seerechtsübereinkommen unvereinbar sei.

Was sich auch an Artikel 35(c) SRÜ zeigt, ist dass hiervon nur "lange bestehende und in Kraft befindliche" Übereinkommen angesprochen werden. Bei diesen ist also der Umfang der Abweichungen von den Vorschriften des Seerechtsübereinkommens zum Zeitpunkt von UNCLOS III ersichtlich gewesen. Die Ratio des Artikels 311 Absatz 5 SRÜ ist es, in einem bestimmten Rahmen die bereits bestehenden Abkommen für weiterhin gültig zu erachten und deren problemlose Anwendung zu ermöglichen, ohne in eine Bewertung darüber einzusteigen, inwieweit diese "bewährten" Übereinkommen eigentlich mit dem Seerechtsübereinkommen vereinbar sind.

Ein weiterer Artikel ist Artikel 23 SRÜ,[204] der vorsieht, dass das Recht auf friedliche Durchfahrt für Schiffe mit Kernenergieantrieb und Schiffe, die nukleare oder sonstige ihrer Natur nach gefährliche oder schädliche Stoffe transportieren, eingeschränkt werden darf. Grundsätzlich wäre dies nach den in Teil II Abschnitt 3 Unterabschnitt A enthaltenen Regeln über die friedliche Durchfahrt im Küstenmeer eigentlich unzulässig. Soweit Einschränkungen in internationalen Übereinkünften aber bestehen, müssen sich diese Übereinkünfte nicht an Artikel 311 Absatz 2 SRÜ messen lassen. Ein solcher Test würde anderenfalls auch unzweifelhaft zu der Feststellung führen, dass die Einschränkung der friedlichen Durchfahrt eben nicht mit dem Seerechtsübereinkommen vereinbar ist. Zu den von Artikel 23 SRÜ genannten internationalen Übereinkünften zählt insbesondere Kapitel VIII der Safety of Life at Sea Convention[205] (SOLAS) über atomar angetriebene Schiffe. Hierbei erlaubt die SOLAS Regulation VIII/11 die Ausübung einer speziellen Kontrolle der Küstenstaaten über solche Schiffe "*before* entering the ports and in the ports of Contracting Governments."[206] Ansonsten

---

203 Am 1. Juli 1994 sind verschiedene zusätzliche Vorschriften der Türkei in Bezug auf die Meerengen in Kraft getreten, deren rechtliche Zulässigkeit zumindest bezweifelt werden kann. Siehe hierzu Scharfenberg, S. A., "Regulating Traffic Flow in the Turkish Straits: a Test for Modern International Law" 10 Emory International Law Review (1996), S. 333, 350ff. und Pavlyuk (siehe Fn. 198), S. 983ff.

204 Zu Artikel 23 SRÜ siehe Pedrozo, R. A. F., "Transport of Nuclear Cargoes by Sea" 28 Journal of Maritime Law and Commerce (1997), S. 207, 223f.

205 Safety of Life at Sea Convention vom 1. November 1974 (UNTS Vol. 1184, No. I 18961, S. 2).

206 SOLAS, Chapter VIII Regulation 11 (Hervorhebung vom Verfasser).

erlaubt das Seerechtsübereinkommen eine Kontrolle der Schiffe im Küstenmeer eines Staates durch den Küstenstaat für den Fall des Einlaufens in die inneren Gewässer oder einer Hafenanlage außerhalb der inneren Gewässer nur unter den Voraussetzungen des Artikels 25 Absatz 2 SRÜ.

Weitere Vorschriften, die ausdrücklich andere Übereinkommen zulassen oder wahren sind z. B. auch die Übereinkommen nach Artikel 74 Absatz 4, bzw. Artikel 83 Absatz 4 SRÜ über die Abgrenzung der ausschließlichen Wirtschaftszone oder des Festlandsockels, die bereits zwischen den beteiligten Staaten in Kraft sind.[207]

Natürlich spricht nichts dagegen, dass durch andere internationale Übereinkünfte den Staaten weitergehende Rechte eingeräumt werden als die, die sich aus dem Seerechtsübereinkommen ergeben. Artikel 132 SRÜ macht deutlich, dass bestehende Transitvereinbarungen für Binnenstaaten über den Zugang zum und vom Meer ab dem Inkrafttreten des Seerechtsübereinkommens wenigstens dem dort enthaltenen Standard entsprechen müssen. Sollte dieses nicht der Fall sein, so müssen diese Transitvereinbarungen aufgehoben werden oder an den geforderten Standard angepasst werden. Gleichzeitig lässt Artikel 132 SRÜ aber ausdrücklich solche Übereinkommen zu, die weitergehende Transiterleichterungen gewähren. Hier ist also schon eine immanente Schranke enthalten, insoweit dass solche Übereinkommen zwar ausdrücklich zugelassen sind und damit grundsätzlich nicht von Artikel 311 Absatz 2 SRÜ betroffen sind, aber schon aus sich selbst heraus am Maßstab der in Teil X enthaltenen Vorschriften gemessen werden müssen. Auch enthält Artikel 132 Satz 2 SRÜ als einzige Vorschrift im Seerechtsübereinkommen den ausdrücklichen Hinweis auf die Zulässigkeit zukünftiger Übereinkommen, die aber auch wiederum an die Gewährung größerer Transiterleichterungen gebunden sind, als diese in Teil X vorgesehen sind.

Insgesamt zeigt sich, dass der Umfang der Abweichungen vom Seerechtsübereinkommen bei den dargestellten Vorschriften gering ist. Dass ein Übereinkommen unter Artikel 311 Absatz 5 SRÜ theoretisch von dem Seerechtsübereinkommen abweichen dürfte, bedeutet nicht automatisch, dass es dieses auch tut.

So enthält z. B. Artikel 303 SRÜ[208] über im Meer gefundene archäologische und historische Gegenstände in Absatz 4 die Regelung, dass "andere internationale Übereinkünfte und Regeln des Völkerrechts über den Schutz von Gegenständen archäologischer oder historischer Art" von Artikel 303 SRÜ nicht berührt werden. Diese eindeutige Wortwahl erfüllt die Voraussetzungen des Artikels 311 Absatz 5 SRÜ, da hier ein anderes Übereinkommen "ausdrücklich zugelassen oder gewahrt" ist. Folge hiervon ist, dass ein solches Übereinkommen auch dann anwendbar wäre, wenn es entgegen Artikel 311 Absatz 2 SRÜ nicht mit dem

---

[207] Siehe II.C.2.b).

[208] Zu Artikel 303 siehe Herzog, R., Kulturgut unter Wasser (2002, Aachen), S. 227ff.

Seerechtsübereinkommen vereinbar wäre. Eine solche "andere internationale Übereinkunft" ist z. B. (bzw. hauptsächlich) die UNESCO Convention on the Protection of the Underwater Cultural Heritage aus dem Jahre 2001.[209] Dieses Übereinkommen müsste also grundsätzlich nicht an den Maßstäben des Artikels 311 SRÜ gemessen werden. Allerdings enthält das UNESCO Übereinkommen über den Unterwasserkulturgüterschutz in Artikel 3 eine ausdrückliche Vorschrift, die auf die Vereinbarkeit mit dem Seerechtsübereinkommen verweist.[210] Artikel 3 legt fest, dass es so auszulegen ist, dass das Übereinkommen mit internationalem Recht und insbesondere dem Seerechtsübereinkommen vereinbar ist. Insoweit stellt dieses Übereinkommen aus sich selbst heraus klar, dass eine Inkompatibilität mit dem Seerechtsübereinkommen nicht entstehen kann, da dieses – soweit überhaupt erforderlich – über die Interpretation vermieden werden soll.

7. Das Verhältnis der Absätze 2-5 untereinander

Nach der hier vertretenen Auffassung sieht Artikel 311 SRÜ eine mehrstufige Unterteilung des Verhältnisses des Seerechtsübereinkommens zu anderen Übereinkommen und internationalen Übereinkünften vor. Dieses scheint in der bisherigen Literatur in dieser Form nicht vertreten worden zu sein. Oftmals wird nur auf das Verhältnis zwischen Absatz 2 und den Absätzen 3 und 4 verwiesen.[211] Absatz 5 wurde in diesem Zusammenhang jeweils nicht mit in die Betrachtung gezogen. Auch die Entscheidung des Schiedsgerichts im Southern Bluefin Tuna scheint auf diese Differenzierung nicht weiter einzugehen, beziehungsweise sie gar nicht vorzunehmen. Die Entscheidung erwähnt im Bezug auf die Frage, ob die dort in Frage stehende Convention on the Conservation of Southern Bluefin Tuna im System des Seerechtsübereinkommens die Absätze 2 und 5 gleichzeitig

---

[209] Zum UNESCO Übereinkommen über den Unterwasserkulturgüterschutz vom 3. November 2001 siehe Rau, M., "Die UNESCO Konvention zum Schutz des Unterwasserkulturerbes – eine erste Analyse" 61 Zeitschrift für ausländisches öffentliches Recht und Völkerrecht (2001), S. 833 und *id.*, "The UNESCO Convention on Underwater Cultural Heritage and the International Law of the Sea" 6 Max Planck Yearbook of United Nations Law (2002), S. 387.

[210] Artikel 3 der UNESCO Convention on the Protection of the Underwater Cultural Heritage lautet im Original: "Nothing in this Convention shall prejudice the rights, jurisdiction and duties of States under international law, including the United Nations Convention on the Law of the Sea. This Convention shall be interpreted and applied in the context of and in a manner consistent with international law, including the United Nations Convention on the Law of the Sea."

[211] Treves (siehe Fn. 171), S. 854. So auch die Argumentation von Australien und Neuseeland im Southern Bluefin Tuna Case vor dem Anlage VII Schiedsgericht: "Now that is an impressive array of limitations, and it demonstrates the primacy asserted, quite deliberately, by the drafters of UNCLOS; having achieved primacy by Article 311(2), UNCLOS goes to great pains in Article 311(3) to maintain that primacy." Mündliche Verhandlung vom 8. Mai 2000, Vol. II, Plädoyer von James Crawford.

und ohne weitere Unterscheidung. Nach der hier vertretenen Auffassung, ist an dieser Stelle aber eine genauere Unterscheidung vorzunehmen.

Der in Artikel 311 SRÜ enthaltene Grundgedanke ist, dass andere Übereinkünfte mit dem Seerechtsübereinkommen kompatibel sein müssen. Von diesem Grundsatz ausgehend ist dann eine Abstufung vorgesehen. Artikel 311 Absatz 2 SRÜ ist im Seerechtsübereinkommen die eigentliche Norm zur Regelung einer Vertragskonkurrenz. Systematisch folgen daraufhin die Vorschriften über die Zulässigkeit von *inter se* Abkommen der Absätze 3 und 4. Der folgende Absatz 5 ist nicht so zu lesen, dass er damit die in diesen Absätzen avisierten Abkommen gestattet, sondern vielmehr so, dass er eine weitere Kategorie von Abkommen vorsieht.

Dieses erscheint als eine sachgerechtere Lösung. Demnach lässt das Seerechtsübereinkommen ausweislich des Absatzes 2 andere Konventionen bestehen, soweit sie die Anforderung erfüllen, mit dem Seerechtsübereinkommen vereinbar zu sein. Dabei werden sämtliche Vorschriften in die Überprüfung miteinbezogen. Absatz 3 erlaubt als nächsten Schritt *inter se* Abkommen, die zwar nicht unbedingt mit dem Seerechtsübereinkommen kompatibel sein müssen, so wie es Absatz 2 vorsieht, aber die die einschränkenden Voraussetzungen von Absatz 3 und 4 erfüllen müssen. Es werden also nur noch die Vorschriften des Seerechtsübereinkommens in die Betrachtung miteinbezogen, die für die Verwirklichung von Ziel und Zweck des Seerechtsübereinkommens entscheidend sind oder die die wesentlichen Grundsätze des Seerechtsübereinkommens enthalten. Am weitesten erlaubt dann Absatz 5 Abweichungen, da hier gerade – wie gezeigt – die Abkommen keinerlei Einschränkungen unterworfen werden. Solange es sich um Übereinkünfte handelt, die im Haupttext des Seerechtsübereinkommens "ausdrücklich zugelassen oder gewahrt sind." Ein entsprechender Wille muss sich dann aus den Vorschriften des Seerechtsübereinkommens entnehmen lassen.

Das wichtige, was es festzustellen gilt, ist, dass Absatz 5 eine eigene Kategorie von Verträgen im Seerechtsübereinkommen vorsieht. Eine Auslegung, die unter Absatz 5 alle Vorschriften des Seerechtsübereinkommens subsumiert, die in irgendeiner Form andere Konventionen erwähnt, ist deswegen abzulehnen.[212] So erscheint es wenig einleuchtend, zum Beispiel ein Abkommen, welches unter Artikel 125 Absatz 2 SRÜ geschlossen wurde, von der Verpflichtung freizustellen, mit dem Seerechtsübereinkommen kompatibel zu sein. Dementsprechend kann auch nicht der Ansicht gefolgt werden, dass die Artikel 63, 64, 66 und 67 SRÜ unter Absatz 5 fallen.[213] Nach der hier vertretenen Ansicht fallen diese Übereinkünfte unter Absatz 2.

Bei der Untersuchung der im Seerechtsübereinkommen vorkommenden Vorschriften ist also jeweils diese grundsätzliche Konstruktion im Auge zu behalten

---

[212] Siehe Fn. 194.

[213] So aber Treves (siehe Fn. 171), S. 855.

und festzustellen unter welchen Absatz des Artikels 311 SRÜ eine Vorschrift fällt. Es ist hiernach grundsätzlich nicht möglich, dass ein Abkommen sowohl unter den Absatz 5 wie auch den Absatz 2 des Artikels 311 SRÜ subsumiert wird.[214]

8. Artikel 311 Absatz 6 SRÜ

Absatz 6 legt den Vertragsparteien zwei unterschiedliche Verpflichtungen auf. Zunächst eine allgemeine politische Verpflichtung dergestalt, dass der in Artikel 136 SRÜ niedergelegte Grundsatz über das gemeinsame Erbe der Menschheit nicht geändert werden darf. Die zweite Verpflichtung ist im zweiten Halbsatz enthalten und sieht vor, dass die Vertragsstaaten nicht Partei eines Übereinkommens werden, welches von eben diesem Grundsatz abweicht.

Absatz 6 wurde erst sehr spät im Verlauf von UNCLOS III in den Artikel 311 SRÜ eingefügt. In den ersten Entwürfen taucht eine entsprechende Vorschrift überhaupt nicht auf. Erst im August 1980 befassten sich die Staaten mit einem entsprechenden Vorschlag Chiles.[215] Der Absatz als solcher war Gegenstand langwieriger Debatten. Die Staaten verwarfen mehrere Änderungsvorschläge und nahmen im Endeffekt den ursprünglichen Formulierungsentwurf des Präsidenten an, den dieser eingebracht hatte, um die gegen den chilenischen Vorschlag gerichteten Einwände zu entschärfen. Die jetzige Version wurde als ausreichende Kompromissformel angesehen. Augenscheinlich ist, dass die allgemeine Stoßrichtung des Absatzes auf das Konzept des *jus cogens* abzuzielen scheint, ohne dieses ausdrücklich zu erwähnen. Die Positionierung dieser Vorschrift als Absatz 6 im Artikel 311 SRÜ war für die verhandelnden Staaten nicht weiter Gegenstand von Diskussionen und wurde als nebensächlich betrachtet.[216]

Der erste Halbsatz des Absatzes 6 betrifft Fragen nach der Zulässigkeit des Verbots einer Vertragsänderung durch die Parteien und dem Konzept des *jus cogens*.[217] Die Verpflichtung den Grundsatz über das gemeinsame Erbe der Menschheit nicht zu ändern, ist eher allgemein politischer Natur.[218] Hierzu soll bloß angemerkt werden, dass es äußerst zweifelhaft erscheint, dass dieser Grundsatz, solange er lediglich eine Vertragsvorschrift darstellt, nicht durch die

---

214 Siehe hierzu zum Beispiel die Aufzählung im Virginia Commentary, Bd. V, 311.8., die dahin gehen zu scheint, die aufgezählten Artikel als unter 311 Absatz 5 fallend zu subsumieren. So auch Kwiatkowska (siehe Fn. 212), S. 257, die ausdrücklich feststellt: "Article 64 is clearly covered by Article 311(5)."

215 A/Conf.62/L.58 (siehe Fn. 26), Rn. 7.

216 A/Conf.62/L.58 (siehe Fn. 26), Rn. 7. "It was pointed out that the location of the provision was not crucial [...]."

217 Zu dem Konzept von *jus cogens* siehe Mosler, H., "Jus cogens im Völkerrecht" 26 Annuaire Suisse de Droit International (1969/1970), S. 9 und Byers (siehe Fn. 18), S. 183ff.

218 Vukas (siehe Fn. 98), S. 650; Treves (siehe Fn. 171), S. 854.

Vertragsstaaten durch eine Änderung nach Artikel 312 oder 313 SRÜ geändert werden könnte.

Die zweite Verpflichtung im Rahmen von Absatz 6 hingegen enthält die klare Verpflichtung an die Vertragsstaaten keine Verträge abzuschließen, die gegen den Grundsatz des gemeinsamen Erbes der Menschheit verstoßen. Diese Verpflichtung beinhaltet auch, bestehende Verträge, die gegen diesen Grundsatz verstoßen, zu lösen.[219] Aus dem deutschen Wortlaut ist dieses nicht ersichtlich. Der englische Text hingegen spricht eindeutig davon, dass die Vertragsstaaten des Seerechtsübereinkommens nicht Vertragspartei zu einem solchen Übereinkommen sein sollen.[220] Dieses wird ebenso im französischen Wortlaut zum Ausdruck gebracht, wo es heißt, dass die Staaten "ne seront parties à aucun accord." Zu beachten ist hierbei, dass dies natürlich auch durchaus Verträge betreffen kann, die ein Vertragsstaat mit einem dritten Staat geschlossen hat. Hier geht die Verpflichtung des betreffenden Staates dahin auf eine Auflösung des Vertrags hinzuarbeiten. Zwischen Vertragsstaaten des Seerechtsübereinkommens fallen die Verpflichtungen aus dem unzulässigen Vertrag weg. Entscheidende Frage in diesem Zusammenhang ist natürlich, was der genaue Inhalt des gemeinsamen Erbes der Menschheit ist. In Artikel 136 SRÜ selbst findet sich lediglich, dass "[d]as Gebiet und seine Ressourcen [...] das gemeinsame Erbe der Menschheit [sind]." Auch hier zeigt sich, dass ein Verstoß aufgrund der interpretatorischen Weite des Seerechtsübereinkommens durchaus erfolgen kann, ohne dass sich die betreffenden Vertragsstaaten dieses Umstandes bewusst sind.

9. Ergebnis

Artikel 311 SRÜ ist der zentrale Artikel im Seerechtsübereinkommen, der das Verhältnis zu anderen Übereinkommen aus Bereichen betrifft, die sich ebenfalls mit Materien beschäftigen, die auch vom Seerechtsübereinkommen geregelt werden. Wie dargestellt, enthält Artikel 311 SRÜ eine graduelle Abstufung des unterschiedlichen Prüfungsumfanges von anderen Übereinkommen. Die am weitesten reichende Kategorie des Absatzes 5 wird gleichzeitig durch die entsprechenden Vorschriften, die ausdrücklich andere Übereinkommen zulassen wieder beschränkt.

C. Verschiedene Arten der Bezugnahme im Seerechtsübereinkommen

Im Seerechtsübereinkommen findet sich eine Vielzahl von Vorschriften, die auf andere Übereinkommen eingehen. Der Virginia Commentary listet nicht weniger als dreiundfünfzig Artikel im Seerechtsübereinkommen selbst und weitere achtzehn Artikel in den Anhängen auf, die in irgendeiner Form auf andere Über-

---

219 Siehe auch Wolfrum, R., Die Internationalisierung staatsfreier Räume (1984, Berlin), S. 391.

220 "States Parties [...] shall not be party to any agreement in derogation thereof."

einkommen verweisen.[221] Teilweise wird auf bestehende Konventionen Bezug genommen, teilweise erlegt das Seerechtsübereinkommen den Staaten die Verpflichtung zur Kooperation auf, und teilweise werden andere Konventionen als Maßstab für Staatenhandeln genommen.

1. Verpflichtung zur Kooperation

Schon bei einer ersten Lektüre des Seerechtsübereinkommens zeigt sich, dass es eine der zentralen Ideen des Seerechtsübereinkommens ist, dass die Staaten die Verpflichtung trifft, mit anderen Staaten zum Zwecke der Regelung der verschiedensten Sachverhalte zusammenzuarbeiten.[222] Diese Zusammenarbeit ist Ausfluss einer nach dem Ende des zweiten Weltkriegs immer weiter zusammenwachsenden Staatengemeinschaft.[223]

Die Interdependenz zwischen den Staaten macht es erforderlich, dass die Staaten untereinander kommunizieren und gemeinsam versuchen, die zu lösenden Aufgaben anzugehen. Es findet sich im Seerechtsübereinkommen immer wieder die Formulierung, dass die Staaten "zusammenarbeiten." Neben dieser ausdrücklichen Aufforderung zur Kooperation finden sich vor allem Verpflichtungen, die implizit eine solche Zusammenarbeit beinhalten. Sei es, dass die Staaten "sich um Vereinbarung bemühen" oder "Vereinbarungen schließen", "einander konsultieren", ein bestimmtes Verhalten "fördern" oder auch eine auf Billigkeit beruhende Lösung anstreben.[224]

Kein anderes multilaterales Übereinkommen dürfte so oft (in so vielen unterschiedlichen Bereichen) auf die Kooperation zwischen den Staaten abstellen, wie das Seerechtsübereinkommen. Allerdings wird genauso schnell deutlich, dass in den allermeisten Fällen die genaue Ausgestaltung dieser Verpflichtung mehr als vage bleibt. Es findet sich keinerlei Hinweis darauf, *wie* diese Zusam-

---

221 Virginia Commentary, Bd. V, 311.8. In der Auflistung findet sich kein Verweis auf den Artikel 64 SRÜ, der selbstverständlich auch in diese Liste hätte aufgenommen werden müssen. Dass dieses nicht geschah, dürfte eher auf einen redaktionellen Fehler zurückzuführen sein, als dass damit eine wertende Aussage hätte getroffen werden sollen. Allerdings führte diese Auslassung zu einigen Missverständnissen während der Verhandlungen im Southern Bluefin Tuna Case.

222 Siehe Alexander, L. M., "The Cooperative Approach to Ocean Affairs: Twenty Years Later" 21 Ocean Development and International Law (1990), S. 105.

223 "[F]or the traditional individualistic régime on which social life has hitherto been founded, there is being substituted more and more a new régime, a régime of interdependence, and [...], consequently, the law of social interdependence is taking the place of the old individualistic law." International Court of Justice, Fisheries Case (United Kingdom v. Norway), Judgement of 18 November 1951, Separate Opinion of Judge Alvarez, ICJ Reports 1951, S. 116, 149.

224 Pinto, M. C. W., "The Duty of Co-operation and the United Nations Convention on the Law of the Sea" in Bos, A., Siblesz, H. (Hrsg.), Realism in Law-Making: Essays on International Law in Honour of Willem Riphagen (1986, Dordrecht), S. 131, 138.

menarbeit zu erfolgen hat, nur *dass* eine solche vorgenommen werden soll. Diese deutliche Zurückhaltung bei der Ausgestaltung der Kooperationsverpflichtung ist damit zu begründen, dass das Seerechtsübereinkommen sich bemüht, durch die vielfältigen Verpflichtungen überhaupt erst ein Kooperationsmilieu zu schaffen, um im weiteren auf die allgemein gehaltene Verpflichtung zur Zusammenarbeit abzustellen. Die Aufgabe des Seerechtsübereinkommens an dieser Stelle ist es, die Staaten grundsätzlich zur Zusammenarbeit zu verpflichten. Weitere diesbezügliche Absichtserklärungen zwischen den Staaten untereinander sind damit nicht mehr erforderlich und der nächste Schritt wäre dann die tatsächliche Zusammenarbeit. Die Staaten sind dazu angehalten, die Vorschriften jeweils so zur Anwendung zu bringen, dass eine faktische Grundlage zur Zusammenarbeit vorhanden ist. Dies wird abgerundet durch die Vorschrift des Artikels 300 SRÜ, nach der die Vertragsstaaten die übernommenen Verpflichtungen nach Treu und Glauben erfüllen und die nach dem Übereinkommen anerkannten Rechte, Hoheitsbefugnisse und Freiheiten in einer Weise ausüben, die keinen Rechtsmissbrauch darstellt.

Der hauptsächliche Inhalt der Verpflichtung zur Kooperation liegt zunächst darin, dass die Staaten sich untereinander über ihre Ansichten informieren und diese austauschen.[225] Auf der Basis dieser Kommunikation sollen dann wenn möglich geeignete Schlussfolgerungen getroffen werden, die es den Parteien ermöglichen, ihre zukünftigen Beziehungen zu regeln. Wichtig ist allerdings, dass bei dieser Verpflichtung keine Erfolgspflicht dahingehend besteht, dass die Verhandlungen auch ein produktives Ende voraussetzen müssten. Es handelt sich um ein bestimmtes Verhalten, welches gefordert wird und nicht ein bestimmtes Ergebnis. Solange ernst gemeinte Verhandlungen geführt werden, die darauf gerichtet sind, dass ein Ergebnis zu erreichen versucht wird, ist diese Verpflichtung grundsätzlich als erfüllt anzusehen.[226]

---

225 Für eine Übersicht über die Entwicklung des Prinzips der "duty to cooperate" siehe Hey, E., The Regime for the Exploitation of Transboundary Marine Fisheries Resources (1989, Dordrecht), S. 25ff.

226 "Negotiations in good faith, which are ordered by the Court in the present Judgement, involve in the circumstances of the case an obligation upon the Parties to pay reasonable regard to each other's rights [...]" International Court of Justice, Fisheries Jurisdiction (Federal Republic of Germany v. Iceland), Judgement of 25 July 1974, ICJ Reports 1974, S. 175, 202. Zum Einfluss der beiden Fisheries Jurisdiction Cases auf die Verhandlungen von UNCLOS III siehe Anderson, D. H., "The Icelandic Fisheries Cases – Professor Jaenicke as Agent and Counsel before the International Court of Justice" in Götz, V., et al. (Hrsg.), Liber amicorum Günther Jaenicke – Zum 85. Geburtstag (1998, Berlin), S. 445, 451ff.

Die Verpflichtung zur Kooperation beinhaltet also eine Aufforderung an die Staaten ein bestimmtes Handeln vorzunehmen.[227] Ein Staat muss aktiv werden, um kooperieren zu können. Kooperation beinhaltet, dass die Staaten sich mit Vorschlägen und Gegenvorschlägen in Einvernehmen setzen und darüber dann eine gemeinsame Lösung finden. Pinto stellt fest, dass damit zwangsweise verbunden ist, dass Verhandlungen nach Treu und Glauben zwischen den Staaten aufgenommen werden müssen, um die generellen Verpflichtungen in spezifische umzuwandeln, damit diese dann umgesetzt werden können.[228] Diese spezifischen Bestimmungen seien dann der Umsetzung, Durchsetzung und, soweit notwendig, einer Streitbeilegung zugänglich. Kooperatives Verhalten ist von allen betroffenen Staaten gefordert und kann von allen betroffenen Staaten eingefordert werden. Sobald also ein Staat Anstalten macht, mit einem anderen Staat in Verhandlungen zu treten, ist dieser Staat dazu angehalten, dieser Aufforderung nachzukommen.

Natürlich kann es schon auf der Verhandlungsebene zu Problemen kommen. Soweit ein Staat sich der Aufforderung zur Kooperation widersetzt oder dieser nicht nach Treu und Glauben nachkommt, ist dieses ebenfalls einer Streitbeilegung nach Teil XV zugänglich. Weitere Anhaltspunkte, was für ein Verhalten einen Verstoß gegen die Verpflichtung zur Kooperation darstellen könnte, finden sich im Schiedsgerichtsverfahren über den Lac Lanoux zwischen Spanien und Frankreich.[229] Dort ging es um die Nutzung des Lac Lanoux in den Pyrenäen, der gänzlich in Frankreich liegt und einen Zufluss zu den nach Spanien fließenden Flüssen darstellt. Nach dem zwischen den Staaten bestehenden Vertrag bestand für die Parteien eine Notifikationspflicht für den Fall, dass bestimmte wasserbautechnische Vorhaben den Lauf des Flusses Carol beeinflussen sollten, der letztendlich in spanisches Hoheitsgebiet fließt. Das Schiedsgericht führte verschiedene Beispiele an, die seiner Meinung nach die Verpflichtung zur Kooperation verletzen könnten. Eine solche Verletzung sah es vor allem in Verhal-

---

227 "[T]he parties are under an obligation to enter into negotiations with a view to arriving at an agreement, and not merely to go through a formal process of negotiations [but to] conduct themselves that the negotiations are meaningful, which will not be the case when either of them insists upon its own position without contemplating any modifications of it." International Court of Justice, North Sea Continental Shelf Case (Federal Republic of Germany v. Denmark; Federal Republic of Germany v. Netherlands), Judgement of 20 February 1969, ICJ Rep. 1969, S. 3, 47.

228 Pinto (siehe Fn. 224), S. 145.

229 Lake Lanoux Arbitration (France v. Spain), Judgement of 16 November 1957, 24 International Law Reports (1957), S. 101.

tensweisen, die generell einen Verstoß gegen Treu und Glauben darstellen.[230] Es müsse ein ernsthaftes Bemühen bestehen, die Positionen der Gegenseite zu berücksichtigen.[231]

Als Essenz kann mit den Worten des Schiedsgerichts festgestellt werden, dass ein Staat, um tatsächlich zu kooperieren "takes into consideration in a reasonable manner the interests of the [other] State."[232] Die Nichtvornahme eines kooperativen Verhaltens stellt einen Verstoß gegen die entsprechenden Vorschriften des Seerechtsübereinkommens dar.

Prinzipiell kann man zwei Arten der Kooperation der Staaten untereinander unterscheiden. Zum einen die allgemeine Verpflichtung zwischen den Staaten, miteinander in Verhandlungen zu treten. Dieses wird auch als *pactum de negotiando* bezeichnet. Weitergehend ist die Verpflichtung miteinander zu verhandeln und zu einem Ergebnis zu kommen.[233] Diese Verpflichtung kann als *pactum de contrahendo* bezeichnet werden. Grundsätzlich wird in der Literatur ein *pactum de contrahendo* von einem *pactum de negotiando* unterschieden.[234] Allerdings ist nur schwer ersichtlich wo die Trennlinie zwischen den beiden *pacta* verlaufen soll. Am ehesten sollte deswegen auf die sprachliche Ausgestaltung der vertraglichen Vorschrift abgestellt werden, in der die Verpflichtung enthalten ist. Je größer der den Parteien zur Verhandlung noch verbleibende Spielraum ist, um so eher handelt es sich um einen *pactum de negotiando*. Je kleiner dieser Spielraum, desto eher handelt es sich um einen *pactum de contrahendo*, da hier das zu erreichende Ziel praktisch schon vorgegeben ist und die Parteien diesbezüglich kaum noch Einwände geltend machen können. Nichtsdestotrotz verbleibt

---

230 "[...] the reality of the obligations thus undertaken is incontestable and sanctions can be applied in the event, for example, of an *unjustified breaking off of the discussions, abnormal delays, disregard of the agreed procedures, systematic refusals to take into consideration adverse proposals or interests, and, more generally, in cases of violation of the rules of good faith.*" Lake Lanoux Arbitration (siehe Fn. 229), S. 128 (Hervorhebung vom Verfasser). Das Schiedsgericht bezieht sich dabei auf zwei vorhergehende Entscheidungen. Zum einen auf die Tacna Aria Entscheidung (Reports of International Arbitral Awards, Vol. II, S. 921ff.) und das Gutachten des Permanent Court of International Justice, Railway Traffic between Lithuania and Poland, Advisory Opinion of 15 October 1931, PCIJ Series A./B., No. 42, S. 108.

231 "[I]f [a] method necessarily involves communications, it cannot be confined to purely formal requirements, such as taking note of complaints, protests or representations made by the [other] State. The Tribunal is of the opinion that, according to the rules of good faith, the [first] State is under the obligation to take into consideration the various interests involved, to seek to give them every satisfaction compatible with the pursuit of its own interests, and to show that in this regard it is genuinely concerned to reconcile the interests of the other [...] State." Lake Lanoux Arbitration (siehe Fn. 229), S. 139.

232 Lake Lanoux Arbitration (siehe Fn. 229), S. 140.

233 McNair (siehe Fn. 148), S. 27ff.

234 Beyerlin, U., "Pactum de Contrahendo, Pactum de Negotiando" in Bernhardt, R., et al. (Hrsg.), Encyclopedia of Public International Law, Vol. III (1997, Amsterdam), S. 854.

festzustellen, dass die Unterscheidung eher sprachlicher als substantieller Art ist.[235] Im Endeffekt kann es keine absolute Verpflichtung zu einem Ergebnis zu kommen geben. Dieses würde mit der politischen Realität kaum zu vereinbaren sein. Aufgrund der weitgehenden Unbestimmtheit der Vorschriften diesbezüglich im Seerechtsübereinkommen kann für die dort enthaltenen Verpflichtungen zur Kooperation der Ausdruck *pactum de negotiando* benutzt werden.[236]

Der Inhalt der Verpflichtung zur Kooperation wird von den Staaten auf zweierlei Ebenen ausgeübt. Zum einen auf der nationalen Ebene. Hier geht es darum innerstaatlich die für die Kooperation notwendigen Strukturen aufzubauen, oder soweit schon vorhanden, diese auf die entsprechenden Erforderlichkeiten auszurichten.[237] Und natürlich auch die innerstaatliche Politik der zuständigen Organe auf die Zusammenarbeit zu verpflichten, sei es durch geeignete Gesetzgebungsvorhaben oder durch die Formulierung von politischen Vorgaben. Der hauptsächliche Teil der Kooperation liegt dann auf der internationalen Ebene. Hier trifft die Staaten die konkrete Verpflichtung, in der zuständigen internationalen Organisation ein Verhalten zu zeigen, was dieser die Erreichung des vorgegebenen Ziels ermöglicht oder mit anderen Staaten subregionale, regionale oder globale Übereinkünfte zu treffen, in denen dann diese Ziele umgesetzt werden können.[238] Diese Übereinkommen haben zum Inhalt die Vorschriften des Seerechtsübereinkommens interpretatorisch auszugestalten. Dementsprechend sind sie als ergänzend zu diesem aufzufassen.

Die Frage, die sich stellt, ist, ob die Verpflichtung eines Vertragsstaates zum Seerechtsübereinkommen schon dadurch erfüllt ist, dass es tatsächlich mit einem anderen Staat, der ebenfalls Vertragsstaat des Seerechtsübereinkommens ist, kooperiert. Soweit diese Kooperation erfolgreich und dieser Staat seiner Verpflichtung nachgekommen ist, muss festgestellt werden, dass er seine Verpflichtung zunächst erfüllt hat. Hier stellt sich dann aber die Anschlussfrage, ob damit die Verpflichtung nach dem Seerechtsübereinkommen endgültig erfüllt ist, oder ob diese Verpflichtung auch die weitere Zusammenarbeit überspannt. Gleichzeitig stellt sich aber auch das Problem in die andere Richtung, ob die Verpflichtung schon durch das einmalige Scheitern des Kooperationsversuchs, solange dieses nach in Treu und Glauben geführten Verhandlungen geschieht, als erfüllt angesehen werden kann. Jedoch lässt sich im Bezug auf das Seerechtsübereinkommen feststellen, dass sich hier die Verpflichtung zur Kooperation nicht nur einen

---

[235] Beyerlin (siehe Fn. 234), S. 858.

[236] Kaye, S. M., International Fisheries Management (2001, The Hague), S. 111f.

[237] Für innerstaatliche Maßnahmen, die sich aus Kooperationsverpflichtungen im Bereich der Entwicklung und Weitergabe von Meerestechnologie ergeben, siehe Pinto (siehe Fn. 224), S. 149ff.

[238] Abzulehnen ist die Ansicht, dass weil die Vorschriften des Seerechtsübereinkommens zu unbestimmt seien, aus diesen auch nicht die Verpflichtung erwachsen könne, im Zweifelsfall eine neue internationale Organisation zu gründen. So aber Kaye (siehe Fn. 236), S. 121.

einmaligen Versuch erschöpft. Vielmehr können die Staaten nach gescheiterten Verhandlungen den anderen Staat wieder dazu auffordern, Verhandlungen aufzunehmen.[239] Dies gilt insbesondere, wenn die Verhandlungen ohne gerechtfertigten Grund abgebrochen worden sind. Dann sind die Parteien immer noch nach der ursprünglichen Verpflichtung gebunden. Aber auch wenn die Verhandlungen "meaningful" und "in good faith" geführt wurden und dennoch zu keinem Ergebnis kamen, ist festzustellen, dass auf Initiative einer Partei die Verhandlungen wieder aufgegriffen werden müssen. So weit und unbestimmt die Verpflichtung zur Kooperation nach dem Seerechtsübereinkommen auch sein mag, so ist sie ganz sicherlich nicht inhaltslos. Auch wenn aus der einzelnen Verpflichtung nicht die Rechtspflicht zum Abschluss eines Abkommens erwächst, so müssen die Verhandlungen dennoch erneut in diese Richtung geführt werden.

Sollte aber die Verhandlung ein Ergebnis gezeitigt haben, so stellt sich die Frage, ob damit die Verpflichtung als erfüllt angesehen werden kann. Also ob die Verpflichtung aus dem Seerechtsübereinkommen auch in die neuen Übereinkommen übertragen wird und ob in diesen Organisationen konstruktiv gearbeitet werden muss. Zu der ersten Frage – und gleichzeitig qua Implikation auch für die zweite Frage – ist zu sagen, dass es eine zeitliche Begrenzung der Verpflichtung zur Kooperation nicht geben kann. Sollte davon ausgegangen werden, dass sich ein Staat dadurch, dass er sich mit einem anderen Staat bemüht, "entweder unmittelbar oder im Rahmen geeigneter subregionaler oder regionaler Organisationen, die erforderlichen Maßnahmen zu vereinbaren"[240] oder sich nicht nur bemüht, sondern tatsächlich zusammen arbeitet,[241] seiner diesbezüglichen Verpflichtung entledigt haben, so könnte sich diese Verpflichtung wenn überhaupt nur in Bezug auf diesen konkreten Staat erledigt haben. Die Verpflichtung besteht nicht nur gegenüber einem spezifischen Staat sondern gegenüber allen Staaten, die in den jeweiligen Vorschriften als Adressaten angesprochen sind. Auch beinhalten die einzelnen Vorschriften generell nicht nur die Verpflichtung zur Kooperation im Zusammenhang mit einem bestimmten Aspekt, sondern so sind z. B. bei den Artikeln 63 und 64 SRÜ gleichzeitig verschiedene Fischbestände davon erfasst. Gegenüber dritten Staaten muss die Verpflichtung zur Kooperation also grundsätzlich weiter bestehen, da diese andernfalls der Möglichkeit beraubt wären, mit diesem Staat selbst Verhandlungen aufzunehmen. Allerdings muss es so sein, dass ein Staat auf seine bereits bestehenden Bemühungen verweisen kann und versuchen sollte, den neuen Staat in diese einzubinden. Dies

---

239 So auch Beyerlin (siehe Fn. 234), S. 858. Beyerlin verweist auch auf die während der Verhandlungen zur Wiener Vertragsrechtskonvention verhandelte Bestimmung, dass die Parteien während der Verhandlungen das Ziel des angestrebten Übereinkommens nicht frustrieren dürfen. Siehe Artikel 15(a) des Entwurfes der Wiener Vertragsrechtskonvention. International Law Commission, Yearbook of the International Law Commission 1966 Vol. II, S. 202.

240 Artikel 63 Absatz 1 SRÜ.

241 Artikel 64 Absatz 1 SRÜ.

bedeutet aber gleichzeitig auch, dass die unter dem Seerechtsübereinkommen bestehende Verpflichtung zur Kooperation auch in die neu entstehenden Übereinkünfte hineinwirkt, ohne die Verpflichtung nach dem Seerechtsübereinkommen zu beschränken. Die Verpflichtung zur Kooperation wird den anderen Vertragsstaaten des Seerechtsübereinkommens geschuldet und nicht der Fischereiorganisation, auch wenn die Kooperationsverpflichtung im Rahmen einer solchen ausgeübt wird.[242] Ein Verhalten, das in einem Übereinkommen, welches Verpflichtungen aus dem Seerechtsübereinkommen implementiert, gefordert ist, kann unter bestimmten Umständen auch Folgen für das Seerechtsübereinkommen haben.[243]

Die Verpflichtung zur Kooperation kann sozusagen als Korrelat zu den souveränen Rechten gesehen werden, die den Küstenstaaten in erweiterten Meeresgebieten zugestanden wurden. Soweit diese Rechte in einer Form auch Auswirkungen auf Bereiche haben, in denen solche Vorzugsrechte nicht mehr bestehen, verpflichtet das Seerechtsübereinkommen die Staaten zu einer Kooperation mit den anderen betroffenen Staaten. Die Existenz dieser Verpflichtung zur Kooperation bedeutet nicht, dass damit die souveränen Rechte eines Staates beschnitten worden wären. Die Rechte sind lediglich in diesem Bereich nicht völlig frei sondern unter einem Vorbehalt.[244]

Der Vorteil, im Seerechtsübereinkommen lediglich eine Verpflichtung zur Kooperation aufzunehmen und diese nicht schon gleich auszugestalten, liegt darin, dass dadurch die ohnehin komplizierten Verhandlungen während UNCLOS III nicht noch weiter in die Länge gezogen wurden. Aber jenseits aller Praktikabilitätserwägungen ist der Hauptvorteil, dass damit die Problemlösung aus dem Generellen in das Spezielle gebracht wird. Wie erwähnt, schafft das Seerechtsübereinkommen eine Atmosphäre der Kooperation, die als Vorgabe den Staaten ermöglichen soll, die anstehenden Probleme regional zu lösen.

2. Abkommen zur Abgrenzung von maritimen Seegrenzen

Das Seerechtsübereinkommen enthält drei verschiedene Vorschriften über die Abgrenzung von maritimen Zonen. Artikel 15 SRÜ findet für den Fall der Abgrenzung der Küstenmeere Anwendung, während die Artikel 74 und 83 SRÜ

---

242 Kaye (siehe Fn. 236), S. 123.

243 "The Tribunal does not exclude the possibility that there might be instances in which the conduct of a State Party to UNCLOS and to a fisheries treaty implementing it would be so *egregious*, and risk consequences of such gravity, that a Tribunal might find that the obligations of UNCLOS provide a basis for jurisdiction, having particular regard to the provisions of Article 300 of UNCLOS." (Hervorhebung vom Verfasser) Arbitral Tribunal, Southern Bluefin Tuna Case, Award of 4 August 2000, Rn. 64. Siehe auch Fn. 746.

244 Hey (siehe Fn. 225), S. 40.

dies für die ausschließliche Wirtschaftszone respektive den Festlandsockel tun.[245]

Die Abgrenzung von Meeresgebieten ist eines der "cardinal problems of the law of the sea".[246] Der Internationale Gerichtshof hatte schon frühzeitig in seiner Rechtsprechung festgestellt, dass gerade in diesem Bereich das Zusammenspiel von unilateralen Akten eines Staates zu den Positionen anderer Staaten besonders auffällig sei.[247]

Die Zahl der internationalen Verfahren vor Schiedsgerichten und dem Internationalen Gerichtshof, die sich mit Fragen der seerechtlichen Delimitation befassen, ist groß.[248] Und in diesen Verfahren wurde immer wieder darauf abgestellt, dass es eines Übereinkommens zwischen den Parteien bedürfe, um eine Abgrenzung der Meeresgebiete vorzunehmen. Dieses ist auch der vom Seerechtsübereinkommen gewählte Ansatzpunkt.

a) Abgrenzung des Küstenmeeres

Während der siebten Sitzung von UNCLOS III wurde die Abgrenzung von Meeresgebieten zwischen gegenüberliegenden oder aneinander angrenzenden Staaten und die diesbezügliche Streitbeilegung als ein "hard core issue" identifiziert.[249] Dies umfasste auch die Abgrenzung der Küstenmeere zweier Staaten. Allerdings nahm dieser Diskussionspunkt keine größere Rolle ein, da das Hauptaugenmerk auf der Abgrenzung der ausschließlichen Wirtschaftszone und des Festlandsockels, sowie der Diskussion über vorläufige Vereinbarungen und Streitbeilegung diesbezüglich lag.[250] Während der Verhandlungen standen sich hauptsächlich zwei Ansichten gegenüber. Die eine wollte eine Abgrenzung durch die Äquidistanzmethode vornehmen lassen, während die Gegenansicht auf eine vertragliche Einigung zwischen den Parteien abstellen wollte.

---

245 Im Seerechtsübereinkommen findet sich keine Vorschrift über die Abgrenzung der Anschlusszone. Siehe dazu II.B.2.

246 Caflisch (siehe Fn. 108), S. 425.

247 "The delimitation of sea areas has always an international aspect; it cannot be dependent merely on the will of the coastal State as expressed in its municipal law. Although it is true that the act of delimitation is necessarily a unilateral act, because only the coastal State is competent to undertake, the validity of the delimitation with regard to other States depends upon international law." International Court of Justice, Fisheries Case (United Kingdom v. Norway), Judgement of 18 November 1951, ICJ Reports 1951, S. 116, 132.

248 Es finden sich vor allem Fälle, die die Abgrenzung des Festlandsockels betreffen. Erinnert sei an die Fälle North Sea Continental Shelf Case, Beagle Channel Arbitration, Libyen/Malta, Libyen/Tunesien, Gulf of Maine, Guinea/Guinea-Bissau. Fälle, die die Abgrenzung der ausschließlichen Wirtschaftszone betreffen, sind seltener, z. B. Jan Mayen. Siehe auch Caflisch (siehe Fn. 108), S. 447ff.

249 A/Conf.62/61 (siehe Fn. 57), Rn. 5; A/Conf.62/62, Rn. 5, abgedruckt in UNCLOS III, X Off. Rec., S. 8; Virginia Commentary, Bd. II, 15.8.

250 Virginia Commentary, Bd. II, 15.8; Caflisch (siehe Fn. 108), S. 442.

Das Seerechtsübereinkommen gewährt jedem Staat das Recht, ein Küstenmeer von höchstens 12 Seemeilen zu haben.[251] Für den Fall, dass die Küsten zweier Staaten einander weniger als 24 Seemeilen gegenüber liegen oder aneinander angrenzen, sieht Artikel 15 SRÜ verschiedene Möglichkeiten vor, die Küstenmeere voneinander abzugrenzen. Im Allgemeinen soll die Äquidistanzlinie die Grenze der Küstenmeere bestimmen. Ausnahmen von deren Anwendung sind zu machen, wenn entweder ein historischer Rechtstitel oder andere besondere Umstände dies erforderlich machen.[252] Gemäß Artikel 15 SRÜ finden diese Methoden aber nur dann Anwendung, wenn zwischen den beiden Parteien keine anderweitige Vereinbarung über die Abgrenzung besteht. Der Wortlaut umfasst dabei sowohl bestehende als auch zukünftige Übereinkünfte. Den Parteien steht es also frei, untereinander ein entsprechendes Abkommen zu schließen, in welchem eine andere Art der Abgrenzung vorgenommen wird. Dem liegt die berechtigte Feststellung zugrunde, dass die Staaten eine ihren Bedürfnissen am besten angepasste Lösung dann finden können, wenn sie sich in Vertragsverhandlungen über den Grenzverlauf einigen. Soweit allerdings ein solches Abkommen nicht zustande kommt, findet – durch Artikel 15 SRÜ vertraglich vorgeschrieben – die eventuell modifizierte Äquidistanzmethode Anwendung.

b) Abgrenzung der ausschließlichen Wirtschaftszone und des Festlandsockels

Die Artikel 74 und 83 SRÜ sind das Ergebnis langwieriger und schwieriger Verhandlungen gewesen, die erst auf der zehnten Sitzung der Seerechtskonferenz im August 1981 zu einem Ende geführt werden konnten.[253] Die wohl einzige Übereinstimmung, die zwischen den verhandelnden Staaten bestand, war, dass die Grenzen der ausschließlichen Wirtschaftszone und des Festlandsockels gleich gezogen werden sollten. Dementsprechend wurden die Verhandlungen darüber gemeinsam geführt[254] und zeigen sich in einem identischen Wortlaut der Artikel 74 und 83 SRÜ.[255] Ansonsten standen sich zwei Hauptgruppen gegenüber, von denen die eine die Äquidistanzmethode vertrat, während die andere Gruppe für die Aufnahme der Billigkeitslösung war.[256] Im Endeffekt konnten sich die Staaten auf keine Abgrenzungsmethode einigen und verständigten sich darauf, dass die Abgrenzung der beiden Meereszonen "durch eine Übereinkunft

---

[251] Artikel 3 SRÜ.

[252] Artikel 15 Satz 2 SRÜ.

[253] Brown (siehe Fn. 110), S. 156ff.

[254] Virginia Commentary, Bd. II, 74.9 und 83.10.

[255] Siehe ebenso die Kommentierung der beiden Artikel im (fast) identischen Wortlaut im Virginia Commentary, Bd. II, 74.11 (a)-(f) und 83.19 (a)-(f).

[256] Die Gruppe der Staaten, die für die Äquidistanzmethode eintrat, wurde von Spanien angeführt, siehe NG 7/2 vom 20. April 1978, abgedruckt in Platzöder, Bd. IX, S. 392. Die Gruppe der die Billigkeitslösung vertretenden Staaten von Irland, siehe NG 7/10 vom 1. Mai 1978, abgedruckt in Platzöder, Bd. IX, S. 402.

auf der Grundlage des Völkerrechts" zu erfolgen habe. Hiermit wird durch das Seerechtsübereinkommen die Notwendigkeit der Regelung durch einen Vertrag in den Mittelpunkt gerückt, ohne allerdings weitere Anhaltspunkte darüber zu geben, wie die Abgrenzung zu erfolgen habe. Die Schließung eines Übereinkommens als verpflichtend in die Artikel aufzunehmen, war für die Vertragsstaaten die Möglichkeit einen Streit über entweder die Anwendung der Billigkeitslösung oder der Äquidistanzmethode zu vermeiden[257] und orientiert sich an dem Urteil des Internationalen Gerichtshofs in den North Sea Continental Shelf Cases zwischen der Bundesrepublik Deutschland und Dänemark und den Niederlanden.[258] Die Aufnahme der vagen Umschreibung "auf der Grundlage des Völkerrechts" scheint den gegenseitigen Ansichten jeweils soweit entgegenzukommen, dass die entsprechenden im Völkerrecht entwickelten Abgrenzungskonzepte bei den Vertragsverhandlungen Berücksichtigung finden müssen. Gleichzeitig handelt es sich bei dieser Feststellung aber nur um die Wiedergabe des Offensichtlichen, da die Bezugnahme auf die Regeln des Völkerrechts in jedem Fall stattgefunden hätte. Ein Autor bezeichnet die in Absatz 1 gefundene Formulierung als "a photograph of existing law that fails to unveil the exact outlines of the latter".[259]

Es wird deutlich, dass das Ziel die Schließung eines Abkommens sein soll, welches "eine der Billigkeit entsprechende Lösung" beinhaltet, wobei hiermit keine Parteinahme für die Billigkeitslösung gemeint ist. Absatz 3 postuliert darüber hinaus, dass die Parteien schon während der Vertragsverhandlungen eine "vorläufige Vereinbarung praktischer Art" treffen sollen. Dieses präjudiziert allerdings nicht das spätere Abkommen. Es erscheint fraglich im Hinblick auf das zu schließende Abkommen nach Absatz 1, wie die Parteien eine vorübergehende Vereinbarung treffen sollen, wenn genau die gleichen Streitpunkte die Parteien an dieser Stelle trennen. Am ehesten dürfte die Vorschrift in Absatz 3 dahingehend zu verstehen sein, dass eine Verschlechterung der gegenwärtigen Situation vermieden werden soll, und die Betonung auf der Feststellung des Absatzes 3 darauf liegen soll "die endgültige Übereinkunft nicht zu gefährden oder zu verhindern."

Absatz 2 der Artikel 74 und 83 SRÜ enthält jeweils einen ausdrücklichen Verweis auf die Streitbeilegungsvorschriften des Teils XV. Sollte es innerhalb einer angemessenen Frist nicht zu dem Abschluss einer Übereinkunft kommen, so nehmen die Parteien die Vorschriften des Teils XV in Anspruch. Allerdings haben die Parteien bezüglich der Abgrenzungsvorschriften des Seerechtsübereinkommens die Möglichkeit eine Streitbeilegung darüber fakultativ auszuschlie-

---

257 Leanza, U., "Delimitation of the Continental Shelf and Exclusive Economic Zone" III Università degli Studi di Roma Tor Vergata, Yearbook (1990/1991), S. 523, 532.

258 Siehe Fn. 227.

259 Caflisch (siehe Fn. 108), S. 480.

ßen.[260] Sollte dieses der Fall sein, so kann eine Streitbeilegung nur durch die Anrufung einer Vergleichskommission erfolgen.[261]

Es bleibt noch festzustellen, dass sich die Absätze 1 bis 3 nur auf noch zu schließende Übereinkommen beziehen, was aus Absatz 4 deutlich wird. "Ist zwischen den beteiligten Staaten eine Übereinkunft in Kraft, so werden Fragen der Abgrenzung [...] in Übereinstimmung mit dieser Übereinkunft geregelt." Hierbei handelt es sich um ein unter Absatz 311 Absatz 5 SRÜ fallendes Übereinkommen.[262] Sollte ein solches Übereinkommen zwischen den Parteien bestehen, so kann eine Streitigkeit über die Auslegung oder Anwendung dieser Streitigkeit nicht fakultativ ausgeschlossen werden.[263]

Insgesamt zeigt sich, dass die Abgrenzung der ausschließlichen Wirtschaftszone und des Festlandsockels eigentlich nur durch eine Übereinkunft geregelt werden kann und dass das Seerechtsübereinkommen die Staaten immer wieder auf diese Lösung bringen will. Es macht den Staaten keinerlei Vorgaben dahingehend welcher Gestalt, beziehungsweise nach welcher Methode die Abgrenzung erfolgen soll.

c) Ergebnis

Das Seerechtsübereinkommen gibt den Staaten zur Abgrenzung von Meeresgebieten auf, nach vertraglichen Einigungsmöglichkeiten zu suchen. Hierbei bedient es sich in Artikel 15 SRÜ einer relativ schwachen Ausdrucksweise: "failing agreement to the contrary". In den Artikeln über die Abgrenzung der ausschließlichen Wirtschaftszone und des Festlandsockels wird die Suche nach einer vertraglichen Einigung deutlicher vorgegeben: "shall be effected by agreement".[264] Im Gegensatz zu den beiden anderen Artikeln ist in Artikel 15 SRÜ eine vertragliche Einigung nicht absolutes Ziel. Soweit es möglich ist, ist eine solche aber anzustreben. Zu begründen ist dieses mit der "einfacheren" Situation bei der Abgrenzung der Küstenmeere, da diese zum Zeitpunkt von UNCLOS III schon auf eine gegebene Praxis zurückblicken und diese Praxis eben in Artikel 15 SRÜ auch aufgenommen werden konnte. Soweit die Parteien sich einigen können, sollen sie dieses tun, andernfalls greift die Äquidistanzmethode. Währenddessen war die Abgrenzung der ausschließlichen Wirtschaftszone aufgrund der neuen gegebenen Situation bisher ungeregelt gewesen und die Abgrenzung der Festlandsockel aufgrund seiner weitreichenden wirtschaftlichen Implikationen politisch wie auch juristisch ein höchst umstrittenes Thema.

---

260 Artikel 298 Absatz 1(a)(i) SRÜ. Siehe dazu III.C.3.
261 Artikel 298 Absatz 1(a)(i) und (ii) SRÜ.
262 Virginia Commentary, Bd. II, 74.11(e), 83.19(e).
263 Artikel 298 Absatz 1(a)(iii) SRÜ.
264 Artikel 74 Absatz 4 und 83 Absatz 4 SRÜ.

3. Übereinkommen als Maßstab für Staatenhandeln im Bereich der Standardsetzung und der Durchsetzung

Im Seerechtsübereinkommen findet sich an vielen Stellen der Verweis auf "generally accepted international rules and / or standards" oder "generally accepted international standards", "generally recommended international minimum standards", "generally accepted international regulations", "generally accepted international regulations, procedures and practices", "generally accepted guidelines, criteria and standards" oder auch "applicable international regulations / standards / instruments / rules".[265] Die nicht einheitlichen Umschreibungen, die das Seerechtsübereinkommen benutzt, tragen dabei nicht zur Klarheit der Bestimmungen bei.[266] Der Redaktionsausschuss bezeichnete den Begriff während UNCLOS III als "clearly one of the most difficult sections to harmonize",[267] wobei es nicht die sechs unterschiedlichen Sprachfassungen der verbindlichen Wortlaute meinte, sondern die unterschiedliche Begrifflichkeit in den verschiedenen Teilen des Seerechtsübereinkommens.

Das Seerechtsübereinkommen bestimmt, dass die Vertragsstaaten ihr Verhalten und Maßnahmen im Hinblick auf unter ihrer Flagge fahrenden Schiffen an allgemein anerkannten internationalen Vorschriften ausrichten müssen. Hierfür werden die unterschiedlichsten Wendungen benutzt. "[G]ive effect to", "shall comply with", "observe", "shall conform to", "tak[e] into account", "required to conform to", "conforming to and giving effect to" oder auch "shall promote" sind Handlungsanweisungen an die Staaten in unterschiedlicher Ausgestaltung, gerade im Hinblick auf die Rechtsverbindlichkeit dieser Verpflichtungen.

In dem Zusammenhang mit den allgemein anerkannten internationalen Vorschriften stellen sich vor allem zwei Fragen. Zum einen, was eigentlich "allgemein anerkannt" bedeutet und wie diese allgemeine Anerkennung festzustellen ist. Außerdem stellt sich die Frage, ob auch solche Staaten an die allgemein anerkannten Vorschriften gebunden sind, die lediglich das Seerechtsübereinkommen aber nicht auch die Instrumente ratifiziert haben, in denen diese Vorschriften enthalten sind.

---

265 Im Folgenden wird hierfür der Begriff der "allgemein anerkannten internationalen Vorschriften" benutzt. Für eine ausführliche Analyse, wie die Begrifflichkeit in Teil XII des Seerechtsübereinkommens benutzt wird, siehe den Bericht des Committee on Coastal State Jurisdiction Relating to Marine Pollution, International Law Association, Report of the 67th Conference (1996), S. 148, 158ff.

266 Siehe hierzu Vukas, B., "Generally Accepted International Rules and Standards" in Soons, A. H. (Hrsg.), Implementation of the Law of the Sea Convention through International Institutions, 23 Law of the Sea Institute Proceedings (1990), S. 405, 408f. und Vignes, D., "La valeur juridique de certaines règles, normes ou pratiques mentionnées au TNCO comme 'généralement acceptées'" 25 Annuaire Français de Droit International (1979), S. 712, 713.

267 A/Conf.62/L.40 Nr. XX vom 22. August 1979, abgedruckt in UNCLOS III, XII Off. Rec., S. 95.

a) Der Begriff der "generally accepted international rules and standards"

Die verschiedenen oben genannten Begriffe werden im Seerechtsübereinkommen benutzt, um auf verschiedene Rechtsinstrumente Bezug zu nehmen. Das Seerechtsübereinkommen enthält an den entsprechenden Stellen also gerade keine direkt auf die Staaten anwendbaren Regeln, sondern überlässt diese Spezifizierungen den entsprechenden Übereinkommen, in denen diese Regelungen niedergelegt sind.[268] Gedacht war diese Wendung, um einen Ausgleich herstellen zu können, zwischen den Möglichkeiten der Einflussnahme der Küstenstaaten und der der Flaggenstaaten.[269] Es sollte so das Risiko eingeschränkt werden, dass Staaten über nationale Regelungen Beschränkungen der Schifffahrt erreichen könnten. Dementsprechend sollten internationale Regelungen als Maßstab für das zulässige Staatenhandeln gelten. Kennzeichen für diese Regelungen ist, dass sie "allgemein anerkannt" sein müssen, ohne dass die Bedeutung dieser Worte weiter erläutert werden würde. Dieses "Enigma"[270] ist aber gleichzeitig entscheidend. Denn nur Regeln und Vorschriften, die diese Qualifikation erfüllen, haben Auswirkung auf den Umfang der Rechte und Pflichten der Staaten unter dem Seerechtsübereinkommen. Die Feststellung wann genau man von einer allgemeinen Anerkennung sprechen kann, ist nicht einfach zu treffen. Insoweit scheint das Bild der Sandkörner zuzutreffen, die einzeln aufgeschüttet werden. Ein, zwei, drei, vier Sandkörner machen noch keinen Haufen, zwei Millionen Sandkörner wären sehr wohl ein Sandhaufen. Es lässt sich nicht genau feststellen, wann ein Sandhaufen vorliegt, aber dass Sandhaufen existieren, steht dabei außer Frage.[271]

---

268 Nach Douay, C., "Le droit de la mer et la préservation du milieu marin" in Bardonnet, D. (Hrsg.), Le nouveau droit de la mer (1983, Paris), S. 231, 248 hatten sich die Staaten während UNCLOS III schon frühzeitig darauf verständigt, dass das zu schaffende Seerechtsübereinkommen keine technischen Spezifikationen enthalten solle, sondern eben entsprechende Verweise.

269 Insbesondere Explanatory Note zu Conclusion No. 1, Bericht des Committee on Coastal State Jurisdiction Relating to Marine Pollution, International Law Association, Report of the 69th Conference (2000); International Law Association, Report of the 67th Conference (1996), S. 160f. Diese Berichte sind auch gesondert abgedruckt in Franckx, E. (Hrsg.), Vessel-source Pollution: The Work of the ILA Committee on Coastal State Jurisdiction Relating to Marine Pollution (1991-2000) (2000, The Hague).

270 Vukas (siehe Fn. 266), S. 416.

271 Thirlway, H. W. A., International Customary Law and Codification (1972, Leiden), S. 83 vergleicht die Frage, wann man von der Anerkennung von Völkergewohnheitsrecht sprechen kann mit dem – im englischen üblicheren – Bild eines Heuhaufens, beziehungsweise wie viele Heuhalme erforderlich sind, bis ein Heuhaufen vorliegt.

(1) Verweisfeld

In dem Genfer Übereinkommen über die Hohe See vom 29. April 1958 findet sich in Artikel 10 Absatz 2 ein direkter Vorläufer, der später im Seerechtsübereinkommen so häufig verwendeten Formulierung:

> "In taking such measures each State is required to conform to *generally accepted international standards* and to take any steps which may be necessary to ensure their observance."[272]

Damit sollte eine Vorherrschaft der internationalen Regelungen über nationale Regeln und Vorschriften erreicht werden. Oxman weist nach, dass Zweck der entsprechenden Verweise in dem Genfer Übereinkommen über die Hohe See war, die damals bestehenden *maritime rules of the road*[273] per Einbeziehung in die Übereinkommen verpflichtend für die Vertragsstaaten zu machen.[274] Folgt man diesem Ansatz, so ist Sinn und Zweck der Verweise im Seerechtsübereinkommen, solche Vorschriften für die Vertragsstaaten verpflichtend zu machen, die andernfalls für diese eigentlich nicht verpflichtend wären.[275] Das Seerechtsübereinkommen schließt dadurch Lücken, die zwischen der Ratifizierung oder Implementierung dieser Abkommen liegen, indem es diese über die "generally accepted international rules and standards" anwendbar macht.[276] Es bezieht sich unter anderem also auf solche Übereinkommen, bei denen die Vertragsstaaten des Seerechtsübereinkommens entweder nicht Partei sind, oder die aufgrund ihrer Rechtsnatur eigentlich nicht verbindlichen Charakter haben. Dieses ist nur scheinbar mit der Natur des Völkerrechts nicht zu vereinbaren. Die Staaten werden zwar an Vorschriften gebunden, denen sie nicht ausdrücklich direkt zuge-

---

272 Artikel 10 Absatz 2 Genfer Übereinkommen über die Hohe See vom 29. April 1958 (Hervorhebung vom Verfasser).

273 Der Ausdruck "maritime rules of the road" beinhaltet hierbei solche Vorschriften, die sich auf die sichere Navigation von Schiffen beziehen. Zu dem damaligen Zeitpunkt, handelte es sich bei diesen Vorschriften fast durchgehend um rein nationale Regelungen, die dementsprechend einen einheitlichen Charakter vermissen ließen. Siehe Oxman, B. H., "The Duty to Respect Generally Accepted International Standards" 24 New York University Journal of International Law and Politics (1991/1992), S. 109, 123.

274 Oxman (siehe Fn. 273), S. 122ff.

275 So auch Wolfrum, R., "IMO interface with the Law of the Sea Convention" in Nordquist, M. H. (Hrsg.), Current Maritime Issues and the International Maritime Organization (1999, The Hague), S. 223, 231f.; Sohn, L. B., "'Generally accepted' International Rules" 61 Washington Law Review (1986), S. 1075; Churchill, R. R., Lowe, A. V., The Law of the Sea (3. Aufl. 1999, Manchester), S. 107f. Anderer Ansicht hingegen Blanco-Bazán, A., "IMO interface with the Law of the Sea Convention" in Nordquist, M. H. (Hrsg.), Current Maritime Issues and the International Maritime Organization (1999, The Hague), S. 269, 278ff.

276 Oxman, B. H., "Complementary Agreements and Compulsory Jurisdiction" 95 American Journal of International Law (2001), S. 277, 287.

stimmt haben.[277] Die konsensuale Natur des Völkerrechts bleibt aber dadurch erhalten, dass sie durch die Ratifikation des Seerechtsübereinkommens den dort enthaltenen Verweisnormen zugestimmt haben. Der Vorwurf, dass diese weit reichende Bindung Staaten davon abhalten könnte, dem Seerechtsübereinkommen beizutreten, lässt sich angesichts der großen Zahl der Vertragsstaaten kaum aufrechterhalten.

Der Verweis bezieht sich natürlich nicht nur auf solche Vorschriften. Diese Gefahr des "indirectly binding effect of the LOSC" spielt insoweit keine größere Rolle, da die Bindungswirkung an die entsprechenden Übereinkommen zum großen Teil von den Staaten auch schon über andere Wege akzeptiert wird.[278] Auch liegt es hiermit jetzt im Interesse der Staaten auch noch bei diesen Übereinkommen Partei zu werden (soweit dieses nicht schon geschehen ist), um so Einfluss bei der Gestaltung der entsprechenden Vorschriften zu gewinnen.

Der Begriff der "allgemein anerkannten internationalen Vorschriften" umfasst etwas anderes als lediglich Völkergewohnheitsrecht.[279] Ein solcher Verweis wäre überflüssig, da die Staaten auf jeden Fall an diese Regelungen gebunden wären, ohne dass dieses in dem Seerechtsübereinkommen niedergelegt werden müsste.[280] Für einen solchen Verweis wäre die im Völkerrecht übliche "cross-reference" ausreichend gewesen. Bezüglich der Aussage, dass der Verweis etwas anderes umfasst als Völkergewohnheitsrecht, lassen sich zwei Feststellungen treffen. Zum einem, dass die Schwelle, ab der von einer allgemeinen Anerkennung gesprochen werden kann, nicht den eher strengen Maßstäben bei der Feststellung von Völkergewohnheitsrecht entsprechen muss.[281] Zum anderen, dass die im Völkergewohnheitsrecht existierende Rechtsfigur des "persistent objector", für den Begriff der "allgemein anerkannten internationalen Vorschriften" keine Rolle spielt.[282] Die Frage wie die Feststellung getroffen werden kann,

---

277 Oxman (siehe Fn. 273), S. 143 weist auf einen weiteren Vorteil dieser Verweistechnik hin. Ähnlich wie es den Staaten beim Konsensverfahren erheblich erschwert wird, ausdrücklich eine Norm abzulehnen, fällt es den Staaten bei der Verweistechnik schwerer die Norm im ganzen abzulehnen, als sie durch Diskussionen, die bei der Annahme entsprechender Standards direkt in die Konvention aufkommen würden, einfach zu verhindern.

278 Bericht des Committee on Coastal State Jurisdiction Relating to Marine Pollution, International Law Association, Report of the 68th Conference (1998), S. 372, 388.

279 Conclusion No. 2. Bericht des Committee on Coastal State Jurisdiction Relating to Marine Pollution, International Law Association, Report of the 69th Conference (2000). Abgedruckt in Franckx (siehe Fn. 269), S. 107.

280 Dies bedeutet nicht, dass der Verweis keine Normen des Völkergewohnheitsrechts beinhalten kann. Relevant ist lediglich, dass der Verweis primär andere Normkomplexe umfasst.

281 Treves, T., "Navigation" in Dupuy, R.-J., Vignes, D. (Hrsg.), A Handbook on the New Law of the Sea, Vol. II (1991, Dordrecht), S. 835, 875.

282 Oxman (siehe Fn. 273), S. 147.

welche internationalen Regeln oder Standards allgemein anerkannt sind, ist im Rahmen einer Einzelfallbewertung zu treffen.[283]

Der Verweis auf die "allgemein anerkannten internationalen Vorschriften" hat zum Inhalt, eigentlich nicht verpflichtende Vorschriften über das Seerechtsübereinkommen für die Vertragsstaaten zu diesem bindend zu machen. Die Staaten müssen also gerade nicht bei den anderen Übereinkommen Vertragspartei seien. Andernfalls wäre ein solcher Verweis auf die "allgemein anerkannten internationalen Vorschriften" überflüssig.

(2) Reichweite der allgemeinen Anerkennung

Da, wie gezeigt, die Staaten also an Vorschriften gebunden werden sollen, an die sie eigentlich nicht gebunden wären, muss es sich bei diesen Vorschriften zumindest um solche handeln, die allgemein anerkannt sind, bei denen also bei der Allgemeinheit der Staaten der Konsens besteht, dass die Existenz und die Beachtung einer solchen Vorschrift nützlich ist.[284] Die bloße Annahme einer solchen Vorschrift in einer entsprechenden Organisation oder auf einer Konferenz allein reicht nicht aus. Erst wenn diese Vorschrift auch eine allgemeine Anerkennung erfahren hat, sind auch die Parteien des Seerechtsübereinkommens über den Verweis an diese Vorschriften gebunden (soweit sie nicht direkt an die Vorschriften gebunden sind). Diese allgemeine Anerkennung wird unter anderem durch die Zahl der Ratifikationen gekennzeichnet. Hier zeigt sich zweierlei. Es liegt damit im Interesse der Staaten direkt bei den Übereinkommen Partei zu werden, um so Einfluss auf die Ausgestaltung nehmen zu können, da eine Bindung an die Vorschrift über den Verweis der "allgemein anerkannten internationalen Vorschriften" auf jeden Fall erfolgt. Eine erweiterte Mitgliedschaft in dem entsprechenden Übereinkommen führt wiederum zu einer erweiterten Akzeptanz der Vorschrift und damit zu deren allgemeinen Anerkennung. Außerdem ist aufgrund der hohen Zahl der Mitgliedsstaaten des Seerechtsübereinkommens[285] eine bestimmte Überschneidung unvermeidbar, da die Zahl der Nichtmitgliedsstaaten zum Seerechtsübereinkommen sicherlich nicht ausreichen würde, um eine solche Anerkennung zu erreichen. Je mehr Staaten direkt durch die entsprechenden Vorschriften gebunden werden, umso weniger Staaten würden lediglich über den Verweis auf die "allgemein anerkannten internationalen Vorschriften" gebunden werden.

---

283 Siehe hierzu sogleich. Bericht des Committee on Coastal State Jurisdiction Relating to Marine Pollution, International Law Association, Report of the 68th Conference (1998), S. 372, 378ff.

284 Nur in dem Fall von Artikel 39 Absatz 3(a) SRÜ wurde einer konkreten Instanz die Möglichkeit übertragen, Regelungen zu erlassen, die dann von den Parteien des Seerechtsübereinkommens befolgt werden müssen.

285 Zur Zeit haben 145 Staaten (inklusive der Europäischen Gemeinschaft) das Seerechtsübereinkommen ratifiziert (Stand 13. November 2003).

In der Literatur besteht Uneinigkeit darüber, ob auf die Instrumente abzustellen ist, die die Regel enthalten oder bloß auf die Regel als solche.[286] Ersteres würde dementsprechend voraussetzen, dass zu prüfen ist, ob ein Übereinkommen von ausreichend vielen Staaten ratifiziert worden ist. Dadurch würde dies dann allgemeine Anerkennung erlangen und so für die Staaten des Seerechtsübereinkommens verpflichtend werden. Demgegenüber gibt es Auffassungen, die darauf abstellen, ob eine ausreichende Staatenpraxis vorhanden ist, die die allgemeine Anerkennung erkennen lässt. Dies wäre dann unabhängig davon, ob es sich dabei um eine Regel in einem Übereinkommen oder aus einer anderen Rechtsquelle handelt. Richtiger ist es, auf beide Aspekte abzustellen. Ist ein Übereinkommen von ausreichend Staaten ratifiziert, so ist dieses allgemein anerkannt. Ob die Staaten sich nun an die Regelung halten, hat keinerlei Einfluss mehr auf die "allgemeine Anerkennung" der Regel. Denn die Staaten haben sich dazu verpflichtet, die in dem Abkommen enthaltene Regel als Recht anzuerkennen. Eine Nichtbefolgung ist dann unter dem Aspekt des Verstoßes gegen eine vertragliche Vorschrift zu bewerten. Anderseits ist auch nur eine ausreichende Staatenpraxis genug, um eine Regelung "allgemein anerkannt" sein zu lassen. Dadurch dass das Seerechtsübereinkommen sich dieser Technik bedient, hat es sich gerade die Möglichkeit eröffnet, eine hilfreiche Überbrückung vom "soft law" zu "hard law" zu bilden. Vorschriften, die auch ohne dass sie zu Beginn rechtsverbindlichen Charakter haben, können dadurch, dass ausreichend Staaten diese Regel als Recht befolgen über die Verpflichtung im Seerechtsübereinkommen für die Vertragsstaaten verbindlich werden. Dies ändert nichts an der Rechtsnatur der zugrunde liegenden Vorschrift. Die Rechtsverbindlichkeit, ergibt sich aus der Pflicht "allgemein anerkannten internationalen Vorschriften" zu befolgen.[287]

Relativ einfach ist die Feststellung der allgemeinen Anerkennung bei in Kraft getretenen Verträgen, denn ein Bewertungskriterium ist ganz ohne Zweifel der Ausdruck der Anerkennung der Staaten durch Ratifikation des in Frage stehenden Vertrages.[288] Die ausdrückliche Zustimmung vieler Staaten zu einer Vorschrift, lassen diese allgemein anerkannt sein. Eindeutig erscheint, dass die allgemeine Anerkennung nicht universell sein muss, dass also nicht alle Staaten der zu beurteilenden Regelung zugestimmt haben müssen.[289] Eindeutig ist gleichzeitig auch, dass nicht nur die Mindestzahl der erforderlichen Staaten, da-

---

[286] Bericht des Committee on Coastal State Jurisdiction Relating to Marine Pollution, International Law Association, Report of the 67th Conference (1996), S. 178.

[287] Oxman (siehe Fn. 273), S. 144.

[288] Bericht des Committee on Coastal State Jurisdiction Relating to Marine Pollution, International Law Association, Report of the 68th Conference (1998), S. 378f.; Blanco-Bazán (siehe Fn. 275), S. 282ff.

[289] Grundsätzlich kann die Anforderung an eine *allgemeine* Anerkennung nicht sein, dass alle Staaten zugestimmt haben. Brownlie, I., Principles of Public International Law (5. Aufl. 1998, Oxford), S. 6.

mit das Übereinkommen in Kraft treten kann, diesem beigetreten sein müssen. Nur die Tatsache, dass eine Regelung in Kraft getreten ist, kann alleine nicht ausreichen. Berücksichtigt werden muss, dass es darum geht, dass diese Regelungen auch für die Staaten bindend werden, die nur Partei des Seerechtsübereinkommens, nicht aber auch des Übereinkommens sind. Zweckmäßig erscheint es, sowohl auf quantitative wie auch auf funktionale Mehrheiten abzustellen.[290] Bei den Übereinkommen aus dem System der IMO kommt zum Beispiel zu dem Kriterium der Zahl der formellen Ratifikationen noch als zweites hinzu, dass diese Übereinkommen regelmäßig – unabhängig von der Zahl der Ratifikationen – nur dann in Kraft treten können, wenn wenigstens 50% der weltweiten Tonnage der Welthandelsflotte an dieses Übereinkommen gebunden ist. Die IMO Übereinkommen binden mittlerweile teilweise zwischen 90 bis 99% der zusammengenommen Tonnage der Welthandelsflotte.[291] Bei einer solchen Mischung aus formellen und quantitativen Kriterien lässt sich von einer allgemeinen Anerkennung sprechen. Regeln gegen die Verschmutzung der Meeresumwelt ergeben sich – im Gegensatz zu den Regeln über die Verschmutzung der internationalen Wasserwege – heutzutage praktisch nur aus Völkervertragsrecht.[292] Ein geeignetes Beispiel ist die International Convention for the Prevention of Pollution from Ships (MARPOL 73/78) mit ihren sechs Anhängen. Die entscheidenden Regelungen von MARPOL 73/78 finden sich in den Anhängen.[293] Diese haben ganz unterschiedliche Anerkennung durch die Staaten erfahren. An die Regelungen von Anlage I und II sind mittlerweile ca. 97% der Welthandelsflotte gebunden. Dieses Ausmaß der Befolgung der entsprechenden Regelung kann sicherlich als allgemeine Anerkennung bezeichnet werden. Entsprechendes gilt für Anlage III, die von 110 Staaten ratifiziert wurde und damit ca. 84,5% der Welthandelsflotte bindet. Auch die Anlage V bindet mehr als 90%.[294] Diese Zahlen können als allgemeine Anerkennung gewertet werden. Anders sieht die Situation hingegen für die Anlagen IV und VI aus. Anlage IV ist erst im September 2003 in Kraft getreten und bindet bisher lediglich knapp über der Hälfte

---

290 Bericht des Committee on Coastal State Jurisdiction Relating to Marine Pollution, International Law Association, Report of the 67th Conference (1996), S. 177.

291 Für den aktuellen Stand der Ratifikationen siehe die Übersicht unter <<www.imo.org>>.

292 Salmon, J. J. A., "Marine Environment, Protection and Preservation" in Bernhardt, R., et al. (Hrsg.), Encyclopedia of Public International Law, Vol. III (1997, Amsterdam), S. 289.

293 Annex I: Regulations for the Prevention of Pollution by Oil; Annex II: Regulations for the Control of Pollutions by Noxious Liquid Substances in Bulk; Annex III: Regulations for the Prevention of Pollution by Harmful Substances in Packaged Form; Annex IV: Regulations for the Prevention of Pollution by Sewage from Ships; Annex V: Regulations for the Prevention of Pollution by Garbage from Ships; Annex VI: Regulations for the Prevention of Air pollution from Ships.

294 Stand 31. Oktober 2003. <<www.imo.org>>.

der Welthandelsflotte.[295] Diese Zahl ist sicherlich nicht ausreichend, um von einer allgemeinen Anerkennung zu sprechen. Anlage VI wurde im Jahre 1997 beschlossen, hat aber immer noch nicht die ausreichende Zahl an Ratifikationen erfahren, damit die Regelung in Kraft treten kann, geschweige denn als allgemein anerkannt gewertet werden kann. MARPOL 73/78 ist also nicht in vollem Umfang als "generally accepted international rules and standards" anzusehen, sondern nur insoweit, wie die einzelnen Vorschriften als solche ausreichende formelle Bindungswirkung zwischen den Staaten haben. Vorschriften aber, die dann zum Beispiel in Anlage I enthalten sind, verpflichten damit dann alle Vertragsstaaten des Seerechtsübereinkommens, auch wenn die betreffenden Staaten nicht Vertragsstaat bei MARPOL 73/78, beziehungsweise bei Anlage I sind.[296]

Allerdings existieren nicht schon überall, wo das Seerechtsübereinkommen im Rahmen der Verweistechnik auf andere Übereinkommen Bezug nehmen könnte, entsprechende Übereinkommen. So legt Artikel 207 Absatz 4 SRÜ fest, dass sich die Staaten "bemühen [...], weltweite und regionale Regeln, Normen und empfohlene Gebräuche und Verfahren zur Verhütung, Verringerung und Überwachung der Verschmutzung der Meeresumwelt vom Land aus aufzustellen [...]". Eine solche weltweite Konvention gegen die Verschmutzung vom Land aus existiert zurzeit noch nicht. Sobald eine solche aber in Kraft treten würde und dies auch als allgemeine Anerkennung gewertet werden könnte, wäre diese gemäß Artikel 207 Absatz 1 SRÜ auch von den Staaten zu berücksichtigen, die diese Konvention nicht ratifiziert hätten. Ebenso sieht Artikel 208 SRÜ vor, dass die Staaten nationale Regelungen treffen, die die Verschmutzung durch Tätigkeiten auf dem Meeresboden betreffen, die unter nationale Hoheitsbefugnisse fallen. Die Tatsache, dass die nationalen Regeln dabei nicht weniger wirkungsvoll sein dürfen, als die internationalen Regeln und Normen, ist als ein Untermaßverbot anzusehen.[297] Gegenstand der Verpflichtung ist es, eine nationale Regelung zu erlassen, die an internationale Regeln gebunden ist. Auch existieren zurzeit keine genaueren Regelungen, die die Breite der Sicherheitszonen um künstliche Inseln, Anlagen und Bauwerke in der ausschließlichen Wirtschaftszone betreffen, auf die eigentlich in Artikel 60 Absatz 5 SRÜ verwiesen wird. In einer Resolution der IMO werden die Staaten lediglich aufgefordert, schon frühzeitig das Aufkommen des Schiffsverkehrs in der Nähe dieser Installationen zu bewerten, um so mögliche Gefahrenpotentiale zu eliminieren.[298]

---

295 Anlage IV ist am 27. September 2003 in Kraft getreten und bindet circa 52,5% der Welthandelsflotte.

296 Eine Bindung an die Anlagen I und II erfolgt automatisch mit der Ratifikation von MARPOL 73/78. Lediglich im Bezug auf die übrigen Anlagen können die Staaten erklären, dass sie an die dort enthaltenen Vorschriften nicht gebunden sind, Artikel 14 Absatz 1 MARPOL 73/78 i. V. m. Artikel IV Protokoll von 1978.

297 Stoll, T., "Meeresschutz im Küsten- und Offshore-Bereich im Hinblick auf nichtstoffliche Einflüsse" 21 Natur und Recht (1999), S. 666, 669.

298 IMO Assembly Resolution A.671(16). Siehe LEG/MISC/2 (siehe Fn. 314), S. 817.

Schwieriger gestaltet sich die Feststellung der allgemeinen Anerkennung bei solchen Vorschriften, die eigentlich keine Rechtsverbindlichkeit haben. Sei es, dass sie diese noch nicht erreicht haben, sei es dass eine solche nicht vorgesehen ist. Hier ist dann auf die internationale Staatenpraxis abzustellen.[299] Von einigen Autoren wird es abgelehnt, dass solche "Rechtsinstrumente" überhaupt "international rules and standards" enthalten können.[300] Für diese Autoren bezieht sich der Verweis nicht auf die Regel als solche, die allgemein anerkannt sein muss, sondern auf das Rechtsinstrument, in dem diese Regel enthalten ist. Dieses ist aber mit dem Hinweis darauf abzulehnen, dass Intention gerade war, die Staaten auch an solche Regelungen zu binden, bei denen sie eigentlich nicht Partei sind. Dies lässt dann aber auch die Notwendigkeit entfallen, dass diese Regelungen überhaupt Rechtsverbindlichkeit erreichen müssen. Abzustellen ist also auf die allgemeine Anerkennung der Regel als solche und nicht auf das Rechtsinstrument, in dem diese Regel enthalten ist. Die Tatsache, dass das Seerechtsübereinkommen jeweils "rules and standards" erwähnt, scheint nicht weiter von Relevanz zu sein, auch wenn einige Autoren aus dieser Unterscheidung einen Bezug auf rechtsverbindliche und rechtsunverbindliche Regelungen herauslesen wollen.[301] Es erscheint fraglich, ob bei einer so großen Konferenz wie UNCLOS III, die über fast zehn Jahre hinweg einen unvergleichlich umfangreichen Text erarbeitet hat, der von einer Vielzahl von Menschen geschaffen wurde, auf allzu feine semantische Unterscheidungen Wert gelegt werden darf.[302] Vielmehr ist aufgrund des Dargestellten davon auszugehen, dass das Konzept der "rules and standards" als solche rechtsverbindliche und rechtsunverbindliche Regelungen beinhaltet.[303]

Eng mit dem Begriff der "generally accepted international rules and standards" ist der "applicable international standards / regulations / rules and standards". Der Verweis auf die "applicable international rules and standards" wird zumeist im Bereich der Durchsetzungsvorschriften des Seerechtsübereinkommens be-

---

299 Bericht des Committee on Coastal State Jurisdiction Relating to Marine Pollution, International Law Association, Report of the 67th Conference (1996), S. 176.

300 Siehe Aufzählung im ILA Report 1996, S. 170. Bericht des Committee on Coastal State Jurisdiction Relating to Marine Pollution, International Law Association, Report of the 68th Conference (1998), S. 373.

301 Bericht des Committee on Coastal State Jurisdiction Relating to Marine Pollution, International Law Association, Report of the 67th Conference (1996), S. 168.

302 Oxman (siehe Fn. 273), S. 132 und Vukas (siehe Fn. 266), S. 408.

303 Dieses ist auch kein Widerspruch zu der im Bericht des Committee on Coastal State Jurisdiction Relating to Marine Pollution, International Law Association, Report of the 68th Conference (1998), S. 384 getroffenen Feststellung, dass nicht in Kraft getretene Abkommen nicht "generally accepted" sein können. Soweit keine Staatenpraxis vorhanden ist, die diese Regelungen dennoch schon anwendet, kommt auch diese Arbeit zu keinem anderen Ergebnis. Anders im Ergebnis auch der später vorgelegte Abschlussbericht des Komitees während der 2000er Konferenz in London. Dort insbesondere die Conclusion No. 2.

nutzt,[304] findet sich aber auch an anderer Stelle.[305] Dies scheint auch der Grund für einen Vorschlag des Redaktionsausschusses gewesen zu sein, den Ausdruck "applicable" durch "generally accepted" zu ersetzen,[306] um einen einheitlicheren Sprachgebrauch herzustellen.

Für den Begriff der "anwendbaren Regeln und Normen" scheint das Verständnis dahin zu gehen, dass damit die völkergewohnheitsrechtlichen und vertraglichen Regeln gemeint sind, die in der Beziehung zwischen den beiden Staaten in Fällen Anwendung finden, wenn es um die Durchsetzung von Vorschriften geht.[307] Während der Begriff der allgemeinen Anerkennung eher auf die Festlegung eines Minimalstandards geht,[308] wird mit dem Begriff "applicable international rules" auf ein Satz Vorschriften verwiesen, die im Bereich der Durchsetzung bestimmter Regeln zwischen den beiden Staaten anwendbar sind.[309] Wichtig ist es vor allem sich hierbei vor Augen zu führen, dass über die Verweistechnik der "generally accepted international rules and regulations" diese auch unter die "applicable international rules and standards fallen".[310]

Sinn und Zweck der Verweise auf die "generally accepted international rules and standards" im Seerechtsübereinkommen ist es, das Seerechtsübereinkommen möglichst frei von Störungen zu halten. Hier zeigt sich der fließende Übergriff des Seerechtsübereinkommens auf andere Übereinkommen durch die Benutzung der Referenztechnik. Die in den Übereinkommen enthaltenen Vorschriften werden über den Verweis Teil des Seerechtsübereinkommens selbst. Das Seerechtsübereinkommen nutzt die Expertise eines außerhalb des Seerechtsübereinkommens stehenden Systems an Übereinkommen und die schnellere Anpassungsfähigkeit dieser Regelungen gerade im technischen Bereich, um selbst keine starren Regeln aufzustellen, die nur über eine Änderung der Kon-

---

304 Artikel 94 Absatz 3(b), Artikel 217 SRÜ für die Flaggenstaaten, Artikel 218, 219, 226 Absatz 1(b) und (c), 228 SRÜ für die Hafenstaaten und Artikel 219, 220, 226 Absatz 1(b) und (c), 228 SRÜ für die Küstenstaaten. Bericht des Committee on Coastal State Jurisdiction Relating to Marine Pollution, International Law Association, Report of the 68th Conference (1998), S. 373.

305 So z. B. Artikel 42 Absatz 1(b) SRÜ.

306 Drafting Committee, Informal Paper 4/Rev.2 vom August 1980, S. 17.

307 Virginia Commentary, Bd. IV, 213.7(c); Bericht des Committee on Coastal State Jurisdiction Relating to Marine Pollution, International Law Association, Report of the 68th Conference (1998), S. 374. Siehe insbesondere die Conclusions 3 und 4 im Bericht des Committee on Coastal State Jurisdiction Relating to Marine Pollution, International Law Association, Report of the 69th Conference (2000). Abgedruckt in Franckx (siehe Fn. 269), S. 113f.

308 Besonders deutlich wird dies, wo das Seerechtsübereinkommen den Ausdruck "shall give effect to" im Zusammenhang mit den "generally accepted international rules and standards" benutzt. So z. B. Artikel 21 Absatz 2 und Artikel 211 Absatz 2 und 5 SRÜ.

309 Sei es, dass es sich um völkergewohnheitsrechtliche oder beidseitig akzeptierte vertragliche Regelungen handelt.

310 Wolfrum (siehe Fn. 275), S. 231f. Siehe vor allem auch Oxman (siehe Fn. 273), S. 138.

vention über die Vertragsstaatenkonferenz[311] oder das vereinfachte Verfahren[312] zu erreichen wären. Damit wird gleichzeitig auch eine Duplikation der Arbeit mit anderen Organisationen verhindert. Es wird eine ausreichende Flexibilität gewährleistet und gleichzeitig sichergestellt, dass das Seerechtsübereinkommen sich nicht in Kleinigkeiten verliert. Dieser Umstand ist das, was in der Literatur dazu führt, dass das Seerechtsübereinkommen als ein "umbrella agreement" bezeichnet wird.

b) Der Begriff der "competent international organisation"

Im Seerechtsübereinkommen werden die allgemein anerkannten internationalen Vorschriften dadurch qualifiziert, dass sie in Verbindung mit der Formulierung "established through competent international organizations" gestellt werden. Dabei nimmt das Seerechtsübereinkommen Bezug auf Übereinkommen oder auch im Rahmen dieser internationalen Organisationen erlassene Instrumente. Soweit auf "*the* competent international organization"[313] Bezug genommen wird – also die Singularform – ist ausschließlich die International Maritime Organization gemeint.[314] Zwar ist einschränkend hinzuzufügen, dass dieses nur für die Arbeit im zweiten und dritten Ausschuss von UNCLOS III galt,[315] allerdings finden sich (mit Ausnahme von Artikel 223 SRÜ) keinerlei sonstigen Artikel, die bei der Benutzung der Singularform nicht die IMO gemeint hätten. Ein Vorschlag des Redaktionsausschusses, in Artikel 1 SRÜ eine dem Artikel 2 Absatz 1(i) WVK entsprechende Legaldefinition einer internationalen Organisation vorzunehmen,[316] wurde von der Konferenz nicht angenommen.

Die Verweise auf allgemein anerkannte internationale Vorschriften, die durch die IMO oder unter ihrer Ägide erlassen wurden oder auf die Arbeit der IMO in sonstiger Form, finden sich im Zusammenhang mit der Ausweisung von Schiff-

---

311 Artikel 312 SRÜ.

312 Artikel 313 SRÜ.

313 Die Bezugnahme auf "*the* competent international organization" erfolgt in den Artikeln 22 Absatz 3, 41 Absatz 4 und 5, 53 Absatz 9, 60 Absatz 3 und 5, 211 Absatz 1, 2, 3, 5 und 6(a), 217 Absatz 1, 4 und 7, 218 Absatz 1, Artikel 220 Absatz 7 und Artikel 223 SRÜ.

314 International Maritime Organization "Implications of the Entry Into Force of the United Nations Convention on the Law of the Sea for the International Maritime Organization (IMO Study, Leg/Misc/2)" abgedruckt in 13 International Organizations and the Law of the Sea: Documentary Yearbook (1997), S. 796; Bericht des Committee on Coastal State Jurisdiction Relating to Marine Pollution, International Law Association, Report of the 67th Conference (1996), S. 166; Wolfrum (siehe Fn. 275), S. 223; Lagoni, R., "Die IMO als Rechtsetzungsorgan" in Ehlers, P., Erbguth, W. (Hrsg.), 50 Jahre Vereinte Nationen (1997, Baden-Baden) S. 45, 53. Siehe folgend II.C.3.c).

315 Virginia Commentary, Bd. IV, XII.17.

316 A/Conf.62/L.57/Rev.1 Rn. XV vom 1. August 1980, abgedruckt in UNCLOS III, XIV Off. Rec., S. 114. "'[I]nternational organization' means an intergovernmental organization."

fahrtswegen und Verkehrstrennungsgebieten, der Sicherheit der Schifffahrt und insbesondere den Regeln zur Verhütung, Verringerung und Überwachung der Verschmutzung der Meeresumwelt. Soweit ein Verweis sich auf internationale Organisationen in der Pluralform bezieht, kann diese jeweils auch die IMO umfassen. Aber auch wenn der Verweis ohne die Hinzufügung auf die "competent international organization" erfolgt, ergibt sich aus dem Zusammenhang, dass es sich um solche von internationalen Organisationen erlassene Vorschriften handeln kann.

Im Hauptteil des Seerechtsübereinkommens findet nur eine internationale Organisation ausdrückliche Erwähnung, wenn von den Vereinten Nationen einmal abgesehen wird. In Artikel 39 Absatz 3 SRÜ werden direkt die von der Internationalen Zivilluftfahrt-Organisation (International Civil Aviation Organization) aufgestellten Regeln als für zivile Luftfahrtzeuge beim Transitüberflug über Meerengen, die der internationalen Schifffahrt dienen als zu beachtende Regeln genannt. Es findet im Hauptteil zwar auch noch in Artikel 93 SRÜ die Internationale Atomenergie-Organisation (International Atomic Energy Agency, IAEA) Erwähnung. Dort wird allerdings nur klargestellt, dass die Rechtsstellung der ihre Flagge führenden Schiffe durch die entsprechenden Regelungen des Seerechtsübereinkommens nicht berührt wird. In Anlage VIII über die besonderen Schiedsverfahren findet sich der am weitest reichende Verweis auf spezifizierte internationale Organisationen. Dort werden die Food and Agriculture Organization, das United Nations Environment Programme, die Intergovernmental Oceanographic Commission und die International Maritime Organization mit der Aufgabe betreut, Listen mit Sachverständigen aufzustellen und zu führen,[317] aus denen dann vorzugsweise die Mitglieder der besonderen Schiedsgerichte benannt werden sollen.[318] In Anhang II Artikel 3 Absatz 2 werden außerdem noch die International Hydrographic Organization und die Intergovernmental Oceanographic Commission der UNESCO erwähnt.

Verallgemeinernd lässt sich feststellen, dass überall dort, wo es um Fragen der Schiffssicherheit, der Navigation und des Meeresumweltschutzes geht die IMO, bei Fragen der Fischerei die FAO und wenn es um die Handhabung radioaktiver Substanzen geht, die IAEA gemeint ist. Dies schließt aber nicht aus, dass andere internationale Organisationen ebenfalls in den entsprechenden Bereichen beteiligt sein können, wenn die Umstände dies erfordern.[319] Eine Studie, die von der Division for Ocean Affairs and the Law of the Sea bei den Vereinten Nationen

---

[317] Die IMO führt die Sachverständigenlisten für die besonderen Schiedsgerichte für den Bereich der Schifffahrt einschließlich der Verschmutzung durch Schiffe und durch Einbringen, Artikel 2 Absatz 2 Anlage VIII.

[318] Artikel 3(b) Anlage VIII.

[319] Rosenne, S., "The International Maritime Organization Interface with the Law of the Sea Convention" in Nordquist, M. H. (Hrsg.), Current Maritime Issues and the International Maritime Organization (1999, The Hague), S. 251, 254.

angefertigt wurde,[320] führt – nicht rechtlich verbindlich – alle die Vorschriften des Seerechtsübereinkommens auf, in denen auf internationale Organisationen Bezug genommen wird. Es werden nicht weniger als zwanzig verschiedene internationale Organisationen angeführt, die in den verschiedenen Zusammenhängen gemeint sein können, wobei dieses nicht die ebenfalls oftmals angesprochenen "regional and subregional fisheries bodies" mitzählt.

Soweit der Begriff in Verbindung mit einer Verpflichtung zur Kooperation benutzt wird, sei auf oben verwiesen.[321]

c) Übereinkommen aus dem System der IMO

Besondere Bedeutung für das Seerechtsübereinkommen haben die Übereinkommen, die unter der Ägide der International Maritime Organization[322] entstanden und / oder von dieser "betreut" werden.[323] Die IMO ist eine internationale Organisation, die als Hauptaufgabe hat, "to provide machinery for cooperation among Governments in the field of governmental regulation and practices relating to technical matters of all kinds affecting shipping engaged in international trade."[324] Sie führt in ihrer eigenen Zählung nicht weniger als vierzig Übereinkommen auf (einschließlich dazugehörender Protokolle), in Bezug auf welche sie Funktionen erfüllt.[325] Es finden sich Übereinkommen aus den Bereichen der Sicherheit der Schifffahrt, der Meeresverschmutzung, der Haftung und des Schadensersatzes und auch sonstigen Fragen, wie zum Beispiel Übereinkommen zur *Facilitation of International Maritime Traffic* oder zum Bergungsrecht wie die International Convention on Salvage. Zu den bekanntesten Übereinkommen zählen die International Convention for the Safety of Life at Sea (SOLAS) von 1960 und 1974, die International Convention on Load Lines von

---

320 Law of the Sea Bulletin, No. 31 (1996), S. 79.

321 Siehe hierzu II.C.1.

322 Zur Rolle und Bedeutung der IMO siehe die Beiträge in Nordquist, M. H. (Hrsg), Current Maritime Issues and the International Maritime Organization (1999, The Hague). Insbesondere die Beiträge von Wolfrum (siehe Fn. 275), Blanco-Bazán (siehe Fn. 275), und Rosenne (siehe Fn. 319). Siehe ferner auch Lagoni (siehe Fn. 314).

323 Für eine Übersicht siehe International Maritime Organization, Status of multilateral conventions and instruments in respect of which the International Maritime Organization or its Secretary-General performs depositary or other functions (1982-jeweils fortlaufend ergänzt, London).

324 Artikel 1(a) Convention on the International Maritime Organization.

325 Siehe hierzu Anlage I der von der IMO erstellten Studie "Implications of the Entry into Force of the United Nations Convention on the Law of the Sea for the International Maritime Organization" (siehe Fn. 314). Die aktuelle Zahl der Übereinkommen, im Hinblick auf welche die IMO Funktionen erfüllt, liegt mittlerweile etwas höher, da in der jüngeren Zeit neue Übereinkommen hinzugekommen sind. Siehe diesbezüglich das von der IMO herausgegebene Informationspapier "Focus on IMO: A Summary of IMO Conventions" vom April 2001. Letzteres ist erhältlich auf der Webseite der IMO <<www.imo.org>>.

1966, die Convention on the International Regulations for Preventing Collisions at Sea (COLREG) von 1972,[326] die International Convention on Standards of Training, Certification and Watchkeeping for Seafarers von 1978, die International Convention on Maritime Search and Rescue von 1979, die International Convention for the Prevention of Pollution from Ships, 1973, as modified by the Protocol of 1978 relating thereto (MARPOL 73/78) und die Convention on the Prevention of Marine Pollution by Dumping Wastes and Other Matter (London Convention[327]) von 1972.

Die IMO hat im Bereich der Regulierung der Seeschifffahrt unbestritten eine herausragende Rolle, die sich allerdings von der Möglichkeit zur Rechtssetzung deutlich von den Möglichkeiten der International Civil Aviation Organization unterscheidet.[328] Letztere hatte die Rolle vor allem auch schon während der Verhandlungen von UNCLOS III inne, so dass die verhandelnden Staaten sich genau über deren Rolle bewusst werden konnten. Deswegen wurden der ICAO auch weiterreichende Aufgaben übertragen (Artikel 39 Absatz 3(a) SRÜ). Entsprechende Überlegungen auch im Hinblick auf die IMO konnten in den Jahren 1973 bis 1982 nicht entstehen, da diese noch nicht die heutige Rolle erreicht hatte. Dieses zeigt sich auch in dem damaligen Titel International Maritime Consultative Organization.[329] Die Staaten waren nicht davon überzeugt, einer (damals) hauptsächlich beratend tätigen Organisation weitreichende Regelungsbefugnisse zu überlassen. Dementsprechend existieren praktisch auch keine ausdrücklichen Verweise auf die IMO sondern lediglich auf "*the* compentent international organization". Die Rolle der IMO spiegelt sich nicht dergestalt im Text wider, wie es eigentlich ihrer heutigen Rolle entsprechen würde.

Wie schon erwähnt, nimmt das Seerechtsübereinkommen immer dann auf eines oder mehrere dieser Übereinkommen oder in deren Zusammenhang erlassene Rechtsinstrumente Bezug, wenn auf "*the* competent international organization" verwiesen wird. Aber auch dann wenn der Verweis auf "*the* competent internati-

---

326 Convention on the International Regulations for Preventing Collisions at Sea vom 20. Oktober 1972 (UNTS Vol. 1050, No. I 15824, S. 16).

327 Diese Konvention war zunächst informell unter dem Titel London Dumping Convention (LDC) geführt worden. Dieser Titel wurde jedoch als nicht adäquat angesehen, da er den Eindruck erwecken könne, dass die Vertragsparteien einen "dumping club" darstellen könnten, während es doch gerade ein "non-dumping club" sein soll. Die Konvention firmiert jetzt unter dem Kurztitel London Convention (LC). Birnie, P., "Are Twentieth-Century Marine Conservation Conventions Adaptable to Twenty First Century Goals and Principles?: Part II" 12 International Journal of Marine And Coastal Law (1997), S. 488, 527f. Siehe auch <<www.londonconvention.org>>.

328 Siehe zu dieser und den möglichen Auswirkungen des Seerechtsübereinkommens auf das internationale Luftfahrtsrecht Milde, M., "United Nations Convention on the Law of the Sea – Possible Implications for International Air Law" 8 Annals of Air and Space Law (1983), S. 167.

329 Durch die IMO Assembly Resolutions A.358(IX) und A.371(X) wurde der Titel zu International Maritime Organization geändert.

onal organization" nicht vorgenommen wird, kann sich aus dem Zusammenhang ergeben, dass Übereinkommen oder Rechtsinstrumente aus dem System der IMO gemeint sind. So findet sich z. B. in Artikel 21 Absatz 4 SRÜ der Verweis auf die "allgemein anerkannten internationalen Vorschriften über die Verhütung von Zusammenstößen auf See". Ohne hierbei auf "die zuständige internationale Organisation" Bezug zu nehmen, sind hiermit Übereinkommen wie COLREG der IMO gemeint.

Die Zahl der Bezugnahmen im Seerechtsübereinkommen auf Übereinkommen aus dem System des IMO ist groß. Als Beispiel seien nur die internationalen Vorschriften, Verfahren und Gebräuche für die Sicherheit auf See, als auch die internationalen Regeln zur Verhütung von Zusammenstößen auf See genannt. Zu diesen zählen SOLAS, die Load Lines Convention, die International Convention on Standards of Training, Certification and Watchkeeping for Seafarers und selbstverständlich auch COLREG. Verweise hier drauf finden sich in den Artikeln 21 Absätzen 1, 2 und 4,[330] 39 Absatz 2, 42 Absatz 1, 94 und 217 Absatz 2 SRÜ. Aber auch die internationalen Regeln über den Entwurf, den Bau, die Bemannung, die Ausrüstung, die Arbeitsbedingungen und die Ausbildung der Besatzung von Schiffen werden durch die Übereinkommen der IMO bestimmt.[331] In diesem Zusammenhang sei auf SOLAS, die International Convention on Standards of Training, Certification and Watchkeeping for Seafarers (und das entsprechende Übereinkommen für die Besatzung von Fischereibooten von 1995) und auch MARPOL 73/78 und die Load Lines Convention verwiesen. Für den Bereich der Hilfeleistung auf hoher See, wie sie in Artikel 98 SRÜ angesprochen wird, gelten die Search and Rescue Convention, die Salvage Convention und wieder SOLAS[332] mit den 1988 Amendments über das Global Maritime Distress and Safety System. Zahlreich sind auch die Verweise im Teil XII des Seerechtsübereinkommens auf die verschiedenen umweltrechtlichen Übereinkommen der IMO.

Besonders evident ist die Bedeutung der IMO bei der Ausweisung von Schifffahrtswegen[333] und Verkehrstrennungsgebieten.[334] Die IMO ist – nach eigener

---

[330] In Artikel 21 Absatz 2 SRÜ wird auf die "allgemein anerkannten Regeln oder Normen / generally accepted international rules and standards" verwiesen. Grundsätzlich ist hier die IMO maßgebend. Aber auch die Regeln und Standards der International Telecommunication Union oder die der International Labour Organization können hier maßgeblich sein.

[331] Churchill/Lowe (siehe Fn. 275), S. 269f.

[332] SOLAS Chapter V, Regulations 10 und 15.

[333] Für eine aktuelle Auflistung der derzeitigen von der IMO anerkannten Schifffahrtswege siehe International Maritime Organization, Ships' Routeing (7. Aufl. 1999, London).

Bekundung – die einzige internationale Organisation, die hierfür zuständig ist,[335] gleichzeitig aber die Hauptverantwortung dafür bei den Küstenstaaten weiß.[336] Das Seerechtsübereinkommen verpflichtet die Küstenstaaten bei der Ausweisung von Schifffahrtswegen im Küstenmeer die Empfehlungen der IMO zu beachteten.[337] Die IMO selbst hat in einer Resolution an die Küstenstaaten die Empfehlung ausgesprochen "to design [traffic seperation schemes in the territorial sea] in accordance with IMO criteria for such schemes and submit them to the IMO for adoption."[338] Bei der Ausweisung in internationalen Meerengen sind die Möglichkeiten der Küstenstaaten deutlich eingeschränkter. Hier müssen die Küstenstaaten Konsultationen mit der IMO vornehmen und sich mit dieser einigen.[339] In der entsprechenden SOLAS Vorschrift findet sich wiederum ein Verweis, dass die angenommenen Schifffahrtswege mit Völkerrecht vereinbar sein müssen und hierbei insbesondere mit den einschlägigen Vorschriften des Seerechtsübereinkommens.[340] In dem Zusammenhang mit der Ausweisung von Meeresschutzgebieten bedient sich das Seerechtsübereinkommen auch einer genaueren Bezugnahme auf die "allgemein anerkannten internationalen Vorschriften" als üblich. Nach Artikel 211 Absatz 6(a) SRÜ darf ein Küstenstaat Vorschriften erlassen, die den "von der [zuständigen] Organisation für Sondergebie-

---

334 Siehe auch die Rolle der IMO bei der Ausweisung von Particularly Sensitive Sea Areas unter MARPOL 73/78 Anlage I, II und V zusammen mit IMO Res.A.720(17) "Guidelines for the Designation of Special Sea Areas and the Identification of Particularly Sensitive Sea Areas" vom 6. November 1991. Diese Richtlinien wurden 2001 vom zuständigen IMO Komitee komplett überarbeitet. Siehe hierzu de la Fayette, L., "IMO: Achievements in 2001" 32 Environmental Policy and Law (2002), S. 146, 149. Die Möglichkeit der Ausweisung eines Gebietes, für welches Schutzmassnahmen bestehen, sieht auch das Seerechtsübereinkommen in Artikel 211 Absatz 6 SRÜ für die ausschließliche Wirtschaftszone vor. Allerdings bestehen solche Möglichkeiten nicht für Meerengen, die der internationalen Schifffahrt dienen und auch nicht für das Küstenmeer. Zurzeit gibt es sechs Particularly Sensitive Sea Areas. Das Great Barrier Reef vor Australien, das Sabana-Camaguey Archipel vor Kuba (siehe hierzu Gjerde, K. M., Pullen, J. S. H., "Cuba's Sabana-Camaguey Archipelago: the second internationally recognised particularly sensitive sea area" 13 International Journal of Marine and Coastal Law (1998), S. 246), die Malpelo Insel vor Kolumbien, das Gebiet um die Florida Keys in den USA, das Wattenmeer in Dänemark, Deutschland und den Niederlanden und den Paracas Nationalpark in Peru. Siehe auch Lagoni, R., "Die Errichtung von Schutzgebieten in der ausschließlichen Wirtschaftszone aus völkerrechtlicher Sicht" 24 Natur und Recht (2002), S. 121, 125ff.

335 SOLAS, Chapter 5, Regulation 8(b).

336 SOLAS, Chapter 5, Regulation 8(c).

337 Artikel 22 Absatz 3(a) SRÜ.

338 General Provisions on Ship's Routeing IMO Assembly Resolution A.572(14), Annex, Rn. 3.12. Churchill/Lowe (siehe Fn. 275), S. 267f.

339 Artikel 41 Absatz 4 SRÜ. Virginia Commentary, Bd. II, 41.9(a)(ii). Die Befolgung solcher Schifffahrtswege ist für die Staaten verpflichtend. Siehe SOLAS, Chapter 5, Regulation 8, in der durch das Amendment von Mai 1995 geänderten Form.

340 SOLAS, Chapter 5, Regulation 8(j).

te zugelassenen internationalen Regeln und Normen" Wirksamkeit verleihen. Gemeint sind damit schon sehr konkret, die von der IMO geschaffenen entsprechenden Regelungen.[341]

In Artikel 194 Absatz 5 SRÜ werden die Staaten verpflichtet, Maßnahmen zum Schutz und zur Bewahrung seltener und empfindlicher Ökosysteme sowie des Lebensraumes gefährdeter, bedrohter oder vom Aussterben bedrohter Arten und anderer Formen der Tier- und Pflanzenwelt des Meeres zu ergreifen. Der Begriff des Ökosystems findet im Seerechtsübereinkommen keine Definition. Das Übereinkommen über die biologische Vielfalt von 1992[342] definiert ein Meeres-Ökosystem als "einen dynamischen Komplex von Gemeinschaften aus Pflanzen, Tieren und Mikroorganismen sowie deren nicht lebende Umwelt, die als funktionelle Einheit in Wechselwirkung stehen."[343] Diese Definition ist sicherlich auch für das Seerechtsübereinkommen nutzbar zu machen. Allerdings muss beachtet werden, dass auch wenn das Seerechtsübereinkommen sich anderer Übereinkommen zur Ausgestaltung des eigenen Systems bedient, dieses nicht soweit gehen kann, eine authorative Definition quasi von außen in das Seerechtsübereinkommen zu tragen. Die Möglichkeit, authentische Definitionen in das Seerechtsübereinkommen aufzunehmen, liegt nur in der Hand einer Änderungskonferenz nach Artikel 312 SRÜ. Verschiedene Vorschläge, die während der Tagungen der Vertragsstaaten zum Seerechtsübereinkommen vorgebracht worden sind, den Vertragsstaaten eine erweitere Rolle jenseits von verwaltungstechnischen und budgetären Angelegenheiten zuzugestehen, wurden immer wieder abgelehnt.[344] Allgemein ist festzustellen, dass eine Erweiterung der Befugnisse der Vertragsstaaten selbstverständlich nur unter dem Seerechtsübereinkommen erfolgen kann, nicht aber neue Hoheitsbefugnisse "von außen" hinzugewährt werden können.[345]

Soweit die IMO in den zu den Übereinkommen gehörenden verschiedenen Rechtsinstrumenten neue Regeln erlässt,[346] stellt sich die Arbeit der IMO quasi als die progressive Anpassung der Regelungen des Seerechtsübereinkommens dar.[347] Durch das Seerechtsübereinkommen wird der IMO kein neues Mandat gegeben, solche Regelungen zu erlassen. Das Seerechtsübereinkommen setzt aber voraus, dass die erforderlichen internationalen Vorschriften existieren.

---

341 IMO Res. A.720(17) Anlage 1.3.7. Siehe Lagoni Fn. 334, S. 127.

342 Convention on Biological Diversity vom 5. Juni 1992 (UNTS Vol. 1760, No. I 30619, S. 79).

343 Artikel 2 Convention on Biological Diversity.

344 Siehe nur SPLOS/73 vom 14. Juni 2001, Rn. 88ff. Erhältlich auf <<www.un.org/depts/ los/ index.htm>>.

345 Lagoni (siehe Fn. 334), S. 128f.

346 Siehe zur Arbeit der IMO auf diesem Gebiet auch Busha, T. S., "The IMO Conventions" 6 Ocean Yearbook (1986), S. 160.

347 Inwieweit auch Nichtvertragsstaaten der entsprechenden IMO Übereinkommen an diese Regeln gebunden sind, dazu II.C.3.a)(1).

Für die Möglichkeit der IMO, Rechtsinstrumente schneller zu erlassen, ist die Einführung der Tacit Amendment Procedure Anfang der 1970er von großer Bedeutung. Grundsätzlich ist die Annahme einer neuen völkerrechtlichen Vorschrift ein zeitaufwendiger Prozess. Insbesondere im Arbeitsbereich der IMO über die technischen Aspekte der Seeschifffahrt führte dies dazu, dass eine zeitnahe Regelung wichtiger Aspekte erschwert wurde. Es wurde erkannt, dass ein schnelleres Inkrafttreten der einzelnen Regelungen erforderlich wäre, um mit dem technischen Fortschritt mithalten zu können. Dafür wurde die Tacit Amendment Procedure geschaffen. In den einzelnen IMO Konventionen finden sich Regeln, die eine vereinfachte Annahme neuer Amendments vorsehen.[348] Die einzelnen Tacit Amendment Procedures in den verschiedenen Konventionen unterscheiden sich voneinander. Gemein ist ihnen allen aber, dass sie ein Annahmeverfahren für eine Amendment vorsehen, welches darauf basiert, dass nach dem Ablauf einer bestimmten Zeit, die von dem beschließenden Gremium festgelegt wird, eine Vorschrift dann als angenommen gilt, wenn nicht innerhalb dieser Zeit ein bestimmter Anteil der Vertragsstaaten die Regelungen abgelehnt hat, die wenigstens 50% der Gross Tonnage der Welthandelsflotte stellen. Anzumerken ist, dass die Tacit Amendment Procedure jeweils nur für die Anhänge der Übereinkommen gelten und nicht für die Übereinkommen als solche.[349] Dadurch soll sichergestellt werden, dass vereinfachte Änderungsverfahren tatsächlich nur die technischen Aspekte betreffen, die in den entsprechenden Anhängen geregelt werden.

In einem Fall nimmt das Seerechtsübereinkommen nicht nur Bezug auf Regelungen, die von der IMO erlassen wurden, sondern sieht vor, dass eine von dieser erlassene Prozedur zu beachten ist. Gemäß Artikel 220 Absatz 7 SRÜ gestattet der Küstenstaat einem Schiff die Weiterfahrt, obwohl er es nach Absatz 6 eigentlich zurückhalten könnte, wenn geeignete Verfahren betreffend der Hinterlegung einer Kaution oder anderer geeigneter finanzieller Sicherheiten durch die IMO festgelegt oder anderweitig vereinbart wurden. Die Zahlung einer geeigneten Sicherheit, um die Erfüllung der Verpflichtungen durch den Schiffseigner sicherzustellen, ist in drei Übereinkommen der IMO vorgesehen. Artikel 13 der Convention on Limitation of Liability for Maritime Claims von 1976,[350] Artikel VI der International Convention on Civil Liability for Oil Pollution Damage von

348 Ausgangspunkt war Artikel 6 COLREG 1972. Mit dem Inkrafttreten des Protokolls von 1988 zur Load Lines Convention am 03. Februar 2000, durch welches die Tacit Amendment Procedure auch für diese Konvention eingeführt wurde, beinhalten damit alle wichtigen Konventionen, die unter der Ägide der IMO entworfen wurden die Tacit Amendment Procedure.

349 Siehe Artikel 6 COLREG, Artikel 16 Absatz 2(f) MARPOL 73/78, Artikel VIII(b)(vi) SOLAS, Artikel XII Absatz 8(vi) und (vii) STWC.

350 Convention on Limitation of Liability for Maritime Claims vom 19. November 1976 (UNTS Vol. 1456, No. 24635, S. 221).

1969,[351] und das dazugehörige Protokoll von 1992[352] und in Artikel 10 der International Convention on Liability and Compensation for Damage in Connection with the Carriage of Hazardous and Noxious Substances by Sea von 1996,[353] enthalten jeweils Regelungen, die die Zahlung einer finanziellen Sicherheit vorschreiben. Interessant ist diese Regelung vor allem in Hinblick auf das in Artikel 292 SRÜ vorgesehene Schiffsfreigabeverfahren, welches vor dem Internationalen Seegerichtshof in Hamburg eingeleitet werden kann. Dieser hätte bei der Beurteilung der Hinterlegung einer angemessenen Kaution dann auch inzident die Regelungen in den jeweiligen Übereinkommen mit in die Bewertung substantiell einzubeziehen.

Allerdings sind die im System der IMO entstandenen und entstehenden Übereinkommen und Rechtsinstrumente seit dem Inkrafttreten des Seerechtsübereinkommens nicht völlig frei. Sie unterstehen alle den Voraussetzungen des Artikels 311 Absatz 2 SRÜ. In einer ersten Studie der IMO über das Verhältnis der IMO Konventionen[354] zu dem Seerechtsübereinkommen wurde dargelegt, wie die IMO Konventionen an das Seerechtsübereinkommen anzupassen seien, um mit dem Seerechtsübereinkommen vereinbar zu sein, beziehungsweise an die neuen maritimen Zonen angepasst zu werden.

Insgesamt lässt sich feststellen, dass die Bedeutung der Übereinkommen aus dem System der IMO für die Ausgestaltung und effektive Anwendung der Vorschriften aus dem Seerechtsübereinkommen sehr groß ist. Durch das Seerechtsübereinkommen wurden die vorhandenen – aus dem System der IMO – stammenden Konventionen in das System des Seerechtsübereinkommens eingebunden und dementsprechend brauchten auf dem Gebiet der technischen Aspekte der Seeschifffahrt keine materiellen Vorschriften in diesem getroffen werden. Hier ist wohlweislich auf das bereits vorhandene, beziehungsweise weiter auszugestaltende System der IMO Konventionen zurückgegriffen worden. Dafür wird im Seerechtsübereinkommen genau der Umfang der Jurisdiktion der Küstenstaaten und Flaggenstaaten festgelegt. Hier zeigt sich unter anderem die Rolle, die das Seerechtsübereinkommen als "umbrella agreement" spielt, indem es den Parteien den Rahmen ihrer Befugnisse umschreibt. Das Zusammenspiel

---

[351] Siehe Fn. 161.

[352] Protokoll vom 27. November 1992 zur International Convention on Civil Liability for Oil Pollution Damage (BGBl. 1994 II, S. 1152).

[353] International Convention on Liability and Compensation for Damage in Connection with the Carriage of Hazardous and Noxious Substances by Sea vom 3. Mai 1996 (ILM Vol. 35 (1996), S. 1415).

[354] International Maritime Organization, "Implications of the United Nations Convention on the Law of the Sea, 1982, for the International Maritime Organization (LEG/MISC/1)" abgedruckt in 3 International Organizations and the Law of the Sea: Documentary Yearbook (1987), S. 340. Die überarbeitete Fassung ist als LEG/MISC/2 veröffentlicht (siehe Fn. 314). Zu dieser Studie Mann Borghese, E., "The IMO and the UN Convention on the Law of the Sea" 7 Ocean Yearbook (1988), S. 8.

stellt sich also insgesamt so dar, dass die groben Züge durch das Seerechtsübereinkommen vorgegeben werden, während technische Aspekte der IMO vorbehalten bleiben.

D. Ergebnis

Das Seerechtsübereinkommen ist kein Übereinkommen, welches in einem luftleeren Raum existiert und auch nie in einem solchen existiert hat.[355] Schon während der Verhandlungen von UNCLOS III war die Zahl der vorhandenen internationalen bilateralen und multilateralen Übereinkommen unüberschaubar. Im Gegensatz zu UNCLOS I gab es deswegen auch keine Liste mit zu berücksichtigenden Regelungen und die Staaten waren darauf angewiesen, die für sie wichtigen Aspekte und Übereinkommen selbst im Auge zu behalten. Das Seerechtsübereinkommen ist deswegen auch keine völlige Neuordnung des Seerechts gewesen, in dem Sinne, dass es das vorhandene Seerecht einfach negiert und außer Acht gelassen hätte. Vielmehr war es, wie es auch schon in der Präambel anklingt, eine "verwirklichte Kodifizierung und fortschreitende Entwicklung des Seerechts."[356] Ohne Zweifel war nach UNCLOS III nichts mehr wie es vorher war. Aber all das geschah mit Blick auf den vorhandenen Bestand der internationalen Regelungen. Und zum großen Teil eben auch dergestalt, dass dieser vorhandene Bestand in das Seerechtsübereinkommen einbezogen wurde. Das Seerechtsübereinkommen ist darauf angewiesen, dass diese internationalen Regelungen weiter entwickelt werden. Diese progressive Entwicklung wird dann durch den Verweis auf die international anerkannten Regelungen quasi als Untermaßverbot in das Seerechtsübereinkommen eingebunden.

Nachdem im ersten Teil dieser Arbeit eine Analyse vorgenommen wurde, wie sich das Seerechtsübereinkommen zu anderen Übereinkommen im Allgemeinen verhält, soll im weiteren Verlauf genauer auf das Verhältnis zu Übereinkommen aus dem Gebiet der Fischerei eingegangen werden. Wie sich die Streitbeilegungsvorschriften des Seerechtsübereinkommens zu denen anderer Konventionen verhält, kann dann exemplarisch an zwei Streitfällen aufgezeigt werden, die beide vor Schiedsgerichten nach Anlage V des Seerechtsübereinkommens verhandelt wurden, nachdem jeweils zuvor vorläufige Maßnahmen vor dem Internationalen Seegerichtshof in Hamburg nach Artikel 290 Absatz 5 SRÜ beantragt worden waren. Zum einen ist dies der Streit zwischen Australien und Neuseeland mit Japan über die Befischung des Southern Bluefin Tuna und zum anderen das Verfahren zwischen Irland und dem Vereinigten Königreich über Einleitungen in die Irische See von der Atomanlage Sellafield.

---

[355] Zu der Stellung eines Vertrages und den daraus erwachsenden Rechtsbeziehungen mit anderen völkerrechtlichen Regeln siehe Reuter (siehe Fn. 148), S. 129ff.

[356] Präambel SRÜ, Absatz 7.

III. Das Verhältnis des Seerechtsübereinkommens zu regionalen seerechtlichen Übereinkommen im Bereich der Fischerei

Die Fischerei auf den Weltmeeren stellt seit Jahrhunderten eine überaus wichtige Form der wirtschaftlichen Betätigung dar und garantiert gleichzeitig die Versorgung einer Vielzahl von Menschen.[357] Allein in den letzten 10 Jahren stieg der nominale weltweite Fang von fast 85,5 Millionen metrischen Tonnen auf 95 Millionen metrische Tonnen.[358] Seit 1950 erfolgte ein stetiges Anwachsen der weltweiten Fangmenge, mit einem leichten Rückgang Mitte der 1990er aufgrund der Auswirkungen des El Niño Phänomens.[359] Seit dem Abflauen dieses Phänomens ist die Gesamtfangmenge wieder gestiegen. Dieser Anstieg über die Jahrzehnte ist vor allem auf einen Fortschritt in der Fischfangindustrie zurückzuführen. Der Einsatz von immer genauer arbeitendem elektronischem Gerät, wie z. B. Satelliten und High-Tech Ortungsgeräten, erlaubt es, immer mehr Fischbestände zu lokalisieren und zu befischen. Auch die Größe der einzelnen Fischerboote und die Möglichkeit Kühlschiffe einzusetzen, ebenso wie verbesserte und stärkere Fangnetze, erlauben größeren Ertrag. Einen weiteren Grund stellt der verstärkte Fischfang vieler Entwicklungsstaaten seit Ende des zweiten Weltkrieges dar und die übermäßige Subventionierung einzelner nationaler Fangflotten.[360] China allein ist während der letzten Jahrzehnte auf den ersten Platz der Fangstatistik vorgedrungen und fing im Jahre 2000 einen nominalen Bestand von fast 17 Millionen metrischen Tonnen.[361] Damit beträgt Chinas Anteil an der weltweiten Fangmenge fast 18%.

Über Jahrhunderte waren die Rechte über die Fischerei bestimmt von einer Unterscheidung zwischen dem Küstenmeer und der Hohen See.[362] In seinem Küstenmeer, als Teil des Staatsgebietes, hatte der Küstenstaat allein über die Regelungen über die Fischerei zu bestimmen. Im Bereich der Hohen See genossen alle Staaten die traditionellen Rechte, darunter auch das Recht zur Fischerei. Da das Küstenmeer nur einen schmalen Streifen der Meere ausmachte, fanden prak-

---

357 Siehe allgemein über die Fischerei Coull, J. R., World Fisheries Resources (1993, London).

358 Food and Agriculture Organization, Yearbook, Fisheries Statistics, Capture Production Vol. 90/1 (2002, Rome), S. 41f.

359 Food and Agriculture Organization, The State of World Fisheries and Aquaculture (2002, Rome), S. 4f.

360 Ein Vorschlag der EU, der bei der WTO als Reaktion auf die Doha Verhandlungsrunde eingereicht wurde, sieht ein vollständiges Verbot kapazitätsfördernder Subventionen vor. Presseerklärung der Generaldirektion Fischerei vom 22. April 2003.

361 FAO Yearbook, Fisheries Statistics (siehe Fn. 358), S. 42. Der durchschnittliche Pro-Kopf-Verbrauch in China (basierend auf der geschätzten Produktion) stieg seit 1972 von 4,4 kg auf 25,1 kg im Jahre 1999. The State of World Fisheries and Aquaculture (siehe Fn. 359), S. 9.

362 Für das Folgende siehe de Yturriaga, J. A., The International Regime of Fisheries (1997, The Hague), S. 1.

tisch alle relevanten Fischereien auf der Hohen See statt. Die Zeit nach dem zweiten Weltkrieg sah die Versuche verschiedener Staaten eine 200 Seemeilen reichende ausschließliche Fischereizone oder gar ein 200 Seemeilen umfassendes Küstenmeer zu schaffen. Diese Bestrebungen mündeten in der Schaffung der ausschließlichen Wirtschaftszone durch UNCLOS III.[363] Die Unterteilung der Weltmeere in verschiedene Zonen ist als solches nicht unproblematisch und vor allem auch eher willkürlich, da es sich bei den Ozeanen natürlich um ein einheitliches Ganzes, ein physisches Kontinuum,[364] handelt.

Die internationale Fischerei wird durch verschiedene Aspekte gekennzeichnet, die ineinander greifen. Da sich auf die Fischressourcen im Meer keinerlei Eigentumsrechte anmelden lassen, steht es grundsätzlich jedem Staat frei, seine Staatsangehörigen an der Befischung teilhaben zu lassen. Folge davon ist, dass die Zahl der gefangenen Fische höher liegt, als dieses nach wissenschaftlichen Maßstäben für ihre Erhaltung gut wäre. Wenn die Zahl der gefangenen Fische, zusammen mit der natürlichen Schwundrate, über dem liegt, was der Fischbestand durch natürliche Reproduktion produzieren kann, beginnt der Fischbestand zu sinken. Sollte dabei ein bestimmter Schwellenwert überschritten werden, kann dieses zum völligen Kollaps des Bestandes führen. Die Staaten haben dementsprechend ein Interesse daran, die Bestände für ihren eigenen Fischer zu sichern und andere Staaten von deren Befischung auszuschließen. Dieses ist aber nur dort möglich, wo ein Staat besondere Rechte geltend machen kann. Soweit also ein Fischbestand in der ausschließlichen Wirtschaftszone eines Staates vorkommt, ist der Küstenstaat bestrebt, sicherzustellen, dass dort auch weiterhin ausreichend Fische vorhanden sind und diese nicht schon zuvor im Bereich der Hohen See oder anderen Meereszonen, in denen der betreffende Küstenstaat keinerlei besonderen Rechte hat, abgefischt werden. Gleichzeitig gilt es aber auch dafür Sorge zu tragen, dass der Küstenstaat selbst nicht die Befischung übermäßig – nur weil er dies völlig ungestört von anderen Staaten tun kann – vornimmt. Ein Interesse, das in gleicher Form bei anderen Staaten besteht. Dies zeigt den internationalen Charakter der Problematik. Eine Lösung, die nur auf den Unilateralismus eines einzelnen Staates abstellt, ist dazu verurteilt, Konflikte mit anderen Staaten hervorzurufen.[365] Eine adäquate Lösung kann nur in einem gemeinsamen Vorgehen der Staaten liegen, die an einem bestimmten Fischbestand oder einer bestimmten Region identische Interessen wie andere Staaten verfolgen.

---

[363] Gloria, C., "Internationales öffentliches Seerecht" in Ipsen, K., Völkerrecht (4. Aufl. 1999, München), S. 740, 741ff.

[364] Virginia Commentary, Bd. II, VII.10.

[365] Siehe nur den spanisch-kanadischen Fischereistreit, der sich aus der Festnahme des spanischen Fangschiffes Estai auf der Hohen See ergab, International Court of Justice, Fisheries Jurisdiction (Spain v. Canada), Judgement of 4 December 1998, ICJ Reports 1998, S. 432

Ziel aller Anstrengung muss sein, Überfischung zu verhindern. Es muss also sichergestellt werden, dass die Zahl der entnommenen Fische einer Art, in einem verträglichen Verhältnis zu der Zahl steht, die dafür erforderlich ist, dass sich diese Art durch Reproduktion auch weiterhin vermehren kann. Die Notwendigkeit einer Lösung, die dafür Sorge trägt, dass auch weiterhin ausreichend Fische zum Fangen zur Verfügung stehen, ist eigentlich offensichtlich. Dieses kann nur dadurch erreicht werden, dass die Staaten auf internationaler Ebene zusammenarbeiten. In den Jahren nach dem zweiten Weltkrieg (bis circa Mitte der 1970er) führten die Versuche zur Kooperation vor allem zur Gründung von internationalen Fischereikommissionen. Diese hatten die Aufgabe die verschiedenen Erhaltungsmaßnahmen der einzelnen Küstenstaaten und der Flaggenstaaten zu koordinieren, um so einen einheitlichen Schutz entweder einer bestimmten Art (z. B. von Thunfischen) oder in einem bestimmten Gebiet (z. B. im Nordpazifik) zu erreichen. Unabhängig davon, dass die regulatorischen Befugnisse der verschiedenen Kommissionen sehr unterschiedlich waren, fanden sich bei allen grundsätzliche Schwächen.[366] Zum einen gab es keinerlei Verpflichtung der eine bestimmte Fischerei betreibenden Staaten auch Mitglied bei diesen Kommissionen zu werden. Und selbst wenn sie dieses wurden, so hatten die Staaten immer noch die Möglichkeit, beschlossene Maßnahmen als für sich nicht verbindlich zu erklären ('opting-out'). Aber schon das Beschließen geeigneter Erhaltungsmaßnahmen konnte zu grundsätzlichen Meinungsverschiedenheiten führen, die eine Einigung in weite Ferne rücken ließen. Zum anderen waren die Durchsetzungsmöglichkeiten der beschlossenen Maßnahmen durch die Kommissionen nur gering. Allerdings sollte nicht verkannt werden, dass die große Zahl statistischer Daten, die von den Kommissionen gesammelt wurden, das Problem der Überfischung immer dringlicher erscheinen ließ und so den Weg mitebnete, einen grundsätzlichen Ansatz für das Problem zu finden. Vor diesem Hintergrund ist es verständlich, dass sich mit dem bestehenden System Unzufriedenheit breit machte. UNCLOS III wurde von vielen Staaten als Möglichkeit gesehen, das System der Fischerei zu überarbeiten, um so einen effektiveren Ansatz zu finden.

Das Seerechtsübereinkommen wird im Endeffekt hauptsächlich von einer Lösung der Fischerei anhand der Abgrenzung der maritimen Zonen bestimmt, ein wie gesagt nicht ganz unproblematischer Ansatz. Ein weiterer Lösungsansatz, der von einigen Staaten auf UNCLOS III vertreten wurde, zielte dagegen auf eine Abgrenzung nach den unterschiedlichen Charakteristika der einzelnen Fischbestände ab. Aber natürlich fand auch die damals bestehende Regelung Anhänger, insbesondere unter den Staaten, die über Fischereiflotten verfügten, die in der Lage waren jenseits der eigenen Gewässer überall auf der Welt Fischfang zu betreiben (sogenannte Distant Water Fishing Nations) und somit ein Interesse an möglichst ungehinderter Fischerei hatten. Diese Staaten machten sich für eine

366 Churchill/Lowe (siehe Fn. 275), S. 286f.

Beibehaltung des *status quo* stark. Insgesamt lassen sich verallgemeinernd vier verschiedene Ansätze benennen, den Bestandsschutz vorzunehmen.[367] Der strikt nationale Ansatz würde den Küstenstaaten die Kompetenz zum Erlass wie auch zur Durchsetzung geeigneter Vorschriften für den Bestandsschutz der Fischbestände in den jenseits der Küste liegenden Gewässern zugestehen. In die gleiche Richtung geht der funktional nationale Ansatz, der den Küstenstaaten ebenfalls das Recht zum Erlass wie auch zur Durchsetzung geeigneter Vorschriften geben würde, diese Maßnahmen aber funktional an internationale Mindestnormen binden würde. Soweit die vom Küstenstaat ergriffenen Maßnahmen sich im Rahmen des Zulässigen bewegen, kann der Staat entsprechende Maßnahmen ergreifen. Bei dem funktional internationalen Ansatz wird das Recht zum Erlass geeigneter Maßnahmen von dem Recht zu deren Durchsetzung abgetrennt. Hier liegt die Möglichkeit zum Erlass entsprechender Vorschriften auf internationaler Ebene, während die Durchsetzungsmaßnahmen auch weiterhin von den Küstenstaaten vorgenommen werden. Als am weitesten auf die Internationalität des Fischereiproblems abstellend, kann der strikt internationale Ansatz bezeichnet werden. Dieser würde sowohl den Erlass als auch die Durchsetzung der Maßnahmen auf die internationale Ebene verlagern.

Während das Seerechtsübereinkommen hauptsächlich auf die Zuweisung von Rechten anhand der Gebietsunterscheidung abstellt, finden sich auch noch Ansätze der von einigen Staaten vertretenen Ansicht, die eine Problemlösung nach den unterschiedlichen Fischbeständen vornehmen wollte. Insgesamt soll in den einzelnen Bereichen eine Grundlage für die Kooperation der Staaten untereinander geschaffen werden. Die Art und Weise der Ausgestaltung dieser Zusammenarbeit ist dabei unterschiedlich ausgefallen.

E. Küstenmeer

"Die Souveränität eines Küstenstaats erstreckt sich jenseits seines Landgebiets und seiner inneren Gewässer [...] auf einen angrenzenden Meeresstreifen, der als Küstenmeer bezeichnet wird." Artikel 2 Absatz 1 SRÜ bringt zum Ausdruck, dass ein Küstenstaat in einem angrenzenden Meeresstreifen die volle Souveränität ausüben kann, die gemäß Artikel 2 Absatz 3 SRÜ nur nach Maßgabe des Seerechtsübereinkommens und sonstigen Regeln des Völkerrechts eingeschränkt werden kann. Die hauptsächliche Einschränkung seiner Souveränität, die ein Küstenstaat dabei zu akzeptieren hat, ist, dass dritte Staaten das Recht der friedlichen Durchfahrt genießen.[368] Es findet sich im Seerechtsübereinkommen keine ausdrückliche Vorschrift darüber, dass die Ausbeutung der natürlichen Ressourcen Teil der Souveränität eines Küstenstaates ist, die dieser in seinem Küsten-

---

[367] Wolfrum, R., "Die Fischerei auf Hoher See" 38 Zeitschrift für ausländisches öffentliches Recht und Völkerrecht (1978), S. 659, 663f.

[368] Artikel 17 bis 32 SRÜ.

meer hat. Diese Schlussfolgerung lässt sich aber unschwer treffen, wenn man berücksichtigt, dass die Anerkennung dieses Rechts schon immer auch Teil der Bedeutung des Küstenmeeres für einen Küstenstaat war. So war die Frage nach der Breite des Küstenmeeres deswegen gleichzeitig auch untrennbar mit der Frage der Reichweite ihrer exklusiven Rechte zur Ausbeutung bestimmter Meeresgebiete verknüpft.[369] Dass das Seerechtsübereinkommen von dem Bestehen dieser exklusiven Rechte ausgeht, zeigt sich auch darin, dass ein Küstenstaat nach Artikel 21 Absatz 1(e) SRÜ bezüglich der friedlichen Durchfahrt Gesetze über die Verhütung von Verstößen gegen seine Fischereigesetze erlassen kann und vor allem, dass Fischereitätigkeiten eines Schiffes dessen Durchfahrt durch das Küstenmeer nicht mehr friedlich sein lassen. Auch der Vergleich zu der Begrifflichkeit aus Teil V über die ausschließliche Wirtschaftszone zeigt, dass dort die "Erforschung und Ausbeutung, Erhaltung und Bewirtschaftung der lebenden [...] natürlichen Ressourcen" Teil der souveränen Rechte eines Küstenstaates sind.[370] Dementsprechend ist dieses auch Teil seiner Souveränität in seinem Küstenmeer.

Im Seerechtsübereinkommen finden sich keine Verpflichtungen eines Küstenstaates zur Zusammenarbeit mit anderen Staaten über Fischbestände, die in seinem Küstenmeer vorkommen. Eine solche Zusammenarbeit ist insbesondere in der ausschließlichen Wirtschaftszone eines Küstenstaates vorgesehen. Dass dem Küstenstaat diese Verpflichtung nicht auch im Küstenmeer auferlegt wird, ist eben Folge des Umstandes, dass die Fischerei in dem Küstenmeer zu den exklusiven Rechten eines Staates gehört. Im Küstenmeer kann der Küstenstaat die Fischereibestände nur von seinen eigenen Staatsangehörigen befischen lassen und es trifft ihn keine Verpflichtung, diese Fischbestände auch von anderen Staaten befischen zu lassen.

Soweit also ein Küstenstaat nicht aufgrund freiwillig eingegangener vertraglicher Verpflichtungen einem dritten Staat Zugang zu seinem Küstenmeer zum Zwecke des Fischfangs gewährt, besteht für andere Staaten die Möglichkeit des Fischfangs dort nicht.

---

369 Armas Pfirter, F. M., "Straddling Stocks and Highly Migratory Stocks in Latin American Practice and Legislation: New Perspectives in the Light of Current International Negotiations" 26 Ocean Development and International Law (1995), S. 127, 131. Fleischer, C. A., "The New Régime of Maritime Fisheries" 209 Recueil de Cours (1988), S. 98, 136ff.

370 *Souveräne Rechte* sind quasi ein Minus zur *Souveränität*. Während die Souveränität die volle Gewalt eines Staates ausdrückt auf seinem Hoheitsgebiet Recht zu setzen und auch durchzusetzen, umfasst der Begriff der souveränen Rechte die Befugnis, in bestimmten Bereichen entsprechendes Vorgehen zu legitimieren, Fleischer (siehe Fn. 369), S. 149. Zur Geschichte dieses Begriffes siehe Hafner, G., Die seerechtliche Verteilung von Nutzungsrechten (1987, Wien), S. 260ff.

F. Anschlusszone

Eine besondere Situation liegt demgegenüber in der Anschlusszone vor. Bei der Anschlusszone handelt es sich gemäß Artikel 33 SRÜ um eine an das Küstenmeer eines Staates angrenzende Zone, in der der Küstenstaat bestimmte Kontrollrechte ausüben darf und die sich nicht weiter als 24 Seemeilen über die Basislinien, von denen aus die Breite des Küstenmeeres gemessen wird, hinaus erstrecken darf. Der rechtliche Status der Anschlusszone ist abhängig davon, ob ein Staat eine ausschließliche Wirtschaftszone proklamiert hat oder nicht. Soweit dieses nicht der Fall ist, grenzt an das Küstenmeer direkt die Hohe See an. Von dieser ist die Anschlusszone dann ein Teil.[371] Dementsprechend fallen auch die Schlussfolgerungen darüber, in welcher Form das Seerechtsübereinkommen Bezug auf andere Übereinkommen macht, unterschiedlich aus. Insoweit sei auf die entsprechenden Abschnitte dieser Arbeit verwiesen.

G. Ausschließliche Wirtschaftszone

Ganz ohne Zweifel ist die wichtigste Neuerung, die UNCLOS III gebracht hat, die Einführung der ausschließlichen Wirtschaftszone. In dieser hat der Küstenstaat souveräne Rechte zum Zweck der Erforschung und der Ausbeutung, Erhaltung und Bewirtschaftung der lebenden [...] natürlichen Ressourcen der Gewässer."[372] In Teil V des Seerechtsübereinkommens finden sich auch der Großteil der die Fischerei betreffenden Vorschriften.

Nach Artikel 55 SRÜ ist die ausschließliche Wirtschaftszone ein jenseits des Küstenmeeres gelegenes und an dieses angrenzendes Gebiet, das einer besonderen Rechtsordnung unterliegt.[373] Die Besonderheit dieser Rechtsordnung liegt darin, dass der Küstenstaat in dieser Zone keine volle Souveränität ausüben kann, sondern ihm hier bestimmte Nutzungsvorrechte zustehen. Dabei ist zwischen souveränen Rechten und Hoheitsbefugnissen zu unterscheiden. Artikel 56 SRÜ spricht dem Küstenstaat in Bezug auf die lebenden und nichtlebenden Res-

---

371 Ansichten, wie zum Beispiel Yturriaga (siehe Fn. 362), S. 105, dass die Anschlusszone eine Regime *sui generis* sei, sind abzulehnen. Die Schlussfolgerung, die sich aus der Streichung der Worte "Teil der Hohen See" aus der Vorgängervorschrift des Artikels 33 SRÜ, Artikel 24 des Genfer Übereinkommens über das Küstenmeer und die Anschlusszone, ergeben soll, trägt hierbei nicht. Vielmehr war die Streichung für UNCLOS III erforderlich geworden, da eben die Einführung der ausschließlichen Wirtschaftszone mit sich brachte, dass die Anschlusszone auch Teil dieser sein könnte. So auch Gloria (siehe Fn. 363), S. 738f. Die ausschließliche Wirtschaftszone ist dabei tatsächlich eine Zone *sui generis*, Artikel 55 SRÜ.

372 Artikel 56 Absatz 1(a) SRÜ.

373 Die ausschließliche Wirtschaftszone kann dabei eine Breite von bis zu 200 Seemeilen haben (Artikel 57 SRÜ). Folge dieser Ausweitung der küstenstaatlichen Einflusszonen ist, dass mittlerweile 35% der weltweiten Meeresgebiete in diesen Bereich fallen, in dem sich 95% der weltweiten Fischbestände befinden.

sourcen *souveräne Rechte* zu. Im Vergleich zu der vollen *Souveränität* ist dieses schon ein sprachliches Minus. Demgegenüber stellen die Hoheitsbefugnisse noch ein weiter gehendes Minus dar.[374] Für die vorliegende Arbeit sind hierbei die souveränen Rechte interessant, die der Küstenstaat zum Zweck der Erforschung und Ausbeutung, Erhaltung und Bewirtschaftung der lebenden natürlichen Ressourcen der Gewässer über dem Meeresboden hat. Das Seerechtsübereinkommen verbindet in diesem Bereich nutzungsrechtliche Bestimmungen mit solchen gebietsrechtlicher Art.[375]

Vorläufer der ausschließlichen Wirtschaftszonen waren die Fischereizonen, die verschiedene Staaten seit Mitte der 1940er Jahre einzurichten begannen, um so ihren Einfluss auf die Fischbestände vor ihrer Küste auszudehnen.[376] Forciert wurde die Entwicklung im Laufe der 1970er Jahre, während der eine diesbezügliche Staatenpraxis zunahm. Dies geschah zu einem Zeitpunkt als die Verhandlungen von UNCLOS III noch nicht zu einem Ende geführt worden waren.[377] So errichtete die Bundesrepublik Deutschland im Jahre 1976 eine Fischereizone von 200 Seemeilen und wies ausdrücklich auf die noch andauernden Verhandlungen von UNCLOS III und die dort stattfindenden "tiefgreifenden Änderungen" hin.[378] Die Errichtung erfolgte ebenso wie bei den übrigen Mitgliedsstaaten der Europäischen Gemeinschaften vor dem Hintergrund einer entsprechenden Entschließung des Rates der Europäischen Gemeinschaften.[379] Schon 1982 sah

---

374 Wolfrum, R., "The Emerging Customary Law of Marine Zones: State Practice and the Convention on the Law of the Sea" 18 Netherlands Yearbook of International Law (1987), S. 121, 133f.

375 Hafner (siehe Fn. 370), S. 248. Zu der neueren Entwicklung des chilenischen Konzepts der Mar Presencial siehe Joyner, C. C., de Cola, P. N., "Chile's Presential Sea Proposal: Implications for Straddling Stocks and the International Law of Fisheries" 24 Ocean Development and International Law (1993), S. 99, 107ff.

376 Gloria (siehe Fn. 363), S. 740ff. Für eine ausführliche Übersicht über die Entwicklung der ausschließlichen Wirtschaftszone vor und während UNCLOS III siehe Attard, D. J., The Exclusive Economic Zone in International Law (1987, Oxford), S. 1.

377 Fleischer (siehe Fn. 369), S. 129. So errichtete zum Beispiel Norwegen per Gesetz vom 17. Dezember 1976 eine Wirtschaftszone von 200 Seemeilen. Ebenso sicherte die UdSSR per Dekret vom 10. Dezember 1976 ihren Einfluss in einer 200 Seemeilen breiten Zone. Weitere zu nennende Staaten wären Bangladesh, Kap Verde, Kube, Indien, Japan, Mexiko, Neuseeland, Pakistan oder auch Sri Lanka (UN Doc. ST/LEG/SER.B/19, S. 192ff.). Im Gegensatz zum Festlandsockel, dessen Zugehörigkeit zum Küstenstaat auch ohne entsprechende Erklärung anerkannt wird, Artikel 77 Absatz 3 SRÜ, muss eine ausschließliche Wirtschaftszone von den Staaten erklärt werden.

378 BGBl. 1976 II, S. 1999 vom 22. Dezember 1976.

379 Entschließung des Rates der Europäischen Gemeinschaften vom 3. November 1976.

der Internationale Gerichtshof in dem Konzept der ausschließlichen Wirtschaftszone einen "part of modern international law."[380]

Vom Grundgedanken her steht dem Küstenstaat keine volle Souveränität in der ausschließlichen Wirtschaftszone zu. Jedoch kommen die Rechte, die der Küstenstaat gemäß Artikel 56 Absatz 1(a) SRÜ dort hat, der Regelungsbefugnis der vollen Souveränität nahezu gleich. Der Küstenstaat hat eine Ermessensausübungsbefugnis bezüglich der ihm zustehenden Rechte und unterliegt darüber hinaus aufgrund von Artikel 297 Absatz 3 SRÜ und der dort enthaltenen Grenzen und Ausnahmen der Streitbeilegungsvorschriften des Teils XV im Bezug auf die Fischerei auch nur eingeschränkt der Verpflichtung zur Streitbeilegung.[381]

Inhalt der ausschließlichen Wirtschaftszone ist – wie der Name schon kenntlich macht – die Nutzung der bedeutsamen wirtschaftlichen Ressourcen eines Meeresgebietes, welches der Küste eines Staates vorgelagert ist. Hier hat ein Küstenstaat das "souveräne Recht [...] zur Erforschung und Ausbeutung, Erhaltung und Bewirtschaftung der lebenden und nichtlebenden natürlichen Ressourcen der Gewässer über dem Meeresboden." Grundsätzlich steht damit dem Küstenstaat die alleinige Nutzung dieser Ressourcen zu. Eine Zusammenarbeit mit anderen Staaten muss er nicht vornehmen. Dies ist allerdings für die Fischerei nur von der Grundaussage her zutreffend. Denn in der konkreten Ausgestaltung trifft den Küstenstaat sehr wohl die Verpflichtung in der ein oder anderen Form mit anderen Staaten zusammenzuarbeiten. Zum einen hat der Küstenstaat die Verpflichtung, anderen Staaten den Zugang zu dem Überschuss der zulässigen Fangmenge zu gewähren. Dies soll in Form von "Abkommen oder anderen Vereinbarungen" erfolgen. Und zum anderen treffen den Küstenstaat in Hinblick auf bestimmte Fischarten ebenfalls Kooperationsverpflichtungen. Insbesondere bei diesen – jeweils wirtschaftlich relevanten Themen – besteht die Möglichkeit einer Streitigkeit des Küstenstaates mit anderen Staaten.[382] Im Folgenden sollen die unterschiedlichen Regelungen untersucht werden, die das Seerechtsübereinkommen diesbezüglich gefunden hat.

---

380 International Court of Justice, Continental Shelf (Tunisia v. Libyan Arab Jamahiriya), Judgement of 24 February 1982, ICJ Reports 1982, S. 18, 74. Bestätigt durch International Court of Justice, Continental Shelf (Libyan Arab Jamahiriya v. Malta), ICJ Reports 1985, S. 13, 32.

381 Siehe hierzu III.C.3.

382 Siehe nur den ersten Fall, der vor dem International Tribunal for the Law of the Sea in Hamburg verhandelt wurde, M/S Saiga. In dem Fall ging es unter anderem um die Frage, ob die Betankung eines Schiffes durch ein Tankschiff eines anderen Staates die souveränen Rechte des Küstenstaates auf ausschließliche wirtschaftliche Nutzung der ausschließlichen Wirtschaftszone beeinträchtige.

1. Zugang zum Überschuss der zulässigen Fangmenge

Die Erweiterung der küstenstaatlichen Hoheitsbefugnisse auf ein Meeresgebiet jenseits des Küstenmeeres erfolgte während UNCLOS III nicht ohne Widerstand. Die Staaten waren nicht völlig bereit, die Ausweitung der küstenstaatlichen Befugnisse in einer Zone jenseits und anders von dem Küstenmeer zu akzeptieren. Die Küstenstaaten wurden deswegen unter anderem verpflichtet, anderen Staaten Zugang zu der Nutzung der in seiner ausschließlichen Wirtschaftszone vorkommenden lebenden Ressourcen zu gestatten.[383] Dabei hat ein Küstenstaat insbesondere Binnenstaaten und geographisch benachteiligte Staaten zu berücksichtigen. Niederschlag finden diese Zugangsregelungen in den Artikeln 62, 69 und 70 SRÜ.

Das traditionelle Recht des Fischfangs stellte vor allem darauf ab, den Küstenstaaten keine weitgehenden Einflussmöglichkeiten zu gewähren. Zwei Elemente waren dabei bestimmend. Zum einen die Unterteilung in Küstenmeer und Hohe See und dass das Küstenmeer lediglich ein schmaler Streifen von im Allgemeinen drei Seemeilen war.[384] Der Küstenstaat war darauf beschränkt, in diesem schmalen Meeresstreifen vor seiner Küste Maßnahmen zu ergreifen, soweit er diese für notwendig hielt, die Fischbestände vor seiner Küste zu schützen. Darüber hinaus bestanden für den Küstenstaat nur dann Regelungsmöglichkeiten, wenn er darüber mit anderen Staaten Vereinbarungen getroffen hatte oder soweit eine für das Gebiet zuständige Fischereikommission auf der Grundlage eines vorher abgeschlossenen Vertrages bestimmte Maßnahmen getroffen hatte. Nur in Ausnahmefällen hatten diese Fischereiorganisationen das Recht für die Staaten verbindliche Maßnahmen zu erlassen. Im Allgemeinen konnten diese Maßnahmen zumindest im Rahmen eines opting-out Verfahrens, bzw. durch die Verweigerung der Zustimmung von den Staaten für sich selbst nicht anwendbar erklärt werden.[385] Demgegenüber gibt das Seerechtsübereinkommen dem Küstenstaat weit gehende Rechte über die Erhaltung und Nutzung der lebenden Ressourcen in seiner ausschließlichen Wirtschaftszone. Diese Rechte setzen einen bestimmten Ablauf des Vorgehens des Küstenstaates voraus. Gemäß Artikel 61 Absatz 1 SRÜ legt der Küstenstaat zunächst die zulässige Fangmenge für die le-

---

[383] Siehe hierzu Wolfrum, R., "Der Zugang zum Meer – eine vernachlässigte oder obsolete Problematik?" in Arndt, H.-W. (Hrsg.), Völkerrecht und deutsches Recht (2001, München), S. 125.

[384] Fleischer (siehe Fn. 369), S. 119.

[385] Churchill/Lowe (siehe Fn. 275), S. 286f.; Wolfrum (siehe Fn. 367), S. 676ff.

benden Ressourcen in seiner ausschließlichen Wirtschaftszone fest.[386] Den Küstenstaat trifft dabei die Verpflichtung unter Berücksichtigung der besten ihm zur Verfügung stehenden wissenschaftlichen Angaben durch geeignete Erhaltungs- und Bewirtschaftungsmaßnahmen dafür Sorge zu tragen, dass der Fortbestand der lebenden Ressourcen in seiner ausschließlichen Wirtschaftszone nicht gefährdet wird und dass die Populationen der befischten Arten einen größtmöglichen Dauerertrag sicherstellen.[387] Anschließend bestimmt er seine eigenen Kapazitäten zum Fang der lebenden Ressourcen.[388] Für einige Arten muss der Küstenstaat hierbei zunächst Konsultationen mit anderen Staaten durchführen.[389] Soweit er nicht über ausreichende Kapazitäten verfügt, gewährt er anderen Staaten Zugang zum Überschuss. Dieses geschieht, indem er mit den anderen Staaten Übereinkommen schließt oder andere Vereinbarungen trifft. Insgesamt ergibt sich dieser Ablauf aus den Artikeln 61 und 62 SRÜ. Artikel 61 SRÜ ist dabei mit *Erhaltung* beziehungsweise *conservation* überschrieben. Eine Umschreibung, die klar unterschieden werden muss von der *Nutzung* beziehungsweise der *utilization* des Artikels 62 SRÜ.

Die Erhaltungs- und Bewirtschaftungsmaßnahmen sollen darauf gerichtet sein, dass von den befischten Arten jeweils der größtmöglich erreichbare Dauerertrag zur Verfügung steht. Es handelt sich dabei um eine Verbindung der zulässigen Fangmenge für die lebenden Ressourcen (total allowable catch) und des größtmöglich erreichbaren Dauerertrages (maximum sustainable yield).[390]

---

386 Hierbei ist zu beachten, dass die zulässige Fangmenge sich nicht nur auf den zu befischenden Fischbestand beziehen muss, sondern auch den höchstzulässigen Beifang beinhalten muss. Sollte die Quote des zulässigen Beifangs zuerst erreicht sein, würde dies eine weitere Befischung des eigentlich zu befischenden Fischbestands ausschließen, soweit dies in der nationalen Rechtsordnung des Küstenstaates vorgesehen ist. Burke, W. T., "The Law of the Sea Convention Provisions on Conditions of Access to Fisheries Subject to National Jurisdiction" 63 Oregon Law Review (1984), S. 73, 78.

387 Artikel 62 Absatz 2 und 3 SRÜ. Gleichzeitig muss der Küstenstaat beachten, welche Auswirkungen die Festlegung der Maßnahmen auf vergesellschaftete oder abhängige Fischarten hat, Artikel 61 Absatz 4 SRÜ.

388 Artikel 62 Absatz 2 SRÜ.

389 Die zulässige Fangmenge kann dabei sowohl insgesamt festgestellt werden oder aber auch nur in Bezug auf bestimmte Fischarten. Die Verpflichtung die zulässige Fangmenge festzusetzen bezieht sich dabei nur auf die Fischarten, deren Fang ökonomisch sinnvoll ist.

390 Maximum sustainable yield kann definiert werden als "'the greatest harvest that can be taken from a self-regenerating stock of animals year after year while still maintaining the average size of the stock'. It aims at maintaining the productivity of the oceans by permitting fishermen to take only that number of fish from a stock that is replaced by the annual rate of new recruits (young fish of harvestable size) entering the stock. The MSY is obtained when both fishing mortality and recruitment to the stock are maximized at the same time." Birnie, P., Boyle, A. E., International Law and the Environment (2 Aufl. 2002, Oxford), S. 551. Zu den Schwächen bei der Festlegung des MSY siehe *id.*

So weit die Begrifflichkeit dem Küstenstaat auch Ermessen einräumt, völlig frei ist er bei diesem Vorgehen wiederum nicht.[391] An die Seite des Küstenstaates bei der Festlegung der geeigneten Erhaltungs- und Bewirtschaftungsmaßnahmen stellt das Seerechtsübereinkommen die Arbeit internationaler Organisationen, gleichviel ob subregionaler, regionaler oder weltweiter Art, mit denen der Küstenstaat zusammenzuarbeiten angehalten ist und deren allgemein empfohlene Mindestnormen er berücksichtigen soll.[392] Diese Zusammenarbeit steht allerdings unter der Einschränkung, dass diese Zusammenarbeit nur erfolgen soll, soweit dieses angemessen ist. Diese Entscheidung steht dabei dem Küstenstaat zur Beurteilung zu.

Die Hauptverpflichtung in Bezug auf die Nutzung der lebenden Ressourcen trifft den Küstenstaat aber insoweit, als das er verpflichtet ist, anderen Staaten Zugang zum Überschuss der zulässigen Fangmenge zu gewähren, soweit er selbst nicht über die Kapazitäten verfügt, die zum Fang der gesamten zulässigen Fangmenge erforderlich sind.[393] Wenn ein solcher Überschuss festgestellt ist, dann ist die Zugangsregelung im Hinblick auf Artikel 300 SRÜ dergestalt durchzuführen, dass die anderen Staaten auch tatsächlich die Möglichkeit haben, diesen zu befischen.[394]

a) Modalitäten für den Zugang zum Überschuss der zulässigen Fangmenge

Artikel 62 Absatz 2 SRÜ enthält die grundlegende Bestimmung über die Gewährung des Zugangs zu den Überschüssen durch den Küstenstaat an andere Staaten. Er enthält die Determinanten, die den Entscheidungsprozess des Küstenstaates bestimmen sollen[395] und legt gleichzeitig fest, welche Regelungen die vom Küstenstaat erlassenen Gesetze und sonstigen Vorschriften haben dürfen, die die Angehörigen anderer Staaten in der ausschließliche Wirtschaftszone befolgen müssen.[396]

---

391 Auch sind die Vertragsstaaten grundsätzlich verpflichtet, alle aus dem Seerechtsübereinkommen erwachsenden Rechte, Hoheitsbefugnisse und Freiheiten in einer Weise auszuüben, die keinen Rechtsmissbrauch darstellt, Artikel 300 SRÜ.

392 Artikel 61 Absatz 2 und 3 SRÜ.

393 Virginia Commentary, Bd. II, 62.16(d). Siehe hierzu im allgemeinen Burke (siehe Fn. 386), S. 73ff.

394 Dahmani, M., The Fisheries Regime of the Exclusive Economic Zone (1987, Dordrecht), S. 55; Kwiatkowska, B., The 200 Mile Exclusive Economic Zone in the New Law of the Sea (1989, Dordrecht), S. 67.

395 Virginia Commentary, Bd. II, 62.16(f).

396 Artikel 62 Absatz 4 SRÜ. Diese Aufzählung der elf Bereiche, in denen der Küstenstaat Regelungen erlassen kann, ist jedoch nicht abschließend, wie durch das Wort "insbesondere" deutlich gemacht wird. Die erlassenen Gesetze müssen mit dem Seerechtsübereinkommen vereinbar sein.

Soweit ein Küstenstaat einem anderen Staat Zugang zu seinen lebenden Ressourcen gewähren will, werden die genauen Zugangsmodalitäten dabei durch "Abkommen oder andere Vereinbarungen" festgelegt. Der Zugang erfolgt also nicht automatisch, sondern setzt die Verständigung des Küstenstaates mit dem dritten Staat voraus. Die Verpflichtung des Küstenstaates, anderen Staaten Zugang zu gewähren, muss gegenüber seinen souveränen Rechten gesehen werden, die dieser an den lebenden Ressourcen in der ausschließlichen Wirtschaftszone hat. Dementsprechend setzt das Seerechtsübereinkommen darauf, dass es dem Küstenstaat ermöglicht wird, seinen weitgehenden Ermessensspielraum nur dann einzuschränken, wenn er aus sich selbst heraus zu der Feststellung gelangt, dass es ihm nicht möglich ist, den Überschuss zu fangen. Die Formulierung in Artikel 62 Absatz 2 SRÜ stellt dieses zwar als Verpflichtung dar, allerdings zeigt eine Untersuchung der nationalen Vorschriften, dass auch in den Fällen, in denen der Überschuss nicht gefangen werden kann, ein Zugang nicht unbedingt gewährt wird.[397] Der Zugang fremder Schiffe zu den Ressourcen eines Küstenstaates kann auch durchaus Vorteile für den betreffenden Küstenstaat haben. Zwar finden sich im Seerechtsübereinkommen keine Hinweise darauf, dass als Ausgleich für den Zugang gezahlt werden soll, aber insbesondere für Entwicklungsstaaten kann dieses natürlich eine wirtschaftlich sinnvolle Möglichkeit darstellen, optimalen Nutzen aus den Ressourcen zu ziehen. Das Bestehen des Rechtes, fremden Schiffen den Zugang zu verweigern, bedeutet bei weitem nicht, dass dieses auch im Interesse des Küstenstaates liegen muss. Oftmals ist es für die Küstenstaaten wirtschaftlich sinnvoller, die Fischereirechte an andere Staaten gegen Lizenzen zu verkaufen und die Rechte nicht nur für die eigenen Staatsangehörigen vorzubehalten.[398]

Die besondere Bedeutung, die das Konzept der Zuweisung souveräner Rechte in einer 200 Seemeilen Zone hatte, wollten sich die Küstenstaaten nicht unmittelbar wieder durch Verpflichtungen hinsichtlich der Zugangsgewährung beschränken lassen. Zwar stellt das Seerechtsübereinkommen hier auf den Abschluss von Übereinkommen ab, es erlaubt dem Küstenstaat aber auch, dass soweit diese nicht zustande kommen, dieser dann einseitige nationale Regelungen festlegen kann. Das Seerechtsübereinkommen hält sich insoweit bei der Ausgestaltung der Vorschriften über die Zugangsgewährung zurück.[399] Die Besonderheit der Formulierung "Abkommen oder andere Vereinbarungen" wird deutlich, wenn man sich vor Augen führt, dass Zugangsregelungen für Binnen- und geographisch benachteiligte Staaten nur in Form von "zweiseitige[n] [...] Übereinkünfte[n]"[400] getroffen werden können. Der Begriff Abkommen bezieht sich hierbei auf völkerrechtliche Abkommen bilateraler sowie multilateraler Art.

---

397 Kwiatkowska (siehe Fn. 394), S. 62f.
398 Siehe auch Burke (siehe Fn. 386), S. 76f.
399 Kwiatkowska (siehe Fn. 394), S. 60ff.
400 Artikel 69 und 70 SRÜ.

Problematischer scheint in diesem Zusammenhang der Begriff der "andere[n] Vereinbarungen" zu sein. Dieses scheint sich auf einseitige – durch Gesetz festgelegte – nationale Rechtsvorschriften zu beziehen, nach denen bestimmten Staaten nicht durch beidseitig bindenden Vertrag sondern durch einseitige Gewährung durch den Küstenstaat der Zugang zugesprochen wird.[401]

Als Beispiel für eine solche nationale Regelung, nach der Schiffen anderer Staaten Zugang zu den lebenden Ressourcen der küstenstaatlichen Wirtschaftszone zugesprochen werden kann, sei auf die Regelung Mexikos verwiesen.[402] Dort kann in Ausnahmefällen Schiffen anderer Nationen eine Genehmigung zum Fischfang erteilt werden, ohne dass ein entsprechendes Abkommen zwischen den Staaten vorliegen muss.[403] Allerdings ist hierbei anzumerken, dass die dort vorgesehene Prozedur deutlich macht, dass es sich hierbei um einen Ausnahmefall handeln soll. Grundsätzlich soll der Zugang über Abkommen geregelt werden. Mexiko hat jedoch seitdem es das Seerechtsübereinkommen ratifiziert hat[404] niemals einen Überschuss der lebenden Ressourcen offiziell festgestellt. Dementsprechend wurden bisher keine Ausnahmefischereigenehmigungen erteilt und Mexiko hat auch kein Abkommen nach Artikel 62 Absatz 2 SRÜ mit einem anderen Staat geschlossen.[405]

Als weiteres Beispiel lässt sich die neuseeländische Regelung[406] anführen, nach der es Aufgabe des Ministers für Fischereiangelegenheiten ist, im Hinblick auf die zulässige Fangmenge die Kapazität der neuseeländischen Schiffe zum Fang zu bestimmen. Soweit ein Rest verbleibt wird dieser unter bestimmten prozeduralen Voraussetzungen ausländischen Fischereischiffen durch ein System der Lizenzvergabe zugeteilt.[407]

---

401 Fleischer (siehe Fn. 369), S. 157; Orrego Vicuña, F., The Exclusive Economic Zone (1989, Cambridge), S. 54. Für einen ausführlichen Überblick über nationale küstenstaatliche Regelungen über den Zugang anderer Staaten siehe Mangatalle, D., Coastal State Requirements for Foreign Fishing, Food and Agriculture Organization Legislative Study No. 57 (1996, Rome). Diese Studie ist eine Weiterführung von verschiedenen Studien der FAO aus den Jahren 1981-1993.

402 Der mexikanische Federal Act relating to the Sea vom 8. Januar 1986 übernimmt in Artikel 56 über die Erhaltungs- und Nutzungsmaßnahmen den Wortlaut der Artikel 61 und 62 SRÜ.

403 Artikel 50 Reglamento de Ley de Pesca (Regulation of Fishing Act) vom 29. September 1999.

404 18. März 1983.

405 Varga, J. A., "Mexico's Fishing Law: Translating the Transition" 14 The Transnational Lawyer (2001), S. 1, 34.

406 Siehe hierzu und zu weiteren Länderberichten Franckx, E., Fisheries Enforcement, Related Legal and Institutional Issues: national, subregional or regional perspectives, Food and Agriculture Organization Legislative Study No. 71 (2001, Rome), S. 21ff.

407 Artikel 12-26 des neuseeländischen Territorial Sea and Exclusive Economic Zone Act 1977, Act No. 28 of 26 September 1977 as amended by Act No. 146 of 1980.

Das kubanische Legislative Decree No. 2 of 24 February 1977 concerning the establishment of an Economic Zone sieht in Artikel 4 vor, dass "through the conclusion of appropriate agreements, [the Republic of Cuba] shall give other states access to the surplus of the allowable catch."

Im Hinblick auf bilaterale Fischereiabkommen ist festzustellen, dass es keine reinen Abkommen gibt, die quasi als Erfüllung der Verpflichtung aus Artikel 62 Absatz 2 SRÜ geschlossen wurden und insoweit auf diese Verpflichtung ausdrücklich zurückgreifen würden.[408] Allerdings beziehen sich diese Abkommen häufig auf die sonstigen in den Artikeln 61 und 62 SRÜ enthaltenen Verpflichtungen und Rechte, insbesondere dabei auf den Umfang der zulässigen vom Mitgliedstaat zu treffenden Regelungen.[409]

Im Rahmen der Europäischen Gemeinschaft[410] bestehen völkerrechtliche Abkommen zwischen der Europäischen Gemeinschaft und verschiedenen Staaten, nach denen diese Staaten den Fischereifahrzeugen der unter der Flagge der Mitgliedstaaten der Europäischen Gemeinschaft fahrenden Schiffe Zugang zu den Fischereibeständen in der jeweiligen Fischereizone der betreffenden Staaten gewähren.[411] Der Begriff der Fischereizone wird dabei in den Abkommen übereinstimmend definiert als die Gewässer, die in "respect of fisheries" der "sovereignity or jurisdiction" des jeweiligen Staates unterstehen.[412] Umfasst sind damit sowohl die Fischerei in der ausschließlichen Wirtschaftszone als auch im Küstenmeer,[413] wobei allerdings durch die Protokolle zu den jeweiligen Abkommen durchaus auch festgelegt wird, dass Thunfischfangschiffe oder auch Freezer Trawlers nur in der ausschließlichen Wirtschaftszone fangen dürfen, und

---

408 Churchill/Lowe (siehe Fn. 275), S. 291.

409 Dahmani (siehe Fn. 394), S. 77ff.

410 Die Europäischen Gemeinschaften haben die ausschließliche Außenbefugnis für den Abschluss von Fischereiabkommen für die Mitgliedsstaaten.

411 Siehe nur die Abkommen zwischen der Europäischen Gemeinschaft und der Gabunischen Republik vom 1. April 1998 (ABl. L 308 vom 18. November 1998, S. 4), der Revolutionären Volksrepublik Guinea vom 7. Februar 1983 (ABl. L 111 vom 27. April 1983, S. 2), der Demokratischen Republik Madagaskar vom 28. Januar 1986 (ABl. L 073 vom 18. März 1986, S. 26), der Republik Cape Verde, der Republik Guinea-Bissau vom 27. Februar 1980 (ABl. L 226 vom 29. August 1980, S. 33), der Islamischen Bundesrepublik Komoren, der Republik Côte d'Ivoire (ABl. L 379 vom 31. Dezember 1990, S. 3). Die jeweiligen Einzelheiten, insbesondere die vorgesehene Vergütung wird jeweils in Protokollen dem Übereinkommen beigefügt. Diese Protokolle wurden in den Jahren 2000 und 2001 neu verhandelt und sichern den Schiffen der Mitgliedstaaten der Europäischen Gemeinschaft auf weitere Jahre den Zugang zu den Fischgründen anderer Staaten. Zu einer populärwissenschaftlichen Kritik hier dran siehe Bethge, P., "Fische in Seenot" Der Spiegel, 22/2002, S. 168ff.

412 In den amtlichen deutschen Übersetzungen wird teilweise der Begriff der "Hoheit" oder der "Hoheitsgewalt" benutzt. Insoweit besteht keine Einheitlichkeit.

413 Artikel 2 und 56 SRÜ.

auch andere Fangschiffe sich nur in Gebieten jenseits einer 6 Seemeilen Grenze aufhalten dürfen.[414]

Eine direkte Bezugnahme auf die Verpflichtung anderen Staaten Zugang zum Überschuss der zulässigen Fangmenge zu gewähren, findet sich in keinem der Abkommen ausdrücklich. Getragen werden diese Abkommen aber von dem Gedanken "die rationelle Bewirtschaftung [der] Fischereiressourcen durch eine verstärkte Zusammenarbeit zu fördern." Außerdem ist jeweils der Hinweis enthalten, "dass sich die Küstenstaaten bei der Ausübung ihrer Hoheitsgewalt in den ihrer Gerichtsbarkeit unterstehenden Gewässern zum Zwecke der Forschung, Nutzung, Erhaltung und Bewirtschaftung der lebenden Meeresschätze an die Grundsätze des Völkerrechts zu halten haben."[415] In den Vertragstexten und den zugehörigen Protokollen finden sich Regelungen, wie sie in Artikel 62 Absatz 4 SRÜ vorgesehen sind und nach denen der Küstenstaat bestimmte Regelungen erlassen darf, die die Modalitäten des Fischfanges betreffen.

Insgesamt lässt sich feststellen, dass im Falle der Zugangsgewährung zum Überschuss an andere Staaten der Küstenstaat einen weitgehenden Ermessensspielraum hat. Das Seerechtsübereinkommen stellt an dieser Stelle darauf ab, dass durch Übereinkommen eine Regelung gefunden werden soll. Der Ermessensspielraum des Küstenstaats wird durch das Seerechtsübereinkommen nur in gewissen Bahnen vorgegeben, ohne indessen die Ausübung weiter auszugestalten. Insbesondere wird der Küstenstaat nicht daran gehindert, seine nationalen Interessen besonders zu berücksichtigen. Dementsprechend soll der Küstenstaat auch in Übereinkommen – beziehungsweise soweit diese nicht zustande kommen durch nationale Regelungen – anderen Staaten Zugang zu den Ressourcen gewähren. Wie gezeigt, besteht keine Verpflichtung, tatsächlich zum Abschluss eines solchen Vertrages zu kommen. Diese Übereinkommen bleiben frei verhandelbar.

b) Übereinkommen über den Zugang von Binnen- und geographisch benachteiligten Staaten: Artikel 69 und 70 SRÜ

Nach Artikel 62 Absatz 3 SRÜ muss der Küstenstaat bei der Gewährung des Zugangs anderer Staaten zu dem Überschuss der zulässigen Fangmenge unter anderem die Bestimmungen der Artikel 69 und 70 SRÜ berücksichtigen. Diese Artikel betreffen den bevorzugten Zugang zu dem Überschuss, der den Binnen-

---

414 Siehe zum Beispiel das Protokoll (abgedruckt in ABl. L 73 S. 19 vom 15. März 2002) in Annex 1 Nr. 8 zu dem Übereinkommen mit der Gabunischen Republik in welchem diese Einschränkungen vorgenommen werden, oder auch das Protokoll (abgedruckt in ABl. L 19 S. 35 vom 22. Januar 2002) in Annex 1 Nr. 8 zu dem Übereinkommen mit der Republik Guinea-Bissau (siehe jeweils Fn. 411).

415 Siehe jeweils in den Präambeln der in Fn. 411 genannten Abkommen. Die zitierte Formulierung taucht in dieser Gestalt in allen Übereinkünften auf.

und geographisch benachteiligten Staaten gewährt werden soll.[416] Diese Staaten "shall have the right to participate."[417] Ihnen wird also scheinbar nach dem Wortlaut gegenüber anderen Staaten eine stärkere Rechtsposition zugesprochen, als solchen, denen nur nach der allgemeinen Zugangsregel des Artikels 62 Absatz 2 SRÜ Zugang gewährt werden soll. Allerdings gilt es zwei Einschränkungen vorzunehmen. Die eine betrifft lediglich die entwickelten Staaten unter den Binnen- und geographisch benachteiligten Staaten. Diesen steht nur das Recht auf Ausbeutung der ausschließlichen Wirtschaftszone anderer ebenfalls entwickelter Staaten zu.[418] Hiermit soll offensichtlich eine Bevorzugung entwickelter Staaten auf Kosten unterentwickelter Staaten vermieden werden. Die andere Einschränkung ist wichtiger. Die Binnen- und geographisch benachteiligten Staaten haben nur das Recht "an der Ausbeutung eines *angemessenen* Teils"[419] des Überschusses beteiligt zu werden. Weiterhin ändert sich nichts an der Voraussetzung, dass die Feststellung, ob ein Überschuss vorliegt, dem Küstenstaat vorbehalten bleibt. Auch steht es dem Küstenstaat in vollem Umfang frei, nach eigenem Ermessen im Rahmen der einzelnen Abkommen bestimmten Staaten Zugang zu gewähren. Dabei hat der Küstenstaat zwar die Belange der Binnen- und geographisch benachteiligten Staaten zu berücksichtigen. Es besteht aber kein Hinderungsgrund finanziell attraktiveren Angeboten anderer Staaten den Vorzug zu geben.[420]

Von Interesse ist hier vor allem die Einbeziehung, die das Seerechtsübereinkommen im Hinblick auf Übereinkommen zwischen den Staaten legt. Im Gegensatz zu Artikel 62 Absatz 2 SRÜ sollen hierbei die Einzelheiten und Umstände eines Übereinkommens über den Zugang durch bilaterale Übereinkommen festgelegt werden. Die Möglichkeit der in Artikel 62 Absatz 2 SRÜ vorgesehenen "andere[n] Vereinbarungen" ist nicht vorgesehen. Folge hiervon ist, dass eine Einigung über den Zugang zu den lebenden Ressourcen nur über einen

---

416 Die bevorzugte Behandlung der Binnen- und geographisch benachteiligten Staaten ist dann ausgeschlossen, wenn der betreffende Küstenstaat weitestgehend von der Ausbeutung der lebenden Ressourcen seiner ausschließlichen Wirtschaftszone abhängig ist, Artikel 71 SRÜ. Zu den Binnen- und geographisch benachteiligten Staaten allgemein siehe Vasciannie, S. C., Land-Locked and Geographically Disadvantaged States in the International Law of the Sea (1990, Oxford); Symonides, J., "Geographically Disadvantaged States under the 1982 Convention on the Law of the Sea" 208 Recueil de Cours (1988), S. 285ff; Sinjela, A. M., Land-Locked States and the UNCLOS Regime (1983, London).

417 Artikel 69 Absatz 1 und Artikel 70 Absatz 1 SRÜ.

418 Artikel 69 Absatz 4 und Artikel 70 Absatz 5 SRÜ.

419 Artikel 69 Absatz 1 und Artikel 70 Absatz 1 SRÜ (Hervorhebung vom Verfasser).

420 Burke (siehe Fn. 386), S. 101. Die Schlussfolgerung, dass Binnen- und geographisch benachteiligte Staaten von der Zahlung von Lizenzgebühren befreit werden müssten, ist abzulehnen. Soweit dieses erfolgt, handelt es sich um die Ausübung des Ermessens des Küstenstaates, Orrego Vicuña (siehe Fn. 401), S. 56.

völkerrechtlichen Vertrag zustande kommen kann. Auch hier gilt wiederum, dass keine Verpflichtung zum Abschluss eines Vertrages besteht.

Die Liste mit den zu berücksichtigen Faktoren in den Artikeln 69 Absatz 2 und 70 Absatz 3 SRÜ zeigt, dass diese Übereinkommen eine für die Region adäquate Lösung finden sollen. Aufgrund der Problemdiversität in den unterschiedlichen Regionen, wird durch das Seerechtsübereinkommen insoweit eine Einzelfalllösung angestrebt. Gleichzeitig zeigt sich aber auch hier wieder die allgemeine Schwäche des Seerechtsübereinkommens, dass eine Streitbeilegung aufgrund von Artikel 297 Absatz 3(b) SRÜ insoweit höchstens auf verpflichtende Schiedskommissionen hinauslaufen kann.

Daneben sieht das Seerechtsübereinkommen auch noch in einem weiteren Fall Verhandlungen über ein Übereinkommen zwischen dem Küstenstaat und den Binnen- und geographisch benachteiligten Staaten vor. Für den Fall, dass sich die Fangkapazität eines Küstenstaates einem Zustand nähert, der ihn in die Lage versetzen würde, die gesamte zulässige Fangmenge der lebenden Ressourcen zu fangen, sollen die beteiligten Staaten zusammenarbeiten, um eine "ausgewogene [...] Vereinbarung" zu finden.[421] Dies gilt aber nur, wenn dadurch die Teilnahme der Binnen- und geographisch benachteiligten Staaten an der Ausbeutung der lebenden Ressourcen gefährdet werden würde. Dies bedeutet allerdings nicht, dass es auch tatsächlich zu einer Einigung kommen muss. Die Parteien sollen zu einer Einigung kommen, die "unter den gegebenen Umständen angemessen ist, und zu Bedingungen, die für alle Parteien zufrieden stellend sind." Der Spielraum dieser Formulierung scheint weit genug zu sein, um auch einen Nichtabschluss einer Einigung zu rechtfertigen. Dadurch wird deutlich, dass in dem Fall, dass Binnen- und geographisch benachteiligte Staaten beteiligt sind, ein Küstenstaat zumindest eine Begründung für eine Nichtbeteiligung abgeben muss und nicht einfach sein Ermessen dergestalt ausüben kann, dass für diese Staaten ein Zugang nicht mehr möglich ist.

Wiederum unter Artikel 311 Absatz 5 SRÜ fallen solche Übereinkommen, die nach Artikel 69 Absatz 5 und Artikel 70 Absatz 6 SRÜ zwischen Küstenstaaten und Binnen- und geographisch benachteiligten Staaten in der gleichen Subregion oder Region vereinbart wurden. Auch hier lässt sich die allgemeine Feststellung treffen, dass diese Übereinkommen zwar ausdrücklich vom Seerechtsübereinkommen gewahrt sind, aber die Einschränkung schon aus sich selbst heraus vorsieht, dass diese Übereinkommen wenigstens gleiche Rechte gewähren.

---

421 Zu beachten ist, dass diese Vereinbarung allerdings nur für Entwicklungsstaaten Wirkung haben soll, um deren Teilnahme zu ermöglichen, Artikel 69 Absatz 3 und Artikel 70 Absatz 4 SRÜ.

c) Möglichkeiten der Streitbeilegung

Wie gezeigt, existieren zwei Wege, über die anderen Staaten der Zugang zu den lebenden Ressourcen der ausschließlichen Wirtschaftszone eines Küstenstaates gewährt werden kann. Eine Streitigkeit eines Küstenstaates mit einem anderen Staat fällt dabei in den Anwendungsbereich des Artikels 297 Absatz 3(a) SRÜ,[422] ist also von der Anwendung der obligatorischen Verfahren nach Abschnitt 2 des Teils XV ausgeschlossen. Der Fall der ausschließlich über nationale Vorschriften ("andere Vereinbarungen") geregelten Zugangsvergabe fällt dabei ebenso darunter wie die durch bilaterale Übereinkommen getroffenen Vereinbarungen.

Soweit ein Küstenstaat sich nicht mit einer Streitbeilegung nach Abschnitt 2 des Teils XV bereiterklärt, bleibt gemäß Artikel 297 Absatz 3(b) SRÜ den anderen Staaten nur die Möglichkeit, ein Vergleichsverfahren nach Anlage V Abschnitt 2[423] einzuleiten. Aber auch diese Art einer "'compulsory' conciliation" steht unter Vorbehalten. Voraussetzung ist, dass der Küstenstaat es *willkürlich* abgelehnt haben muss, nach den Artikeln 62, 69 und 70 SRÜ und den von ihm im Einklang mit dem Seerechtsübereinkommen festgelegten Bedingungen einem anderen Staat den Überschuss zuzuweisen.[424] Der Nachweis dieser hohen Schwelle erscheint für den anderen Staat äußerst schwierig.[425]

Hier zeigen sich die Vorbehalte, die insbesondere die Küstenstaaten hatten, obligatorische Streitbeilegung auch für Streitigkeiten über Fischereiangelegenheiten unter dem Seerechtsübereinkommen zu akzeptieren.[426] Während ein Küstenstaat nicht dazu verpflichtet werden kann, eine Streitigkeit über die Ausübung seiner souveränen Rechte in der ausschließlichen Wirtschaftszone den Streitbeilegungsmechanismen des Teils XV zu unterwerfen – einschließlich der Frage der Zuweisung von Überschüssen an andere Staaten – legt Artikel 297 Absatz 3(e) SRÜ ausdrücklich fest, dass die zwischen dem Küstenstaat und den Binnen- und geographisch benachteiligten Staaten geschlossenen Abkommen zumindest eine Bestimmung darüber enthalten sollen, wie die Möglichkeit von Meinungsverschiedenheiten auf ein Mindestmaß begrenzt werden können. Diese Vorschrift bringt die allgemeine Pflicht der Staaten nach Artikel 283 SRÜ zum Meinungsaustausch noch einmal zum Ausdruck. Außerdem werden die Staaten ausdrücklich dazu aufgefordert, bei den Verhandlungen über diese Übereinkünf-

---

422 Virginia Commentary, Bd. II, 62.16(h).

423 Anlage V Artikel 11 bis 14.

424 Artikel 297 Absatz 3(b)(iii) SRÜ.

425 Siehe Treves, T., "'Compulsory' conciliation in the U.N. Law of the Sea Convention" in Götz, V., et al. (Hrsg.), Liber amicorum Günther Jaenicke – Zum 85. Geburtstag (1998, Berlin), S. 611, 621f; Lavalle, R., "Conciliation under the United Nations Convention on the Law of the Sea: a critical overview" 2 Austrian Review of International and European Law (1997), S. 25.

426 Virginia Commentary, Bd. V, 297.1; Treves (siehe Fn. 425), S. 617f.

te, eine Bestimmung aufzunehmen, in der das Verfahren festgelegt werden soll, für den Fall, dass dennoch Meinungsverschiedenheiten entstehen. Beispiele für die allgemeine Verpflichtung zum Meinungsaustausch finden sich in den Übereinkommen zwischen der Europäischen Gemeinschaft und verschiedenen Entwicklungsstaaten.[427] Dort findet sich jeweils eine Vorschrift über die Verpflichtung der Vertragsparteien "alle Streitigkeiten im Zusammenhang mit der Auslegung oder Anwendung dieses Abkommens so objektiv und konziliant wie möglich zu prüfen und sich um eine Lösung zu bemühen."[428]

Bezüglich Übereinkommen, die die Zugangsregelung von anderen Staaten zu den lebenden Ressourcen in der ausschließlichen Wirtschaftszone eines Küstenstaates betreffen, lässt sich dementsprechend feststellen, dass hier die Streitbeilegungsvorschriften aus den jeweiligen Übereinkommen Vorrang vor denen des Seerechtsübereinkommens haben. Selbst soweit eine Streitigkeit über die grundsätzliche Zulässigkeit bestimmter Regelungen im Sinne des Artikels 62 Absatz 4 SRÜ besteht oder ein Küstenstaat seiner Verpflichtung zur Festlegung der zulässigen Fangmenge nicht nachkommt, sind solche Streitigkeiten von den Vorschriften des Abschnitts 2 des Teils XV systemintern ausgeschlossen. Soweit in den entsprechenden Übereinkommen keine Streitbeilegungsvorschriften enthalten sind, sind die einzigen Möglichkeiten einer Streitbeilegung die nichtobligatorischen Verfahren nach Abschnitt 1 des Teils XV, beziehungsweise das Vergleichsverfahren nach Anlage V Abschnitt 2. Hierbei handelt es sich wiederum um eine Ausnahme von den Streitbeilegungsvorschriften des Teils XV, die systemintern vorgesehen ist und Vorrang vor Teil XV hätte. Ein Vorschlag zur Ausweitung des – unter bestimmten Voraussetzungen – für die Fischerei geltenden Vergleichsverfahrens nach Artikel 297 Absatz 3(b) SRÜ, fand keine Aufnahme in das Seerechtsübereinkommen.[429]

2. Besondere Regelungen für bestimmte Fischarten

Neben dem schon angesprochenen zonalen Ansatz fand auch der von einigen Staaten vertretene artenbezogene Ansatz Eingang in das Seerechtsübereinkommen.[430] Allerdings kommen die Vorschriften über den artenbezogenen Ansatz im Teil V über die ausschließliche Wirtschaftszone vor. Ein Umstand, der leicht darüber hinweg täuschen kann, dass der artenbezogene Ansatz unabhängig von

---

427 Artikel 8 des Übereinkommens zwischen der Europäischen Gemeinschaft und der Gabunischen Republik, Artikel 8 des Übereinkommens zwischen der Europäischen Gemeinschaft und der Republik Madagaskar und Artikel 9 des Übereinkommens zwischen der Europäischen Gemeinschaft und der Volksrepublik Guinea. Siehe Fn. 411.

428 Artikel 9 des Übereinkommens zwischen der Europäischen Gemeinschaft und der Volksrepublik Guinea (siehe Fn. 411).

429 Hafner (siehe Fn. 370), S. 444.

430 Siehe S. 121.

dem zonalen Ansatz zu beurteilen ist.[431] Ausgangspunkt für den zonalen Ansatz ist, dass sich Fische nicht an die von Menschen gemachten Grenzen halten, die Ozeane eben ein physisches Kontinuum darstellen.[432]

a) Übereinkommen bezüglich shared stocks und straddling stocks

Artikel 63 SRÜ beschäftigt sich in seinen beiden Absätzen mit zwei unterschiedlichen Kategorien von Fischbeständen. Artikel 63 Absatz 1 SRÜ befasst sich mit der Situation, in der "derselbe Bestand oder Bestände miteinander vergesellschafteter Arten innerhalb der ausschließlichen Wirtschaftszone von zwei oder mehr Küstenstaaten" vorkommen. Diese Bestände werden im allgemeinen als shared[433] oder transboundary stocks[434] – Begriffe, die nicht im Seerechtsübereinkommen vorkommen – bezeichnet, da hier der Hauptaugenmerk auf dem Umstand liegt, dass sich der Fischbestand durch die ausschließlichen Wirtschaftszonen zweier oder mehrerer Küstenstaaten bewegt.[435] Es handelt sich dabei um Bestände, die sich zu jedem Zeitpunkt ihres Lebenszyklus in einem Meeresgebiet aufhalten, welches der Jurisdiktion eines Staates untersteht.[436] Bezüglich dieser Fischbestände sollen die betroffenen Küstenstaaten "sich bemühen [...] entweder unmittelbar oder im Rahmen geeigneter subregionaler oder regionaler Organisationen, die erforderlichen Maßnahmen zu vereinbaren, um [...] die Erhaltung und Entwicklung dieser Bestände zu koordinieren und zu gewährleisten".[437] Hintergrund der Regelung ist, dass der Küstenstaat aufgrund der generellen Migrationscharakteristika der Fischbestände nicht in der Lage ist, die ihm aus

---

431 Wolfrum (siehe Fn. 367), S. 659.

432 In den für juristische Verhältnisse fast schon literarischen Worten von Rosenne, R., "Exploitation and Protection of the Exclusive Economic Zone and the Continental Shelf" 54/55/56 Yearbook of the Association of Attenders and Alumni of the Hague Academy of International Law (1986), S. 66: "Fish know nothing about internal waters, territorial sea, exclusive economic zones, high seas, and maritime delimitation. They move about, they feed, they rest, they reproduce, they die, all in accordance with the whims of nature."

433 Der Ausdruck der shared stocks wird teilweise in einem deutlich weiteren Sinne verwendet und umfasst dabei dann alle Fischbestände auf die mehr als ein Staat Zugriff hat. Also auch durchaus Fischbestände, die nur auf der Hohen See gefischt werden. Shared stocks fungiert in diesem Sinne quasi als Überbegriff auch zu den weit wandernden Arten. Für die vorliegende Arbeit wird der Ausdruck jedoch ausschließlich für die von Artikel 63 Absatz 1 SRÜ betroffenen Fischbestände benutzt.

434 Siehe auch Hayashi, M., "The Management of Transboundary Fish Stocks under the LOS Convention" 8 International Journal of Marine and Coastal Law (1993), S. 245.

435 Virginia Commentary, Bd. II, 63.1.

436 So zum Beispiel der Dorsch, der Wittling (Merlangius merlangus) und Sardellen. Allgemein Gulland, J. A., Some Problems of the Management of Shared Stocks, FAO Fisheries Technical Papers, No. 206 (1984, Rome). Es ist hierbei hinzuzufügen, dass sich unter biologischen Gesichtspunkten diese Unterscheidung nicht dergestalt treffen lässt, dass es sich hierbei um absolute Migrationscharakteristika handeln würde.

437 Artikel 63 Absatz 1 SRÜ. Zur Verpflichtung zur Kooperation siehe II.C.1.

ihm aus den Artikeln 61 und 62 SRÜ zustehenden Rechte und Verpflichtungen dergestalt wahrzunehmen und zu erfüllen, wie dies möglich wäre, wenn sich der Fischbestand nicht aus seiner Jurisdiktion entfernen würde. Ziel ist es, die Erhaltungs- und Nutzungsmaßnahmen mit anderen betroffenen Staaten gemeinsam auszugestalten. Andernfalls bestünde die Möglichkeit, dass die Maßnahmen eines Staates durch Maßnahmen eines anderen Staates, der mit genau dem gleichen Recht einen Fischbestand in einem seinen souveränen Rechten unterstehenden Meeresgebiet bestimmten Erhaltungs- und Nutzungsmaßnahmen unterwirft, konterkariert werden würden. Über die Art und Weise und insbesondere auch über den Inhalt der zwischen den Küstenstaaten zu treffenden Regelungen finden sich in Artikel 63 Absatz 1 SRÜ keinerlei Angaben, obwohl gerade solche Vorgaben von Relevanz gewesen wären.[438] Insbesondere Hinweise auf die Ziele der Erhaltungsmaßnahmen oder aber auch über die Verteilung der vorhandenen Ressourcen wären für die Küstenstaaten hilfreich gewesen. Allerdings konnte nicht erwartet werden, dass eine so detaillierte Regelung in das Seerechtsübereinkommen Eingang finden würde. Dies soll Inhalt der zwischen den Staaten zu verhandelnden Übereinkünfte sein.

Absatz 2 der Vorschrift betrifft Fischbestände, die "sowohl innerhalb der ausschließlichen Wirtschaftszone als auch in einem seewärts an sie angrenzenden Gebiet [vorkommen]." Der für diese Fischbestände mittlerweile übliche Ausdruck straddling stocks (gebietsübergreifender Fischbestand) findet sich als solcher nicht im Seerechtsübereinkommen. Der Ausdruck setzte sich an Stelle der oben angeführten umständlicheren Definition durch und wurde von der juristischen Fachwelt "offiziell" mit dem Straddling Fish Stocks Agreement von 1995[439] aufgegriffen. Bezüglich der gebietsübergreifenden Fischbestände[440] werden die Staaten angehalten, "die zur Erhaltung dieser Bestände [...] erforderlichen Maßnahmen zu vereinbaren." Im Rahmen des Artikels 63 Absatz 2 SRÜ betrifft die Kooperationsverpflichtung nur solche Erhaltungsmaßnahmen, die in dem an die ausschließliche Wirtschaftszone seewärts angrenzenden Gebiet erforderlich sind. Es werden also keine Maßnahmen für das Gebiet der ausschließlichen Wirtschaftszone selbst erfasst,[441] während im Gegensatz dazu die im

---

438 Eine ganze Reihe von Beispielen für Abkommen zwischen den Staaten finden sich bei Churchill/Lowe (siehe Fn. 275), S. 294ff.

439 Siehe II.K.

440 Eine nach den Weltmeeren aufgeteilte Übersicht über die wichtigsten gebietsübergreifenden Fischbestände gibt FAO Fisheries Circular No. 879 (1994), S. 4ff.

441 In die genau entgegen gesetzte Richtung ging ein Vorschlag Argentiniens (Informal Proposal von Argentinien vom 20. August 1979, Doc. C.2/Informal Meeting/48, abgedruckt in Platzöder, Bd. V, S. 56), der vorsah, dass Artikel 63 Absatz 2 SRÜ dahingehend erweitert werden sollte, dass die die Hohe See befischenden Staaten die küstenstaatlichen Regelungen zu beachten hätten, wenn eine Einigung nicht erzielt wurde: "[T]he third State [...] shall abide by the regulations issued by the Coastal State for the conservation of such stocks". Informal Proposal von Argentinien vom 20. August 1979, Doc. C.2/Informal Meeting/48, abgedruckt in Platzöder, Bd. V, S. 56.

Rahmen des Artikels 64 SRÜ über die weit wandernden Arten zu treffenden Maßnahmen sowohl für das Gebiet der Hohen See als auch für die ausschließliche Wirtschaftszone Anwendung finden sollen. Den Küstenstaat trifft also im Hinblick auf Maßnahmen, die die gebietsübergreifenden Fischbestände in der ausschließlichen Wirtschaftszone betreffen, keine weitere Kooperationsverpflichtung. Der Küstenstaat kann diese Bestände nach den sonstigen Vorschriften erhalten und nutzen. Burke weist darauf hin, dass der Unterschied zu den Maßnahmen, über die sich die Staaten über die weit wandernden Arten verständigen zu denen über die straddling stocks nur marginal sein dürfte. Es dürfte in der Praxis kaum möglich erscheinen, bezüglich eines straddling stocks Maßnahmen für außerhalb der ausschließlichen Wirtschaftszonen zu vereinbaren, diese aber nicht auch in der ausschließlichen Wirtschaftszone selbst Anwendung finden zu lassen.[442]

(1) Vergesellschaftete Arten

Welche Bestände an Fischen hierbei genau von Artikel 63 SRÜ erfasst werden, lässt sich im Hinblick auf die von dieser Vorschrift ebenfalls mit den Beständen erfassten vergesellschafteten Arten in der Realität nur schwer feststellen. Gleichzeitig ist eine genaue Beantwortung dieser Frage aber notwendig, um den von Artikel 63 SRÜ erfassten Adressatenkreis genau bestimmen zu können. Ausgangspunkt ist natürlich der hauptsächlich zu befischende Fischbestand. Alle weiterführenden Fragen der biologischen Bezüge der Arten untereinander verlangen umfangreiche wissenschaftliche Untersuchungen. Schon allein die Frage, welche Arten überhaupt unter die vergesellschafteten Arten fallen, bleibt unklar. Was passiert, wenn der in Frage stehende Fischbestand nicht den gesamten Lebenszyklus eines *shared stocks* oder *straddling stocks* teilt und nur in der ausschließlichen Wirtschaftszone eines einzelnen Küstenstaates verbleibt, ohne dem Hauptbestand zu folgen? Fallen diese Bestände auch unter die Regelung des Artikels 63 SRÜ? Von dieser Feststellung hängt der Adressatenkreis der Vorschrift ab. Artikel 63 SRÜ sollte so interpretiert werden, dass das Vorkommen einer vergesellschafteten Art in der ausschließlichen Wirtschaftszone eines Staates ausreicht – auch wenn der hauptsächlich zu befischende Bestand dort nicht existiert – diesen Staat bei der Kooperationsverpflichtung zu berücksichtigen. Dergestalt würde die Kooperationsverpflichtung unter Artikel 63 SRÜ immer dann erwachsen, wenn die Befischung einer Art Auswirkungen auf die Bestände in der ausschließlichen Wirtschaftszone eines anderen Küstenstaats hat. Diese Interpretation sollte sowohl für Absatz 1 als auch Absatz 2 gelten.[443]

---

[442] Burke (siehe Fn. 386), S. 111f.
[443] Anders wohl Burke (siehe Fn. 386), S. 106.

(2) Einigung über erforderliche Maßnahmen

Soweit die betreffenden Staaten festgestellt sind, haben diese die "erforderliche[n] Maßnahmen zu vereinbaren".[444] Diese Vereinbarungen, die in den beiden Absätzen identischen Wortlauts sind, sollen entweder "unmittelbar" zwischen den betroffenen Küstenstaaten getroffen werden oder "im Rahmen geeigneter subregionaler oder regionaler Organisationen". Diese Verpflichtung zur Vereinbarung geeigneter Maßnahmen ist aber nur angestrebtes Ziel, nicht verpflichtender Inhalt. Denn die Verpflichtung die geeigneten Maßnahmen zu ergreifen, geht nur soweit, dass die Staaten "shall seek [...] to agree upon / s'enforcent [...] de s'entendre". Ausdrücklich stellte dabei der Redaktionsausschuss für die englische Sprachversion fest, dass "'shall' denotes an imperative and expresses an obligation."[445] Das bedeutet damit aber nur, dass die Staaten die konkrete Verpflichtung trifft sich zu verständigen, nicht dass die Verhandlungen auch zu einem erfolgreichen Ende geführt werden müssten. Ein Vorschlag Argentiniens aus dem Jahre 1979 zur Änderung des Informal Composite Negotiating Text sah im Gegensatz dazu vor, dass das Wort "seek" durch "be obliged" ersetzt werden sollte,[446] so dass die den Staaten auferlegte Verpflichtung nicht mehr "shall seek to agree" sondern "be obliged to agree" gelautet hätte. Hierdurch wäre dann tatsächlich die Verpflichtung entstanden, die Verhandlungen zu dem Abschluss eines Übereinkommens zu führen. In dieser Form hätte das Seerechtsübereinkommen den regionalen Übereinkommen besondere Bedeutung zukommen lassen. In der jetzigen Ausgestaltung handelt sich eher um eine Verpflichtung eines bestimmten Verhaltens als eines bestimmten Ziels,[447] wobei teilweise argumentiert wird, dass den Ansichten des Küstenstaates aufgrund seiner im Seerechtsübereinkommen im Bezug auf die Fischerei ausgestalteten Rolle ein gewisses Gewicht gegeben werden kann.[448] Soweit sich der Küstenstaat also ernsthaft und nach Treu und Glauben[449] beziehungsweise *bona fide* um eine gemeinsame Verständigung auf Erhaltungs- und Nutzungsmaßnahmen bemüht, ohne dass eine Verständigung darüber zustande kommt, hat der Küstenstaat seine aus Artikel

---

444 Artikel 63 Absatz 1 SRÜ. Die Verpflichtung zur Kooperation beschränkt sich hierbei auf Erhaltungsmaßnahmen und bezieht sich nicht wie Artikel 64 SRÜ auch auf Nutzungsmaßnahmen.

445 A/Conf.62/L.40 Nr. XXVIII und XXIX vom 22. August 1979, abgedruckt in UNCLOS III, XII Off. Rec., S. 95.

446 Informal Proposal von Argentinien vom 20. August 1979, Doc. C.2/Informal Meeting/48, abgedruckt in Platzöder, Bd. V, S. 56.

447 Yturriaga (siehe Fn. 362), S. 127.

448 Meseguer, J. L., "Le régime juridique de l'exploitation de stocks communs de poissons au-delà des 200 milles" XXVIII Annuaire Français de Droit International (1982), S. 885, 899.

449 Artikel 300 SRÜ.

63 SRÜ erwachsene Verpflichtung erfüllt. Das Scheitern eines Übereinkommens ist also nicht gleichbedeutend mit der Nichterfüllung der Verpflichtung.[450]

Eine Streitigkeit zwischen zwei Küstenstaaten, ob einer der Küstenstaaten seine Verpflichtung aus Artikel 63 SRÜ über eine ernsthafte Verständigung erfüllt hat, kann aber nur dann gemäß Artikel 288 SRÜ nach den Streitbeilegungsvorschriften des Teils XV beurteilt werden, wenn der Küstenstaat sich damit einverstanden erklärt. Artikel 297 SRÜ stellt insoweit auch für den anderen Küstenstaat einen Hinderungsgrund dar. Zwar findet sich in Artikel 297 SRÜ keine der Vorschrift des Artikels 298 Absatz 3 SRÜ entsprechende Vorschrift, jedoch verlangt das Reziprozitätsprinzip, dass auch der Küstenstaat in den unter Artikel 297 SRÜ fallenden Kategorien gehindert ist, eine Klage einseitig einzuleiten. Artikel 297 SRÜ bewahrt den Küstenstaat davor, selbst verklagt zu werden, soweit der Küstenstaat nicht zu einem solchen Verfahren seine Zustimmung erteilt. Gleichermaßen ist der Küstenstaat aber auch daran gehindert, selbst einen anderen Staat zu verklagen.[451] Ansonsten stellt sich insoweit kein Problem, als das es sich um eine "Streitigkeit über die Auslegung oder Anwendung [des Seerechtsübereinkommens]" handelt. Streitfrage ist, ob ein Staat der Verpflichtung aus Artikel 63 Absatz 1 SRÜ nachgekommen ist. Inwieweit die übrigen Voraussetzungen des Abschnitts 1 des Teils XV erfüllt sind, bleibt eine Frage des Einzelfalls.[452] Problematischer ist die Situation, in der eine Verständigung zunächst erfolgt ist und diese auch zum Abschluss eines Übereinkommens geführt hat, dieses im weiteren Verlauf der praktischen Anwendung aber gescheitert ist.

Ein Vorschlag Argentiniens, der als solcher einige Unterstützung erfuhr,[453] sah für die Regelung des Artikels 63 Absatz 2 SRÜ eine eigene Streitbeilegungsregel vor. In dem Fall, dass sich die Staaten nicht einigen können, sollte ein "appropriate tribunal provided for in article 286", die notwendigen Maßnahmen für den Bereich der Hohen See festlegen.[454] Dieses ist dahingehend interessant, als dadurch einem Dritten gestattet worden wäre, endgültige Maßnahmen für den Bereich der Hohen See festzulegen. Im Falle des "imminent risk" sollten sogar die vom Küstenstaat für seine ausschließliche Wirtschaftszone ergriffenen Maßnahmen *mutatis mutandis* auch für den Bereich der Hohen See Anwendung fin-

---

450 Burke (siehe Fn. 386), S. 106.

451 Siehe hierzu III.C.3.

452 So zum Beispiel insbesondere, ob zuvor zwischen den Staaten ein Meinungsaustausch stattgefunden hat, Artikel 283 SRÜ.

453 Doc. A/Conf.62/WS/4 vom 10. April 1980, abgedruckt in, Off. Rec. XIII, S. 101, Rn. 19.

454 Informal Proposal by Argentinia, Doc. C.2/Informal Meeting/54 vom 19. März 1980, abgedruckt in Platzöder, Bd. V, S. 59.

den.[455] Nach diesem Vorschlag stand allerdings die Befugnis des Tribunals zur Festlegung von Maßnahmen unter dem entscheiden Vorbehalt, dass die Maßnahmen des Tribunals mit denen des Küstenstaates in der ausschließlichen Wirtschaftszone "kompatibel" sein müssten. Dieses kann im Zusammenhang mit der immer wieder vorgebrachten Interpretation gesehen werden, dass für den Fall des Scheiterns der Verhandlungen die Maßnahmen des Küstenstaates auch auf der Hohen See Anwendung finden sollen. Mit dem Vorschlag Argentiniens hätte eindeutig die Feststellung getroffen werden können, dass Streitigkeiten auf jeden Fall einer Streitbeilegung zugänglich gewesen wären, also ohne dass die Ausnahmen des Artikels 297 Absatz 3 SRÜ hätten eingreifen können.[456] Dieses wäre auch im Hinblick auf die Frage interessant gewesen, ob die Ausnahmen auch auf gebietsübergreifende Fischbestände Anwendung finden. In der jetzigen Form des Artikels 297 Absatz 3 SRÜ lässt sich dieses zumindest kontrovers diskutieren.[457] Zumindest besteht aber die Möglichkeit einer Streitbeilegung für den Bereich der Hohen See.

b) Übereinkommen bezüglich weit wandernder Arten

Unter den Artikeln des Seerechtsübereinkommens über die Fischerei in Bezug auf bestimmte Fischarten, nimmt Artikel 64 SRÜ eine Sonderstellung ein. Während die übrigen Artikel im Endeffekt die Ausübung der souveränen Rechte des Küstenstaates über die lebenden Ressourcen in der ausschließlichen Wirtschaftszone nicht beschränken (soweit der Küstenstaat sich bei den Verhandlungen nach Treu und Glauben verhält, ist ihm kein Vorwurf zu machen), sieht Artikel 64 SRÜ demgegenüber einen anderen Ansatz vor und schränkt die souve-

---

455 Zunächst wurde dieser Vorschlag nur von Argentinien vorgelegt. Informal Proposal by Argentinia, Doc. C.2/Informal Meeting/54 vom 19. März 1980, abgedruckt in Platzöder, Bd. V, S. 59. In einem erweiterten und von mehreren Staaten eingebrachten Vorschlag wurde auch diese Befugnis dem "appropriate tribunal" übertragen. Informal Proposal by Argentinia, Australia, Canada, Cape Verde, Colombia, Costa Rica, Guatemala, Iceland, New Zealand, Philippines, Portugal, Sao Tome and Principe, Senegal, Sierra Leone and Urugay, Doc. C.2/Informal Meeting/54/Rev.1 vom 14. August 1980, abgedruckt in Platzöder, Bd. V, S. 60.

456 Zur Frage, ob Artikel 297 Absatz 3 SRÜ auf Artikel 63 SRÜ Anwendung finden kann siehe sogleich.

457 Siehe hierzu Boyle, A. E., "Problems of Compulsory Jurisdiction and the Settlement of Disputes Relating to Straddling Fish Stocks" in Stokke, O. S. (Hrsg.), Governing High Seas Fisheries (2001, New York), S. 91, 100. Dieser Artikel ist eine leicht überarbeitete Version von Boyle, A. E., "Problems of Compulsory Jurisdiction and the Settlement of Disputes Relating to Straddling Fish Stocks" 14 International Journal of Marine and Coastal Law (1999), S. 1.

ränen Rechte des Küstenstaates im Bezug auf die Ausübung seiner souveränen Rechte in der ausschließlichen Wirtschaftszone noch am ehesten ein.[458]

Hier ist die Regelungsbefugnis des Küstenstaates über die lebenden Ressourcen bei der Festlegung von Erhaltungs- und Nutzungsmaßnahmen in der ausschließlichen Wirtschaftszone nicht von diesem alleine auszuüben, sondern in Zusammenarbeit mit anderen Staaten, die ebenfalls die entsprechenden weit wandernden Arten befischen. Da das Charakteristikum dieser Arten ist, dass sie während ihres Lebenszyklus viele Seemeilen durchwandern können und dabei sowohl in der Hohen See wie auch in den ausschließlichen Wirtschaftszonen unterschiedlicher Staaten vorkommen können, müssen die Erhaltungs- und Nutzungsmaßnahmen durch alle betroffenen Staaten gemeinsam ergriffen werden. Die gefundenen Regelungen finden dann sowohl auf der Hohen See wie auch in den ausschließlichen Wirtschaftszonen der Küstenstaaten Anwendung. Eine Unterscheidung zwischen der Hohen See und der ausschließlichen Wirtschaftszone erfolgt nicht. Diese Verpflichtung wird auf dem Gebiet der Hohen See unterstützt von Artikel 116(b) SRÜ, der festlegt, dass das Recht zur Fischerei auf der Hohen See unter anderem von Artikel 64 SRÜ mitbestimmt wird. Folge ist, dass Staaten nicht Erhaltungs- und Nutzungsmaßnahmen beschließen können, die nur ihre Fischerei betreffen, ohne sich zuvor mit den anderen betroffenen Staaten über solche Maßnahmen zu verständigen.[459] Jegliche Fischerei auf die von dem Seerechtsübereinkommen erfassten weit wandernden Arten hat also zu unterbleiben, bis die Staaten untereinander ihrer Kooperationspflicht nachkommen.

(1) Anlage 1

Allerdings ist diesbezüglich die Einschränkung zu machen, dass dies nur für die in Anlage I aufgeführten weit wandernden Arten gilt. Hier ist festzustellen, dass die Aufnahme bestimmter Arten in diese Liste nicht von biologischen sondern von politischen Überlegungen ausging. Es existiert kein wirkliches biologisches Kriterium, welches diese Arten verbindet. Es sind ganz sicherlich nicht die am weitesten wandernden Arten und auf keinen Fall ist die Liste abschließend. Es existieren einige so genannte Küstenarten, die weiter wandern als einige Thunfischarten, die im allgemeinen eine klassische weit wandernde Art darstellen. So ist zum Beispiel der *Chilean horse mackerel* eine gebietsübergreifende Fischart,

---

[458] "Der Küstenstaat und andere Staaten, deren Angehörige in der Region die in Anlage I aufgeführten weit wandernden Arten befischen, arbeiten unmittelbar oder im Rahmen geeigneter internationaler Organisationen zusammen [...]." Artikel 64 Absatz 1 SRÜ. Anlage I enthält 17 verschiedene weit wandernde Arten, die teilweise noch nach einzelne Familien unterschieden werden.

[459] Burke, W. T., The New International Law of Fisheries (1994, Oxford), S. 214. Das Kapitel der Monographie ist eine ausgestaltete und erweiterte Version von Burke, W. T., "Highly Migratory Species in the New Law of the Sea" 14 Ocean Development and International Law (1984), S. 273.

die sich bis zu 1500 Meilen außerhalb der ausschließlichen Wirtschaftszonen von Chile und Peru bewegt. Unter biologischen Gesichtspunkten könnte diese damit auch zu den weit wandernden Arten gerechnet werden.[460] Sie taucht allerdings nicht in der Anlage 1 auf. Auch finden sich Stimmen, die davon ausgehen, dass für einige der dort aufgeführten Arten keine Migration jenseits der 200 Seemeilengrenze erfolgt, es sich also im Wortsinne nicht um weit wandernde Arten handelt.[461] Auch sind in der Anlage einige Walarten aufgeführt, auf die aber die speziellere Regelung des Artikels 65 SRÜ Anwendung findet. Artikel 64 SRÜ findet aber eben nur auf die 'weit wandernden' Arten Anwendung, die in Anlage I aufgeführt sind. Für andere, ebenfalls weit wandernde Arten, gelten die übrigen Bestimmungen, insbesondere Artikel 61 und 62 SRÜ. Aber auch für die in Anlage I aufgeführten Arten ersetzt Artikel 64 SRÜ nicht die sonstigen Regelungen, sondern fügt nur besondere Überlegungen hinzu. Artikel 64 Absatz 2 SRÜ stellt klar, dass Absatz 1 "zusätzlich zu den anderen Bestimmungen" gilt. Vom Ansatz her verfolgt das Seerechtsübereinkommen hier verstärkter als in den übrigen Vorschriften das Ziel, die Erhaltungs- und Nutzungsmaßnahmen zwischen allen betroffenen Staaten koordiniert zu regeln. Ziel soll dabei sein, einheitliche und kohärente Regelungen zu treffen, die auf den Fischbestand innerhalb und außerhalb der ausschließlichen Wirtschaftszone Anwendung finden.

(2) Zusammenarbeit nach Artikel 64 SRÜ

Inhalt der Verpflichtung von Artikel 64 SRÜ ist es, dass die Staaten "unmittelbar" oder "im Rahmen geeigneter internationaler Organisationen" zusammenarbeiten sollen. Den Staaten stehen also zwei Möglichkeiten der Zusammenarbeit zur Verfügung. Die unmittelbare Zusammenarbeit beinhaltet dabei, dass die Staaten sich direkt untereinander über Erhaltungs- und Nutzungsmaßnahmen ins Einvernehmen setzen. Soweit dieses Einvernehmen erreicht wird, durch welches die Befischung der weit wandernden Arten in der Region ermöglicht wird, können sich Folgeprobleme nur bei der Implementationphase ergeben,[462] während die Verpflichtung aus Artikel 64 SRÜ zunächst als erfüllt angesehen werden kann. Die andere den Staaten zur Verfügung stehende Möglichkeit ist, sich im Rahmen einer internationalen Organisation ins Einvernehmen zu setzen. Aller-

---

460 FAO Fisheries Circular No. 879 (1994), S. 4.

461 Hilborn, R., Sibert, J., "Is International Management of Tuna Necessary?" 12 Marine Policy (1988), S. 31. Die Autoren argumentieren hier gegen die weit wandernden Eigenschaften, der beiden in Anhang I aufgeführten Arten Echter Bonito und Gelbflossenthunfisch, zumindest in dem Sinne, dass der Großteil der Fischbestände sich in der ausschließlichen Wirtschaftszone eines Staates aufhält. "There is clearly no compelling biological reason to impose international management for all so-called 'highly migratory' species in general, nor for yellowfin and skipjack in particular". *Id.*, S. 38. Die Autoren argumentieren für eine verstärkte Zusammenarbeit bei der wissenschaftlichen Datenauswertung.

462 Burke (siehe Fn. 459), S. 219.

dings zeigt sich, dass im Allgemeinen die Staaten trotz dieser bestehenden Verpflichtung nicht unbedingt bereit sind, weit wandernde Arten von ihrer alleinigen Regelungsbefugnis auszuschließen.[463] Einige Staaten haben aber tatsächlich die weit wandernden Arten von ihren nationalen Regelungen ausgenommen.[464]

Die Internationalisierung der Zusammenarbeit bei Artikel 64 SRÜ ist stärker ausgestaltet als in Bezug auf die beiden Absätze des Artikels 63 SRÜ. Dies zeigt sich in der Formulierung des Wortlauts. Statt wie in Artikel 63 SRÜ zwischen den Staaten nur zu verlangen, dass diese "shall seek [...] to agree", eine Verpflichtung, die eher ein Verhalten als ein Ziel verlangt, bestimmt Artikel 64 SRÜ direkt, dass hier die Staaten "shall co-operate". Diese besondere Betonung der Zusammenarbeit war schon vor Beginn der Verhandlungen zu UNCLOS III durchaus Position einiger Staaten in Bezug auf die weit wandernden Arten. Die weit wandernden Arten sollten völlig von dem Fischereiregime des Seerechtsübereinkommens ausgenommen werden.[465] So findet sich z. B. in einem Vorschlag der Vereinigten Staaten aus dem Jahre 1971 eine Regelung, die in dieser Gestalt erst im Straddling Fish Stock Agreement des Jahres 1995 wieder in Erscheinung treten sollte. "Regulations of such organizations pursuant to the principles set forth in paragraph 2 of this Article shall apply to all vessels fishing the regulated species regardless of their nationality."[466] Diese besondere Betonung der Relevanz der Arbeit der entsprechenden Organisation konnte sich jedoch damals noch nicht durchsetzen. Ein Vorschlag Japans wiederum sah vor, abgesehen von Thunfischen und Walen keine anderen weit wandernden Arten ausdrücklich aufzunehmen (in diesem Fall in den Wortlaut der Vorschrift direkt und nicht in einen Anhang). Die Hinzufügung weiterer Arten sollte durch die zuständige regionale oder globale Organisation erfolgen: "and such other species as may be designated by the relevant regional or global organization."[467] Dies hätte der Arbeit einer entsprechenden internationalen Organisation mehr Gewicht gegeben[468] und vor allem für ein vereinfachtes Ergänzungssystem gesorgt. In der jetzigen Form sieht Anhang I kein eigenes Änderungsverfahren zur Aufnahme weiterer Fischarten vor. Dieses müsste über das Änderungsverfahren

---

463 Wolfrum (siehe Fn. 374), S. 136.

464 Fleischer (siehe Fn. 369), S. 150.

465 Siehe nur den Vorschlag der USA, Artikel III in Doc. A/AC.138/SC.II/L.4 vom 25. August 1971, abgedruckt in Seabed Committee Report 1971 (siehe Fn. 45), S. 241.

466 Doc. A/AC.138/SC.II/L.4, Artikel III Absatz 1, vom 25. August 1971, abgedruckt in Seabed Committee Report 1971 (siehe Fn. 45), S. 241.

467 Informal Proposal by Japan on Article 53 (RSNT II), abgedruckt in Platzöder, Bd. IV, S. 440.

468 Insoweit lag der Vorschlag zumindest teilweise mit einem von Japan noch während des vorbereitenden Meeresbodenausschusses vorgebrachten Vorschlag, Doc. A/AC.138/SC.II /L.12, auf einer Linie, der vorsah, den Staaten Einspruchsmöglichkeiten gegen die von den regionalen Fischereiorganisationen vorgeschlagenen Maßnahmen zu nehmen, auch wenn der Vorschlag ansonsten eher auf eine Schwächung der Organisationen hinauslief. Siehe hierzu Wolfrum (Fn. 367), S. 685f.

nach Artikel 312 SRÜ beziehungsweise durch das vereinfachte Verfahren nach Artikel 313 SRÜ erfolgen. Die Verpflichtung zur Zusammenarbeit ist auch dahin weitergehend als dass, im Gegensatz zu Artikel 63 SRÜ, die Staaten sich nicht nur über Erhaltungsmaßnahmen verständigen sollen, sondern auch über die "optimale Nutzung in der gesamten Region, sowohl innerhalb als auch außerhalb der ausschließlichen Wirtschaftszone."

Wenn die von den Staaten anzustrebende Einigung nicht erreicht werden kann, stellt sich die Frage, welche Möglichkeiten den Staaten verbleiben, dennoch geeignete Erhaltungs- und Nutzungsmaßnahmen zu ergreifen, um so die Fischerei im Einklang mit dem Seerechtsübereinkommen durchführen zu können. Die Folgen des Scheiterns der Kooperation bei Artikel 64 SRÜ werden von diesem Artikel nicht geregelt und sind umstritten.[469] Nahe liegend wäre es, dass im Falle des Nichtzustandekommens einer Einigung der Küstenstaat die Möglichkeit hat, die notwendigen Erhaltungs- und Nutzungsmaßnahmen selbstständig zu erlassen. Diese würden dann sowohl in der ausschließlichen Wirtschaftszone wie auch im Bezug auf die weit wandernde Art auf der Hohen See Anwendung finden. Allerdings wäre diese Ansicht nicht systemgerecht mit dem Seerechtsübereinkommen. Notwendig ist es, eine Unterscheidung nach den Meeresgebieten vorzunehmen, in denen die Regelungen Anwendung finden sollen.

Für den Bereich der ausschließlichen Wirtschaftszone lässt sich eine Anwendung der vom Küstenstaat einseitig beschlossen Maßnahmen damit begründen, dass dem Küstenstaat ausweislich der Artikel 56, 61 und 62 SRÜ souveräne Rechte für die weit wandernden Arten zustehen.[470] Die weit wandernden Arten sind eben gerade nicht den souveränen Rechten der Küstenstaaten entzogen.[471] Im Falle des Scheiterns der Kooperationsverhandlungen steht dem Küstenstaat auf jeden Fall die Befugnis zu, in der ausschließlichen Wirtschaftszone die erforderlichen Regelungen zu treffen, die er auch nach Artikel 73 SRÜ durchzusetzen vermag. Schwieriger gestaltet sich die Frage nach den Rechten bezüglich der Hohen See. Es ist ohne Zweifel einleuchtend, dass Erhaltungs- und Nutzungsmaßnahmen nur dann wirksam sein können, wenn sie sich auf den Fischbestand insgesamt beziehen, unabhängig davon, wo sich dieser befindet. Andernfalls bestünde für andere Staaten die Möglichkeit, den Fischbestand schon im Bereich der Hohen See zu befischen, mit der Folge, dass die in der ausschließlichen Wirtschaftszone ergriffenen Maßnahmen des Küstenstaates in ihrer Wirkung beeinträchtigt werden würden. Es wäre deswegen eigentlich erforderlich, dem Küstenstaat beim Scheitern der Verhandlungen das Recht zuzugestehen, seine Erhaltungs- und Nutzungsmaßnahmen für weit wandernde Arten auch auf die Hohe See auszuweiten. Allerdings würde dies die Abwägung der Rechte der Küsten- und Nicht-Küstenstaaten eindeutig zu Gunsten der Küsten-

---

[469] Siehe nur Burke (siehe Fn. 459), S. 219ff.

[470] Wolfrum (siehe Fn. 374), S. 136. Anders offenbar noch Wolfrum (siehe Fn. 367), S. 700.

[471] Yturriaga (siehe Fn. 362), S. 128f.

staaten ausfallen lassen. Eine Lösung, die das angestrebte Rechtegleichgewicht gefährden würde. Deswegen sollte verstärkt auf die Möglichkeiten der internationalen Organisationen abgestellt werden. Jegliche Lösung muss auf jeden Fall vermeiden, dass beim Nichtzustandekommen einer Einigung überhaupt keine Regelung greifen würde, da dies bedeuten würde, dass der Fischfang auf der Hohen See unreguliert bleiben würde. Da dies nun nicht die Folge haben würde, dass eine bestimmte Fischart nicht befischt werden dürfte, sondern eben, dass Fischerei ohne weitere Einschränkungen möglich wäre, ist dieser Umstand zu vermeiden. An dieser Stelle sollten deswegen den angesprochenen internationalen Organisationen entsprechende Rechte eingeräumt werden. Eine Lösung sollte dem weiter unten dargestellten Ansatz entsprechen.[472]

Den internationalen Organisationen entsprechende Befugnisse einzuräumen ist auch deswegen besser, da diesen dann auch eine entsprechende Durchsetzungsbefugnis zugesprochen werden könnte. Selbst wenn ein Lösungsansatz den Küstenstaaten eine Rechtssetzungsbefugnis auf der Hohen See gewähren würde, so würde dies noch nichts über eine Durchsetzungsbefugnis aussagen. Zu trennen ist die Befugnis zur Rechtssetzung grundsätzlich von der Frage, inwieweit auch eine korrelierende Durchsetzungsbefugnis existiert. Für die ausschließliche Wirtschaftszone besteht die Möglichkeit der Durchsetzung durch die Küstenstaaten nach Artikel 73 SRÜ. Für die Hohe See besteht eine solche Durchsetzungsbefugnis gerade nicht. Den Küstenstaaten würde also eine wichtige Kompetenz fehlen. Soweit aber internationalen Organisationen eine solche Durchsetzungsbefugnis bekommen würde, hätte dies den Vorteil, dass keine nationalen Interessen bevorzugt werden könnten.

Nicht nur sollen die Staaten "unmittelbar oder im Rahmen geeigneter internationaler Organisationen" zusammenarbeiten. Vielmehr trifft sie gemäß Artikel 64 Absatz 1 Satz 2 SRÜ auch die Verpflichtung, in Regionen, in denen es keine geeignete internationale Organisation gibt, eine solche zu gründen.

Bekanntestes und auch wirtschaftlich relevantestes Beispiel für eine weit wandernde Art sind die Thunfische. Auf diesem Gebiet finden sich unterschiedliche Thunfischkonventionen, die jeweils bestimmte Teile der Weltmeere abdecken. Genannt werden sollen hier bloß die International Convention for the Conservation of Atlantic Tunas,[473] Convention for the Establishment of an Inter-American Tropical Tuna Commission,[474] die South Pacific Forum Fisheries

---

[472] Siehe II.I.1.

[473] International Convention for the Conservation of Atlantic Tunas vom 14. Mai 1966 (UNTS Vol. 673, No. I 9587, S. 63) für den Bereich des Atlantiks und der angrenzenden Meere ("adjacent seas").

[474] Convention for the Establishment of an Inter-American Tropical Tuna Commission vom 3. Mai 1949 (UNTS Vol. 80, No. 1041, S. 3) für den Bereich des Eastern Central Pacific.

Agency Convention[475] und natürlich auch die Convention on the Conservation of the Southern Bluefin Tuna.[476]

c) Übereinkommen bezüglich anadromer Bestände

Die Regelung des Artikels 66 SRÜ betrifft anadrome Bestände.[477] Hierbei handelt es sich um Fischarten wie Lachs, Meerforelle, Atlantischer Stör, Maifisch, Meerneunauge oder auch Stint, die in Flussläufen geboren werden, im Meerwasser aufwachsen und leben, um dann als geschlechtsreife Tiere in die Fließgewässer zurückzukehren, um in den Oberläufen abzulaichen. Ihre biologische Besonderheit liegt unter anderem darin, dass sie jeweils in "ihre" Flussläufe zurückkehren, auch wenn sie zwischenzeitlich viele tausend Seemeilen zurückgelegt haben. Die Distanzen, die anadrome Arten im Laufe ihres Lebens zurücklegen, können durchaus in die Kategorie von weit wandernden Arten fallen. Anadrome Arten begeben sich zum Ende ihres Lebens wieder in ihre ursprünglichen Flüsse, um dort zu laichen. Nach dem Laichen sterben sie dann zumeist dort. Diesen biologischen Charakteristika wurde versucht mit der Regelung des Artikels 66 SRÜ Rechnung zu tragen. Die meisten Impulse gingen hierzu von den Vereinigten Staaten und Kanada aus.[478] Diese beiden Staaten sind gleichzeitig auch zwei der hauptsächlichen Ursprungsstaaten für anadrome Arten. Hinter diesen Positionen stand die Idee, den Ursprungsstaaten "preferential rights" einzuräumen, um die Mühen des Ursprungstaates bei der Erhaltung der Flussläufe auszugleichen.[479] Diese Vorzugsrechte sollten im gesamten Migrationsbereich der anadromen Arten gelten, also auch auf der Hohen See,[480] da nur so effektive Erhaltungsmaßnahmen zu gewährleisten seien. Diese Position wurde von den

---

475 South Pacific Forum Fisheries Agency Convention vom 9. August 1979. Eine Gebietsbeschreibung erfolgt in der Konvention nicht. Der Bereich in der die Kommission aktiv ist, ist aber in etwa koinzident mit der FAO Statistical Area 71 und 81.

476 Convention on the Conservation of the Southern Bluefin Tuna vom 10. Mai 1993 (UNTS Vol. 1819, No. 31155, S. 359). Jüngstes Vollmitglied ist seit dem 17. Oktober 2001 die Republik Korea. Die Fishing Entitiy Taiwan ist seit dem 30. August 2002 Mitglied der Extended Commission.

477 Siehe hierzu Burke, W. T., "Anadromous Species and the New International Law of the Sea" 22 Ocean Development and International Law (1991), S. 95.

478 Churchill/Lowe (siehe Fn. 275), S. 315.

479 Working Paper by Canada, A/AC.138/SC.II/L.8, section II, Rn. (c), abgedruckt Seabed Committee Report 1972 (siehe Fn. 51), S. 164, 166. Siehe auch Virginia Commentary, Bd. II, 66.2ff; Orrego Vicuña, F., "International Cooperation in Salmon Fisheries and a Comparative Law Perspective on the Salmon and Ocean Ranching Industry" 22 Ocean Development and International Law (1991), S. 133.

480 Working Paper by USA, A/AC.138/SC.II/L.8, Part II, abgedruckt SBC 1972 (siehe Fn. 51), S. 175.

Distant Water Fishing Nations wie Japan abgelehnt. Japan vertrat, dass die Fischerei auf der Hohen See auch nach anadromen Arten völlig frei sein solle.[481]

Im Ergebnis wird in Artikel 66 SRÜ hauptsächlich auf die Position der Ursprungsstaaten abgestellt, deren "vorrangiges Interesse / primary interest" an anadromen Arten betont wird. Gleichzeitig wird aber auch die Position anderer Staaten berücksichtigt, die in besonderer (wirtschaftlicher) Weise von der Befischung anadromer Arten abhängig sind oder durch deren Gewässer die anadromen Bestände ebenfalls wandern.

(1) Besondere Position der Ursprungsstaaten

Im Gegensatz zu anderen Vorschriften, wird in Artikel 66 SRÜ nicht so sehr die Kooperation zwischen den Staaten in den Mittelpunkt gestellt, als vielmehr die besondere Stellung der Ursprungsstaaten für die Durchführung geeigneter Erhaltungsmaßnahmen. Artikel 66 SRÜ betont "das vorrangige Interesse", dass die Staaten, aus deren Flüssen anadrome Bestände stammen, an diesen haben und weist ihnen die hauptsächliche Verantwortung hierfür zu.[482] Aufgrund der biologischen Besonderheiten der anadromen Arten kann jegliche Fischerei schwerwiegende Folgen für den Bestand einer Art haben. Es muss sichergestellt werden, dass ausreichend Tiere zur Verfügung stehen, um zum Laichen in die Flussläufe zurückzukehren. Absatz 2 legt fest, dass die "Fischerei nach anadromen Beständen [...] nur in den Gewässern landwärts der äußeren Grenzen der ausschließlichen Wirtschaftszonen ausgeübt werden [darf]; ausgenommen sind Fälle, in denen diese Bestimmung zu wirtschaftlichen Störungen für einen anderen als den Ursprungsstaat führen würde." Die Fischerei für anadrome Arten soll also grundsätzlich nur landwärts der äußeren Grenzen der ausschließlichen Wirtschaftszone erfolgen. Dieses betrifft dementsprechend die ausschließliche Wirtschaftszone, das Küstenmeer und die inneren Gewässer. Dies ist Ausdruck der Tatsache, dass nur in küstennahen Gewässern die Erhaltungsmaßnahmen effektiv festgelegt werden können. Hier ist der Ort, an den die Bestände, nachdem sie in unterschiedlichen Weltmeeren unterwegs waren, wieder zusammenfinden, um dann zum Laichen die Flussläufe hinaufzuwandern. In den küstennahen Gewässern lässt sich auch am ehesten der Bestand genau bestimmen.[483]

Ausnahme von dem Gebot, die Fischerei nur in Gewässern landwärts der äußeren Grenze der ausschließlichen Wirtschaftszone zu betreiben, sind die Fälle, in denen dies zu wirtschaftlichen Störungen bei einem anderen als dem Ursprungs-

---

481 "[N]o preferential rights [...] shall be recognized to a coastal State in respect of highly migratory, including anadromous, stocks of fish." Working Paper by Japan, A/AC.138/SC.II/L.12, abgedruckt SBC 1972 (siehe Fn. 51), S. 188.

482 Im Unterschied zur sonstigen Terminologie wird hier nicht der Ausdruck Küstenstaat sondern der Ausdruck Ursprungsstaat benutzt. Dieses erlaubt, dass von dieser Vorschrift auch andere Staaten erfasst werden können, als nur Küstenstaaten.

483 Burke (siehe Fn. 459), S. 153f.

staat führen würde. Was genau "wirtschaftliche Störungen" umfasst, ist dabei nicht aus Artikel 66 SRÜ ersichtlich. Es erscheint aber so, als müssten sich die wirtschaftlichen Störungen auf die gesamte Wirtschaft eines Staates beziehen und nicht nur auf den Industriezweig, der auf Fischerei nach anadromen Arten spezialisierten Flotte. Von wirtschaftlichen Störungen können nur bereits bestehende Fischereibemühungen betroffen werden. Durch Artikel 66 SRÜ wird damit das Hinzutreten neuer Staaten verhindert. Ein Staat, der bisher nicht an dem Fischfang nach anadromen Arten beteiligt war, darf nicht mit diesem beginnen. Dieses ergibt sich aus dem Rückschluss, dass nur bestehende Fischereibemühungen überhaupt wirtschaftliche Rückschläge erleiden können, nicht aber neu aufzubauende.

Hinsichtlich der Fischerei außerhalb der äußeren Grenzen der ausschließlichen Wirtschaftszone sollen die beteiligten Staaten untereinander Konsultationen durchführen. Inhalt der zu treffenden Vereinbarungen soll sein, wie die Fischerei der betreffenden Staaten auf der Hohen See zu erfolgen hat. Da hierbei die Erhaltungserfordernisse und die Bedürfnisse des Ursprungsstaats gebührend zu berücksichtigen sind, bedeutet es wohl, dass eine bestehende Fischerei im Endeffekt aus wirtschaftlichen Gründen eingestellt werden könnte, so wie es zum Beispiel Japan im Jahre 1993 getan hat, wenn dieses geboten wäre.

Während Absatz 1 sprachlich deutlich macht, dass das vorrangige Interesse für anadrome Arten beim Ursprungsstaat liegt, beinhaltet dies schon implizit auch das Interesse anderer Staaten. Artikel 66 SRÜ unterscheidet sich insoweit von anderen Vorschriften über die Fischerei im Seerechtsübereinkommen, als dass die Ausübung der souveränen Rechte des Ursprungsstaats über anadrome Bestände in seiner ausschließlichen Wirtschaftszone hier unter dem Vorbehalt gegenseitiger Konsultationen stehen, wobei der Ursprungsstaat weiterhin jeweils die abschließenden Feststellungen zu treffen hat. Landwärts der äußeren Grenzen der ausschließlichen Wirtschaftszone legt der Ursprungsstaat die zulässige Gesamtfangmenge fest. Dies bezieht sich auf die Artikel 61 und 62 SRÜ,[484] wobei im Rahmen des Artikels 66 SRÜ der Ursprungsstaat aber *zuvor* Konsultationen mit den nach Absatz 3 und 4 bezeichneten Staaten vornehmen muss. Der Ursprungsstaat soll über die Ansichten der anderen Staaten unterrichtet sein, allerdings steht es dem Ursprungstaat dann im Endeffekt frei, seine eigenständige Entscheidung zu treffen. Die Entscheidung über die Festlegung der zulässigen Gesamtfangmenge erfolgt *nach* Konsultationen mit den betreffenden Staaten, nicht *durch* Konsultation. Die Staaten, nach deren Konsultation der Ursprungsstaat die zulässige Gesamtfangmenge festlegen kann, ergeben sich aus den Absätzen 3 und 4. Die Einschränkung auf die dort genannten Staaten erfolgte erst zu einem späteren Stadium der Verhandlungen von UNCLOS III. Zuvor war der Kreis der zu konsultierenden Staaten mit "other States fishing these stocks"[485]

[484] Virginia Commentary, Bd. II, 66.9(b).

[485] Zuletzt tauchte diese Formulierung in ICNT, A/Conf.62/WP.10 vom 15. Juli 1977 auf.

angegeben. Dieses hätte einen deutlich erweiterten Kreis möglicher Konsultationspartner für den Ursprungsstaat bedeutet. Statt dieser Formulierung wurde die jetzige in den ICNT/Rev.1 eingeführt,[486] um die Konsultationspflicht auf bestimmte Staaten zu beschränken. Bei den in den Absätzen 3 und 4 genannten Staaten handelt es sich um solche, die entweder wirtschaftlich von der Befischung dieser Bestände abhängig sind[487] oder durch deren ausschließliche Wirtschaftszone der anadrome Bestand ebenfalls wandert. Solche Staaten also, die eine besondere Nähe zu den Beständen haben, die über das bloße Befischen hinausgeht.

Bezüglich dieser beiden Gruppen von Staaten sieht Artikel 66 SRÜ neben der Konsultationspflicht in bestimmten Fällen wieder die Ausgestaltung durch Übereinkommen vor. Zum einen bezieht sich das auf die Situation, geregelt durch Absatz 3, dass ein Staat durch das Verbot der Fischerei nach anadromen Beständen auf der Hohen See wirtschaftlich geschädigt werden würde. Diese wirtschaftlichen Störungen sind "auf ein Mindestmaß" zu beschränken. Dadurch wird aber deutlich, dass davon ausgegangen wird, dass es zu solchen Störungen kommen kann, und dass diese nur in Maßen gehalten werden sollen, nicht aber völlig vermieden werden müssen. Für diesen Fall sieht das Seerechtsübereinkommen vor, dass der Ursprungsstaat und der betroffene Staat die Konsultationen dahingehend aufrechterhalten, "with a view to achieving agreement on terms and conditions of such fishing." Während das Seerechtsübereinkommen im Allgemeinen sehr unspezifisch bleibt, was genau Inhalt eines anvisierten Abkommens sein soll, lässt sich aus Unterabsatz (c) entnehmen, dass hierbei davon ausgegangen wird, dass sich die Staaten an den Erhaltungsmaßnahmen des Ursprungstaates beteiligen sollen. Da dieses durch "expenditures / Aufwendungen" erfolgen kann, scheinen hiermit vor allem finanzielle Zahlungen angesprochen zu sein,[488] die dementsprechend dann Inhalt einer Vereinbarung zwischen den Staaten sein müssen. Ebenso ergibt sich aus Unterabsatz (d), dass die Übereinkommen Regelungen über die Durchsetzung der Vorschriften enthalten sollen. Dies betrifft allerdings nur die Bereiche außerhalb der ausschließlichen Wirtschaftszone. Die Durchsetzung der Vorschriften innerhalb der unter die Jurisdiktion der Küstenstaaten fallenden Gewässer liegt auch weiterhin beim Küstenstaat.

---

486 ICNT, A/Conf.62/WP.10/Rev.1 vom 28. April 1979.

487 Artikel 66 Absatz 3(b) SRÜ.

488 So hat sich zum Beispiel Japan vertraglich verpflichtet "cooperation fees" zu bezahlen und sich so an sowjetischen Erhaltungsmaßnahmen beteiligt. Genauer siehe Akaha, T., "The Postwar Japan-Soviet Fisheries Regime and Future Prospects" 9 Ocean Yearbook (1991), S. 28, 35.

(2) Convention for the Conservation of Anadromous Stocks in the North Pacific Ocean

Als Beispiel für ein Übereinkommen sei die Convention for the Conservation of Anadromous Stocks in the North Pacific Ocean vom 11. Februar 1992[489] genannt. Hierbei handelt es sich um eine Konvention, die zeitlich deutlich nach 1982 entstand und doch noch bevor das Inkrafttreten des Seerechtsübereinkommens wirklich absehbar war.[490] Alleinige Vertragsparteien dieses Übereinkommens sind Kanada, Japan, die russische Föderation und die Vereinigten Staaten, für die dieses Übereinkommen auch nur zur Unterzeichnung offen steht.[491] Diese vier Staaten werden auch als die hauptsächlichen Ursprungsstaaten anadromer Arten in dem Konventionsgebiet des Nordpazifiks bezeichnet. In Bezug auf Japan ist aber noch gleichzeitig anzumerken, dass es sich hierbei auch noch um einen vor allem im Bereich der Fernfischerei tätigen Staat handelt. Durch die Konvention wird die North Pacific Anadromous Fish Commission gegründet, deren Aufgabe es ist, "to promote the conservation of anadromous fish stocks in the Convention Area."[492] Die neue Kommission löst die seit 1952 bestehende International North Pacific Fisheries Commission ab. Das Konventionsgebiet umfasst gemäß Artikel I den Pazifik und seine angrenzenden Meere (adjacent seas) nördlich des 33ten Breitengrades jenseits der 200 Seemeilen Grenze.[493] In dem Konventionsgebiet ist die gezielte Fischerei nach anadromen Arten verboten und der Beifang soll soweit wie möglich reduziert werden. Dennoch genommener Beifang soll umgehend wieder in das Meer eingebracht werden.[494] Hiermit korreliert das Übereinkommen mit der aus Artikel 66 Absatz 3(a) SRÜ erwachsenden Verpflichtung die Befischung anadromer Arten auf hoher See zu unterlassen. Die Nähe zum Seerechtsübereinkommen wird auch im dritten Ab-

---

489 Law of the Sea Bulletin, No. 22 (1993), S. 21. Das Übereinkommen trat am 16. Februar 1993 in Kraft. Siehe zu diesem Übereinkommen de Reynier, Y. L., "Evolving Principles of International Fisheries Law and the North Pacific Anadromous Fish Commission" 29 Ocean Development and International Law (1998), S. 147.

490 Zum Zeitpunkt des Inkrafttretens der Convention for the Conservation of Anadromous Stocks in the North Pacific Ocean am 16. Februar 1993 hatten um die 50 Staaten das Seerechtsübereinkommen ratifiziert. Zu diesem Zeitpunkt entstanden auch die Bestrebungen durch eine Modifikation des Teils XI des Seerechtsübereinkommens auch die industrialisierten Staaten zu einer Ratifikation zu bewegen.

491 Artikel XVII Convention for the Conservation of Anadromous Stocks in the North Pacific Ocean. Stand 31. 05. 2002. Weitere Staaten können auf einstimmige Einladung der vier ursprünglichen Vertragsparteien dem Übereinkommen beitreten, Artikel XVIII.

492 Artikel VIII Convention for the Conservation of Anadromous Stocks in the North Pacific Ocean.

493 Artikel I Convention for the Conservation of Anadromous Stocks in the North Pacific Ocean. Zu wissenschaftlichen Zwecken dürfen aber auch in weiter südlichen Gebieten Studien unternommen werden.

494 Artikel III Absatz 1 Convention for the Conservation of Anadromous Stocks in the North Pacific Ocean.

satz der Präambel des Übereinkommens deutlich, wenn (in leichter Abwandlung) der Wortlaut des Artikels 66 Absatz 1 SRÜ aufgegriffen wird.[495] Das Übereinkommen enthält auch die ebenfalls von Artikel 66 SRÜ vorgesehenen Vorschriften über die Durchsetzung der Vorschriften des Übereinkommens und gibt dabei den Vertragsstaaten die Möglichkeit die Schiffe der anderen Vertragsstaaten bei begründetem Verdacht zu inspizieren.

Die Convention for the Conservation of Anadromous Stocks in the North Pacific Ocean enthält keinerlei Vorschrift über Möglichkeiten der Streitbeilegung zwischen den Mitgliedsstaaten im Falle einer Meinungsverschiedenheit über die Auslegung oder Anwendung des Übereinkommens. Auch das Übereinkommen von 1952, an dessen Stelle das Übereinkommen von 1992 getreten ist, hatte keinerlei korrespondierende Vorschrift. In dem Übereinkommen von 1992 findet sich allerdings eine andere Vorschrift, die insoweit über die Anwendbarkeit der Streitbeilegungsvorschriften einen Rückschluss zulassen könnte. Artikel XV der Convention for the Conservation of Anadromous Stocks in the North Pacific Ocean besagt:

> "Nothing in this Convention shall be deemed to prejudice the positions or views of any Party with respect to its rights and obligations under treaties and other international agreements to which it is party as well as its positions or views with respect to matters relating to the law of the sea."

Wie gezeigt gilt als Grundaussage des Völkerrechts, dass Verträge grundsätzlich nebeneinander existieren können.[496] Soweit vorhanden wird das Verhältnis der Verträge durch Konfliktklauseln geregelt. Wenn eine solche Klausel klarstellt, dass die Positionen eines Staates unter einer anderen Konvention nicht beeinträchtigt werden, beinhaltet dieses auch die unter dieser anderen Konvention zur Verfügung stehenden Streitbeilegungsmechanismen.[497] Gegen diese im Allgemeinen richtige Aussage ließe sich im konkreten Fall einwenden, dass diese hier

---

495 "Recognizing that States in whose waters anadromous stocks originate have the primary interest in and responsibility for such stocks". Dritter Absatz der Präambel der Convention for the Conservation of Anadromous Stocks in the North Pacific Ocean.

496 Siehe hierzu II.B.3.a).

497 So auch die Argumentation Australiens und Neuseelands zu einer fast wortgleichen Klausel in der Convention on the Conservation of the Southern Bluefin Tuna während der mündlichen Verhandlungen vor dem Schiedsgericht im Southern Bluefin Tuna Case: "Now, that is not a derogation clause, it is a saving clause. Article 4 [of the CCSBT] preserves the position of all of the parties with respect to the law of the sea. One of the positions taken by A/NZ on the public record was that there must be effective dispute settlement with respect to disputes arising under UNCLOS. Actually, Japan said similar things during the UNCLOS negotiations, where it seems that it regrets them now. Under Article 4, nothing in the 1993 Convention could be deemed to prejudice those positions. But, if Japan is right now, those positions were not merely prejudiced, they were abandoned, so far as SBT was concerned. The whole of the modern law of the sea was abandoned." Mündliche Verhandlung vom 8. Mai 2000, Vol. II, Plädoyer von James Crawford.

gewählte Formulierung ihren Vorgänger in einer Vorschrift des Übereinkommens von 1952 hat, welche sich auf die (damals noch nicht festgelegten) Grenze des Küstenmeeres und Hoheitsrechte über die Fischerei bezog. Allerdings waren diese Fragen im Jahre 1992 schon durch den Abschluss des Seerechtsübereinkommens geklärt, so dass die dennoch erfolgte Aufnahme dieser Vorschrift sich nicht mehr vor diesem Hintergrund sehen lässt und allgemeiner verstanden werden muss. Zumal die Vorschrift eindeutig davon spricht, dass "the *positions* [...] of any Party with respect to its *rights* [...] under treaties and other international agreements" nicht durch das Übereinkommen beeinträchtigt werden. Dieses umfasst einen zusätzlichen Aspekt neben den bloßen Ansichten, die ein Staat bezüglich allgemeiner Vorstellungen über das Seerecht hat. Hier geht es konkret darum, dass die Convention for the Conservation of Anadromous Stocks in the North Pacific Ocean nicht das Recht eines Staates unter einer anderen Konvention beeinträchtigen kann. Da das Nebeneinander mehrerer Streitbeilegungsklauseln im Völkerrecht nicht unbekannt ist, gilt hier genau das gleiche. Zu beachten ist bloß, dass die Streitbeilegungsklauseln natürlich nur dazu dienen können, den Streit beizulegen, auf deren Beilegung sie sich beziehen. Da aber ein Streit auch unter zwei Konventionen auftreten kann, bedeutet dieses, dass soweit ein Streit unter einer Konvention auftritt, für die eine Streitbeilegungsklausel existiert und deren Voraussetzungen erfüllt sind, diese dann auch Anwendung finden kann. Es bleibt damit festzuhalten, dass sich in der Convention for the Conservation of Anadromous Stocks in the North Pacific Ocean zumindest keine Anhaltspunkte festmachen lassen, die gegen die Anwendung der Streitbeilegungsvorschriften des Seerechtsübereinkommens sprechen würden.

(3) Sonstiges

Eine weitere Konstellation, in der der Ursprungsstaat mit einem anderen Staat kooperieren soll, ist wenn der anadrome Bestand durch die Gewässer eines anderen Staates als des Ursprungsstaates wandert.[498] Zwischen dem Ursprungsstaat und dem Staat durch deren ausschließliche Wirtschaftszone der Bestand ebenfalls wandert, hat eine Zusammenarbeit für die Erhaltung und Bewirtschaftung dieser Bestände zu erfolgen. Diese Situation kommt vor allem im Nordost-Pazifik und dem nördlichen Atlantik vor.[499]

Artikel 66 SRÜ wird durch die allgemein gehaltene Aufforderung abgeschlossen, dass die Staaten, die nach anadromen Arten fischen, Vereinbarungen zur Durchführung der Artikels 66 SRÜ abschließen sollen. Aufgrund der hervorge-

---

498 Artikel 66 Absatz 4 SRÜ.

499 Burke (siehe Fn. 459), S. 172. Beispiele hierfür sind der Treaty Concerning Pacific Salmon vom 28. Januar 1985 zwischen den USA und Kanada und die Convention for the Conservation of Salmon in the North Atlantic vom 2. März 1982 (NASCO). Zum Treaty Concerning Pacific Salmon siehe allgemein Yanagida, J. A., "The Pacific Salmon Treaty" 81 American Journal of International Law (1987), S. 577.

hobenen Rolle, die den Ursprungsstaaten bezüglich anadromer Arten zugestanden wurde, ist die Arbeit der aufgrund der Übereinkommen gegründeten Fischereikommissionen im Allgemeinen auf das Sammeln von Informationen und auf das Abgeben von Empfehlungen beschränkt.[500] Weitreichender sind die Regelungen über die Möglichkeit der Kontrolle durch Inspektoren auf den Schiffen der anderen Vertragsstaaten.

d) Übereinkommen bezüglich katadromer Bestände

Im Anschluss an die Regelung über anadrome Arten findet sich eine Vorschrift über katadrome Arten. Hierbei handelt es sich um solche Arten, die ebenso wie anadrome Arten zum Leben auf zwei unterschiedliche Gewässerarten angewiesen sind. Katadrome Arten wachsen in Fließgewässern auf und ziehen als adulte Tiere zur Fortpflanzung ins Meer. Prominentestes Beispiel hierfür sind die Aale. Ebenso wie bei anadromen Arten hat hier der Küstenstaat[501] eine besondere Rolle.[502]

Allerdings wird in Artikel 67 SRÜ nicht der Ausdruck des *vorrangigen* Interesses benutzt, also das Interesse auch anderer Staaten – wenn auch zweitrangig – anerkannt, sondern der der *Verantwortlichkeit der Bewirtschaftung* für diese Arten. Die hauptsächliche Beschränkung für den Küstenstaat liegt dabei darin, dass der Küstenstaat sicherstellen muss, dass der Ein- und Austritt der Fische aus den Flüssen gewährleistet ist. Auch für die katadromen Arten gilt, dass die Befischung jenseits der ausschließlichen Wirtschaftszone verboten ist. Die Regelung über die Fischerei innerhalb der ausschließlichen Wirtschaftszone ist im Einklang mit den Vorschriften des Seerechtsübereinkommens über die Fischerei vorzunehmen. Dieses bezieht sich vor allem auf die Artikel 61 und 62 SRÜ. Zum anderen sind die Vorgaben des Artikels 67 SRÜ selbst zu beachten. Die einzige Art der Zusammenarbeit, die das Seerechtsübereinkommen für katadrome Arten vorsieht, bezieht sich auf die Fälle, in denen katadrome Fische durch die ausschließliche Wirtschaftszone eines anderen Staates wandern. In diesem Fall soll die Bewirtschaftung zwischen den beteiligten Staaten geregelt werden. Bezüglich dieser Abkommen wird die Spezifikation vorgenommen, dass diese Vereinbarung die rationelle Bewirtschaftung der Arten gewährleisten muss, wobei die besondere Verantwortung des Staates zu berücksichtigen ist, in dessen Gewässern katadrome Arten den größeren Teil ihres Lebenszyklus verbringen. Artikel 67 SRÜ geht davon aus, dass die Fischerei nach katadromen Arten durch

---

500 Orrego Vicuña, F., The Changing International Law of High Seas Fisheries (1999, Cambridge), S. 32ff, 84f.

501 Artikel 67 SRÜ geht wieder von dem Ausdruck Küstenstaat aus und benutzt nicht den im Zusammenhang mit den anadromen Arten gefundenen Ausdruck Ursprungstaat.

502 "Ein Küstenstaat, in dessen Gewässern katadrome Arten den größeren Teil ihres Lebenszyklus verbringen, ist für die Bewirtschaftung dieser Arten verantwortlich und gewährleistet den Ein- und Austritt der wandernden Fische."Artikel 67 Absatz 1 SRÜ.

Vereinbarung zwischen den betroffen Staaten geregelt werden soll. Hier zeigt sich ein Unterschied zu der Verpflichtung aus Artikel 63 SRÜ, wo die Staaten lediglich verpflichtet werden, sich um eine solche Einigung zu bemühen ("shall seek to agree upon").[503] Die in Artikel 67 SRÜ festgelegte Verpflichtung ist sicherlich nicht lediglich ein *pactum de negotiando* sondern geht mehr in die Richtung eines *pactum de contrahendo*.[504]

Bezüglich katadromer Arten ist anzumerken, dass die Fischerei nach diesen Arten auf der Hohen See praktisch nicht vorkommt.[505] Deren Durchführung scheint auch in der Praxis auf wenige Probleme zu stoßen, so dass in diesem Bereich keine Abkommen zwischen den Staaten existieren.[506] Diese Unkompliziertheit zeigt sich in den Verhandlungen während UNCLOS III. Die Dokumente lassen hierbei keinen Staat als Vorreiter einer solchen Regelung erscheinen.[507]

e) Übereinkommen bezüglich Meeressäugetieren

Wale, Delphine und Seehunde sind Beispiele für Meeressäugetiere, deren Ausbeutung, beziehungsweise deren verstärkter Schutz, von Artikel 65 SRÜ erfasst ist. Der Fang und die Ausbeutung von Walen ist ohne Zweifel dabei der Aspekt des Schutzes von Meeressäugetieren, welcher den Menschen am meisten bewegt hat. Gerade bei den Walen ist die Empfindsamkeit der Menschen für das Problem der schonungslosen Ausbeutung besonders hervorgetreten. Die Geschichte des Walfangs ist vor allem auch eine Entwicklungsgeschichte des Kampfes des Menschen gegen die Urgewalten der Natur.[508]

Auch die Meeressäugetiere fallen unter die allgemeinen Regelungen des Seerechtsübereinkommens über die Fischerei. So sind die Meeressäugetiere, ebenso wie alle übrigen lebenden Ressourcen, nach Artikel 61 Absatz 2 SRÜ vor übermäßiger Ausbeutung geschützt. Soweit es sich um vergesellschaftete Arten handelt, ist nach Artikel 61 Absatz 4 SRÜ deren Fortpflanzung nicht ernstlich zu gefährden. Dieses Ziel könnte zum Beispiel durch die Festlegung einer zulässigen Fangmenge in der Höhe von Null erreicht werden. Eine dementsprechende Festlegung ist eine Möglichkeit, die dem Küstenstaat nach Artikel 61 Absatz 4 SRÜ durchaus offen stehen würde. Grundsätzlich legt Artikel 61 SRÜ vom Tenor her aber mehr Wert auf die wirtschaftliche Nutzung, um den größtmöglichen Dauerertrag sicherzustellen, so dass eher davon auszugehen ist, dass ein Küsten-

---

503 Virginia Commentary, Bd. II, 67.8(b); Yturriaga (siehe Fn. 362), S. 135.
504 Siehe II.C.1.
505 Virginia Commentary, Bd. II, 67.1.
506 Churchill/Lowe (siehe Fn. 275), S. 317.
507 Yturriaga (siehe Fn. 362), S. 134ff; Virginia Commentary, Bd. II, 67.1ff.
508 Siehe nur Melville, H., Moby Dick (1998, Oxford). Für einen geschichtlichen Überblick siehe Tønnessen, J. O., Johnsen, A. O., The History of Modern Whaling (1982, Berkeley). Für eine vor allem politische Betrachtung der Walfangproblematik siehe Stoett, P. J., The International Politics of Whaling (1997, Vancouver).

staat hier die Fischbestände verwaltet, die befischt werden sollen. Artikel 65 Satz 1 SRÜ[509] hingegen erlaubt dem Küstenstaat stärkere Beschränkungen und Regelungen bezüglich der Ausbeutung von Meeressäugetieren zu erlassen, als ansonsten in Teil V, und damit auch in den Artikeln 61 und 62 SRÜ vorgesehen sind.[510]

Ziel des Artikels 65 SRÜ ist nicht die Erhaltung von Meeressäugetieren zum Zwecke der Sicherung des größtmöglichen Dauerertrages, sondern die Bewahrung dieser Arten vor der weiteren Gefährdung des Aussterbens. Eine Festlegung der zulässigen Fangmenge auf Null durch den Küstenstaat wird durch Artikel 65 SRÜ zweifelsfrei ermöglicht. Damit besteht für den Küstenstaat die Möglichkeit die Meeressäugetiere unter einen besonderen Schutz zu stellen und frei von fremden Einwirkungsmöglichkeiten, beziehungsweise von Einreden Dritter, den Fang von Meeressäugetieren komplett zu beschränken. Nach Artikel 65 SRÜ kann der Fang in Abweichung von Artikel 61 SRÜ durch den Küstenstaat auch dann verboten werden, wenn feststeht, dass keine Gefahren für deren Fortbestand existieren. Im Gegensatz zu den Vorschriften über andere bestimmte Fischarten trifft den Staat hier gerade keine Verpflichtung zur Kooperation bei der Festlegung von Erhaltungs- und Nutzungsmaßnahmen. Das Seerechtsübereinkommen gibt hier eindeutig dem Einfluss des Küstenstaates eine besondere Stellung. Zu berücksichtigen ist natürlich, dass der Küstenstaat diesen Einfluss zunächst nur in seiner eigenen ausschließlichen Wirtschaftszone ausüben kann. Bezüglich der Einschränkungen des Walfangs auf der Hohen See gilt der Verweis des Artikels 120 SRÜ auf Artikel 65 SRÜ.

Gleichzeitig berücksichtigt das Seerechtsübereinkommen ausdrücklich die Arbeit der geeigneten internationalen Organisationen.[511] Für den Bereich der Hohen See ist eine solche auch die maßgebliche Möglichkeit der Einflussnahme, da hier kein Küstenstaat Vorzugsrechte geltend machen kann. Die Wahl der Pluralformulierung weist darauf hin, dass hierbei nicht nur die bekannteste mit Walfang beschäftigte internationale Organisation, die International Whaling Com-

---

509 "Dieser Teil schränkt nicht das Recht eines Küstenstaats oder gegebenenfalls die Zuständigkeit einer internationalen Organisation ein, die Ausbeutung von Meeressäugetieren stärker als in diesem Teil vorgesehen zu verbieten, zu begrenzen oder zu regeln." Artikel 65 Satz 1 SRÜ.

510 McDorman, T., "Canada and Whaling: An Analysis of Article 65 of the Law of the Sea Convention" 29 Ocean Development and International Law (1998), S. 179, 182.

511 Insbesondere finden sich unter verschiedenen anderen Übereinkommen Maßnahmen zum Schutz von Zetazeen. Birnie, P., "Whaling Regime" in Bernhardt, R., et al. (Hrsg.), Encyclopedia of Public International Law, Vol. IV (2000, Amsterdam), S. 1469. Als neueres Übereinkommen ausschließlich zur Regelung von "kleinen" Walarten siehe nur 1992 Agreement on the Conservation of Small Cetaceans of the Baltic and North Seas (diesbezüglich Nijkamp, H., Nollkaemper, A., "The Protection of Small Cetaceans in the Face of Uncertainty" 9 Georgetown International Environmental Law Review (1997), S. 281).

mission (IWC), gemeint ist, eine Ansicht, die angesichts des Alters und des Bekanntheitsgrades der IWC durchaus vertreten wird.[512] Die hierbei ins Auge gefassten Organisationen sind ausweislich einer Studie der Division for Ocean Affairs and the Law of the Sea der Vereinten Nationen[513] die Food and Agriculture Organization, die International Whaling Commission und das United Nations Environmental Programme. Allerdings ist auch diese Anführung nicht abschließend. So existieren auf diesem Gebiet daneben auch noch regionale Strukturen wie zum Beispiel unter dem Agreement on the Conservation of Cetaceans in the Black Sea, Mediterranean Sea and Contiguous Atlantic Area[514] oder auch die North Atlantic Marine Mammal Commission.[515] Kriterium, ob eine internationale Organisation eine unter Artikel 65 SRÜ geeignete ist, ist inwieweit diese sich "für die Erhaltung, Bewirtschaftung und Erforschung der Wale" einsetzt. Sobald die Küstenstaaten ihre Zuständigkeit auf eine solche Organisation übertragen haben, ist die Voraussetzung des "gegebenenfalls" des Satzes 1 erfüllt. In diesem Fall könnte dann die entsprechende internationale Organisation für Meeressäugetiere aktiv werden.[516] Auch hier ist die Verpflichtung wiederum direkt verbindlich ("shall cooperate") im Vergleich zur Verpflichtung aus Artikel 63 SRÜ ("shall seek [...] to agree upon"). Im Bezug auf Wale (Zetazeen) sollen die Staaten im Rahmen geeigneter Organisationen sich für die Erhaltung, Bewirtschaftung und Erforschung der Wale einsetzen.[517]

Das Seerechtsübereinkommen gibt den Staaten die Möglichkeit, zwischen den bestehenden und effektive Arbeit leistenden Organisationen zu wählen, soweit für ein Gebiet mehrere Organisationen in Frage kommen. Soweit man sich also gegen die IWC als die einzig geeignete internationale Organisation ausspricht,

---

512 Siehe zum Beispiel Davis, K. S., "International Management of Cetaceans under the New Law of the Convention" 3 Boston University International Law Journal (1985), S. 477, 481f.

513 Law of the Sea Bulletin, No. 31 (1996), S. 79.

514 Agreement on the Conservation of Cetaceans in the Black Sea, Mediterranean Sea and Contiguous Atlantic Area vom 24. November 1996 (ILM Vol. 36 (1997), S. 780).

515 Agreement on Cooperation in Research, Conservation and Management of Marine Mammals in the North Atlantic vom 9. April 1992 (Law of the Sea Bulletin, No. 26 (1994), S. 66).

516 McDorman (siehe Fn. 510), S. 182. Siehe auch Birnie (siehe Fn. 327), S. 489ff. Ebenfalls Birnie, P., "Are Twentieth-Century Marine Conservation Conventions Adaptable to Twenty First Century Goals and Principles?: Part I" 12 International Journal of Marine And Coastal Law (1997), S. 307.

517 Zu der Frage, ob der IWC die Befugnis zukommt, auch im Hinblick auf small cetaceans Regelungen zu erlassen, siehe nur Gillespie, A., "Small Cetaceans, International Law and the International Whaling Commission" 2 Melbourne Journal of International Law (2001), S. 257; Burns, W. C., "The International Whaling Commission and the Regulation of the Consumptive and Non-Consumptive Uses of Small Cetaceans: The Critical Agenda for the 1990s" 13 Wisconsin International Law Journal (1994), S. 105 und Birnie, P., "Small Cetaceans and the International Whaling Commission" 10 Georgetown International Environmental Law Review (1997), S. 1.

hat dieses zur Folge, dass man damit auch den Staaten zusprechen muss, selbst zu wählen, welche internationale Organisation sie für die richtige halten. Allerdings bleibt die Möglichkeit bestehen, dass andere Staaten die Entscheidung des betreffenden Staates kritisieren und nicht mit dem Seerechtsübereinkommen für vereinbar halten. Eine Frage, die dann nach Teil XV einem Tribunal vorgelegt werden könnte, soweit die Einschränkung des Artikels 297 Absatz 3 SRÜ nicht eingreift. Nicht einseitig bestimmt werden kann allerdings die Frage, ob bezüglich einer Walart internationale Kooperation erforderlich ist.[518] Soweit es sich um Meeressäugetiere handelt, haben die Staaten zu kooperieren.

Die International Convention for the International Regulation of Whaling vom 02. Dezember 1946[519] bleibt die bekannteste der entsprechenden internationalen Organisationen. Ziel der Whaling Convention ist es, "ein System der internationalen Regelung des Walfangs zu schaffen, um die angemessene und wirksame Erhaltung und Erschließung der Walbestände [...] zu gewährleisten".[520] Dafür findet das Übereinkommen nach Artikel I Absatz 2 "auf alle Gewässer, in denen [der Hoheitsgewalt der Vertragsregierungen unterstehende] Walfangmutterschiffe, Landstationen und Walfänger Walfang betreiben." Für die Vertragsparteien finden die Vorschriften damit auch in den Gewässern landwärts der 200 Seemeilen Grenze Anwendung. Insoweit haben die Vertragsparteien des Seerechtsübereinkommens und der ICRW deren Befugnis anerkannt, entsprechende Empfehlungen nicht nur in den Gewässern, die eigentlich der küstenstaatlichen Hoheitsgewalt unterstehen, zu erlassen, sondern auch in Bezug auf die Hohe See. Die Küstenstaaten, die ebenfalls Vertragsstaat der ICRW sind, haben also in der ausschließlichen Wirtschaftszone das eigentlich nach den Artikeln 56 und 65 SRÜ ihnen zustehende Recht auf die IWC übertragen. Dieses wird auch ausdrücklich in Artikel 65 SRÜ anerkannt, soweit "gegebenenfalls die Zuständigkeit einer internationalen Organisation" angesprochen wird. Die Staaten behalten aber die abschließende Entscheidungsbefugnis über die Maßnahmen, in den ihrer Hoheitsgewalt unterstehenden Meereszonen, da die Möglichkeit besteht, gegen die Regelungen der IWC Einspruch zu erheben, mit der Folge, dass diese dann nicht für den betreffenden Vertragsstaat wirksam werden.[521] Im Bereich der Hohen See handelt es sich um eine freiwillige Selbstbeschränkung.

Die ICRW enthält keinerlei Bestimmungen über die Streitbeilegung zwischen den Vertragsparteien. Das Walfangübereinkommen wurde auch im Rahmen der mündlichen Verhandlung des Southern Bluefin Tuna Case von Japan als Gegen-

---

518 Hierzu McDorman (siehe Fn. 510), S. 187f.

519 International Convention for the International Regulation of Whaling with Schedule of Whaling Regulations vom 2. Dezember 1946 (UNTS Vol. 161, No. I 2124, S. 72). Zur International Whaling Convention siehe Burke (siehe Fn. 459), S. 284ff.

520 Präambel ICRW Sechster Absatz.

521 Burke (siehe Fn. 459), S. 290f. Die ICRW ist ohne Zweifel mit dem Seerechtsübereinkommen vereinbar im Sinne des Artikels 311 Absatz 2 SRÜ. Siehe hierzu Gillespie (siehe Fn. 517), S. 283f.

argument angeführt, dass Teil XV gar Anwendung finden könne, da die Parteien im Jahre 1946 bei den Verhandlungen kein Streitbeilegungssystem gewollt hätten und dieses nun nicht quasi durch die Hintertür über das Seerechtsübereinkommen hätten einführen wollen.[522] Hier zeigt sich aber wiederum die genaue Unterscheidung, die zwischen den einzelnen Streitigkeiten gemacht werden müssen. Soweit eine Streitigkeit über die Auslegung des Seerechtsübereinkommens vorliegt, besteht unter den Voraussetzungen des Artikels 297 Absatz 3 SRÜ die Möglichkeit diese Streitigkeit nach Artikel 65 SRÜ zu beurteilen. Handelt es sich zum Beispiel um einen Streit darüber, ob die Staaten überhaupt im Rahmen einer internationalen Organisation zusammenarbeiten, so könnte dies durchaus unter Teil XV vorgebracht werden.

3. Ergebnis

Die Vorschriften des Seerechtsübereinkommens über die Fischerei in der ausschließlichen Wirtschaftszone sind vor dem Hintergrund der Internationalität der Fischeiproblematik zu sehen. Es findet sich vielfach der Verweis, dass die Staaten untereinander kooperieren sollen oder auch Vereinbarungen untereinander über die Zusammenarbeit treffen sollen. Die Staaten sollen dabei so vorgehen, dass sie sich um das Zustandekommen der entsprechenden Vereinbarungen im guten Glauben bemühen sollen. Es besteht allerdings nicht die Verpflichtung, dass eine solche Einigung auch zustande kommen müsste. Diese allgemeine Verpflichtung wird umrahmt von der in Artikel 300 SRÜ niedergelegten Verpflichtung von Treu und Glauben und das Verbot des rechtsmissbräuchlichen Verhaltens. Auch wenn die Artikel des Seerechtsübereinkommens allgemein gehalten sind, so waren sie dennoch wichtige Ausgangspunkte für die weitere Entwicklung der Fischerei in der ausschließlichen Wirtschaftszone und der Fischerei auf der Hohen See. Überhaupt haben die Vorschriften dazu beigetragen, dass das bis dahin alles beherrschende Prinzip der Fischereifreiheit deutlich eingeschränkt wurde. Im Bereich der Fischerei wurde den Küstenstaaten sehr viel Einfluss zur Durchsetzung der Vorschriften, die der Küstenstaat in Bezug auf die lebenden Ressourcen der ausschließlichen Wirtschaftszone erlassen kann, zugesprochen.[523]

Diese Rechte beziehen sich allerdings nur auf die lebenden Ressourcen und nicht auch auf die nichtlebenden Ressourcen, oder auf die Hoheitsbefugnisse

---

[522] Arbitral Tribunal, Southern Bluefin Tuna Case, Mündliche Verhandlung vom 07. Mai 2000 (Japan), Vortrag von Sir Elihu Lauterpacht.

[523] "Der Küstenstaat kann bei der Ausübung seiner souveränen Rechte zur Erforschung, Ausbeutung, Erhaltung und Bewirtschaftung der lebenden Ressourcen in der ausschließlichen Wirtschaftszone die erforderlichen Maßnahmen einschließlich des Anhaltens, der Überprüfung, des Festhaltens und gerichtlicher Verfahren ergreifen, um die Einhaltung der von ihm in Übereinstimmung mit diesem Übereinkommen erlassenen Gesetze und sonstigen Vorschriften sicherzustellen." Artikel 73 Absatz 1 SRÜ.

und anderen Rechte gemäß Artikel 56 Absatz 1(b) und (c) SRÜ.[524] Im Bezug auf die Fischerei entspricht die Befugnis zum Erlass von Vorschriften der Befugnis diese auch durchzusetzen.

Die Artikel 63 bis 67 SRÜ identifizieren jeweils die Staaten, die ein besonderes Interesse an der Befischung der verschiedenen Bestände haben. Über Artikel 116 SRÜ wird dieser Verweis auf die Küstenstaaten auch in den Bereich der Hohen See als relevant eingeführt.[525]

H. Festlandsockel

Während den Küstenstaat ansonsten verschiedene Verpflichtungen treffen, mit anderen Staaten zusammenzuarbeiten, ist er von dieser Verpflichtung in der ausschließlichen Wirtschaftszone im Bezug auf die zu den sesshaften Arten gehörenden Lebewesen des Festlandsockels gemäß Artikel 68 SRÜ in Verbindung mit Artikel 77 Absatz 4 SRÜ befreit.[526] Dies liegt darin begründet, dass die sesshaften Arten als Teil der natürlichen Ressourcen gelten, über die der Küstenstaat auf seinem Festlandsockel vollständig souveräne Rechte ausübt.[527] Die Ausübung dieser Rechte erfolgt zum Zwecke der Erforschung und Ausbeutung der natürlichen Ressourcen – und damit auch der sesshaften Arten – und unterscheidet sich insoweit von der Ausübung der souveränen Rechte, die der Küstenstaat in der ausschließlichen Wirtschaftszone nach Artikel 56 SRÜ über die sonstigen lebenden und nichtlebenden Ressourcen hat. Dort werden die souveränen Rechte ebenfalls zum Zwecke der Erforschung und Ausbeutung ausgeübt aber auch zur Erhaltung und Bewirtschaftung. Diese Zuordnung geht zurück auf die Zeiten vor dem Konzept der ausschließlichen Wirtschaftszone und findet seinen Ursprung in Artikel 2 Absatz 4 des Genfer Übereinkommens über den Festlandsockel von 1958, der wortgleich in Artikel 77 Absatz 4 SRÜ übernommen wurde. Allerdings würde sich schon die Frage nach der Notwendigkeit einer solchen Kooperation stellen, da diese Bestände – wie der Name schon verdeutlicht – sesshafter Art sind. Es fehlt hier der grenzüberschreitende Charakter, der eine solche Kooperation notwendig machen würde. Sollte ein Küstenstaat die sesshaften Arten des Festlandsockels also nicht ausbeuten, so dürfte dies auch kein anderer Staat, soweit der Küstenstaat nicht seine Zustimmung dazu gibt.[528] Insgesamt ist der Küstenstaat also hier weder verpflichtet, die zulässige Fangmenge festzulegen, den größtmöglichen Dauerertrag zu sichern oder den Fischern anderer Staaten Zugang zum Überschuss der zulässigen Fangmenge zu gewähren.

---

524 Virginia Commentary, Bd. II, 73.10(a).
525 Virginia Commentary, Bd. III, 116.9(d).
526 Artikel 68 SRÜ.
527 Artikel 77 Absatz 1 und 4 SRÜ.
528 Artikel 77 Absatz 2 SRÜ in Verbindung mit Artikel 68 SRÜ.

Die Frage welche Arten unter die Umschreibung 'sesshafter Art' fallen, ist nicht ganz unumstritten und kann zu Fragen der Zulässigkeit der Fischerei eines anderen Staates führen. Da der Festlandsockel eines Staates sich unter Umständen auch deutlich jenseits der Grenzen der ausschließlichen Wirtschaftszone erstrecken kann, bedeutet dies, dass Arten, die nicht zu den sesshaften Arten gezählt werden, jenseits der ausschließlichen Wirtschaftszone frei von anderen Staaten befischt werden könnten, ohne das dafür die Zustimmung des Küstenstaates erforderlich wäre. Austern, Muscheln und verschiedene Seeschnecken fallen sicherlich in die Kategorie der sesshaften Arten. Bezüglich Krabben und Hummern ist dieses zumindest streitig, da diese Arten sich durch Abstoßen von dem Meeresboden fortbewegen können, also im ganz eigentlichen Sinne nicht in "ständigem körperlichen Kontakt mit dem Meeresboden sind."[529]

I. Hohe See

Wie gezeigt findet sich die Verpflichtung zur Kooperation im Bereich der Fischerei innerhalb der ausschließlichen Wirtschaftszone überall dort, wo es um die Erhaltung und Nutzung von lebenden Ressourcen geht und verschiedene Staaten Interesse an genau diesen lebenden Ressourcen haben. Sei es entweder, dass die entsprechenden Fischbestände durch verschiedene Zonen unter unterschiedlicher nationaler Jurisdiktion ziehen oder dass die Fischbestände gerade diese Gebiete verlassen und auf die Hohe See ziehen, wo sie dann – grundsätzlich – von allen Staaten befischt werden können. Kooperation ist also dann erforderlich, wenn die Staaten eigentlich in einem Wettbewerb zueinander stehen würden, möglichst viel der vorhandenen Ressourcen selbst zu fischen. Für die Hohe See ist das Erfordernis eines koordinierten Vorgehens zwischen den Staaten ebenso relevant, wenn von Küstenstaaten in ihrer ausschließlichen Wirtschaftszone vorgenommene Erhaltungsmaßnahmen nicht durch Fangaktionen anderer Staaten auf der Hohen See in ihrer Effektivität beeiträchtigt werden sollen, die darüber hinaus von dem vermehrten Vorkommen von Fischen profitieren, welches sich gerade aus der Vornahme der Erhaltungsmaßnahmen der Küstenstaaten ergeben. Die Probleme mit den Fischbeständen auf der Hohen See sind mittlerweile allgegenwärtig über die Weltmeere verteilt. Genannt werden können hier der nordöstliche Pazifik mit der Bering See[530] und der Sea of Okhotsk,[531] in der beide Hochseeenklaven von Drittstaaten nach straddling stocks befischt wurden. Aber auch das Problem mit dem verschiedenen Barscharten im

---

[529] Artikel 77 Absatz 4 SRÜ. Siehe Churchill/Lowe (siehe Fn. 275), S. 151f.

[530] Balton, D. A., "The Bering Sea Donut Hole Convention: Regional Solution, Global Implications" in Stokke, O. S. (Hrsg.), Governing High Seas Fisheries (2001, New York), S. 143.

[531] Elferink, A. G. O., "The Sea of Okhotsk Peanut Hole: De Facto Extension of Coastal State Control" in Stokke, O. S. (Hrsg.), Governing High Seas Fisheries (2001, New York), S. 179.

Südpazifik tritt immer mehr in den Vordergrund, ebenso wie der südöstliche Pazifik und die dortige Befischung des *horse* und *jack mackerel*. Aber auch die fischreichen Gewässer im nordwestlichen Atlantik zeigen die Problematik deutlich. Diese Aufzählung ließe sich weiter fortsetzen.[532] Die wachsende Problematik wird deutlich, wenn man sich vor Augen führt, dass mittlerweile geschätzte 8 bis 10 Prozent der Fischerei auf der Hohen See erfolgt. Der Hauptteil der weltweiten Fischerei findet auch weiterhin ohne Zweifel in den ausschließlichen Wirtschaftszonen statt. Der Anteil der Hochseefischerei ist aber insoweit bemerkenswert, als dass vor der Ausweitung der küstenstaatlichen Nutzungsrechte lediglich 5 Prozent auf der Hohen See gefangen wurde[533] und dieses obwohl der Bereich der Hohen See damals ungemein größer war. Man schätzt, dass ca. 400 Fischarten völlig oder hauptsächlich in dem Bereich der Hohen See vorkommen.[534] Von diesen wird nur ein geringer Anteil befischt. Aber auch hier führt die Suche nach neuen Märkten dazu, dass immer mehr Arten das Interesse der Staaten finden. Dieser Trend zeigt, dass die Staaten versuchen, neue Fischereien zu erschließen, um so den "Verlust" der Bereiche der ausschließlichen Wirtschaftszonen auszugleichen.[535] Aber auch die immer noch unverhältnismäßige Übersubventionierung der Fischereiflotten, die diesen erlaubt jenseits marktwirtschaftlicher Überlegungen zu fischen, verstärkt das Problem.

Gerade deswegen kann eine Lösung, die dafür Sorge tragen soll, dass der größtmöglich erreichbare Dauerertrag und die weitere Existenz der endlichen Ressource der weltweiten Fischbestände sichergestellt werden soll – aufgrund der oben angesprochenen grundsätzlichen Problematik der Hochseefischerei – nur auf internationaler Ebene erreicht werden. Ziel der Vorschriften der Artikel 116 bis 120 SRÜ ist es, die Entwicklungsfähigkeit der Fischbestände auf der Hohen See zu erhalten und sicherzustellen, dass auch in Zukunft der internationalen Gemeinschaft ausreichende Fischressourcen zur Verfügung stehen.[536] Gefordert ist eine Interpretation, die die Rolle und Bedeutung der Fischereiorganisation in stärkerem Maße betont, als dies bisher der Fall gewesen ist.

Schon 1974 kam der Internationale Gerichtshof zu dem Ergebnis, dass die früher bestehende Freiheit der Fischerei auf der Hohen See in diesem Umfang nicht

---

532 United Nations Fish Stock Conference "Some High Seas Aspects Relating to Straddling Fish Stocks and Highly Migratory Fish Stocks", A/Conf.164/INF/4, vom 15 Juni 1993, Rn. 15ff.

533 United Nations Fish Stock Conference, Fisheries Aspects (siehe Fn. 532), Rn. 4.

534 United Nations Fish Stock Conference, Fisheries Aspects (siehe Fn. 532), Rn. 11. Vorhandene Informationen über die unterschiedlichen vorkommenden Fischbestände sind gering.

535 United Nations Fish Stock Conference, Fisheries Aspects (siehe Fn. 532), Rn. 4.

536 Virginia Commentary, Bd. III, 116.9(a).

mehr existiert.[537] Grotius Prämisse von der Unerschöpflichkeit der Fischreichtümer auf der Hohen See war schon frühzeitig als nicht richtig erkannt worden. Dennoch fanden sich kaum wirkliche Einschränkungen der Fischereifreiheit. Diese sollten erst mit UNCLOS III Einzug halten.

Die Freiheit der Fischerei auf der Hohen See wird im Seerechtsübereinkommen durch Artikel 87 Absatz 1 Satz 2(e) SRÜ gewährleistet.[538] Diese Freiheit wurde schon im Genfer Übereinkommen über die Hohe See von 1958 in Artikel 2 Nr. 2 ausdrücklich anerkannt, beziehungsweise kodifiziert.[539] Die einzig dort vorgenommene Beschränkung war, dass diese Freiheit nur so ausgeübt werden durfte, dass die Staaten die Rechte und Pflichten anderer Staaten gebührend berücksichtigen mussten. Dieses Übereinkommen ist im Zusammenhang mit dem gleichzeitig entstandenen Genfer Übereinkommen über die Fischerei und die Erhaltung der biologischen Reichtümer der Hohen See zu sehen, nach welchem alle Staaten "have the right for their nationals to engage in fishing on the high seas", wobei die Staaten an ihre vertraglichen Verpflichtungen gebunden sind.[540] Artikel 6 Absatz 1 dieses Übereinkommens betont das "special interest", welches die Küstenstaaten an der Erhaltung der Produktivität der der lebenden Ressourcen "in any area of the high seas adjacent to its territorial sea" haben. Diese Formulierung ist vor dem Hintergrund zu sehen, dass 1958 ein der ausschließlichen Wirtschaftszone entsprechendes Konzept noch nicht anerkannt war und dementsprechend davon ausgegangen wurde, dass sich die Hohe See direkt an das Küstenmeer anschließen würde.

---

537 "It is one of the advances in maritime law, resulting from the intensification of fishing, that the former *laissez-faire* treatment of the living resources of the sea in the high seas has been replaced by a recognition of a duty to have due regard to the rights of other States and the needs of conservation for the benefit of all. Consequently, both Parties have the obligation to keep under review the fishery resources in the disputed waters, in the light of scientific and other available information, the measures required for the conservation and development, and equitable exploitation, of those resources, taking into account any international agreement in force between them, [...] as well as such other agreements as may be reached in the course of further negotiation." International Court of Justice, Fisheries Jurisdiction Case (United Kingdom of Great Britain and Northern Ireland v. Iceland), Judgement of 25 July 1974, ICJ Reports, S. 3, Rn. 72 und Fisheries Jurisdiction Case (Federal Republic of Germany v. Iceland), Judgement of 25 July 1974, ICJ Reports, S. 3, Rn. 64.

538 Artikel 87 Absatz 1 Satz 2(e) SRÜ: "(1) Die Hohe See steht allen Staaten, ob Küsten- oder Binnenstaaten, offen. Die Freiheit der Hohen See wird gemäß den Bedingungen dieses Übereinkommens und den sonstigen Regeln des Völkerrechts ausgeübt. Sie umfasst für Küsten- und Binnenstaaten unter anderem [...] e) die Freiheit der Fischerei unter den Bedingungen des Abschnitts 2".

539 Ausweislich der Präambel des Genfer Übereinkommens über die Hohe See ist diese "generally declaratory of established principles of international law".

540 Artikel 1 Absatz 1 Genfer Übereinkommen über die Fischerei und die Erhaltung der biologischen Reichtümer der Hohen See von 1958 dar.

Demgegenüber stellt Artikel 87 SRÜ die Fischereifreiheit schon von vornherein unter die Beschränkungen des Abschnitts 2 von Teil VII und statuiert zusätzlich, dass "[d]iese Freiheiten [...] von jedem Staat unter *gebührender Berücksichtigung* der Interessen anderer Staaten an der Ausübung der Freiheiten der Hohen See [ausgeübt werden]".[541] Letzteres bringt zum Ausdruck, dass kein Staat auf der Hohen See besondere Vorzugsrechte genießen soll und dass die Staaten bei der Ausübung der ihnen zustehenden Rechte jeweils auch die Interessen und Belange anderer Staaten bei der Ausübung deren Rechte zu berücksichtigen hat. Hierdurch sollen die Rechte und Interessen aller Staaten in Ausgleich gebracht werden.[542]

Unter der Abschnittsüberschrift "Erhaltung und Bewirtschaftung der lebenden Ressourcen der Hohen See" finden sich im Abschnitt 2 des Teils VII die zentralen Vorschriften des Seerechtsübereinkommens über die Fischerei auf der Hohen See. Dieser Abschnitt ist mit den fünf Artikeln 116 bis 120 SRÜ im Vergleich zu den "Allgemeine[n] Bestimmungen" des Abschnitts 1 der Artikel 86 bis 115 SRÜ schon vom Umfang her deutlich kürzer ausgefallen. Während die Vorschriften des Abschnitts 1 sich weitgehend an dem Genfer Übereinkommen über die Hohe See von 1958 orientieren und dieses an die neuen Erfordernisse der gewandelten Voraussetzungen der Zeit anpassten,[543] stellen die Artikel 116 bis 120 SRÜ nicht lediglich eine Anpassung der Vorschriften des Genfer Übereinkommens über die Fischerei und die Erhaltung der biologischen Reichtümer der Hohen See von 1958 dar. Dieses ist schon Folge des Umstandes, dass durch die Einführung des Konzeptes der ausschließlichen Wirtschaftszone der besonders fischreiche Bereich der Wassersäule über dem Festlandsockel nun bis zu einer maximalen Ausdehnung von 200 Seemeilen unter die nationale Jurisdiktion der Küstenstaaten fiel[544] und die Ausbeutung der dort vorkommenden natürlichen Ressourcen zu dem souveränen Recht des betreffenden Küstenstaates wurde. Das Übereinkommen von 1958 ging – da dieser fischreiche Bereich eben nicht unter nationaler Jurisdiktion stand – von dem Umstand aus, dass Erhaltung auf der Hohen See notwendig sei, da die Küstenstaaten damals keinen Einfluss auf Gebiete jenseits ihres Küstenmeeres geltend machen konnten.[545] Erhaltung wurde dabei gemäß Artikel 2 definiert als "'conservation of the living resources of the high seas' means the aggregate of measures rendering possible the opti-

---

541 Artikel 87 Absatz 2 SRÜ (Hervorhebung vom Verfasser).
542 Virginia Commentary, Bd. III, 87.9(l).
543 Virginia Commentary, Bd. III, VII.2.
544 Yturriaga (siehe Fn. 362), S. 153.
545 Virginia Commentary, Bd. III, VII.3.

mum sustainable yield from those resources."[546] Um geeignete Erhaltungsmaßnahmen zu gewährleisten, finden sich in dem Übereinkommen von 1958 im Vergleich zum Seerechtsübereinkommen relativ detaillierte Vorschriften darüber, wie die Zusammenarbeit zwischen den Staaten zu erfolgen hat.[547] Schon in der Präambel wird die Notwendigkeit zur Zusammenarbeit bei der Lösung der relevanten Probleme "on the basis of international co-operation through the concerted action of all the States concerned" betont.[548] Damit sollte sichergestellt werden, dass das *besondere Interesse* der Küstenstaaten auch tatsächlich Beachtung findet. Mit der Einführung des Konzeptes der ausschließlichen Wirtschaftszone wurde den Küstenstaaten genau diese Einflussmöglichkeit selbst zugestanden[549] und die Idee des besonderen Interesses der Küstenstaaten an der Erhaltung der Ressourcen auf der Hohen See fand keine weitere Beachtung.[550] Dafür finden sich im Abschnitt 2 des Teils VII nun zusätzlich zu den Regelungen über die Erhaltung auch noch solche über die Bewirtschaftung der Fischereibestände auf der Hohen See. Ein Aspekt, der dergestalt nicht in dem Genfer Übereinkommen von 1958 geregelt wurde.[551]

1. Das Recht zur Fischerei auf Hoher See

Artikel 116 SRÜ gewährt als Einleitungsvorschrift des Abschnitts 2 des Teils VII in Verbindung mit Artikel 87 Absatz 1 S. 2(e) SRÜ grundsätzlich jedem Staat das Recht auf der Hohen See zu fischen. Dieses Recht wird aber von vornherein durch gewisse Beschränkungen begrenzt, die im Endeffekt die Fischerei auf der Hohen See nicht mehr völlig frei sein lassen. Die Fischereifreiheit auf der Hohen See besteht also nicht absolut, sondern ist durch diese drei Einschränkungen konditioniert.

Artikel 116 SRÜ lautet:

> "Jeder Staat hat das Recht, dass seine Angehörigen Fischerei auf Hoher See ausüben können, vorbehaltlich
>
> a) seiner vertraglichen Verpflichtungen;

---

546 Artikel 2 Genfer Übereinkommen über die Fischerei und die Erhaltung der biologischen Reichtümer der Hohen See. Die Verwendung des Begriffes des *optimum sustainable yield* enthält gegenüber dem des *maximum sustainable yield* keinen weiteren qualitativen Unterschied. Siehe hierzu Birnie/Boyle *(siehe Fn. 390)*, S. 552, Kaye (siehe Fn. 236), S. 69.

547 Artikel 3ff. Genfer Übereinkommen über die Fischerei und die Erhaltung der biologischen Reichtümer der Hohen See.

548 Präambel Genfer Übereinkommen über die Fischerei und die Erhaltung der biologischen Reichtümer der Hohen See.

549 Yturriaga (siehe Fn. 362), S. 154f.

550 Insgesamt wurde das Genfer Übereinkommen über die Fischerei und die Erhaltung der biologischen Reichtümer der Hohen See nur von 37 Staaten ratifiziert

551 Virginia Commentary, Bd. III, VII.3.

b) der Rechte und Pflichten sowie der Interessen der Küstenstaaten, wie sie unter anderem in Artikel 63 Absatz 2 und in den Artikeln 64 bis 67 vorgesehen sind, und

c) der Bestimmungen dieses Abschnitts."[552]

Die Fischerei auf der Hohen See wird also zum einen beschränkt durch die bestehenden vertraglichen Verpflichtungen eines Staates. Hiermit sind sowohl die vertraglichen Verpflichtungen gemeint, die in dem Seerechtsübereinkommen selbst enthalten sind, wie auch sonstige bilaterale oder multilaterale Abkommen, die ein Staat ratifiziert hat. Soweit sich ein Staat in einem Abkommen mit anderen Staaten verpflichtet hat, eine bestimmte Tätigkeit im Bezug auf den Fischfang nicht vorzunehmen, ist er natürlich verpflichtet, dieser vertraglichen Verpflichtung nachzukommen. Diese Verträge, sowohl bereits bestehende als auch zukünftige, stehen jeweils unter dem Vorbehalt des Artikels 311 Absatz 2 SRÜ. Die Verträge, nach denen die Angehörigen eines Staates auf der Hohen See die Fischerei ausüben dürfen, müssen also mit dem Seerechtsübereinkommen vereinbar sein und dürfen andere Vertragsstaaten nicht in dem Genuss ihrer Rechte oder in der Erfüllung ihrer Pflichten aus dem Seerechtsübereinkommen beeinträchtigen.[553] Ein Übereinkommen, welches den Vertragsparteien die Fischerei auf der Hohen See unbegrenzt erlaubt, würde einen Verstoß gegen Artikel 311 Absatz 2 SRÜ darstellen und damit nicht zulässig sein, da genau die unbeschränkte Fischerei auf der Hohen See nicht mit den Regelungen des Seerechtsübereinkommens vereinbar ist. Die Bezugnahme auf die vertraglichen Verpflichtungen wird durch den Verweis in Artikel 116(c) SRÜ auf die weiteren Bestimmungen des Abschnitts (Artikel 117 bis 120 SRÜ) ergänzt. Diese sehen vor, dass die Staaten, die auf der Hohen See fischen, untereinander zusammenarbeiten. Dieses soll wiederum soweit möglich durch vertragliche Koordination erfolgen. Hierdurch wird die Bedeutung der Anwendung der Prinzipien über die Erhaltung und Bewirtschaftung der lebenden Ressourcen auf der Hohen See ebenso betont, wie die der Zusammenarbeit zwischen den Staaten bei der Erreichung dieses Ziels. Als weitere und wahrscheinlich wichtigste, sicherlich aber in ihrer Bedeutung umstrittenste, Einschränkung der Fischereifreiheit bestimmt Artikel 116(b) SRÜ, dass die Interessen der Küstenstaaten in Bezug auf deren ausschließlichen Wirtschaftszonen zu berücksichtigen sind. Der Verweis bezieht sich "unter anderem" auf die Vorschriften über die gebietsübergreifenden Fischbestände, die weit wandernden Arten, Meeressäugetiere und anadrome und katadrome Arten. In letzterem Fall ist der Verweis auf den Küstenstaat als Verweis auf den Ursprungsstaat zu lesen. Verbindendes Element dieser Vorschriften ist, dass sie alle die Verpflichtung zur Kooperation mit anderen Staaten beinhalten.

---

[552] Artikel 116 SRÜ. Mit dem Begriff "seine Angehörigen / their nationals" sind die Fischerboote eines Staates gemeint, die die Flagge eines Staates tragen, unabhängig von der Nationalität der sie bemannenden Crew, Virginia Commentary, Bd. III, 116.9(a).

[553] Ansichten, die hier davon ausgehen, dass Absatz 311 Absatz 5 SRÜ einschlägig sei, sind abzulehnen.

Dabei ist diese Aufführung nicht abschließend. Die dortige Aufführung der angeführten Artikel gilt "unter anderem". Auch andere Rechte, Pflichten und Interessen der Küstenstaaten gilt es zu beachten, wobei dieses als solches nicht dahin verstanden werden darf, dass darüber hinaus besondere Rechte des Küstenstaates an der Fischerei auf der Hohen See bestünden. Gemeint sind konkrete im Seerechtsübereinkommen vorgesehene Rechte, Pflichten und Interessen. Als Ausgangspunkt sind hierbei die Artikel 61 und 62 SRÜ zu sehen, mit der enthaltenen Verpflichtung zur Erhaltung und Nutzung der lebenden Ressourcen, aber auch Rechte und Pflichten der Küstenstaaten, die sich aus einigen Vorschriften des Teils XII über den Schutz und Bewahrung der Meeresumwelt ergeben.[554] Grundsätzlich bezieht es sich aber hauptsächlich auf die Vorschriften über bestimmte Fischarten. Dies hat zur Folge, dass die Vorschriften über bestimmte Fischarten auch auf der Hohen See Bedeutung erlangen und eine Verbindung hergestellt wird zwischen Teil VII und Teil V.[555] Die Tatsache, dass bei der Fischerei auf der Hohen See nun die Staaten die Interessen der Küstenstaaten berücksichtigen müssen, ist eine grundlegende Änderung des bis dahin bestehenden Konzepts der Fischerei. Es wird anerkannt, dass die Küstenstaaten daran ein Interesse haben, wie die Fischerei in Bereichen der Hohen See ausgeübt wird, die Auswirkungen auf Bestände hat, über deren Fang die Küstenstaaten in ihren ausschließlichen Wirtschaftszonen souveräne Rechte hat.

Der genaue Umfang des Artikels 116(c) SRÜ mit seinem Verweis auf "die Rechte und Pflichten der Küstenstaaten" hat dabei zu zwei gegensätzlichen Interpretationen über die Rolle der Küstenstaaten und ihrer Rechte auf der Hohen See geführt. Zum einen, dass dies beinhalte, dass die Küstenstaaten "superior rights" hätten über die Fischbestände und zum anderen, dass diese Formulierung auf die "due regard" Formel des Artikels 87 Absatz 2 SRÜ rekurriere.[556] Erstere Ansicht umschreibt Vorzugsrechte, die einem Küstenstaat auf der Hohen See eingeräumt werden sollen. Die Terminologie ist dabei sehr verschiedentlich.[557] Quintessenz ist jedoch, dass der Küstenstaat für den Fall des Scheiterns zu einem bestimmten Umfang seine Maßnahmen auch auf den Bereich der Hohen See ausweiten darf. Untrennbar mit dieser Frage ist aber verbunden, zu welchem Umfang der Küstenstaat diese Maßnahmen auch durchsetzen darf. Dass diese Befugnis grundsätzlich dem Flaggenstaat zusteht, ist unbestritten.[558] Dement-

---

554 Virginia Commentary, Bd. III, 116.9(f).

555 Yturriaga (siehe Fn. 362), S. 155.

556 Nelson, L. D. M., "The Development of the Legal Regime of High Seas Fisheries" in Boyle, A. E., Freestone, D. A., International Law and Sustainable Development (1999, Oxford), S. 113, 122f.; Orrego Vicuña (siehe Fn. 500), S. 63f.

557 Bericht des International Committee on the Exclusive Economic Zone, International Law Association, Report of the 65th Conference (1992), S. 254, 269f.

558 Zu den sich daraus entwickelnden Problemen siehe Carr, C. J., Scheiber, H. N., "Dealing with a Resource Crisis: Regulatory Regimes for Managing the World's Marine Fisheries" 21 Stanford Environmental Law Journal (2002), S. 45, 58ff.

sprechend existieren Vorschläge, die darauf verweisen, dass dem Küstenstaat zum Beispiel die Retorsion zur Verfügung stehe. Aber auch nationale Maßnahmen wie zum Beispiel das Erteilen von Zugangsverboten zu den nationalen Häfen könnten hier genannt werden.[559] Letzteres erscheint vor dem Hintergrund der weltweiten wirtschaftlichen Verflechtung und insbesondere der WTO mehr als fraglich. Alleine die Frage nach der Möglichkeit der Durchsetzung der küstenstaatlichen Maßnahmen macht die Ausweitung küstenstaatlicher Befugnisse wenig wünschenswert. Soweit eine tatsächliche Durchsetzung auf Hoher See durch den Küstenstaat erfolgt, ist dieses nach Völkerrecht nicht geboten. Erwähnt sei hier bloß der kanadisch-spanische Fischereistreit über die "Festnahme" der Estai.[560]

Deswegen ist grundsätzlich der Ansicht der Vorzug zu geben, die darauf verweist, dass Artikel 116 SRÜ lediglich auf die "due regard" Formel des Artikels 87 Absatz 2 SRÜ Bezug nimmt. Diese Ansicht ist auch unter Berücksichtigung der Entwicklungsgeschichte des Artikels 116 SRÜ[561] zutreffender. Folge der in Artikel 87 Absatz 2 SRÜ enthaltenen Verpflichtung ist, dass (unter anderem auch) die Fischereifreiheit nur unter gebührender Berücksichtigung der Interessen anderer Staaten erfolgen soll. Von dieser Verpflichtung sind selbstverständlich auch die Küstenstaaten betroffen. Diese müssen also ebenso auf die Rechte der sonstigen Staaten Rücksicht nehmen, wie die anderen Staaten auf die Rechte der Küstenstaaten Rücksicht nehmen müssen.[562] Die in dem Genfer Übereinkommen über die Fischerei und die Erhaltung der biologischen Reichtümer der Hohen See anerkannten *besonderen Rechte* der Küstenstaaten kommen in dem Seerechtsübereinkommen gerade nicht mehr vor.[563] Die Ansicht, nach der der Verweis sich auf Artikel 87 Absatz 2 SRÜ beziehe, darf nicht dahingehend missverstanden werden, dass angenommen wird, dass im Falle des Scheiterns der vom Seerechtsübereinkommen geforderten Verhandlungen die Fischerei auf

---

559 Orrego Vicuña (siehe Fn. 500), S. 67.

560 Siehe hierzu unter anderem Freestone, D., "Canada and the EU Reach Agreement to Settle the Estai Dispute" 10 International Journal of Marine and Coastal Law (1995), S. 397; Joyner, C. C., Alvarez von Gustedt, A., "The 1995 Turbot War: Lessons for the Law of the Sea" 11 International Journal of Marine and Coastal Law (1996), S. 425; Teece, D. R., "Global Overfishing and the Spanish-Canadian Turbot War: can international law protect the high-seas environment?" 8 Colorado Journal of International Environmental Law and Policy (1997), S.89.

561 Artikel 116 SRÜ befindet sich ähnlicher Form schon in Artikel 1 Absatz 1 des Genfer Übereinkommens über die Fischerei und die Erhaltung der biologischen Reichtümer der Hohen See. Er wurde dort eingefügt, um zu verdeutlichen, dass die Freiheit der Fischerei auf der Hohen See weiter bestünde. Siehe Nelson (siehe Fn. 556), S. 117f.

562 Virginia Commentary, Bd. III, 116.9(c) und 87.9(k)f; Davies, P. G. G., Redgewell, C., "The International Regulation of Straddling Fish Stocks" 67 British Yearbook of International Law (1996), S. 199, 242.

563 Oda, S., "Fisheries under the United Nations Convention on the Law of the Sea" 77 American Journal of International Law (1983), S. 739, 750.

der Hohen See im wesentlichen frei sei.[564] Vielmehr muss sie ergänzt und wesentlich modifiziert werden durch eine ausreichende Berücksichtigung der Rolle der Fischereiorganisationen. Andernfalls bestünde das berechtigte Risiko, dass Staaten Verhandlungen mit den Küstenstaaten über den Fischfang auf der Hohen See geschickt scheitern lassen, um so ihrem Fischfang ungestört nachzugehen.[565] Die Verpflichtung, die Verhandlungen im guten Glauben zu führen und sich nicht rechtsmissbräuchlich zu verhalten, ist zu unspezifisch, um so ein Ergebnis zu vermeiden.[566] Aber genauso sollte eine Interpretation vermieden werden, die den Küstenstaaten für den Fall des Scheiterns von Verhandlungen das Recht einräumen würde, unilaterale Maßnahmen zu ergreifen. Insbesondere da die Aussage über die Befugnis Maßnahmen zu erlassen nicht korrespondierend mit der nach der Durchsetzungsbefugnis ist. Wie so oft, liegt die beste Interpretation in der Beschreitung eines ausgleichenden Mittelweges, die die vom Seerechtsübereinkommen vorgesehenen Kooperationsverpflichtungen verstärkt betont und dafür Sorge trägt, dass Maßnahmen und Durchsetzung gemäß darauf verständigter Einigung erfolgt. Wie schon erwähnt, ist die Verpflichtung zur Kooperation dahingehend zu verstehen, dass die Staaten auch nach dem Scheitern der Verhandlungen diese auf Initiative eines Staates wieder aufgreifen müssen.

Durch Artikel 116 SRÜ wird das Recht zur Fischerei auf der Hohen See in die bestehenden vertraglichen Verpflichtungen eines Staates eingebunden, einschließlich der, die im Seerechtsübereinkommen selbst enthalten sind und die der Staat durch die Ratifikation desselben eingeht. Das Seerechtsübereinkommen trägt damit dem Umstand Rechnung, dass es sich beim modernen Seevölkerrecht um ein vielschichtiges Netz an vertraglichen Verpflichtungen handelt, welches zwischen den Staaten besteht.

---

564 Siehe die abweichende Meinung zu dem Bericht des International Committee on the Exclusive Economic Zone, International Law Association, Report of the 65th Conference (1992), S. 254, 273. Ansonsten wird in diesem Bericht die Ansicht vertreten, dass der Küstenstaat an der Erhaltung der *straddling stocks* in dem sich seiner ausschließlichen Wirtschaftszone anschließenden Gebiet ein besonderes Interesse hat, ohne dass dies jedoch irgendeine Form von besonderen Befugnissen begründen würde. *Id.*, S. 269ff.

565 Im Bezug auf die Artikel 63 und 64 SRÜ verweist Anderson, D. H., "The Straddling Stocks Agreement of 1995 – an Initial Assessment" 45 International and Comparative Law Quarterly (1996), S. 463, 464 darauf, dass "the simple duty to seek agreement or to cooperate over the adoption of conservation measures, laid down in Article 63 for straddling stocks and in Article 64 for highly migratory species, left open the question of what should happen when efforts to cooperate had failed to produce agreement. A proposal for arbitration, advanced by some coastal States at a late stage of the Conference, met with opposition from distant-water fishing States and was withdrawn."

566 Orrego Vicuña (siehe Fn. 500), S. 65.

2. Pflicht zu Erhaltungsmaßnahmen auf der Hohen See

Gemäß Artikel 117 SRÜ ist jeder Staat verpflichtet, Maßnahmen in Bezug auf seine Angehörigen zu ergreifen, um die lebenden Ressourcen der Hohen See zu erhalten, beziehungsweise mit anderen Staaten zu diesem Zwecke zusammenzuarbeiten. Dieses entspricht von der Zielsetzung der schon in dem Genfer Übereinkommen über die Fischerei und die Erhaltung der biologischen Reichtümer der Hohen See von 1958 enthaltenen Vorschrift des Artikels 1 Absatz 2. Artikel 117 SRÜ bestärkt die schon in Artikel 116 SRÜ festgestellte besondere Bedeutung der Rolle der Flaggenstaaten und hält damit einen der althergebrachten Grundsätze über die Jurisdiktionsverteilung auf der Hohen See aufrecht. Jegliche Regulierung und Durchsetzungsmaßnahme auf der Hohen See kann nur vom Flaggenstaat vorgenommen werden, soweit nicht eine anders lautende Übereinkunft zwischen den Staaten vorliegt, die deren Zustimmung zu einem Vorgehen gibt. Nur in Ausnahmefällen hat auch ein Nichtflaggenstaat das Recht, ein anderes Schiff zu betreten.[567] Von diesen Ausnahmen betrifft allerdings keine irgendwelche Fischereiaktivitäten.

Eine Definition der erforderlichen Maßnahmen zur Erhaltung der lebenden Ressourcen findet sich nicht im Seerechtsübereinkommen. Allerdings bietet Artikel 119 SRÜ einige Hinweise darauf, welche Faktoren zu berücksichtigen sind. Auch findet sich in Artikel 18 Absatz 3 des Straddling Fish Stocks Agreement[568] eine längere Liste mit Punkten, die der Flaggenstaat nach dem Straddling Fish Stocks Agreement im Hinblick auf unter seiner Flagge fahrenden Schiffen sicherzustellen hat. Dieses kann zumindest als Anhaltspunkt auch für das Seerechtsübereinkommen genommen werden.

Die Ergreifung der Maßnahmen kann entweder durch den Staat alleine erfolgen, oder in Zusammenarbeit mit anderen Staaten. Im Hinblick auf Artikel 118 SRÜ scheint es aber so zu sein, dass dies keine alternative Auswahl ist, sondern dass vielmehr die Vornahme von Maßnahmen durch einen Flaggenstaat diesen nicht von der Verpflichtung befreit, auch mit anderen Staaten diesbezüglich zusammenzuarbeiten.[569] In einer im Rahmen der Konferenz über Straddling Fish Stocks vorbereiteten Studie[570] wurde die Ansicht vertreten, dass Artikel 117 SRÜ dahingehend zu lesen sei, dass hier die Nichterreichung einer Einigung zwischen den Parteien zu einer Verletzung von Artikel 117 SRÜ führen würde.[571] Artikel 117 SRÜ beinhalte, dass die Parteien zu einem Ergebnis kommen sollten. Diese Ansicht kann ergänzt werden durch eine Hervorhebung des Verbots des rechtsmissbräuchlichen Verhaltens nach Artikel 300 SRÜ.

---

567 Artikel 110 SRÜ.

568 Siehe dazu II.K.

569 Virginia Commentary, Bd. III, 117.9(b).

570 Background Paper (Prepared by the Secretariat), A/Conf.164/INF/5, vom 8. Juli 1993.

571 Background Paper Prepared by the Secretariat (siehe Fn. 570), Rn. 67ff.

3. Die Zusammenarbeit der Staaten auf der Hohen See

Artikel 118 verlangt von den Staaten bei der Erhaltung und Bewirtschaftung der lebenden Ressourcen in den Gebieten der Hohen See direkt zusammenzuarbeiten. Dieses ist die zentrale Kooperationsverpflichtung des Abschnitts 2 und betrifft sowohl die Staaten, die auf der Hohen See fischen, als auch die Küstenstaaten mit ausschließlichen Wirtschaftszonen, die an die Gebiete der Hohen See angrenzen, in denen Fischerei stattfindet. Dies wird weiterhin dahin konkretisiert, dass der Adressatenkreis dieser Vorschrift all den Staaten, die in derselben Region fischen, aufgibt, Verhandlungen aufzunehmen, um die erforderlichen Maßnahmen zur Erhaltung und Bewirtschaftung zu ergreifen. Soweit erforderlich, sollen subregionale oder regionale Fischereiorganisationen errichtet werden. Bezüglich der Fischereiorganisationen wird keinerlei Konkretisierung gegeben, wie deren Arbeit auszusehen habe.

Durch Artikel 118 SRÜ wird das Konzept der Bewirtschaftung der lebenden Ressourcen auf der Hohen See eingeführt. Dieses findet sich nicht in dem Genfer Übereinkommen über die Fischerei und die Erhaltung der biologischen Reichtümer der Hohen See. Es erscheint in direktem Zusammenhang mit der Erhaltung der lebenden Ressourcen.[572] 'Bewirtschaftung' umfasst dabei Konzepte wie das der optimalen Nutzung, dem größtmöglich erreichbaren Dauerertrag und der zulässigen Fangmenge, während 'Erhaltung' die Vermeidung der übermäßigen Ausbeutung, die Nutzung der besten zur Verfügung stehenden wissenschaftlichen Angaben und ebenfalls wieder die Sicherstellung des größtmöglich erreichbaren Dauerertrags erfasst. Der Begriff der Erhaltung erscheint zunächst in Teil V des Seerechtsübereinkommens über die ausschließliche Wirtschaftszone. Die Bedeutung des Wortes Bewirtschaftung wird von der FAO interpretiert mit "'management' refers to the allocation of the resources."[573] Da im Zusammenhang mit der ausschließlichen Wirtschaftszone die Bewirtschaftung auf eine Verteilung der vorhandenen Fischbestände abzielt, bedeutet dies, dass damit auch auf der Hohen See eine Nutzungsverteilung zwischen den einzelnen Staaten vorgesehen ist. Hiermit ist davon auszugehen, dass "eine Nutzungsverteilung [über nationale Quoten] im Wege zwischenstaatlicher Zusammenarbeit"[574] möglich ist.

---

572 Die Wortwahl war zunächst "Bewirtschaftung und Erhaltung" bevor dieses durch den Redaktionsausschuss in "Erhaltung und Bewirtschaftung" umgewandelt wurde. Dadurch wird die Bedeutung des hauptsächlichen Ziels der Erhaltung besonders betont, A/Conf.62/L.67/Add.5, Rn. 79, 87ff.

573 Food and Agriculture Organization, Marine Fisheries and the Law of the Sea: A Decade of Change, FAO Fisheries Circular No. 853 (1993, Rome), S. 28; Virginia Commentary, Bd. III, VII.3.

574 Wolfrum (siehe Fn. 367), S. 695.

4. Erhaltung der lebenden Ressourcen auf der Hohen See

Artikel 119 SRÜ gibt den Staaten Anhaltspunkte für die von ihnen zu ergreifenden Maßnahmen bei der Festlegung der zulässigen Fangmenge und der Erhaltung der lebenden Ressourcen. Referenzpunkt für die Erhaltung der lebenden Ressourcen der Hohen See ist der größtmögliche Dauerertrag. Bei dessen Festlegung haben die Staaten verschiedene Faktoren zu berücksichtigen. Umwelt- und Wirtschaftsfaktoren sowie die besonderen Bedürfnisse der Entwicklungsstaaten sind dabei ebenso in die Betrachtung miteinzubeziehen, wie auch die gegenseitige Abhängigkeit der Fischbestände und allgemein empfohlene internationale Mindestnormen.[575]

Besonders angesprochen werden hier die Interdependenzen der Fischbestände untereinander ebenso wie die besonderen Bedürfnisse der Entwicklungsstaaten. So wie in der ausschließlichen Wirtschaftszone der Küstenstaat angehalten ist, die Wirkung auf die mit dem zu befischenden Bestand vergesellschaftete Arten zu berücksichtigen, soll dieses ebenso von den auf der Hohen See fischenden Staaten berücksichtigt werden. Der Wortlaut der entsprechenden Vorschriften ist identisch.[576]

Absatz 2 legt fest, dass die verfügbaren wissenschaftlichen Informationen regelmäßig mitgeteilt und ausgetauscht werden sollen. Hierfür würde sich als Forum eine internationale Organisation anbieten, auf die Absatz 2 verweist.[577]

5. Artikel 120 SRÜ

Gemäß Artikel 120 findet die Vorschrift des Artikels 65 SRÜ über die Meeressäugetiere auch auf die Erhaltung und Bewirtschaftung derselben auf der Hohen See Anwendung. Insoweit sei auf II.G.2.e) verwiesen.

J. Zwischenergebnis

Weder die Küstenstaaten, noch die auf der Hohen See fischenden Staaten haben so weitgehende Vorzugsrechte, dass deren Position gegenüber den anderen völlig vorgezogen werden würde. Das Seerechtsübereinkommen hat als Ziel, die Kooperation zwischen allen an der Fischerei beteiligten Staaten zu erreichen. Die Kooperation soll dergestalt erfolgen, dass zu diesem Zwecke Abkommen zwischen den Staaten entweder neu geschaffen oder bereits bestehende intensiver genutzt werden. In diesen Fischereiorganisationen sollen die Staaten dann zusammenarbeiten. Deswegen muss die Rolle der in Zusammenhang mit dem

---

575 Artikel 119 Absatz 1(a) SRÜ.

576 Artikel 61 Absatz 4 und Artikel 119 Absatz 1(b) SRÜ.

577 Siehe zum Beispiel Roche, A. G., "A New Intergovernmental Fisheries Organisation: INFOFISH" in Food and Agriculture Organization, The Law and the Sea: Essays in Memory of Jean Carroz (1987, Rome), S. 207.

Seerechtsübereinkommen abgeschlossenen Abkommen auch so gesehen werden, dass diese gerade in dem Gefüge des Seerechtsübereinkommens verbleiben und nicht beliebig aus diesem herausgenommen werden können. Dieses hat nach dieser Interpretation dementsprechend auch Auswirkungen auf die Rolle der einzelnen Streitbeilegungsmechanismen.

K. Agreement for the Implementation of the Provisions of the United Nations Convention on the Law of the Sea of 10 December 1982 Relating to the Conservation and Management of Straddling Fish Stocks and Highly Migratory Fish Stocks

Die Regelungen der Fischerei auf der Hohen See in den Artikel 117 bis 119 SRÜ stellen wie gezeigt auf die Arbeit von Fischereiorganisationen ab, ohne deren Rolle weiter auszugestalten. Wünschenswert wäre es gewesen, den Staaten weitere Anhaltspunkte zu geben, wie deren Arbeit in diesen Organisationen zu erfolgen hat. Vor allem bleibt unklar welche Befugnisse diese Organisationen haben. So bleibt offen inwieweit die Organisationen Regelungen zum Bestandsschutz erlassen dürfen und vor allem auch, ob das eigentlich bei den Flaggenstaaten liegende Recht zur Durchsetzung dieser Vorschriften von den Fischereiorganisationen übernommen wird. Aber auch die Frage nach dem internen Entscheidungsprozeß hätte angesprochen werden können, zumal vor dem Hintergrund von Artikel 117 SRÜ dort lediglich gefordert wird, dass die Staaten Maßnahmen erlassen, soweit diese erforderlich sind. Und gerade die Frage nach der Erforderlichkeit bestimmter Maßnahmen hat oftmals die Arbeit der Fischereiorganisationen gelähmt.[578] Aber auch Fragen nach der Mitgliedschaft von Staaten und die Position gegenüber Nichtmitgliedsstaaten und das "free rider" Problem, und nicht zuletzt Fragen der Streitbeilegung innerhalb der Organisation, wird durch das Seerechtsübereinkommen nicht weiter angesprochen.

Neben die wenigen Regeln des Seerechtsübereinkommens über die Fischerei auf der Hohen See sind in den vergangenen Jahren zwei weitere Abkommen von weltweiter Bedeutung hinzugetreten, die eine deutlich höhere Regelungsdichte vorweisen. Das 1995 Straddling Fish Stocks Übereinkommen[579] und das Food and Agriculture Organization Compliance Agreement von 1993[580] könnten dazu beitragen, dass die Fischerei auf der Hohen See in eine neue Phase tritt. Beide Abkommen sind mittlerweile in Kraft getreten und sollte die Zahl, der an ihre

---

578 Wolfrum (siehe Fn. 367), S. 697f.

579 Agreement for the Implementation of the Provisions of the United Nations Convention on the Law of the Sea of 10 December 1982 Relating to the Conservation and Management of Straddling Fish Stocks and Highly Migratory Fish Stocks vom 4. Dezember 1995 (ILM, Vol. 34 (1995), S. 1547).

580 Agreement to Promote Compliance with International Conservation and Management Measures by Fishing Vessels on the High Seas vom 23. November 1993 (ILM, Vol. 33 (1994), S. 969).

Vorschriften gebundenen Staaten noch weiter wachsen, so könnte dies einen milden Optimismus erlauben.

Die immer wieder vorgebrachten Forderungen, dass zusätzlich zu den Regeln des Seerechtsübereinkommens über die Fischerei noch weitere treten müssten, um die dort enthaltenen Regelungen weiter auszugestalten, konnten erst dreizehn Jahre nach Verwirklichung des Seerechtsübereinkommens mit den Verhandlungen über das Agreement for the Implementation of the Provisions of the United Nations Convention on the Law of the Sea of 10 December 1982 Relating to the Conservation and Management of Straddling Fish Stocks and Highly Migratory Fish Stocks zumindest in Teilen verwirklicht werden.[581] Das Fish Stocks Agreement ist das Resultat von Verhandlungen, die auf die United Nations Conference on Environment and Development von Rio de Janeiro im Jahre 1992 zurückgehen.[582] Auf einen Vorschlag Kanadas hin wurde beschlossen, eine Konferenz einzuberufen, die sich mit den gebietsübergreifenden und weit wandernden Fischbeständen befassen sollte. Hauptsächlich auf ein Einwirken der Europäischen Gemeinschaft geht es zurück, dass festgelegt wurde, dass diese Konferenz unter allen Umständen innerhalb des Systems des Seerechtsübereinkommens arbeiten müsste.[583] Wie schon aus dem Titel deutlich wird, handelt es sich um ein Abkommen, welches die entsprechenden Vorschriften des Seerechtsübereinkommens implementieren soll. Dieser Zweck wird auch noch einmal in der Präambel hervorgehoben, wenn es heißt, dass "an agreement relating to the implementation of the relevant provisions of the Convention would best serve these purposes [...]."[584] Auf der Konferenz von Rio wurden verschiedene Problemfelder identifiziert und diese wurden auch dem Fish Stocks Agreement vorausgestellt.[585] Zum einen, dass die Bewirtschaftung der Hochseefischerei in vielen Gebieten inadäquat sei, und das einige Fischbestände überfischt sind.

---

581 Agreement for the Implementation of the Provisions of the United Nations Convention on the Law of the Sea of 10 December 1982 Relating to the Conservation and Management of Straddling Fish Stocks and Highly Migratory Fish Stocks, A/CONF.164/37 vom 8 September 1995. Für einen kurzen einleitenden Überblick siehe Anderson (siehe Fn. 565), S. 463.

582 Agenda 21, Kapitel 17, Rn. 17.50. Zum Fish Stocks Agreement siehe Mack, J. R., "International Fisheries Management: How the U.N. Conference on Straddling And Highly Migratory Fish Stocks Changes the Law of Fishing on the High Seas" 26 California Western International Law Journal (1996), S. 313.

583 Der in der Agenda 21 enthaltene Auftrag an die Konferenz lautete: "States, should convene, as soon as possible, an intergovernmental conference [...] with a view to promoting effective implementation of the provisions of the United Nations Convention on the Law of the Sea on straddling fish stocks and highly migratory fish stocks. [...] The work and the results of the conference should be fully consistent with the provisions of UNCLOS, in particular the rights and obligations of coastal States and States fishing on the high seas." Agenda 21, Kapitel 17, Rn. 17.50. Anderson (siehe Fn. 565), S. 466.

584 Präambel FSA Absatz 9.

585 Präambel FSA Absatz 5.

Dann folgt eine Auflistung verschiedener Probleme: "unregulated fishing, overcapitalization, excessive fleet size, vessel reflagging to escape controls, insufficiently selective gear, unreliable databases and lack of sufficient cooperation between States." Diesen Problemen versucht das Fish Stocks Agreement zu begegnen, indem es gegenüber dem Seerechtsübereinkommen genauer ausgestaltete Vorschriften vorsieht, wie die Vertragsparteien ihre aus diesem erwachsenden Pflichten wahrnehmen sollen. Im Gegensatz zu dem Agreement Relating to the Implementation of Part XI of the United Nations Convention on the Law of the Sea of 10 December 1982, welches nicht ratifiziert werden kann, ohne dass auch eine gleichzeitige Bindung an das Seerechtsübereinkommen erfolgt, oder eine solche schon vorliegt,[586] kann das Fish Stocks Agreement auch ratifiziert werden, ohne dass eine Bindung an das Seerechtsübereinkommen erfolgt. Dieses sollte aber nicht darüber hinwegtäuschen, dass das Seerechtsübereinkommen und das Fish Stocks Agreement praktisch im Zusammenhang gelesen werden müssen, um eine sinnvolle Interpretation zu erreichen. Dieses wird auch klargestellt durch Artikel 4 Satz 2 des Fish Stocks Agreement: "This Agreement shall be interpreted and applied in the context of and in a manner consistent with the Convention."

Zentraler Inhalt des Fish Stocks Agreements ist eine weitere Ausgestaltung der Artikel 63 Absatz 2, 64 und 116 bis 120 SRÜ. Es geht darum die Verteilung der Kompetenzen der Küstenstaaten und der Flaggenstaaten klarzustellen und weiterhin die dort enthaltenen vielfältigen Kooperationsverpflichtungen zu konkretisieren. Während, wie gezeigt, das Seerechtsübereinkommen im Hinblick auf die Ausgestaltung der Kooperationspflichten der Staaten unspezifisch bleibt, enthält das Fish Stocks Agreement hierzu eine Vielzahl von Regelungen und Ausgestaltungen. Gleichzeitig muss aber vermerkt werden, dass der Anwendungsbereich dieser Vorschriften sich nicht auf die Fischerei auf der Hohen See als solche bezieht, sondern nur insoweit gebietsübergreifende und weit wandernde Arten von dieser betroffen sind.[587]

Teil III des Fish Stocks Agreement enthält Vorschriften darüber, wie die Zusammenarbeit im Hinblick auf gebietsübergreifende und weit wandernde Fischbestände ausgestaltet sein soll. Hier wird erstmals auch deutlich gemacht, dass

---

[586] Artikel 4 Implementation Agreement on Part XI. Dieses gilt selbstverständlich nur für Staaten, die zu diesem Zeitpunkt das Seerechtsübereinkommen nicht schon ratifiziert hatten. Staaten, die das Seerechtsübereinkommen vor der Annahme des Teil XI Implementierungsabkommens ratifiziert haben, sind von dessen eingeführten Änderungen nicht betroffen.

[587] Insbesondere soll sichergestellt werden, dass die "[c]onservation and management measures established for the high seas and those adopted for areas under national jurisdiction shall be compatible in order to ensure conservation and management of the straddling fish stocks and highly migratory fish stocks in their entirety. To this end, coastal States and States fishing on the high seas have a duty to cooperate for the purpose of achieving compatible measures in respect of such stocks." Artikel 7 Absatz 2 FSA.

die Verpflichtung zur Kooperation dadurch erfüllt werden soll, dass die Staaten Mitglied in einer Fischereiorganisation werden sollen, soweit eine solche für einen bestimmten Bereich besteht und die Kompetenz hat, Maßnahmen zu beschließen. Allerdings ist auch ausreichend, dass sich der Staat dazu bereit erklärt, die von der Fischereiorganisation beschlossenen Maßnahmen zu befolgen.[588]

Im Zusammenhang mit dem Fish Stocks Agreement wird teilweise argumentiert, dass die dort enthaltenen Vorschriften vorgeblich auch auf Nicht-Mitgliedsstaaten zutreffen. Insbesondere träfe dies auf die Vorschrift des Artikels 17 zu, der es Staaten, die nicht Mitglied in einer subregionalen oder regionalen Fischereiorganisation sind, untersagt, in der entsprechenden Region zu fischen, soweit dieser Staat sich nicht bereit erklärt, sich an die von der Fischereiorganisation erlassenen Maßnahmen zu halten. Hier werde lediglich auf "State" abgestellt und nicht wie zum Beispiel in Artikel 21 über die subregionale und regionale Kooperation bei der Durchsetzung auf "state Party". Dieses sei dahingehend zu verstehen, dass damit auch Nichtmitgliedsstaaten zum Fish Stocks Agreement von der Vorschrift des Artikels 17 betroffen seien. Diese Ansicht ist unzutreffend. Durch das Fish Stocks Agreement hat sich nichts an dem *pacta tertiis* Grundsatz geändert. Zwar ist die Wortwahl im Fish Stocks Agreement tatsächlich nicht einheitlich. Aber die Vorschrift des Artikels 33 Absatz 2 im Fish Stocks Agreement widerspricht dieser Ansicht.[589] Diese Vorschrift macht deutlich, dass die Mitgliedsstaaten des Fish Stocks Agreement Maßnahmen ergreifen sollen, die Nichtmitgliedsstaaten davon abhalten, die effektive Durchsetzung des Fish Stocks Agreements zu unterminieren. Aber gerade das Fischen in Gebieten, in denen eine bestehende Fischereiorganisation Erhaltungsmaßnahmen vornimmt, würde die effektive Durchsetzung des Straddling Fish Stocks Agreements beeinträchtigen. Dies zeigt, dass die Vorschrift des Artikels 17 gerade voraussetzt, dass nur solche Staaten, die nicht Mitglied einer Fischereiorganisation davon betroffen sein können, die gleichzeitig aber auch Vertragspartei des Fish Stocks Agreement sind. Andernfalls wäre die in Artikel 33 Absatz 2 des Fish Stocks Agreements vorgenommene Regelung überflüssig. Aber auch ein Blick auf Artikel 17 Absatz 4 Satz 2 des Fish Stocks Agreements zeigt, dass die Mitgliedsstaaten nur solche Maßnahmen ergreifen sollen, um andere Staaten von dem Fischfang abzuhalten, ohne dass diese selbst Mitglied bei der entsprechenden Fischereiorganisation werden, die im Einklang mit dem Völkerrecht stehen. Die in Artikel 17 enthaltenen Maßnahmen, die es auch Nicht-Flaggenstaaten erlauben, ein Schiff zu kontrollieren, sind aber nach derzeitigem

---

588 Artikel 8 Absatz 3 FSA.

589 Artikel 33 Absatz 2 FSA: "States Parties shall take measures consistent with this Agreement and international law to deter the activities of vessels flying the flag of non-parties which undermine the effective implementation of this Agreement."

Völkerrecht ganz sicherlich nicht erlaubt. Diese also auf Nicht-Vertragsstaaten auszuweiten wäre ein Verstoß gegen völkerrechtliche Vorschriften.

Interessant ist die Ausgestaltung des Streitbeilegungssystems des Fish Stocks Agreements. Teil VIII über die friedliche Streitbeilegung enthält sechs Vorschriften, die allesamt die enge Verquickung zum Seerechtsübereinkommen erkennen lassen.[590] Einleitender Artikel ist Artikel 27, der den Staaten die Verpflichtung auferlegt, ihre Streitigkeiten friedlich zu lösen und die übliche Auflistung friedlicher Streitbeilegungsmittel aus Artikel 33 der Charta der Vereinten Nationen enthält – nämlich Verhandlungen, Untersuchungen, Vermittlungen, Vergleiche, Schiedssprüche und gerichtliche Entscheidungen. Daneben steht Artikel 28, nach dem die Staaten zur Kooperation aufgerufen werden, um Streitigkeiten zu vermeiden. Zu diesem Zweck sollen die Entscheidungsmechanismen in subregionalen und regionalen Organisationen so ausgestaltet werden, dass diese effiziente und zügige Entscheidungen erlauben. Dahinter liegt der Gedanke, dass gerade die Unfähigkeit der Staaten, sich innerhalb der Fischereiorganisationen auf Maßnahmen zu verständigen, dazu beiträgt, dass es zu einem Stillstand in den Entscheidungsprozessen kommt und dass deswegen Streitigkeiten entstehen.[591]

Zentrale Vorschrift in diesem Teil ist Artikel 30. Dieser bringt die Streitbeilegungsvorschriften des Teils XV des Seerechtsübereinkommens *mutatis mutandis* zur Anwendung und zwar unabhängig davon, ob die Streitparteien auch Vertragspartei des Seerechtsübereinkommens sind. Voraussetzung ist natürlich, dass sie Partei des Fish Stocks Agreements sind und eine Streitigkeit über die Auslegung und Anwendung desselben vorliegt.[592] Durch diese Bezugnahme werden die Streitbeilegungsvorschriften des Seerechtsübereinkommens gestärkt, da ihr Anwendungsbereich in entscheidenden Bereichen erweitert wird. Soweit sich die Staaten nicht nach Artikel 280 SRÜ auf ein anderes friedliches Verfahren geeignet haben, greifen damit die Vorschriften des Teils XV für Streitigkeiten über die Auslegung und Anwendung des Fish Stocks Agreements. Ein solcher *mutatis mutandis* Verweis findet sich neben dem Fish Stocks Agreement auch noch in der Convention on the Conservation and Management of Highly Migra-

---

590 Siehe zu den Verhandlungen über diesen Punkt Tahindro, A., "Conservation and Management of Transboundary Fish Stocks: Comments in Light of the Adoption of the 1995 Agreement for the Conservation and Management of Straddling Fish Stocks and Highly Migratory Fish Stocks" 28 Ocean Development and International Law Journal (1997), S. 1, 45f.

591 So hat zum Beispiel der spanisch-kanadische Fischereistreit über die Festnahme der Estai im Jahre 1995 seinen Ursprung in dem Verhalten der Parteien in der NAFO. Siehe hierzu Day, D., "Tending the Achilles Heel of NAFO: Canada Acts to Protect the Nose and Tail of the Grand Banks" 19 Marine Policy (1995), S. 257, 261ff; Joyner, C. C., "On the Borderline? Canadian Activism in the Grand Banks" in Stokke, O. S. (Hrsg.), Governing High Seas Fisheries (2001, New York), S. 207.

592 Artikel 30 Absatz 1 FSA.

tory Fish Stocks in the Western and Central Pacific Ocean vom 5. September 2000.[593] Hier geht der *mutatis mutandis* Verweis allerdings nicht auf das Streitbeilegungssystem des Seerechtsübereinkommens sondern auf das des Fish Stocks Agreements, welches selbst dann wieder auf Teil XV des Seerechtsübereinkommens verweist.[594] Einen ähnlichen Verweis findet man auch in der Convention on the Conservation and Management of Fishery Resources in the South East Atlantic Ocean vom April 2001.[595] Diese Konvention enthält in Artikel 24 ein ausgearbeitetes Streitbeilegungssystem, welches schlussendlich eine bindende Entscheidung "at the request of any party to the dispute, [...] in accordance with procedures for the settlement of disputes provided in Part XV of the 1982 Convention or, where the dispute concerns one or more straddling stocks, by provisions set out in Part VIII of the 1995 Agreement" vorsieht. Auch für letzteren Fall erfolgt der Verweis auf Teil VIII des Fish Stocks Agreements und damit dann indirekt auf Teil XV des Seerechtsübereinkommens wohingegen der Verweis für die anderen Streitigkeiten direkt auf Teil XV des Seerechtsübereinkommens erfolgt. Eine weitere neuere Konvention, die Teil XV *mutatis mutandis* anwendet, ist die UNESCO Convention on the Protection of the Underwater Cultural Heritage vom 2. November 2001.[596] Auch hier erfolgt die Anwendung wieder "whether or not they are also Parties to the United Nations Convention on the Law of the Sea."[597] Auch in dem FAO Compliance Agreement von 1993 wird auf Teil XV Bezug genommen[598] ebenso wie in dem Protokoll von 1996[599] zu der London Convention von 1972.[600] Allerdings müssen hier die Streitparteien eine Einigung darüber treffen, die Vorschriften des Teils XV zu nutzen.

Bezüglich der Anwendung der Vorschriften des Teils XV des Seerechtsübereinkommens auf Vertragsstaaten des Fish Stocks Agreements, nicht aber des Seerechtsübereinkommens, ist allerdings ein Caveat zu machen. Nach Artikel 31 Absatz 3 des Fish Stocks Agreements können unabhängig von Artikel 290 Absatz 5 SRÜ über die vorläufigen Maßnahmen, die der Internationale Seegerichtshof erlassen kann, solange ein von den Parteien bestimmter Gerichtshof oder bestimmtes Gericht nicht zusammengetreten ist, diese nur dann in Bezug auf Nichtvertragsstaaten des Seerechtsübereinkommens erlassen werden, wenn

---

593 ILM Vol. 40 (2001), S. 278.

594 Artikel 31 Convention on the Conservation and Management of Highly Migratory Fish Stocks in the Western and Central Pacific Ocean.

595 ILM Vol. 41 (2002), S. 257.

596 ILM Vol. 41 (2002), S. 40.

597 Article 25 Absatz 3 UNESCO Convention on the Protection of the Underwater Cultural Heritage.

598 Artikel IX Absatz 3 FAO Compliance Agreement.

599 Protocol to the Convention on the Prevention of Marine Pollution by Dumping of Wastes and Other Matters vom 7. November 1996 (ILM Vol. 36 (1997), S. 7).

600 Artikel 16 Absatz 2 und Absatz 3 des 1996 Protocol to the Convention on the Prevention of Marine Pollution by Dumping of Wastes and Other Matters. Report of the Seventh Consultative Meeting vom 28. Oktober 1994 (LC/14), Rn. 5.1ff.

die Nichtvertragspartei dem Erlass vorläufiger Maßnahmen zustimmt. Der Verweis auf die Anwendung der Vorschriften des Seerechtsübereinkommens gilt also nicht uneingeschränkt. Dieses macht dann auch den Unterschied aus, ob ein Verweis *mutatis mutandis* auf das Seerechtsübereinkommen oder auf das Fish Stocks Agreement erfolgt. Im letzteren Falle wären für Nichtvertragsstaaten die vorläufigen Maßnahmen nach Artikel 290 Absatz 5 SRÜ nur mit ihrer Zustimmung anwendbar.

Während durch den *mutatis mutandis* Verweis auf das Seerechtsübereinkommen dessen Streitbeilegungsvorschriften keinerlei Änderung erfahren, stellt sich die Situation für die Streitbeilegungsvorschriften von regionalen Fischereiübereinkommen anders dar. Absatz 2 des Artikels 30 bringt gegenüber dem Seerechtsübereinkommen eine wichtige Ergänzung.

> "The provisions relating to the settlement of disputes set out in Part XV of the Convention apply *mutatis mutandis* to any dispute between States Parties to this Agreement concerning the interpretation or application of a subregional, regional or global fisheries agreement relating to straddling fish stocks or highly migratory fish stocks to which they are parties, including any dispute concerning the conservation and management of such stocks, whether or not they are also Parties to the Convention."

Dieses wird ergänzt durch den Verweis, dass ein Gericht oder Tribunal bei der Beurteilung einer Streitigkeit nicht nur die relevanten Vorschriften des Seerechtsübereinkommens und des Fish Stocks Agreement, sondern auch alle solche Vorschriften eines relevanten subregionalen, regionalen oder globalen Fischereiübereinkommens zur Beurteilung des Streits heranziehen soll.[601] Durch diesen Verweis wird also das Streitbeilegungssystem einer Konvention, nämlich des Seerechtsübereinkommens, als für eine Vielzahl von Streitigkeiten, die unter einer Vielzahl von Verträgen, nämlich regionalen Fischereiabkommen über gebietsübergreifende und weit wandernde Arten, entstehen, anwendbar gemacht.[602] Soweit die Streitparteien eines Streites über die Interpretation oder Anwendung eines solchen Fischereiübereinkommens auch Partei des Fish Stocks Agreements sind, stellt dieses klar, dass die Vorschriften des Teils XV des Seerechtsübereinkommens *mutatis mutandis* Anwendung finden. Insbesondere findet sich in Absatz 2 kein Verweis darauf, dass die Streitbeilegung in Übereinstimmung mit den Vorschriften des regionalen Fischereiabkommens eingeleitet werden

---

601 Artikel 30 Absatz 5 FSA. Zusätzlich soll das Gericht oder Tribunal auch "generally accepted standards for the conservation and management of living marine resources" anwenden. Was damit genau gemeint ist, bleibt unklar. Siehe Brown, E. D., "Dispute Settlement and the Law of the Sea: the UN Convention Regime" 21 Marine Policy (1997), S. 17, 28f. Zu dem letzten Halbsatz des Artikels 30 Absatz 5 siehe auch McDorman, T. L., "The Dispute Settlement Regime of the Straddling and Highly Migratory Fish Stocks Convention" 35 Canadian Yearbook of International Law (1997), S. 57, 72f.

602 McDorman (siehe Fn. 601), S. 57, 67.

müssen. Konsequenz scheint zu sein, dass Fischereiübereinkommen über gebietsübergreifende und weit wandernde Arten keine eigenen Streitbeilegungsvorschriften enthalten müssten.[603] Beziehungsweise dass, wenn solche vorhanden sind – unabhängig von deren Anwendbarkeit – auch die Vorschriften des Fish Stocks Agreements Anwendung finden. Hier sei noch einmal auf Artikel 28 hingewiesen, der die Staaten eben verpflichtet, die Entscheidungsmechanismen innerhalb solcher Organisationen effizient und zügig zu gestalten, um so schon im Vorfeld Streitigkeiten zu vermeiden.

Es bleibt zu fragen, welche Rückschlüsse aus dem Vorkommen dieser Regelung im Fish Stocks Agreement über die Anwendbarkeit des Teils XV des Seerechtsübereinkommens auf regionale Fischereiabkommen gezogen werden kann. Insoweit sei auf weiter unten verwiesen.

Neben der allgemeinen Streitbeilegungsklausel des Artikels 30 sieht das Fish Stocks Agreement aber auch die Bildung eines *ad hoc* Sachverständigengremiums vor.[604] Dieses kann dann von den Parteien eingesetzt werden, wenn der Streit technischer Art ist. Dieses Gremium soll mit den betroffenen Parteien konferieren und sich bemühen, den Streit schnellstmöglich beizulegen. Diesbezüglich wird klargestellt, dass bindende Verfahren nicht anzuwenden sind. Nach Artikel 29 können die Parteien ein solches Sachverständigengremium berufen, sind hierzu aber nicht verpflichtet. Die Berufung kann nur einverständlich erfolgen.

An einer Stelle hat das Streitbeilegungssystem des Fish Stocks Agreements jedoch eine entscheidende Schwächung erfahren und eines der Probleme des Seerechtsübereinkommens auch in das eigene System übertragen.[605] Nach Artikel 32 findet Artikel 297 Absatz 3 SRÜ ausdrücklich auch auf das Fish Stocks Agreement Anwendung. Dieses bedeutet, dass obwohl das Fish Stocks Agreement in seinen materiell-rechtlichen Vorschriften die Bedeutung der einheitlichen biologischen Bewertung bei der Erhaltung und Bewirtschaftung dieser Fischbestände erkannt hat,[606] dies nicht dazu führt, auch eine einheitliche Streitbelegung diesbezüglich durchzuführen.[607] Vielmehr bleibt es dabei, dass in der ausschließlichen Wirtschaftszone auch weiterhin nur eine Schiedskommission bei einem Streit angerufen werden kann, die keine bindende Entscheidung treffen dürfte und auch unter keinen Umständen ihr Ermessen an Stelle des Küsten-

---

603 Treves, T., "The Settlement of Disputes According to the Straddling Stocks Agreement of 1995" in Boyle, A. E., Freestone, D. A., International Law and Sustainable Development (1999, Oxford), S. 253, 257; Boyle (siehe Fn. 457), S. 111f.

604 Artikel 29 FSA. Siehe Treves (siehe Fn. 603), S. 255.

605 Siehe hierzu Tahindro (siehe Fn. 590), S. 48f.

606 Artikel 7 FSA.

607 Tahindro (siehe Fn. 590), S. 49f. schreibt dazu "It may be inferred therefore that the recognition of the realities of the biological unity [...] should have led to a uniting of the procedures for the settlement of disputes for the whole geographical distribution of these stocks."

staates setzen dürfte. Dies zeigt, dass die Staaten trotz aller Realisation der Notwendigkeit einer einheitlichen Betrachtungsweise der Probleme der gebietsübergreifenden und weit wandernden Arten sich dennoch nicht darauf verständigen konnten, auch eine dementsprechende Streitbeilegung durchzuführen.

Durch das Fish Stocks Agreement haben die Regelungen über die Fischerei eine dringend notwendige Klarstellung erfahren. Der wichtigste Beitrag, den das Fish Stocks Agreement leistet, ist sicherlich, eine deutliche Verbindung zwischen den Vorschriften des Seerechtsübereinkommens, den eigenen Vorschriften und den Vorschriften von subregionalen und regionalen Fischereiorganisationen herzustellen.[608] Insbesondere die Verknüpfung der Streitbeilegungsvorschriften des Fish Stocks Agreements mit denen des Seerechtsübereinkommens und gleichzeitig deren Anwendung auch auf Streitigkeiten, die unter einem subregionalen, regionalen oder globalen Fischereiübereinkommen entstehen, ist erneut zu betonen. Hierdurch erfährt Teil XV des Seerechtsübereinkommens eine zusätzliche Stärkung. Der Umstand, der vielleicht schon bei den Verhandlungen während UNCLOS III avisiert worden war, nämlich Teil XV zum zentralen Streitbeilegungssystem zu machen, hat durch das Fish Stocks Agreement für den Bereich der gebietsübergreifenden und weit wandernden Fischarten einen definitiven Schritt zur Realität erfahren. Darüber hinaus ist es aber auch eine Klarstellung, die zeigt, dass das Seerechtsübereinkommen seiner Rolle als "Verfassung der Meere" auch gerecht werden kann. Es darf natürlich nicht darüber hinwegtäuschen, dass dieses nur dann funktioniert, wenn das Fish Stocks Agreement auch eine große Zahl von Ratifikationen anzieht und die Staaten die Vorschriften auch konsequent zur Anwendung bringen.

---

608 Hey, E., "Global Fisheries Regulations in the First Half of the 1990s" 11 International Journal of Marine and Coastal Law (1996), S. 459, 481.

IV. Das Verhältnis verschiedener Streitbeilegungsmechanismen im Bereich seerechtlicher Übereinkommen

Die Anwendung militärischer Gewalt war über viele Jahrhunderte allgemein als Mittel der Streitbeilegung zwischen den Staaten anerkannt. Während sich das *ius in bello* schon frühzeitig deutlich weiterentwickelte, änderte sich an dem Prinzip des *ius ad bellum* bis in das frühe neunzehnte Jahrhundert kaum etwas. Das in dem Kellog-Briand-Pakt von 1928 niedergelegte Kriegsverbot[609] entwickelte sich schlussendlich zu einem allgemeinen Gewaltverbot, so wie dieses heute seinen Ausdruck im Vertragsrecht und Völkergewohnheitsrecht findet.[610] Die Existenz des allgemeinen Gewaltverbots als einer der absoluten Grundsätze des Völkerrechts, stellt sicherlich einen der größten Fortschritte des Völkerrechts des letzten Jahrhunderts dar. Damit ist es den Staaten untersagt, einen Streit mit militärischer Gewalt beizulegen.

A. Verpflichtung zur friedlichen Streitbeilegung

Bei dem Begriff der "friedlichen Streitbeilegung" handelt es sich eigentlich um einen Pleonasmus, da Streitbelegung aufgrund des Gewaltverbots notwendigerweise friedlich erfolgen muss.[611] Artikel 2 Nummer 3 der Charta der Vereinten Nationen legt dieses ausdrücklich fest.[612]

Es wird allgemein davon ausgegangen, dass es sich hierbei um eine aktive Verpflichtung handelt, die Staaten also tatsächlich Maßnahmen ergreifen müssen, um die Streitigkeit zwischen sich beizulegen.[613] Die Beilegung einer Streitigkeit kann dabei gemäß Artikel 33 der Charta der Vereinten Nationen durch Verhandlungen, Untersuchungen, Vermittlungen, Vergleiche, Schiedssprüche oder gerichtliche Entscheidungen erfolgen, wobei diese Auflistung den Parteien keinerlei Einschränkung ihrer Auswahl auferlegen soll. Es handelt sich lediglich um eine beispielhafte Aufzählung, die aber eigentlich schon alle üblichen Mecha-

---

609 Randelzhofer, A., "Use of Force" in Bernhardt, R., et al. (Hrsg.), Encyclopedia of Public International Law, Vol. IV (2000, Amsterdam), S. 1246, 1248.

610 Bothe, M., "Friedenssicherung und Kriegsrecht" in Graf Vitzthum, W. (Hrsg.), Völkerrecht (2. Aufl. 2001, Berlin), S. 603, 606ff.

611 Siehe hierzu generell Merrills, J. G., International Dispute Settlement (3. Aufl. 1998, Cambridge) und Collier, J., Lowe, A. V., The Settlement of Disputes in Public International Law (1999, Oxford).

612 "Alle Mitglieder legen ihre internationalen Streitigkeiten durch friedliche Mittel so bei, dass der Weltfriede, die internationale Sicherheit und Gerechtigkeit nicht gefährdet wird." Siehe hierzu Tomuschat, C., "Article 33" in Simma, B., et al. (Hrsg.), The Charter of the United Nations, A Commentary (2. Aufl. 2002, München), S. 505; Sohn, L. B., "Peaceful Settlement of Disputes" in Bernhardt, R., et al. (Hrsg.), Encyclopedia of Public International Law, Vol. III (1997, Amsterdam), S. 791.

613 Fischer, H., "Friedenssicherung und friedliche Streitbeilegung" in Ipsen, K., Völkerrecht (4. Aufl. 1999, München), S. 928, 1015.

nismen umfasst. Soweit die Staaten nicht durch eine vertragliche Verpflichtung in ihrer Auswahl beschränkt sind, sind sie bei der Wahl ihrer Mittel frei. Insbesondere gibt es keine Verpflichtung gerichtliche Entscheidungen zu bemühen.

Das Grundprinzip der Gleichheit der Staaten gebietet es, dass sämtliche Mechanismen zur Streitbeilegung von den Staaten selbst geschaffen werden, da kein Staat zu einer Streitbeilegung durch Dritte verpflichtet werden kann, ohne dieser zugestimmt zu haben.[614] Wie das Verfahren zur Streitbeilegung ausgestaltet werden soll, wird während der Vertragsverhandlungen festgelegt. Hierbei ist die Bandbreite der von den Staaten gewählten Verfahren breit gefächert. Auf der einen Seite gibt es solche Streitbeilegungsmechanismen, die kaum mehr sind als eine sehr weite, generelle Verpflichtung, alle Handlungen zu unterlassen, die die gegenwärtige Situation verschlechtern könnten. Demgegenüber stehen ausgearbeitete Verfahren, die sehr spezielle Vorschriften vorsehen und eventuell sogar eine obligatorische Streitbeilegung beinhalten. Davon abgesehen gibt es auch solche Situationen, in denen bewusst keinerlei Streitbeilegung geschaffen wird. Diese Bandbreite der verschiedenen prozeduralen Rahmen zeigt, dass Verfahren zur Streitbeilegung von den Staaten jeweils nach deren konkreten Bedürfnissen und Absichten geschaffen werden.[615] Und nur solche Staaten, die im Endeffekt dem in Frage stehenden Streitbeilegungsverfahren durch Ratifikation zustimmen, können durch dieses gebunden werden. Resultat der unterschiedlichen Bindung ist, dass verschiedene Staaten durch verschiedene Streitbeilegungsmechanismen gebunden sein können. Das kann eben gerade auch die Situation umfassen, dass unterschiedliche Streitbeilegungsmechanismen in Verträgen enthalten sind, die sich mit derselben Materie befassen.[616]

Der Ursprung der modernen Schiedsgerichtsbarkeit kann in dem Treaty of Amity, Commerce and Navigation zwischen den Vereinigten Staaten und dem Vereinigten Königreich aus dem Jahre 1794 gesehen werden.[617] Dieser auch Jay Treaty genannte Vertrag enthielt zum ersten Mal Vorschriften, die der modernen Vorstellung eines zwischenstaatlichen Schiedsgerichts sehr nahe kamen.[618] Artikel V sah die Gründung eines Schiedsgerichts zur Klärung der Frage vor, welcher Fluss in dem zwischen den Vereinigten Staaten und dem Vereinigten Königreich geschlossenen Friedensvertrag von Paris aus dem Jahre 1783 als "River

---

614 Dieses gilt auch für die einseitig einleitbaren Streitbeilegungsverfahren. Hier stimmt der betreffende Staat schon durch die Ratifizierung des gesamten Verfahrens einer entsprechenden Streitbeilegung zu.

615 Charney, J. I., "The Impact on the International Legal System of the Growth of International Courts and Tribunals" 31 New York University Journal of International Law and Politics (1999), S. 697, 706.

616 Oellers-Frahm, K., "Multiplication of International Courts and Tribunals and Conflicting Jurisdiction – Problems and Possible Solutions", 5 Max Planck Yearbook of United Nations Law (2001), S. 67, 73.

617 Treaty of Amity, Commerce and Navigation vom 19. November 1794.

618 Brownlie (siehe Fn. 289), S. 704.

St. Croix" gemeint war. Zu diesem Zweck sollte eine aus drei Personen bestehende Kommission gegründet werden, von denen zwei Richter von den beiden Staaten ernannt werden sollten und die sich dann auf eine dritte Person einigen sollten. Auch verständigten sich die Staaten darauf, die Entscheidung des Schiedsgerichts als "final and conclusive"[619] anzuerkennen. Hierdrin sind die Kennzeichen für die moderne Schiedsgerichtsbarkeit zu erkennen.

Seit dieser Zeit gibt es ein stetiges Wachsen verschiedenster völkerrechtlicher Streitbeilegungsmechanismen. Hervorzuheben sind dabei ganz sicherlich die Gründung des Permanent Court of International Arbitration im Jahre 1899 und das anschließende Inkrafttreten des Statuts des Permanent Court of International Justice im Jahre 1921. Mit der Gründung dieser beiden Tribunale gab es zum ersten Mal stehende Tribunale, die unabhängig von dem Vorhandensein einer konkreten Streitigkeit existierten, bzw. im Hinblick auf den Permanent Court of International Arbitration eine Infrastruktur für das effektive Inanspruchnehmen von Streitbeilegungsmechanismen zur Verfügung stellten. Während danach der Prozess der Entstehung weiterer Tribunale eher langsam verlief, sah das letzte Jahrzehnt des zwanzigsten Jahrhunderts eine Vielzahl neuer Foren, die zur Streitbeilegung von den Staaten gegründet wurden. Dies hat ganz ohne Zweifel das Bild des modernen Völkerrechts nachhaltig verändert. Dieser Umstand ist es auch, der zu der gegenwärtigen Diskussion über die "proliferation of international tribunals" führte.

B. Proliferation of international tribunals

Die Gründe für die Zunahme der Zahl internationaler Tribunale sind vielfältig.[620] Auszumachen sind unter anderem die stark gewachsene Zahl internationaler Normen und Vorschriften, die immer differenzierter werden und eine damit einhergehende spezialisierte Streitbeilegung erfordern. Mittlerweile ist die Spezialisierung in einigen Bereichen des Völkerrechts so weit fortgeschritten, dass es angemessener sein kann, auf Tribunale von Experten zurückzugreifen, anstatt Generalisten zu nutzen. Diese Bevorzugung bestimmter Tribunale kann einerseits aus einer besonderen Expertise erwachsen oder auf der spezifischen Kenntnis regionaler Probleme beruhen. Die Zunahme internationaler Normen ist dadurch bedingt, dass die Nähe der Staaten in ihren internationalen Beziehungen immer enger wird, was gleichzeitig eine Abkehr vom Unilateralismus mit sich bringt.[621] Die stetig anwachsende Zahl internationaler Normen, geschaffen durch Staaten als Ausdruck ihrer Souveränität, führt letztendlich zu einem Verlust der-

---

[619] Artikel V Absatz 6 Treaty of Amity, Commerce and Navigation vom 19. November 1794.

[620] Shany, Y., The Competing Jurisdictions of International Courts and Tribunals (2003, Oxford), S. 3f.

[621] Neuere Tendenzen, wie sie durch das Verhalten der USA gekennzeichnet werden, ändern nichts an der Richtigkeit dieser Aussage.

selben.[622] Auch muss der Niedergang des Kommunismus und damit das Ende des Bipolarismus genannt werden, der bis in die frühen Neunziger des zwanzigsten Jahrhunderts die politische Realität bestimmte. Unter dem Einfluss der damaligen Sowjetunion standen die kommunistischen Staaten praktisch jeder Form von bindender Streitbeilegung skeptisch gegenüber.[623] Diese Skepsis wurde von vielen Entwicklungsländern geteilt, die insbesondere mit der Rechtsprechung des Internationalen Gerichtshofs nur bedingt zufrieden waren.[624] Dies führte in der damaligen Zeit zu einer allgemeinen Ablehnung bindender Streitbeilegung. Gleichzeitig ist aber anzumerken, dass insbesondere obligatorische Verfahren dazu geeignet sind, den Kräfteunterschied zwischen kleinen und großen Staaten auszugleichen und gerade deswegen solche Verfahren in der Lage sind, Nachteile kleinerer Staaten aufzuheben. Zu diesen Gründen können auch noch die positiven Erfahrungen hinzugefügt werden, die durchaus von anderen Staaten mit den bereits bestehenden Tribunalen gemacht wurden und die das Vertrauen in diese Art von Tribunalen gestärkt haben.[625]

Abgesehen von dem Permanent Court of International Justice,[626] der in den Jahren nach dem Ersten Weltkrieg geschaffen wurde, begann die Geschichte der internationalen Gerichtsbarkeit nach 1945. Nach dem Ende des Zweiten Weltkriegs wurde in Den Haag der Internationale Gerichtshof (im Folgenden IGH) gegründet, der bis heute das einzige Tribunal mit allgemeiner Zuständigkeit ist. Nach Artikel 36 Absatz 1 des Statuts des IGH erstreckt sich seine Zuständigkeit auf alle Rechtssachen, die dem Gerichtshof von den Staaten unterbreitet werden.[627] Kurze Zeit später, im Jahre 1952, wurde der Europäische Gerichtshof gegründet, der seine Zeit als ein regional begrenzter Gerichtshof mit Zuständigkeit für die Vertragsauslegung der Europäischen Gemeinschaftsverträge begann. Im Bereich der internationalen Menschenrechte wurden Foren wie der Inter-

---

622 Sands, P., "Turtles And Torturers: The Transformation of International Law" 33 New York University Journal of International Law and Politics (2001), S. 527, 548f.

623 Kelsen, der im Jahre 1944 über die zu gründenden Vereinten Nationen schrieb, zweifelte, ob es möglich sei, die Sowjetunion in einen Vertrag einzubinden, durch welchen ein "international court endowed with compulsory jurisdiction" gegründet werden sollte. Ein solcher Gerichtshof war nach der Ansicht von Kelsen von absoluter Notwendigkeit für die Garantie zukünftigen Friedens. Kelsen, H., Peace Through Law (2000, New Jersey), S. 14f.

624 Siehe nur das Urteil des International Court of Justice in den South West Africa Cases (Ethiopia v. South Africa; Liberia v. South Africa), Judgement of 18 July 1966, ICJ Reports 1966, S. 6.

625 Bridge, J. W., "The Court of Justice of the European Communities and the Prospects for International Adjudication" in Janis, M. W. (Hrsg.), International Courts for the Twenty First Century (1992, Dordrecht), S. 87, 89f.

626 Schlochauer, H.-J., "Permanent Court of International Justice" in Bernhardt, R., et al. (Hrsg.), Encyclopedia of Public International Law, Vol. III (1997, Amsterdam), S. 988.

627 Der International Court of Justice ist nicht der Rechtsnachfolger der Permanent Court of International Justice, hat aber von diesem die allgemeine Zuständigkeit für völkerrechtliche Fragen übernommen, Schlochauer (siehe Fn. 626), S. 993.

American Court of Human Rights und der Europäische Gerichtshof für Menschenrechte gegründet.

Während die Zeit bis zum Beginn der 1990er Jahre im Bezug auf die Gründung weiterer Tribunale eher ruhig verlief, entstanden im letzten Jahrzehnt eine Vielzahl ständiger Streitbeilegungsorgane, die für die Schlichtung von Streitigkeiten zuständig sind, die über die Auslegung und Anwendung der Verträge entstehen, unter denen die Organe gegründet wurden. Genannt werden sollten hier der Central American Court of Justice, der neu strukturierte Europäische Gerichtshof für Menschenrechte, der Court of Justice of the European Free Trade Association, der Dispute Settlement Body (beziehungsweise die *ad hoc* Panels) und der Appelate Body des Dispute Settlement Understandings der Welthandelsorganisation,[628] das Streitbeilegungssystem des North American Free Trade Agreements, das International Criminal Tribunal for the Former Yugoslavia und das International Criminal Tribunal for Ruanda, der International Criminal Court[629] und selbstverständlich das International Tribunal for the Law of the Sea[630] (im Folgenden ITLOS).[631] Zu dieser Liste kann man auch noch den zur Zeit entstehenden African Court on Human and Peoples' Rights[632] und den ebenfalls im Entstehen begriffenen Carribean Court of Justice[633] hinzufügen. Außerdem existieren Vorschläge über die Gründung eines internationalen Gerichts-

---

628 Für die Frage welche Rechtsquellen bei der World Trade Organization durch die Streitbeilegungsorgane herangezogen werden sollen, siehe Pauwelyn (siehe Fn. 125), S. 535.

629 Letztere drei Tribunale unterscheiden sich insoweit von den übrigen, als dass sie keine streitigen Verfahren zwischen Kläger und Beklagtem umfassen, sondern Strafverfahren zum Inhalt haben. Auch sind das International Criminal Tribunal for the Former Yugoslavia und das International Criminal Tribunal for Ruanda in dem Sinne keine stehenden Tribunale, als dass sie nur einen zeitlich genau umrissenen Sachverhalt betrachten.

630 Für einen Überblick über ITLOS siehe Anderson, D. H., "The International Tribunal for the Law of the Sea" in Evans, M. D. (Hrsg.), Remedies in International Law: The Institutional Dilemma (1998, Oxford), S. 71 und Eiriksson, G., The International Tribunal for the Law of the Sea (2000, The Hague).

631 Siehe zu dieser Aufzählung Brown, C., "The Proliferation of International Courts and Tribunals: Finding Your Way Through the Maze", 3 Melbourne Journal of International Law (2002), S. 453, 455ff; Romano, C. P. R., "The Proliferation of International Judicial Bodies: The Pieces of the Puzzle" 31 New York University Journal of International Law and Politics (1999), S. 709, 715ff. Das in Cambridge ansässige Project on International Courts and Tribunal veröffentlicht eine sehr hilfreiche synoptische Übersicht, <<www.pict-pcti.org>>.

632 Yemi, A.-G., "New Trends In African Human Rights Law: Prospects of an African Court of Human Rights" 10 University of Miami International and Comparative Law Review (2001/02), S. 159; Udombana, N. J., "Toward The African Court on Human and Peoples' Rights: Better Late Than Never" 3 Yale Human Rights and Development Law Journal (2000), S. 45.

633 Reid, G., "The Legacy of Colonialism: A Hindrance To Self-Determination" 10 Touro International Law Review (2000), S. 277.

hofs, der für umweltvölkerrechtliche Fragen zuständig wäre,[634] sowie für die Gründung eines überregionalen Menschenrechtsgerichtshofs.[635] Neben dieser – nicht auf Vollständigkeit bedachten – Aufzählung existieren noch eine Vielzahl von *ad hoc* Tribunalen in bi- und multilateralen Verträgen. Ob also bereits das Ende der Zunahme der Zahl von internationalen Tribunalen erreicht ist, erscheint durchaus fraglich.

Die Tatsache, dass es eine Zunahme der Zahl internationaler Tribunale gibt, führt als solche allein natürlich nicht zu irgendwelchen Problemen.[636] Vielmehr ist dieses vor dem Hintergrund zu sehen, dass es im Völkerrecht keinerlei Hierarchie unter den völkerrechtlichen Normen gibt. Die Struktur des Völkerrechts ist eher horizontal als vertikal ausgerichtet und es existiert kein einheitlicher Normenkomplex, der für alle Staaten gleichermaßen verbindlich wäre. Unterschiedliche Staaten können von verschiedenen Vorschriften gebunden werden. Im Völkervertragsrecht wird dieses durch die *pacta tertiis* Regel zum Ausdruck gebracht. Aber auch im Völkergewohnheitsrecht hindert eine Rechtsfigur wie die des "persistent objectors" das Entstehen eines einheitlichen Normenkomplexes.[637] Die einzige Kategorie im Völkerrecht, durch die alle Staaten gleichermaßen gebunden werden würden, *jus cogens*, ist in ihrem Umfang, wenn nicht gar in ihrer Existenz, umstritten.[638] Das grundlegende Problem des Völkerrechts ist, dass es keinen zentralen Rechtssetzer gibt, dem die Befugnis übertragen wäre, Normen des internationalen Rechts zu erlassen. Dieses Recht liegt bei den einzelnen Staaten. Gleichzeitig wird versucht, die Befolgung der internationalen Normen durch eine Vielzahl von Durchsetzungsmechanismen zu garantieren. Das Netz der vorhandenen Vorschriften wird also immer dichter. Um hier eine Fragmentierung zu verhindern, führt das dazu, dass Streitbeilegungsorgane immer weiter bereit sind, internationalen Normen durch Interpretation einen genaueren Umfang zu geben. Ironischerweise ist damit die internationale Gerichtsbarkeit in einigen Bereichen das, was im Völkerrecht einer zentralen

---

634 Postiglione, A., "A More Efficient International Law on the Environment and Setting Up an International Court for the Environment Within the United Nations" 20 Environmental Law (1990), S. 321; Juni, R. L., "The United Nations Compensation Commission As a Model For an International Environmental Court" 7 Environmental Lawyer (2000), S. 53.

635 Dumas, N., "Enforcement of Human Rights Standards: An International Human Rights Court and Other Proposals" 13 Hastings International and Comparative Law Review (1990), S. 585.

636 Zu der Frage, ob hier drin der Beginn eines einheitlichen juristischen Systems auf der internationalen Ebene gesehen werden kann, siehe Buergenthal, T., "Proliferation of International Courts and Tribunals: Is It Good or Bad?" 14 Leiden Journal of International Law (2001), S. 267, 274f.

637 Siehe auch Stein, T. L., "The Approach of the Different Drummer: the Principle of the Persistent Objector in International Law" 26 Harvard International Law Journal (1985), S. 457.

638 Frowein, J. A., "Jus Cogens" in Bernhardt, R., et al. (Hrsg.), Encyclopedia of Public International Law, Vol. III (1997, Amsterdam), S. 65.

Rechtssetzungsinstanz am nächsten kommt.[639] Grundvoraussetzung hierfür ist allerdings, dass die internationale Gerichtsbarkeit ihre über die Jahre gewonnene Autorität bewahrt. Der Verlust dieser Autorität durch sich widersprechende Rechtsprechung ist das, was von den Kommentatoren am meisten an der "proliferation of international tribunals" befürchtet wird. Insbesondere der IGH ist hier von zentraler Bedeutung, da er im Laufe seiner mittlerweile über 50-jährigen Geschichte die wichtigste Rolle bei der Feststellung, welche Vorschriften Teil des Völkergewohnheitsrechts geworden sind und bei der Herausbildung neuer Normen, gewonnen hat. Obwohl die Urteile des IGH gemäß Artikel 59 seines Statuts nur *inter partes* und nur auf den Streitgegenstand bezogen Geltung entfalten, steht außer Zweifel, dass die oftmals bis ins Detail ausgearbeiteten und durchdachten Urteile und Beschlüsse einen großen Vorbildscharakter haben, der sich nicht einfach übergehen lässt. Die moralische Autorität des Gerichtshofs ist unbestritten.[640] Je mehr aber andere Tribunale von dem IGH abweichen, desto eher könnte dies zu einer Erosion der Autorität sowohl des IGH als auch der anderen Tribunale führen. Das Problem ist, dass eine Vielzahl unterschiedlicher Tribunale eher unterschiedlicher Meinung sein können, als eine kleine Zahl. Orrego Vicuña und Pinto zeichnen ein düsteres Bild, wenn sie feststellen, dass "the legal order governing international society is every passing day less structured and even a minimal hierarchy of its rules is beginning to fade, a situation that will only become worse as new tribunals enter the international scene."[641]

Das Risiko, dass die Einheit des Völkerrechts gefährdet werden könnte, ist verständlicherweise nur wenig wünschenswert und sollte auf jeden Fall vermieden werden. Das hauptsächliche Risiko liegt in der Möglichkeit sich widersprechender Urteile durch verschiedene Tribunale bei der Beurteilung gleich gelagerter Sachverhalte. Dies umfasst die Situation, dass von zwei Tribunalen eine identische Norm oder ein identisches Prinzip des Völkerrechts unterschiedlich ausge-

---

639 Sands (siehe Fn. 622), S. 552.

640 In seiner Rede vor der Generalversammlung der Vereinten Nationen am 31. Oktober 2003 wies der Präsident des International Court of Justice, Richter Shi Jiuyong, auf diesen Umstand hin: "While the Court carries out its work in the tranquil setting of The Hague, far from the hustle and bustle of New York Headquarters, its activities contribute in a very direct way to the overall aims and objectives of the United Nations. The Court's potential in this regard is apparent in the wide-ranging impact its work already has on the international community. In particular, the role which the Court plays, through the power of justice and international law, in resolving disputes between States is widely recognized and evidenced by the number of cases on the Court's docket." Erhältlich unter <<www.icj-cij.org>>.

641 Orrego Vicuña, F., Pinto, C., The Peaceful Settlement of Disputes: Prospects for the Twenty-First Century, Preliminary Report Prepared for the 1999 Centennial of the First International Peace Conference, C.E. Doc. CAHDI (1998), Rn. 108, zitiert nach Dupuy, P.-M., "The Danger of Fragmentation or Unification of the International Legal System and the International Court of Justice" 31 New York University Journal of International Law and Politics (1999), S. 791, 799.

legt wird. Es muss sich ausdrücklich um eine identische Norm oder um ein identisches Prinzip handeln und nicht um eine zwar ähnliche, aber eben nicht identische Norm bzw. Prinzip. Demzufolge ist hiervon nicht die Situation erfasst, dass eine Norm, die *lex specialis* zu der anderen Norm ist, eine von dieser unterschiedliche Interpretation erfährt. Allerdings kann schon die Frage, ob eine Norm *lex specialis* zu einer anderen ist eine unterschiedliche Auffassung zwischen den Tribunalen begründen.[642] Auch wird die Einheit des Völkerrechts nicht durch nachfolgende Entwicklungen, die eine neue Auslegung rechtfertigen, gefährdet. Es muss sich vielmehr um einen tatsächlichen Konflikt über eine identische Frage handeln.[643] Dieses kann entweder in aufeinander folgenden oder gleichzeitigen Entscheidungen der Fall sein.

1. Tadic und Nicaragua

In diesem Zusammenhang werden immer wieder einige Fälle genannt, die vermeintlicherweise dieses Risiko zum Ausdruck bringen. Das bekannteste Beispiel ist wohl der Tadic Fall der Berufungskammer des International Criminal Tribunal for the Former Yugoslavia[644] und dessen Vereinbarkeit mit dem Nicaragua Fall des IGH.[645] Die Berufungskammer musste die Frage beurteilen, "when, in an armed conflict which is *prima facie* internal, armed forces may be regarded as acting on behalf of a foreign power."[646] Dies war notwendig, um die Frage beantworten zu können, ob es sich bei dem zu beurteilenden Konflikt in Bosnien und Herzegowina zwischen den bosnischen Serben der Republik Srpska und der zentralen Regierungsgewalt um einen internationalen Konflikt handelte auch nachdem sich die Truppen der jugoslawischen Armee offiziell aus Bosnien und Herzegowina zurückgezogen hatten. Bei Bejahung dieser Frage wäre die Konsequenz gewesen, dass damit das *grave breaches regime* der Genfer Übereinkommen vom 12. August 1949 sowie andere Vorschriften des humanitären Völkerrechts, die sich auf internationale Konflikte beziehen, anwendbar gewesen wären. Die Kammer musste entscheiden, ob die Truppen der bosnischen Serben *de iure* oder *de facto* Organe der Federal Republic of Yugoslavia (nun Serbien und Montenegro) waren. In dem Nicaragua Fall des IGH sah sich dieser scheinbar mit derselben Frage konfrontiert, nämlich ob das Verhalten der Contras in Nicaragua den Vereinigten Staaten zugerechnet werden konnte. In beiden Fällen verlangte die Beantwortung dieser Frage eine Überprüfung des Umfangs und Reichweite der Kontrolle, die von dem unterstützenden Staat (sponsoring state)

---

642 Mus (siehe Fn. 99), S. 222ff.

643 Oellers-Frahm (siehe Fn. 616), S. 77.

644 Prosecutor v. Dusco Tadic, Judgement of the Appeals Chamber, Case No.: IT-94-1-A vom 15. Juli 1999. Erhältlich unter <<www.un.org/icty/index.html>>.

645 Case Concerning Military and Paramilitary Activities in and Against Nicaragua, Judgement of 27 June 1986, ICJ Reports 1986, S. 14.

646 Prosecutor v. Dusco Tadic (siehe Fn. 644), Rn. 88.

ausgeübt wurde. Worin sich die Entscheidungen der Berufungskammer des International Criminal Tribunal for the Former Yugoslavia und des IGH unterschieden, war welcher Natur die Ausübung dieser Kontrolle sein muss. Nach einer ausführlichen Diskussion des vom IGH aufgestellten "effective control" Tests,[647] kam die Berufungskammer zu dem Ergebnis, dass eine "overall control" ausreichend sei.[648] Auf den ersten Blick scheint dieses eine unterschiedliche Entscheidung zweier Tribunale über dieselbe Frage zu sein. Tatsächlich betreffen diese Fälle aber zwei unterschiedliche Aspekte des Völkerrechts. Während der "effective control" Test im Nicaragua Fall sich mit der Frage nach der Staatenverantwortlichkeit beschäftigt, geht es im Tadic Fall und dem "overall control" Test um die Beurteilung, ob ein Konflikt interner oder internationaler Natur ist.[649] Eine Antwort auf letztere Frage kann von dem Nicaragua Test überhaupt nicht gegeben werden. Deswegen sollte der Tadic Fall vom Nicaragua Fall aufgrund einer unterschiedlichen Ausgangslage unterschieden werden[650] und nicht als Beispiel für das Risiko der Fragmentierung des Völkerrechts herangezogen werden.[651]

---

647 Case Concerning Military and Paramilitary Activities in and Against Nicaragua (siehe Fn. 645), Rn. 115.

648 Prosecutor v. Dusco Tadic (siehe Fn. 644), Rn. 120.

649 Meron, T., "Classification of Armed Conflict in the Former Yugoslavia: Nicaragua's Fallout" 92 American Journal of International Law (1998), S. 236, 237. Hierbei handelt es sich um eine Analyse der Entscheidung der Trial Chamber II vom 7 Mai 1997, Prosecutor v. Dusco Tadic, Judgement of Trial Chamber II, Case No.: IT-94-1-T. Erhältlich unter <<www.un.org/icty/index.html>>.

650 Siehe hierzu auch schon die Separate and Dissenting Opinion of Judge MacDonald Regarding the Applicability of Article 2 of the Statute in der Entscheidung der Trial Chamber II vom 7 Mai 1997 (siehe Fn. 649). Judge MacDonald stellt fest, dass "if *Nicaragua* did set the standard of proof required for agency as that of effective control, that finding should be limited to the specific facts of that case and is not applicable to the issues presented to the Trial Chamber."

651 Oellers-Frahm (siehe Fn. 616), S. 79, argumentiert, dass das Verhalten der Berufungskammer als *ultra vires* Handeln beurteilt werden sollte, da diese zu einem Sachverhalt Stellung bezogen habe, ohne dass dies notwendig gewesen wäre. Zu der Bindung der Berufungskammer des International Criminal Tribunal for the Former Yugoslavia an eigene Entscheidungen siehe Shahabuddeen, M., "Consistency in Holdings by International Tribunals" in Ando, N., et al (Hrsg.), Liber Amicorum Judge Shigeru Oda (2002, The Hague), S. 633, 635ff.

2. Loizidou v. Turkey

Ein weiterer Fall, der in diesem Zusammenhang Erwähnung finden kann, ist der Fall Loizidou v. Turkey[652] des Europäischen Gerichtshofs für Menschenrechte. Dieser musste darüber entscheiden, ob ein territorialer Vorbehalt der Türkei,[653] der Ereignisse auf dem Gebiet der "Türkischen Republik Nordzypern" von der türkischen Annahme der Zuständigkeit der Kommission und des Europäischen Gerichtshofs für Menschenrechte ausnahm, rechtsgültig sei.[654] Der Gerichtshof kam zu dem Ergebnis, dass Ziel und Zweck der Europäischen Konvention für Menschenrechte es gebieten würden, dass der territoriale Vorbehalt der Türkei unzulässig sei. Hiervon bleibe aber die übrige Annahme der Zuständigkeit unberührt und die Türkei damit auch weiterhin an ihre Erklärung gebunden.[655] Der scheinbare Konflikt liegt hier in der Tatsache, dass der Wortlaut des Artikels 36 Absatz 3 des Statuts des IGH und der des Artikels 46 Absatz 2 der Europäischen Konvention für Menschenrechte (in der Fassung vor dem Inkrafttreten des 11. Protokolls zu der Europäischen Konvention für Menschenrechte) weitestgehend identisch waren.

Bisher hat der IGH noch nie einen Vorbehalt als mit seinem Statut unvereinbar erklärt.[656] Dies ist aber genau der Unterschied zwischen der Position des IGH und des Europäischen Gerichtshofs für Menschenrechte. Letzterer argumentierte seinen Fall vor dem Hintergrund der Europäischen Konvention für Menschenrechte, wobei er deren Geschichte und Kontext berücksichtigte. Demgegenüber musste der IGH noch nie über die Rechtsfolgen eines unwirksamen Vorbehalts entscheiden, da der Gerichtshof eine solche Unwirksamkeit noch nicht festgestellt hat. Lediglich in Sondervoten zu der Entscheidung im Interhandel Case[657] und kurz davor im Norwegian Loans Case[658] wurde diese Frage erörtert. Richter Klaestad bemerkte im Interhandel Case, dass die Unzulässigkeit eines Vorbehalts keinerlei Einfluss auf die übrige Annahmeerklärung habe, diese also von

---

652 Loizidou v. Turkey (Preliminary Objections) Decision of 23 March 1995 (ECHR Series A, Vol. 310), S. 7. Siehe hierzu Hippler Bello, J., Kokott, J., Rudolf, B., "European Convention On Human Rights – Applicability To Acts Performed Outside National Territory – Acts In Northern Cyprus Possibly Within Turkish Jurisdiction – Territorial Limitation Of Declarations Of Acceptance – Dynamic Interpretation Of Provisions On Enforcement" 90 American Journal of International Law (1996), S. 98.

653 Loizidou v. Turkey (siehe Fn. 652), Rn. 25.

654 Das Verhalten der türkischen Streitkräfte auf dem Gebiet Nord-Zyperns wurde der Türkei zugerechnet, da die Türkei die tatsächliche physische Kontrolle über das Gebiet ausübt, Loizidou v. Turkey (siehe Fn. 652), Rn. 57. Die Existenz einer "Türkische Republik Nordzypern" wurde bisher nur von der Türkei anerkannt.

655 Loizidou v. Turkey (siehe Fn. 652), Rn. 89.

656 Oellers-Frahm (siehe Fn. 616), S. 80.

657 Interhandel, Provisional Measures, Order of 24 October 1957, ICJ Reports 1957, S. 105.

658 Certain Norwegian Loans , Preliminary Objections, Judgement of 6 July 1957, ICJ Reports 1957, S. 9.

dieser abgetrennt werden könne.[659] Richter Lauterpacht kam im selben Fall zu dem gegenteiligen Ergebnis, dass "[s]hould [...] the Court eventually declare the reservation in question to be invalid, such invalidity may well entail the invalidity of the Declaration of Acceptance as a whole."[660] Auch der Fall Loizidou v. Turkey sollte deswegen von Entscheidungen des IGH unterschieden werde, da es sich hierbei eher um ein Resultat der Anwendung eines *lex specialis* handelt, die vor dem Hintergrund des Systems der Europäischen Konvention für Menschenrechte zu sehen ist.[661]

Die Möglichkeit der unterschiedlichen Auslegung oder Anwendung völkerrechtlicher Normen und Prinzipien kann nicht nur im Zusammenhang mit zwei unterschiedlichen Tribunalen gesehen werden, sondern auch innerhalb der Rechtsprechung eines Tribunals. Im Gegensatz zu der vorhergehenden Konstellation erwachsen hieraus aber keine weiteren Probleme. Hier müssen sich die Parteien lediglich auf geänderte Umstände einstellen, da eine eventuell erwartete Rechtsauffassung eines ausgewählten Tribunals sich nicht bestätigen könnte. Hierbei handelt es sich um den fortschreitenden Prozess der Entwicklung des Rechts, die innerhalb eines Tribunals erfolgt und damit Ausdruck der geänderten Umstände sein kann.

3. Vorteile und Risiken

Bei aller Diskussion über die Gefahren, die die Zunahme der Zahl internationaler Tribunale für die Einheit des Völkerrechts darstellen könnte, sollte aber nicht übersehen werden, dass dies auch durchaus als eine Stärkung und Aufwertung des Völkerrechts aufgefasst werden kann. Der Umstand, dass nur ein einziges Organ für die Auslegung völkerrechtlicher Normen zuständig sein soll, könnte eine Behinderung der Entwicklung des Völkerrechts in solchen Bereichen darstellen, in denen spezialisierte Richter oder Experten eher zu dessen Entwicklung beitragen könnten.[662] Vor allem aber bedeutet das Vorhandensein einer Vielzahl unterschiedlicher Tribunale auch, dass eine größere Zahl von Streitigkeiten justiziabel wird. Nur wo ein Tribunal zur Verfügung steht, kann überhaupt Recht gesprochen werden. Die Staaten gewinnen durch die Zunahme der Zahl internationaler Tribunale die Möglichkeit, eine Streitbeilegung auch in solchen Bereichen zu erwirken, in denen dies zuvor nicht unbedingt möglich gewesen ist. Darüber hinaus bedeutet die gewachsene Zahl internationaler Tribunale auch, dass durch verschiedene Sichtweisen unterschiedliche Lösungsansätze und

---

[659] Interhandel, Provisional Measures, Order of 24 October 1957, Separate Opinion of Judge Klaestad, ICJ Reports 1957, S. 115f.

[660] Interhandel, Provisional Measures, Order of 24 October 1957, Separate Opinion of Judge Lauterpacht, ICJ Reports 1957, S. 117, 119.

[661] Charney, J. I., "Is International Law Threatened by Multiple International Tribunals?" 271 Recueil de Cours (1998), S. 101, 160ff.

[662] Charney (siehe Fn. 615), S. 700.

damit auch bessere Lösungen gefunden werden können. Die Tatsache, dass es im Völkerrecht gerade kein streng hierarchisches System zwischen den Tribunalen gibt, bedeutet, dass Lösungen gemeinsam gesucht und dann auf der Gesamtheit der internationalen Ebene bewertet werden können. Dies würde dazu führen, dass das Völkerrecht ein "more refined and precise system of interpretation of norms" werden könnte.[663]

Das Risiko der Fragmentierung des Völkerrechts durch unterschiedliche Rechtsprechung verschiedener Tribunale stellt zur Zeit eine noch eher unbestimmte als konkrete Gefahr dar. In seinen Hague Lectures zeigt Charney auf, dass es keine wirkliche Divergenz zwischen den von verschiedenen Tribunalen eingenommenen Standpunkten gibt, zumindest keine, die Ausdruck der viel beschworenen Gefahr der Einheit des Völkerrechts wären.[664] Bestehende Divergenzen lassen sich am besten mit der Rolle spezialisierter Tribunale gegenüber eher generellen Tribunalen erklären. Deutlich wird, dass die internationale Gemeinschaft die Entscheidungen anderer Tribunale mit dem notwendigen Respekt, wenn auch eventuell berechtigter Skepsis behandelt, um die Einheit des Völkerrechts nicht leichtfertig zu gefährden. Allerdings wäre ein koordinierteres Vorgehen zwischen Tribunalen mit sich überschneidenden Zuständigkeiten wünschenswert.[665] Eine hierarchische Struktur in das System der internationalen Tribunale und Gerichtshöfe einzuführen, erscheint aber als eine nahezu unlösbare Aufgabe. Dieses würde eine Vielzahl von Änderungen in einer Vielzahl von Vertragswerken voraussetzen, um eine sinnvolle Struktur zwischen den Tribunalen zu erreichen. Das Ziel hiervon wäre höchstwahrscheinlich, dem IGH eine zentrale Rolle in diesem System zuzuweisen, wenn nicht gar eine Position, die dem eines Berufungsgerichts nahe kommen könnte. Das Problem hiermit wurde schon von dem damaligen Präsidenten des IGH in seiner Rede an die Generalversammlung der Vereinten Nationen benannt. "[It] would […] require a strong political will on the part of States and [it is] not certain that such a will exists."[666] Jegliche Änderung in den Vertragswerken müsste von den Staaten in Änderungskonferenzen vorgenommen werden. Solche Änderungskonferenzen bedeuten einen mühevollen Prozess. Allein die Änderung des Statuts des IGH, damit dieser auch einer geänderten Rolle gerecht werden könnte, würde den Weg über Artikel 69 des Statuts in Verbindung mit Artikel 108 der Charta der Vereinten Nationen voraussetzen. Eine Änderung würde eine Zweidrittelmehrheit in der Generalversammlung der Vereinten Nationen der zur Zeit 191 Mitgliedsstaaten erfordern, die dann wiederum von einer Zweidrittelmehrheit der Mitgliedsstaa-

---

663 Dupuy (siehe Fn. 641), S. 796.

664 Charney (siehe Fn. 661), S. 347ff. So auch Buergenthal (siehe Fn. 636), S. 274.

665 Hierzu Spelliscy, S., "The Proliferation of International Tribunals: A Chink in the Armor" 40 Columbia Journal of Transnational Law (2001), S. 143, 157ff.

666 Address by H.E. Judge Gilbert Guillaume, President of the International Court of Justice, to the United Nations General Assembly (26. Oktober 2000). Erhältlich unter <<www.icj-cij.org>>.

ten ratifiziert werden müsste. Dieser Weg wäre äußerst mühsam und auch zeitaufwendig und es ist auch mehr als fraglich, ob die erforderlichen Quoren überhaupt erreicht werden würden. Aber auch die Einführung eines Prozesses, der es anderen Tribunalen ermöglichen würde, von dem IGH Gutachten oder Stellungnahmen einzufordern, dürfte auf ebenso viel politischen Widerstand treffen.[667] Alle Änderungsvorschläge wären nur äußerst schwer zu erreichen, wenn nicht gar völlig unerreichbar. Denn ob unter der Vielzahl der Staaten ein Konsens besteht, den gegenwärtigen *status quo* zu ändern, erscheint trotz aller dahingehenden wissenschaftlichen Bemühungen sehr zweifelhaft. Und von all diesen Fragen einmal abgesehen, bleibt darüber hinaus offen, ob der IGH überhaupt in der Lage wäre, diese Extraaufgaben in einer Weise zu behandeln, die deren schnelle und effektive Erledigung garantieren würden. Die Arbeitslast des Gerichtshofs ist jetzt schon gewaltig angewachsen, so dass ein weiteres Anwachsen der von ihm zu behandelnden Fälle eventuell zu einer Lähmung führen könnte. Damit wäre das gegenteilige Ergebnis vom Erwünschten erreicht.

Während man also durchaus argumentieren kann, dass die Zunahme der Zahl von internationalen Tribunalen eher eine theoretische als eine praktische Gefahr für die Einheit des Völkerrechts darstellt, ergibt sich ein Aspekt, der auch praktisch relevant werden kann. Die Frage nach sich überschneidenden Zuständigkeiten verschiedener Tribunale kann in der Praxis zu unterschiedlichen Ergebnissen führen. Es umfasst die Situation, in der die Zuständigkeit zur Beilegung eines streitigen Sachverhalts augenscheinlich bei verschiedenen Tribunalen liegt, die über verschiedene Zuständigkeitsklauseln angerufen werden könnten. Die gewachsene Auswahl an verschiedenen Streitbeilegungsorganen könnte einen klagenden Staat dazu verführen, einen Streit vor ein Tribunal zu bringen, welches seiner Meinung nach der eigenen Argumentation eher zugetan sein dürfte als der Argumentation des Beklagten oder vor ein Tribunal welches bestimmte Prinzipien des Völkerrechts bereitwilliger anerkennt als andere Tribunale. Die Motivation der Staaten wäre damit also gekennzeichnet von Faktoren, die jenseits der Frage stehen, welches das am besten geeignete Tribunal wäre, die Streitigkeit beizulegen. Diese Frage, die oftmals als "forum-Shopping" bezeichnet wird,[668] ist nicht nur wegen einer vermeintlichen Konkurrenz zwischen ständigen Tribunalen wie dem IGH und ITLOS wichtig, sondern kann auch die Vielzahl der *ad hoc* Schiedsgerichte betreffen, die in zahllosen Verträgen als Streitbeilegungsorgane vorgesehen sind.

---

667 Oellers-Frahm (siehe Fn. 616), S. 89ff.

668 Speech by H.E. Judge Gilbert Guillaume, President of the International Court of Justice, to the Sixth Committee of the General Assembly of the United Nations (27. Oktober 2000). Erhältlich unter <<www.icj-cij.org>>.

Man kann grob gesprochen drei Kategorien von sich überschneidenden Zuständigkeiten unterscheiden.[669] Die erste betrifft die Situation, in der ein Tribunal eine generelle Zuständigkeit über eine Bandbreite unterschiedlicher Streitigkeiten und ein anderes Tribunal spezielle Zuständigkeit für eine spezielle Kategorie von Streitigkeiten hat. Die offensichtliche Lösung für diese Kategorie wäre die Anwendung des *lex specialis* Prinzips. Wenn man dieses Interpretationsprinzip[670] anwenden würde, käme man zu dem Ergebnis, dass die Vertragsparteien ihren notwendigen Konsens zur Streitbeilegung dem spezielleren Tribunal erteilt und gerade durch Abschluss des spezielleren Vertrages dem generelleren Tribunal die Zuständigkeit entzogen haben. Allerdings lassen neuere Entscheidungen es fraglich erscheinen, ob dies tatsächlich eine adäquate Lösung ist.[671] Dieser Ansatz basiert auf der Feststellung, dass ein Vertrag zu einem anderen *lex specialis* ist und deswegen dem generellen Vertrag vorgeht. Dies ist eine Feststellung, die nicht unbedingt einfach zu treffen ist. Die zweite Kategorie von sich überschneidenden Zuständigkeiten betrifft den Fall, dass ein Tribunal generelle Zuständigkeit und ein weiteres Tribunal ebenfalls generelle Zuständigkeit hat. Damit wäre schon von Vornherein davon auszugehen, dass das *lex specialis* Prinzip keine Anwendung findet. Hier muss auch der Fall Erwähnung finden, in dem zwischen einem Tribunal mit genereller Zuständigkeit und einem Tribunal mit genereller Zuständigkeit in einem speziellen Bereich eine Zuständigkeitsüberschneidung vorliegt.[672] Die meisten Lösungen zum Ansatz dieser Überschneidungen bedienen sich dabei Prinzipien aus dem internationalen Privatrecht wie *lis pendens*, *res iudicata* oder auch *forum non conveniens*. Allerdings kann keines dieser Prinzipien eine entscheidende Antwort auf die Frage nach dem Vorrang eines Tribunals gegenüber einem anderen bei sich überschneidenden Zuständigkeiten geben.[673] Die dritte Kategorie betrifft den Fall, in dem eine Zuständigkeitsüberschneidung zwischen zwei Tribunalen vorliegt, die beide in spezialisierten Bereichen agieren. Soweit eine Streitigkeit direkt unter die Zuständigkeit eines Tribunals fällt, sollten keine Probleme entstehen.[674] Wenn ein Tribunal für eine Streitentscheidung zuständig ist, dann sollte es diese Kompetenz auch ausüben. Wenn allerdings beide Tribunale die Streitigkeit entscheiden könnten, wird wieder versucht, die internationalen Privatrechtsprinzipien zur Anwendung zu bringen.

---

[669] Die folgende Unterscheidung basiert auf Lowe, A. V., "Overlapping Jurisdiction In International Tribunals" 20 Australian Yearbook of International Law (1999), S. 191. Siehe auch Shany (siehe Fn. 620), S. 29ff.

[670] Karl (siehe Fn. 101), S. 940.

[671] Siehe hierzu III.D.

[672] Shany (siehe Fn. 620), S. 32ff.

[673] Dazu Shany (siehe Fn. 620), S. 128ff.; Oellers-Frahm (siehe Fn. 616), S. 75ff.; Lowe (siehe Fn. 669), S. 196ff.

[674] Lowe (siehe Fn. 669), S. 203.

Die Problematik sich überschneidender Zuständigkeiten zeigte sich deutlich in den letzten Jahren in drei Fällen, die alle drei das internationale Seerecht betrafen. Im Jahre 1999 klagten Australien und Neuseeland jeweils gegen Japan unter Teil XV des Seerechtsübereinkommens wegen der Befischung des *Southern Bluefin Tuna*. Diese beiden Fälle wurden im weiteren Verlauf zu einem zusammengefasst.[675] Kurze Zeit später – im Jahre 2000 – leitete Chile den Swordfish Case – wiederum unter Teil XV des Seerechtsübereinkommens – ein, während die beklagten Europäischen Gemeinschaften gleichzeitig ein Verfahren gegen Chile nach den Streitbeilegungsvorschriften der Welthandelsorganisation begannen. Der dritte Fall betraf eine Klage Irlands im Jahre 2001 gegen das Vereinigte Königreich nach Artikel 32 der Convention for the Protection of the Marine Environment of the North-East Atlantic. Hierbei ging es um die geplante MOX Fabrik in Sellafield, gegen die Irland vier Monate später auch noch unter Teil XV des Seerechtsübereinkommens vorging. Der verbindende Aspekt dieser Fälle ist der Umstand, dass in keinem der drei Fälle die Antwort auf die Frage nach der ausschließlichen Zuständigkeit eines Tribunals gegenüber einem anderen eindeutig ist. In dem Southern Bluefin Tuna Case bestritt Japan die Zuständigkeit des ITLOS mit der Argumentation, dass die Streitigkeit ausschließlich nach der Streitbeilegungsvorschrift des Artikels 16 der Convention on the Conservation of the Southern Bluefin Tuna beigelegt werden dürfte und dass diese Konvention den Vorschriften des Teils XV vorgehen würde.[676] Der Swordfish Case wird aufgrund einer zwischen den Parteien getroffenen Übereinkunft zunächst nicht weiter verfolgt,[677] allerdings bleibt die zu Grunde liegende Problematik des Verhältnisses umweltrechtlicher zu handelsrechtlichen Vorschriften weiter offen und höchst kontrovers.[678] Im MOX Plant Case stellen sich Fragen nach dem Verhältnis des Seerechtsübereinkommens zu anderen internationalen Übereinkünften und nach dem Verhältnis des Seerechtsübereinkommens zu dem Recht der Europäischen Gemeinschaften. Hierbei gestaltet sich die Situation noch komplizierter dadurch, dass es sich bei dem Seerechtsübereinkommen nach dem Recht der Europäischen Gemeinschaften um ein gemischtes Übereinkom-

---

675 International Tribunal for the Law of the Sea, Southern Bluefin Tuna Case, Order 1999/4 vom 16. August 1999. Erhältlich unter <<www.itlos.org>>.

676 Response of the Government of Japan to Request For Provisional Measures & Counter-Request For Provisional Measures, Rn. 47ff. Erhältlich unter <<www.itlos.org>>.

677 Siehe hierzu die Beschlüsse des ITLOS und unter dem Dispute Settlement Understanding der Welthandelsorganisation. International Tribunal for the Law of the Sea, Case Concerning the Conservation and Sustainable Exploitation of Swordfish Stocks in the South-Eastern Pacific Ocean, Beschluss vom 15. März 2001 (erhältlich unter <<www.itlos.org>>) und Communication from the European Communities vom 6. April 2001 (WT/DS193/3) und Communication from Chile vom 9. April 2001 (WT/DS193/3/Add.1) (erhältlich unter <<docsonline.wto.org>>).

678 Siehe McLaughlin, R. J., "Settling Trade-Related Disputes Over the Protection of Marine Living Resources: UNCLOS or the WTO?" 10 Georgetown International Environmental Law Review (1997), S. 29.

men handelt. Dies bedeutet, dass in einigen Fällen (und eventuell auch dem, den der MOX Plant Case betrifft) die Ausübung der Rechte und Pflichten bei der Europäischen Gemeinschaft und nicht bei den Mitgliedsstaaten liegt. Dies hätte zur Folge, dass es Irland verwehrt wäre, sich auf die aus dem Seerechtsübereinkommen erwachsenen Rechte zu berufen, da es deren Wahrnehmung den Europäischen Gemeinschaften übertragen hätte.

Eine erste direkte Folge der Verfügbarkeit unterschiedlicher Tribunale zeigt sich allerdings hier schon mehr als deutlich. Die Wahlmöglichkeiten und überhaupt die Verfügbarkeit von verschiedenen Streitbeilegungsverfahren werden von den Staaten vor allem auch als diplomatisches Druckmittel benutzt, um eine weitere direkte Verhandlung zwischen den Streitparteien zu erreichen. Das Vorhandensein von obligatorischen, aber auch nicht-obligatorischen Streitbeilegungsverfahren ist in der heutigen Zeit immer enger werdender Beziehungen zwischen den Staaten von großer Bedeutung,[679] gerade auch als Mittel, den anderen Staat zu eventuell abgebrochenen Verhandlungen zurückzubewegen.[680] Obligatorische Streitbeilegungsverfahren stellen ein gewisses Druckmittel dar, um Verhandlungen zu führen. Zwar besteht bei obligatorischen Verfahren immer das Risiko verklagt zu werden, dieses wird allerdings durch die Möglichkeit selbst zu klagen ausgeglichen.

Im Folgenden soll nun bewertet werden, welche Rückschlüsse sich aus den genannten Fällen für das Verhältnis des Teils XV des Seerechtsübereinkommens zu Streitbeilegungsvorschriften, die in anderen Konventionen enthalten sind, ziehen lassen. Dafür soll zunächst ein kurzer Einblick in das im Seerechtsübereinkommen vorgesehene Streitbeilegungssystem gegeben werden. Das Augenmerk liegt dabei vor allem darauf, welche Rolle Teil XV im Seerechtsübereinkommen hat.

C. Teil XV des Seerechtsübereinkommens

Das Streitbeilegungssystem des Seerechtsübereinkommens ist ganz ohne Zweifel von zentraler Bedeutung für das erfolgreiche Funktionieren der gesamten

---

679 Kelsen (siehe Fn. 623), S. 3f.

680 Zur Rolle, die Streitbeilegung für internationale Verhandlungen spielen kann siehe Anderson, D. H, "Negotiation and Dispute Settlement" in Evans, M. D. (Hrsg.), Remedies in International Law: The Institutional Dilemma (1998, Oxford), S. 111.

Konvention.[681] Viele Staaten brachten die Notwendigkeit eines effektiven Streitbeilegungssystems in ihren Äußerungen zum Ausdruck, die im Verlaufe der Konferenz gemacht wurden.[682] Um den Zerfall des in schwierigsten und langwierigen Verhandlungen erreichten Kompromisses, den das Seerechtsübereinkommen im Endeffekt darstellt, zu verhindern, sieht Abschnitt 2 des Teils XV ein obligatorisches Verfahren vor, welches zu einer bindenden Streitbeilegung führt. Dieses Verfahren kann von jeder Partei eingeleitet werden, soweit die in Abschnitt 1 enthaltenen konsensualen Mittel erschöpft sind.

1. Entstehungsgeschichte des Teils XV

Teil XV muss vor dem Hintergrund der Erfahrungen mit der Streitbeilegung unter den vier Genfer Übereinkommen über das Seerecht von 1958 gesehen werden. Von diesen vier Übereinkommen enthielt nur die Convention on Fishing and Conservation of the Living Resources on the High Seas[683] Vorschriften über die Streitbeilegung. In den Artikeln 9 bis 12 war die Gründung einer Spezialkommission vorgesehen, soweit sich die Parteien nicht für eines der in Artikel 33 der Charta der Vereinten Nationen vorgesehenen Verfahren entschieden. Darüber hinaus regelten die Vorschriften vor allem Fragen der Zusammensetzung der Kommission und der Bindungswirkung der Entscheidung. Gleichzeitig gab es ein für alle vier Überkommen geltendes optionales Protokoll zur Streitbeilegung, welches von den Staaten zusätzlich ratifiziert werden konnte, ohne das dieses für die Annahme der übrigen vier Übereinkommen erforderlich gewesen wäre. Nach diesem konnte eine Streitigkeit vor den IGH gebracht werden, soweit sich die Parteien nicht anderweitig verständigten. Allerdings hat dieses Protokoll keine breite Zustimmung bei den Staaten erfahren und es wurde nur von einer geringen Anzahl von Staaten ratifiziert.[684] Weder unter dem optionalen Streitbeilegungsprotokoll noch unter Artikel 9 Absatz 1 der Convention on Fishing and Conservation of the Living Resources on the High Seas wurde je-

---

[681] Der Präsident der Konferenz, Hamilton Shirley Amerasinghe, umschrieb diese Rolle in folgendem, oft wiedergegebenen, Zitat: "[T]he provision of effective dispute settlement procedures is essential for stabilizing and maintaining the compromises necessary for the attainment of agreement on a convention. [...] Dispute settlement procedures will be the pivot upon which the delicate equilibrium of the compromise must be balanced. Otherwise, the compromise will disintegrate rapidly and permanently. I should hope that it is the will of all concerned that the prospective convention should be fruitful and permanent. Effective dispute settlement would also be the guarantee that the substance and intention within the legislative language of the convention will be interpreted both consistently and equitably." A/Conf.62/WP.9/Add.1, Third United Nations Conference on the Law of the Sea: Documents, Volume V, S. 122, Rn. 6.

[682] Siehe die zahlreichen Äußerungen über die Bedeutung von effektiven Streitbeilegungsmechanismen während der 58th-65th Plenary Meetings im Jahre 1976 (UNCLOS III, V Off. Rec, S. 8, 13, 21, 30, 36, 44, 47, 49).

[683] Siehe Fn. 82.

[684] Siehe Fn. 83.

mals ein Fall vor ein Streitbeilegungstribunal gebracht.[685] Um diese Situation bei der neuen Konvention zu vermeiden, bestand zumindest soweit Einigkeit, dass Streitbeilegung eine stärkere Ausprägung erhalten solle, als dies zuvor der Fall gewesen war.

Zu Beginn der Verhandlungen von UNCLOS III war der Entwurf von Streitbeilegungsvorschriften jeweils den drei Hauptkomitees einzeln zugeordnet, soweit es für deren Arbeit relevant war.[686] Schon recht bald wurde jedoch eine informelle Arbeitsgruppe gegründet,[687] um die Arbeit effizienter zu gestalten und gleichzeitig so eine einheitliche Regelung entwerfen zu können, ohne die Arbeit der Hauptkomitees damit zu belasten. Einen entscheidenden Fortschritt in den Verhandlungen sollte der Entwurf darstellen, den der Präsident der Konferenz am Ende der dritten Verhandlungsrunde vorlegte und der zum ersten Mal die unterschiedlichen Texte und Vorschläge zu einem zusammenfasste und so den Staaten eine konkrete Verhandlungsbasis bot.[688] Dieser Entwurf zeigt die Streitbeilegungsvorschriften als ein "fully integrated instrument", da er nicht nur einfach Entwürfe nebeneinander setzte, sondern einen einheitlichen Text darstellte.[689] Der Text wurde von der Plenarversammlung diskutiert und erfuhr im weiteren Verlauf einige größere und kleinere Änderungen. Insgesamt konnten sich die Parteien erst kurz vor Ende von UNCLOS III im Jahre 1982 auf einen endgültigen Text, der dann Teil XV darstellen sollte, verständigen.

2. Wahlmöglichkeiten

Worauf sich die Staaten schon bald hatten einigen können, war dass das System den Staaten eine Wahlmöglichkeit zwischen verschiedenen Foren zur obligatorischen Streitbeilegung gewähren sollte. Dieses war nicht nur notwendig, um die Bandbreite zu erwartender Streitigkeiten abdecken zu können,[690] sondern vor allem auch, um den unterschiedlichen Vorstellungen der Staaten diesbezüglich gerecht zu werden.[691] Während einige Staaten für die Gründung eines neuen Seegerichtshofs waren, bevorzugten andere Staaten die Nutzung des Internationalen

---

685 Siehe hierzu Churchill/Lowe (siehe Fn. 275), S. 453; Churchill, R. R., "Dispute Settlement in the Law of the Sea – the Context of the International Tribunal for the Law of the Sea and Alternatives to It" in Evans, M. D. (Hrsg.), Remedies in International Law: The Institutional Dilemma (1998, Oxford), S. 85, 100ff.

686 A/Conf.62/28 vom 20. Juni 1974, abgedruckt in UNCLOS III, III Off. Rec., S. 57. "Settlement of Disputes [...] to be dealt with by each Main Committee in so far as [...] relevant to their mandates."

687 Diese Arbeitsgruppe wurde als die Settlement of Disputes Group geführt.

688 Virginia Commentary, Bd. V, XV.6.

689 Virginia Commentary, Bd. V, XV.6.

690 Adede, A. O., The System for Settlement of Disputes under the United Nations Convention on the Law of the Sea (1987, Dordrecht), S. 43.; Collier/Lowe (siehe Fn. 611), S. 86.

691 Virginia Commentary, Bd. V, XV.5.

Gerichtshofs und wieder andere waren für die Anrufung von Schiedsgerichten, entweder solcher genereller oder funktionaler Natur.[692] Im Endeffekt wurden im Seerechtsübereinkommen alle vier Varianten als Wahlmöglichkeiten aufgenommen. Durch diese Auswahl an verschiedenen Tribunalen[693] konnten die verschiedenen Vorstellungen, die die Staaten bezüglich eines geeigneten Forums hatten, zum Ausgleich gebracht werden.[694] Problematisch war allerdings, nach welcher Vorgehensweise festgelegt werden sollte, welches Tribunal letztendlich die Zuständigkeit zur Streitbeilegung haben sollte. Gelöst wurde dieses Problem mit der "Montreux-Formel" des niederländischen Diplomaten Willem Riphagen, so wie sie heute ihren Ausdruck in Artikel 287 Absatz 5 SRÜ findet.[695] Demnach haben die Staaten die Wahl zwischen dem Internationalen Gerichtshof, dem International Tribunal for the Law of the Sea, einem Schiedsgericht und einem besonderen Schiedsgericht für bestimmte Kategorien von Streitigkeiten und können ihre diesbezügliche Wahl in einer schriftlichen Erklärung jederzeit abgeben. Soweit die Staaten eine übereinstimmende Wahl treffen, ist dieses Forum für die Streitbeilegung nach Abschnitt 2 zuständig. Allerdings kann es natürlich auch passieren (und dies ist *de facto* auch der häufigste Fall), dass keine übereinstimmende Wahl vorliegt. Sei es, dass die Staaten eine unterschiedliche Wahl getroffen haben oder sei es, dass ein Staat überhaupt keine Wahl vorgenommen hat oder auch das eine diesbezügliche Erklärung zurückgezogen wurde.[696] Für diesen Fall sah ein erster Entwurf noch vor, dass die Wahl des beklagten Staats den Ausschlag geben sollte.[697] In ihrer jetzigen Form bringt die Montreux-Formel zum Ausdruck, dass bei nicht-übereinstimmenden Erklärungen ein Schiedsgericht Zuständigkeit haben soll. Im Endeffekt bedeutet das, dass die

---

692 Virginia Commentary, Bd. V, 287.1.

693 Boyle, A. E., "Dispute Settlement and the Law of the Sea Convention: Problems of Fragmentation and Jurisdiction" 46 International and Comparative Law Quarterly (1997), S. 37, 40ff. benutzt für diese Auswahlmöglichkeiten den Ausdruck "Cafeteria approach".

694 Adede (siehe Fn. 690), S. 49.

695 Der Ausdruck Montreux-Formel geht zurück auf ein Treffen der Arbeitsgruppe in Montreux im Jahre 1975, in deren Verlauf Professor Riphagen seinen Vorschlag zum ersten Mal machte, Virginia Commentary, Bd. V, 287.2.

696 Im November 2003 hatten 35 der 145 Mitgliedsstaaten eine Erklärung nach Artikel 287 SRÜ abgegeben. Hier sei angemerkt, dass sich diese Wahl auch als entscheidende Schwäche für den Internationalen Seegerichtshof darstellen könnte. Aufgrund dieser Wahlmöglichkeiten und der Schwierigkeit, übereinstimmende Erklärungen zu haben, befindet sich der Seegerichtshof in einer weitaus schwierigeren Position, Fälle vorgelegt zu bekommen, als dies beim Internationalen Gerichtshof in seinen Anfangsjahren der Fall war. Es bleibt zu hoffen, dass die Staaten die Vorzüge erkennen, die der Seegerichtshof diesen bieten kann, und die sich nicht nur, aber auch, in den geringeren Kosten und Verwaltungsaufwand gegenüber den Schiedsgerichten zeigen. Treves, T., "Conflicts Between the International Tribunal for the Law of the Sea and the International Court of Justice" 31 International Law and Politics (1999), S. 809, 821.

697 Adede (siehe Fn. 690), S. 49; Virginia Commentary, Bd. V, 287.2ff.

Schiedsgerichtsbarkeit nach Anlage VII praktisch die "Grundeinstellung" der Streitbeilegung des Seerechtsübereinkommens ist.[698]

Neben dieser Wahlmöglichkeit für den Fall, dass es tatsächlich zu einer obligatorischen Streitbeilegung kommt, sieht das Seerechtsübereinkommen noch verschiedene Mechanismen vor, die ein Zurückgreifen auf das obligatorische Verfahren des Abschnitts 2 vermeiden sollen. Hierfür ist die Vorschrift des Artikels 280 SRÜ zentral, die es den Parteien ermöglicht, Streitigkeiten durch friedliche Mittel ihrer Wahl beizulegen.[699]

Dieser Artikel ist mit den beiden darauf folgenden Artikeln 281 und 282 SRÜ im Zusammenhang zu lesen, der die Folgen festlegt, wenn die Parteien sich tatsächlich auf ein friedliches Mittel eigener Wahl geeignet haben.

Artikel 281 SRÜ enthält Vorschriften für das weitere Verfahren für den Fall, dass keine Beilegung der Streitigkeit durch das von den Parteien gewählte friedliche Mittel erreicht worden ist.

> (1) Haben Vertragsstaaten, die Parteien einer Streitigkeit über die Auslegung oder Anwendung dieses Übereinkommens sind, vereinbart, deren Beilegung durch ein friedliches Mittel eigener Wahl anzustreben, so finden die in diesem Teil vorgesehenen Verfahren nur Anwendung, wenn eine Beilegung durch dieses Mittel nicht erzielt worden ist und wenn die Vereinbarung zwischen den Parteien ein weiteres Verfahren nicht ausschließt.
>
> (2) Haben die Parteien auch eine Frist vereinbart, so gilt Absatz 1 erst nach Ablauf dieser Frist.

Artikel 282 SRÜ bezieht sich auf Verpflichtungen aus allgemeinen, regionalen oder zweiseitigen Übereinkünften.

> Haben Vertragsstaaten, die Parteien einer Streitigkeit über die Auslegung oder Anwendung dieses Übereinkommens sind, im Rahmen einer allgemeinen, regionalen oder zweiseitigen Übereinkunft oder auf andere Weise vereinbart, eine solche Streitigkeit auf Antrag einer der Streitparteien einem Verfahren zu unterwerfen, das zu einer bindenden Entscheidung führt, so findet dieses Verfahren anstelle der in diesem Teil vorgesehenen Verfahren Anwendung, sofern die Streitparteien nichts anderes vereinbaren.

Grundsätzlich gehen von den Parteien gewählte friedliche Mittel zur Streitbeilegung den Vorschriften des Teils XV vor. Allerdings schliesst nicht schon das Vorhandensein solcher anderer friedlicher Mittel Teil XV automatisch aus. Ziel des Teils XV ist es, bestehende Streitigkeiten zwischen den Parteien, einer Streitbeilegung zuzuführen. Ob dieses durch das obligatorische Verfahren des Abschnitts 2 erreicht wird oder auf dem Wege der Anwendung anderer friedli-

---

[698] Boyle (siehe Fn. 693), S. 40.

[699] "Dieser Teil beeinträchtigt nicht das Recht der Vertragsstaaten, jederzeit zu vereinbaren, eine zwischen ihnen entstehende Streitigkeit über die Auslegung oder Anwendung dieses Übereinkommens durch friedliche Mittel eigener Wahl beizulegen." Artikel 280 SRÜ.

cher oder sonstiger konsensualer Mittel des Abschnitts 1, ist insoweit sekundär. Ziel soll aber die friedliche Streitbeilegung sein.

a) Artikel 281 SRÜ

Nach Artikel 281 SRÜ finden die Vorschriften des Teils XV in dem Fall, dass sich die Parteien auf die Beilegung der Streitigkeit durch ein friedliches Mittel ihrer Wahl verständigt haben,[700] nur dann Anwendung, wenn durch dieses Mittel der Streit nicht beigelegt werden konnte. Darüber hinaus darf dieses Mittel aber auch nicht die Anwendung weiterer Verfahren ausschließen. Sollte es dieses tun, wäre damit auch Teil XV ausgeschlossen. Es ist leicht ersichtlich, dass Artikel 281 SRÜ das Ergebnis haben kann, dass eine bestehende Streitigkeit über die Auslegung und Anwendung des Seerechtsübereinkommens damit eventuell überhaupt keiner Streitbeilegung zugeführt wird. Dieses sicherlich unerwünschte Resultat stellt eine Ausnahme in Teil XV dar. Sämtliche anderen Verfahren würden über den einen oder anderen Weg schlussendlich eine Streitbeilegung erreichen. Was unklar ist, ist wie dieser Ausschluss weiterer Verfahren in der Vereinbarung erzielt wird. Vor dem Hintergrund des Teils XV scheint es angemessen, dass dieses – wie gesagt eher unerwünschte – Ergebnis von den Parteien sprachlich eindeutig zum Ausdruck gebracht werden sollte. Allerdings kam das erste Schiedsgericht, welches unter Anlage VII gegründet wurde in dem Southern Bluefin Tuna Case zu einem anderen Ergebnis.[701] Dieses stellte fest, dass die in der Convention on the Conservation of the Southern Bluefin Tuna enthaltene Streitbeilegungsklausel weitere Verfahren gemäß Artikel 281 Absatz 1 SRÜ ausschließt, obwohl die in der Convention on the Conservation of the Southern Bluefin Tuna enthaltene Streitbeilegungsklausel diesbezüglich keinerlei sprachlichen Anhaltspunkt liefert. Darüber hinaus finden sich in der Klausel eigentlich auch keine Hinweise darauf, dass diese überhaupt für die Beilegung von Streitigkeiten über die Auslegung oder Anwendung des Seerechtsübereinkommens anwendbar sein soll.

Der Entscheidung des Schiedsgerichts ging ein Beschluss des ITLOS nach Artikel 290 Absatz 5 SRÜ über vorläufige Maßnahmen voraus. Der ITLOS kam zu dem Ergebnis, dass *prima facie* das zu bildende Schiedsgericht Zuständigkeit

---

700 Australien und Neuseelend vertraten in ihren Plädoyers in dem Southern Bluefin Tuna Case vor dem Anlage VII Schiedsgericht zunächst die Ansicht, dass die Artikel 280 und 281 SRÜ sich lediglich auf Vereinbarungen beziehen, die nach dem Entstehen der Streitigkeit zwischen den Parteien getroffen wurden. Von dieser Auslegung nahmen sie im weiteren Verlauf des Verfahrens Abstand. Mündliche Verhandlung am 11. Mai 2000, Vol. IV, Plädoyer von Henry Burmester. Erhältlich unter <<www.worldbank.org/icsid/bluefintuna/main.htm>>.

701 Siehe ausführlicher hierzu III.D.1.

haben würde.[702] Diese Feststellung wurde von ITLOS einstimmig getroffen und auch von keinem der Richter in einer der Sondervoten oder Erklärungen in Frage gestellt.[703]

Es erscheint mehr als fraglich, ob die von dem Schiedsgericht vorgeschlagene Lesart und damit die Ablehnung der eigenen Zuständigkeit korrekt ist. Hauptziel des Teils XV ist es, dass zwischen den Parteien bestehende Streitigkeiten gelöst werden sollen. Hierzu haben sich die Staaten nach Artikel 279 SRÜ verpflichtet. Artikel 281 SRÜ ist die einzige Vorschrift im Teil XV, die den Parteien die Möglichkeit gibt, einen Streit keiner Streitbeilegung zuzuführen. Es erscheint deswegen besser, von den Parteien zu verlangen, dass sie eine diesbezügliche Intention in ihrer Vereinbarung deutlich zum Ausdruck bringen.[704] Würde man die Entscheidung in dem Southern Bluefin Tuna Case so nehmen wie sie steht, dann hätte dies wohl zur Folge, dass prinzipiell alle in anderen Übereinkommen enthaltenen Streitbeilegungsmechanismen, die sich mit Materien befassen, die auch das Seerechtsübereinkommen betreffen, die Anwendung des Teils XV ausschließen würden.[705]

b) Artikel 282 SRÜ

Während nach Artikel 281 SRÜ auch das Ergebnis eintreten kann, dass eine Streitigkeit nicht beigelegt wird, macht Artikel 282 SRÜ deutlich, dass die Vor-

---

702 International Tribunal for the Law of the Sea, Southern Bluefin Tuna Cases, Order of 27 August 1999, Rn. 52, 62. Erhältlich unter <<www.itlos.org>>.

703 Interessanterweise zog der damalige Präsident des Internationalen Gerichtshof, Richter Guillaume, diese unterschiedlichen Ergebnisse bezüglich der Zuständigkeit des Schiedsgerichts als Beispiel für die vermeintliche Gefahr durch die Zunahme internationaler Tribunale heran (siehe Fn. 668). Hier sollte darauf hingewiesen werden, dass dies eine komplett unterschiedliche Situation von der von Richter Guillaume eigentlich anvisierten ist und deswegen nicht geeignet ist, seinen Punkt zu unterstützen. ITLOS und das Schiedsgericht mussten bei ihrer Prüfung der Zuständigkeit unterschiedliche Maßstäbe anlegen und konnten schon allein wegen des unterschiedlichen Prüfungsumfanges zu unterschiedlichen Ergebnissen kommen. Darüberhinaus handelt es sich insgesamt um zwei Stufen in einem einzigen Verfahren.

704 Eine der wenigen akademischen Stellungnahmen hierzu aus der Zeit vor dem Southern Bluefin Tuna Case findet sich im Virginia Commentary, Bd. V, 281.5. Dort wird in diesem Zusammenhang das Wort "specify" benutzt. Zur Abweichung von den Vorschriften des Seerechtsübereinkommens im Zusammenhang mit Artikel 311 SRÜ siehe S. 79.

705 Shabtai Rosenne bringt diesen Vorbildcharakter der Entscheidung deutlich zum Ausdruck: "The fact that this is the first case of its kind imposes a special duty of responsibility on all of us, a little extra grain of caution. For what this Tribunal does and the guidance that it will be giving for future cases will be subject to very close scrutiny by our profession and by the maritime and legal worlds as a whole." Mündliche Verhandlung vom 7. Mai 2000, Vol. I, Plädoyer von Shabtai Rosenne. Erhältlich unter <<www.worldbank.org/icsid/ bluefintuna/main.htm>>.

schriften des Teils XV nur dann keine Anwendung finden, wenn das von den Parteien in einem allgemeinen, regionalen oder bilateralen Übereinkommen vereinbarte Verfahren obligatorischer Natur ist und auch tatsächlich zu einer Streitbeilegung führt. In diesem Fall würden dann die Vorschriften dieser Übereinkunft anstelle des Teils XV angewendet werden. Damit wäre aber ebenso das Ziel einer bindenden Streitbeilegung erreicht. Die Voraussetzung, dass es sich um ein bindendes Verfahren handeln muss, schließt damit Vereinbarungen aus, die lediglich ein Vermittlungs-, ein Vergleichs- oder ein sonstiges Verfahren vorsehen, welches mit einem nicht bindenden Bericht endet.[706] Aber selbst wenn ein solch bindendes Verfahren in einem allgemeinen, regionalen oder bilateralen Übereinkommen vorgesehen ist, können die Parteien sich immer noch entscheiden, dennoch Teil XV in Anspruch zu nehmen.[707] Artikel 282 SRÜ beinhaltet damit quasi ein "opting-in" Recht, im Gegensatz zu Artikel 281 SRÜ, welcher als ein "opting-out" Recht gesehen werden kann.

Artikel 282 SRÜ verweist zusätzlich noch darauf, dass die Parteien neben in allgemeinen, regionalen oder bilateralen Übereinkommen die Vereinbarung auch "auf andere Weise" treffen können. Dieses bezieht sich hauptsächlich, wenn auch nicht ausschließlich, auf die Fakultativklausel des Artikels 36 Absatz 2 des Statuts des IGH.[708] Unter dieser können die Vertragsstaaten des Statuts erklären, dass sie die Zuständigkeit des Gerichtshofs "als obligatorisch" anerkennen. Hierbei ist allerdings das Wort obligatorisch insoweit irreführend, als dass gerade eine vorherige Unterwerfungserklärung des Vertragsstaats erforderlich ist.[709] Aufgrund des Konsensprinzips des Völkerrechts kann nur zwischen den Staaten eine Streitbeilegung erfolgen, die sich der entsprechenden Streitbeilegungsklausel unterworfen haben. Auch einseitig einleitbare Streitbeilegungsmechanismen erfordern zu irgendeinem Zeitpunkt eine Unterwerfung. Die Erklärung kann gemäß Artikel 36 Absatz 3 des Statuts vorbehaltlos oder vorbehaltlich einer entsprechenden Erklärung der anderen Streitpartei erfolgen. Da die Erklärungen unter Artikel 36 Absatz 3 des Statuts reziprok wirken, ist die Konsequenz, dass sich beide Parteien auf die Erklärung und darin enthaltene Vorbe-

---

706 Virginia Commentary, Bd. V, 282.5.

707 "[The procedure that entails a binding decision] shall apply in lieu of the procedures provided for in this Part, *unless the parties to the dispute otherwise agree*." Artikel 282 SRÜ (Hervorhebung vom Verfasser).

708 Virginia Commentary, Bd. V, 282.5. Siehe zu dieser Merrills, J. G., "The Optional Clause Revisited" 64 British Yearbook of International Law (1993), S. 197, 198ff. und Alexandrov, S. A., "Accepting the Compulsory Jurisdiction of the International Court of Justice with Reservations: An Overview of Practice with a Focus on Recent Trends and Cases" 14 Leiden Journal of International Law (2001), S. 89.

709 Collier/Lowe (siehe Fn. 611), S. 141.

halte der jeweils anderen Partei berufen können.[710] Nur wenn die Streitigkeit unter die vorbehaltliche Annahme beider Parteien fällt, besteht die Zuständigkeit des Gerichtshofs. Voraussetzung ist damit, dass praktisch der kleinste gemeinsame Nenner zwischen den Erklärungen die Streitigkeit abdecken muss. Soweit dies erfüllt ist, wären damit die Voraussetzungen des Artikels 282 SRÜ gegeben und das Streitbeilegungsverfahren des IGH würde anstelle des Teils XV Anwendung finden. Diese Situation ist von der zu unterscheiden, in der der Gerichtshof seine Zuständigkeit über Artikel 288 SRÜ in Verbindung mit Artikel 287 Absatz 1(b) SRÜ erhalten hat, was bis zum gegenwärtigen Zeitpunkt allerdings noch nicht der Fall gewesen ist.

Einige Staaten haben ihre Erklärungen unter der Fakultativklausel so gestaltet, dass der IGH dann keine Zuständigkeit haben soll, wenn sich die Parteien dazu verpflichtet haben, die Streitigkeit durch ein anderes Verfahren beizulegen. Ein solch anderes Verfahren wäre Teil XV des Seerechtsübereinkommens. Dies würde dann wiederum zur Anwendung des Artikels 282 SRÜ führen und damit zu dem Verweis auf ein Verfahren, dass die Parteien "auf andere Weise" vereinbart haben: eben Artikel 36 Absatz 2 des Statuts des IGH. Das Ergebnis wäre ein Zirkelschluss. Um diese Situation zu vermeiden, muss Artikel 282 SRÜ so gelesen werden, dass die anderweitig vereinbarten Verfahren nur dann an Stelle des Teils XV treten, wenn der Kläger sich auch tatsächlich auf diese Verfahren berufen kann, ohne von deren Anwendung sofort ausgeschlossen zu werden.

So wie Artikel 281 SRÜ und dessen Auslegung eine entscheidende Rolle für den Southern Bluefin Tuna Case hatte, steht Artikel 282 SRÜ für die Entscheidung im MOX Plant Case im Mittelpunkt. Insoweit sei auf D.2 verwiesen. Hier sei nur kurz vermerkt, dass sowohl der ITLOS in seinem Beschluss über vorläufige Maßnahmen nach Artikel 290 Absatz 5 SRÜ als auch das nach Anlage VII gegründete Schiedsgericht betonten, dass solange eine Streitigkeit über die Auslegung und Anwendung des Seerechtsübereinkommens vorliegt, der Umstand, dass die Streitigkeit ebenfalls unter ein weiteres Übereinkommen fallen würde, nicht die Anwendung des Teils XV automatisch ausschließen würde.[711]

Was aus der Darstellung der Artikel 281 und 282 SRÜ deutlich wird, ist, dass die Streitbeilegungsvorschriften des Teils XV nicht einfach ausgeschlossen werden können, ohne gleichzeitig eine adäquate Alternative bereit zu stellen, oder dass zumindest der Ausschluss weiterer Verfahren deutlich gemacht wird. Aber darin zeigt sich auch, welche Bedeutung die Autonomie Staaten bei der Streitbeilegung nach dem Seerechtsübereinkommen haben. Die Parteien sind jederzeit

---

710 Malanczuk, P., Akehurst's Modern Introduction to International Law (7. Aufl. 1997, London), S. 284ff. Im Norwegian Loans Case (siehe Fn. 658), S. 27, konnte sich Norwegen wegen dieser Reziprozität auf die in der französischen Erklärung enthaltenen Vorbehalte berufen.

711 International Tribunal for the Law of the Sea, MOX Plant Case, Order of 3 December 2001, Rn. 50; Arbitral Tribunal, MOX Plant Case, Order of 24 June 2003, Rn. 18.

die "complete masters of the procedure."[712] Das Seerechtsübereinkommen lässt den Parteien die freie Wahl ihrer Mittel – sowohl in der Wahl des Tribunals als auch in der Frage, ob Teil XV Anwendung finden soll – allerdings nicht ohne die Richtung einer irgendwie gearteten Streitbeilegung vorzugeben.

3. Grenzen und Ausnahmen

Wie gezeigt, kann gemäß Artikel 286 Absatz 1 SRÜ ein Staat einseitig jede Streitigkeit über die Auslegung und Anwendung des Seerechtsübereinkommens vor ein dafür zuständiges Tribunal bringen, soweit diese Streitigkeit nicht durch die konsensualen Mittel des Abschnitts 1 beigelegt worden ist. Zu diesen gehören die eben dargestellten Artikel 280 bis 282 SRÜ, die Möglichkeit zum Vergleich,[713] aber auch die Verpflichtung zum Meinungsaustausch nach Artikel 283 SRÜ. Letztere Verpflichtung wird unter dem Seerechtsübereinkommen dergestalt interpretiert, dass ein Staat nicht verpflichtet werden kann, auf unbestimmte Zeit zu verhandeln, wenn dieser Staat zu dem Ergebnis kommt, dass die Möglichkeiten eines Meinungsaustausches erschöpft sind.[714]

Aber die Möglichkeit ein Verfahren nach Abschnitt 2 einzuleiten, steht auch noch unter dem Vorbehalt einiger Grenzen und Ausnahmen, so wie sie in Abschnitt 3 enthalten sind. Diese Ausnahmen und das teilweise Abstellen auf obligatorische Vergleichsverfahren können als ein "mini-package deal"[715] gesehen werden zu dem "package deal", den das Seerechtsübereinkommen als Ganzes darstellt. Die Aufnahme von Grenzen und Ausnahmen zu der obligatorischen Streitbeilegung des Abschnitts 2 wurde als notwendig angesehen, um die Befürchtungen einiger Staaten zu kompensieren, die diese im Bezug auf die Existenz eines obligatorischen Verfahrens insgesamt hatten. Anderenfalls hätte dies eventuell zu einer Ablehnung des Seerechtsübereinkommens führen können.[716] Viele Staaten waren verständlicherweise nicht bereit, ihre neu hinzugewonnen Rechte durch unberechtigterweise eingeleitete Verfahren gestört zu sehen, während es aber auch gleichzeitig notwendig war, sicherstellen zu können, dass die Küstenstaaten ihren gewachsenen Einfluss nicht jenseits der Grenzen des Zulässigen ausüben würden.[717] Die in den Artikeln 297 und 298 SRÜ enthaltenen Grenzen und Ausnahmen liegen nicht darin begründet, dass gegenüber einem obligatorischen Verfahren ein anderes Mittel der Streitbeilegung besser wäre. Vielmehr ging es darum, den Empfindlichkeiten und Befürchtungen einiger

---

712 Virginia Commentary, Bd. V, 280.1.

713 Artikel 284 SRÜ.

714 Arbitral Tribunal, Southern Bluefin Tuna Case, Award of 4 August 2000, Rn. 55; International Tribunal for the Law of the Sea, MOX Plant Case, Order of 3 December 2001, Rn. 60; Arbitral Tribunal, MOX Plant Case, Order of 24 June 2003, Rn. 18.

715 Adede (siehe Fn. 690), S. 165f.

716 Churchill/Lowe (siehe Fn. 275), S. 454f.

717 Adede (siehe Fn. 690), S. 165f.

Staaten gegenüber einer Streitbeilegung durch unabhängige Dritte entgegenzukommen. Dementsprechend sind die vorgesehenen Grenzen und Ausnahmen politisch zu begründen.

Die grundsätzlich und unabhängig von einer Erklärung des Staates bestehenden Beschränkungen nach Artikel 297 SRÜ betreffen allgemein gesprochen die Ausübung der souveränen Rechte und Hoheitsbefugnisse durch die Küstenstaaten in ihren ausschließlichen Wirtschaftszonen. Nur Streitigkeiten über die in Artikel 297 Absatz 1 SRÜ ausdrücklich genannten Aspekte können dem obligatorischen Verfahren nach Abschnitt 2 unterworfen werden. Alle anderen Fragen sind von dessen Anwendung ausgeschlossen. Von dem obligatorischen Verfahren werden zunächst die Fälle erfasst, in denen behauptet wird, dass ein Küstenstaat gegen die Vorschriften des Seerechtsübereinkommens über die Freiheit und Rechte der Schifffahrt, des Überflugs, der Verlegung unterseeischer Kabel und Pipelines oder hinsichtlich anderer völkerrechtlich zulässiger Nutzungen verstoßen hat oder wenn behauptet wird, dass ein anderer Staat in Ausübung dieser Rechte gegen die im Einklang mit dem Seerechtsübereinkommen erlassenen Gesetze und Vorschriften des Küstenstaats verstoßen hat oder, zuletzt, wenn behauptet wird, dass ein Küstenstaat gegen auf ihn anwendbare internationale Regeln des Meeresumweltschutzes verstoßen hat. Die Beschränkungen des Absatzes 2 beziehen sich auf die Verweigerung des Küstenstaates, einem Forschungsstaat eine Erlaubnis zur wissenschaftlichen Meeresforschung in seiner ausschließlichen Wirtschaftszone zu erteilen. Letztere Streitigkeit kann allerdings einem obligatorischen Vergleichsverfahren unterworfen werden. Ein obligatorisches Vergleichsverfahren ist auch die einzige Möglichkeit, die nach dem Seerechtsübereinkommen zur Beilegung einer Streitigkeit über die Ausübung der souveränen Rechte eines Küstenstaates im Bezug auf die Ausbeutung der lebenden Ressourcen in dessen ausschließlicher Wirtschaftszone besteht. Hier ist dessen Position noch dahingehend gesichert, dass die Vergleichskommission in keinem Fall anstelle des Küstenstaates ein Ermessen ausüben darf.[718] Insgesamt versucht Artikel 297 SRÜ einen Ausgleich zwischen den Interessen der Küstenstaaten bei der Ausübung der ihnen zustehenden Rechte und den Interessen der übrigen Staaten an ungehinderter Navigation und der Ausübung ihrer sonstigen Rechte zu erreichen.

Während die in Artikel 297 SRÜ enthaltenen Beschränkungen unabhängig von einer Erklärung der Staaten gelten, können die in Artikel 298 SRÜ enthaltenen Aspekte von den Staaten fakultativ ausgeschlossen werden. Artikel 298 SRÜ sieht dabei fünf unterschiedliche Kategorien von Streitigkeiten vor, von denen ein Staat entweder alle, nur bestimmte oder auch gar keine ausschließen kann. Die Staaten können erklären, dass sie einem obligatorischen Verfahren nicht zustimmen, soweit dieses Streitigkeiten über die Abgrenzung von Meeresgebieten nach den Artikeln 15, 74 oder 83 SRÜ betrifft oder eine Streitigkeit über histori-

---

718 Artikel 297 Absatz 3(c) SRÜ.

sche Buchten oder historische Rechtstitel zum Inhalt hat. Außerdem können Streitigkeiten über militärische Tätigkeiten sowie über Vollstreckungshandlungen in Ausübung der souveränen Rechte oder Hoheitsbefugnisse und auch Streitigkeiten, bei denen der Sicherheitsrat der Vereinten Nationen seine Aufgaben unter der Charta der Vereinten Nationen wahrnimmt, ausgeschlossen werden.

Die Erklärung eines Staates, dass er sich eine der fakultativen Ausnahmen des Artikels 298 SRÜ zunutze macht, führt dazu, dass dieser Staat in den ausgeschlossenen Bereichen nicht mehr verklagt werden kann. Gleichzeitig ist er aber auch daran gehindert, einen anderen Staat ohne dessen ausdrückliche Zustimmung in diesen Bereichen einem Verfahren nach Teil XV zu unterwerfen. Dies wird ausdrücklich in Artikel 298 Absatz 3 SRÜ klargestellt. Eine solch ausdrückliche Bestimmung fehlt für Artikel 297 SRÜ. Allerdings sollte auch Artikel 297 SRÜ so interpretiert werden, dass der Küstenstaat nicht nur nicht verklagt werden kann, sondern gleichzeitig bei den von Artikel 297 SRÜ erfassten Streitigkeiten auch nicht klagen kann. Andernfalls würde das ausgewogene Gleichgewicht des Seerechtsübereinkommens zu Gunsten der Küstenstaaten umschlagen. Diese wären gegen Klagen geschützt, da sie sich auf die Anwendung des Artikels 297 SRÜ berufen könnten, während sie selbst ein Verfahren über dieselbe Fragestellung einleiten könnten.

Eine Auswirkung der dargestellten Beschränkungen der Anwendbarkeit des Abschnitts 2 ist, dass die Situation entstehen kann, in der bloss ein Teil einer Streitigkeit von einer Ausnahme erfasst wird, während ein anderer Teil unter das obligatorische Verfahren fallen würde. Dieses wäre vor allem die Situation in Streitigkeiten, die gebietsübergreifende Fischbestände betreffen. Der Teil der Streitigkeit, der den Fischbestand auf der Hohen See betreffen würde, wäre von Abschnitt 2 erfasst, während dieselbe Streitigkeit, soweit sie die ausschließliche Wirtschaftszone eines Küstenstaats betrifft, wegen Artikel 297 Absatz 3(a) SRÜ von der obligatorischen Streitbeilegung ausgenommen wäre. Teilweise wird vertreten, dass aufgrund der Tatsache, dass gebietsübergreifende Fischbestände gerade nicht auf die ausschließliche Wirtschaftszone eines Staates beschränkt seien, diese von der Anwendung des Artikels 297 Absatz 3(a) SRÜ grundsätzlich ausgenommen seien.[719] So wünschenswert ein solches Ergebnis auch sein mag, so ist doch festzustellen, dass es keinen Hinweis im Artikel 297 SRÜ gibt, der eine solche Interpretation unterstützen würde. Auch hätte so eine Interpretation zur Folge, dass Artikel 297 Absatz 3(a) SRÜ praktisch nur für die Fälle anwendbar wäre, in denen eine lebende Ressource ausschließlich in der ausschließlichen Wirtschaftszone vorkommen würde. Das Vorhandensein der Grenzen der Anwendbarkeit des Abschnitts 2 hat notwendigerweise zur Folge, dass die zur Lösung anstehenden Fragen getrennt betrachtet werden müssen. Dies ist ohne Zweifel wenig wünschenswert, da es verhindert, eine angemessene Lösung für eine Streitigkeit zu finden, die sich gerade aus dem gebietsübergrei-

---

[719] Brown (siehe Fn. 110), S. 228.

fenden Charakter des Problems ergibt. Soweit sich aber die Parteien nicht darüber verständigen, auch den Teil der Streitigkeit, der sich auf die ausschließliche Wirtschaftszone bezieht ebenfalls einem Tribunal zu unterbreiten, kann das Tribunal nur über den Aspekt, der die Hohe See betrifft, entscheiden. Dies kann auch als der "salami-slicing approach" des Seerechtsübereinkommens bezeichnet werden.[720]

Die Vermeidung dieser getrennten Betrachtung eines eigentlich einheitlichen Problems könnte eventuell auch eine Motivation des Schiedsgerichts in dem Southern Bluefin Tuna Fall gewesen zu sein, als es feststellte, dass es Inhalt des Artikels 281 Absatz 1 SRÜ sei, einen Ausgleich zwischen den Parteien herzustellen.[721] Die Notwendigkeit für diese Interpretation ist in den Augen des Tribunals wohl offensichtlich. Wäre die Initiative zu dem Verfahren von Japan ausgegangen, wäre es durch eine Anwendung des Artikels 297 Absatz 3(a) SRÜ daran gehindert worden. Sowohl Australien als auch Neuseeland sind Küstenstaaten für den Southern Bluefin Tuna und wären dementsprechend nicht verpflichtet gewesen, der Beilegung dieser Streitigkeit zuzustimmen, zumindest nicht, insoweit wie die Streitigkeit die ausschließlichen Wirtschaftszonen der beiden Staaten betreffen würden. Tatsächlich haben aber eben Australien und Neuseeland das Verfahren vor ein Schiedsgericht nach Anlage VII gebracht. Es ist erstaunlich, dass das Schiedsgericht zu keinem Zeitpunkt darauf verweist, dass eine direkte Anwendung des Artikels 297 Absatz 3(a) SRÜ ein – zumindest teilweises – Zuständigkeitshindernis für die Klagen von Australien und Neuseeland hätte darstellen können. Eine Streitbeilegung zumindest über den Hohen See Aspekt hätte stattfinden können. Es könnte also sein, dass das Schiedsgericht der Ansicht war, dass es durch die Ablehnung seiner Zuständigkeit erreichen würde, einen Ausgleich der Rechte zwischen den Rechten der Küstenstaaten und des Nicht-Küstenstaats herzustellen[722] und gleichzeitig auch eine Fragmentierung der Streitigkeit zu verhindern. Nach Ansicht des Schiedsgerichts zeigen die Artikel 297 und 298 SRÜ, dass das Seerechtsübereinkommen weit davon entfernt sei ein "truly comprehensive regime of compulsory jurisdiction entailing binding decisions"[723] zu sein. Ob diese negative Feststellung korrekt ist, erscheint mehr als fraglich. Vielmehr sollte betont werden, dass die Möglichkeit obligatorischer Verfahren überhaupt besteht, von denen es dann wiederum Ausnahmen geben kann. Der Blickwinkel sollte definitiv auf das Vorhan-

---

[720] Boyle (siehe Fn. 693), S. 42.

[721] "Article 281(1) [...] provides a certain balance in the rights and obligations of coastal and non-coastal States in respect of settlement of disputes arising from events occurring within their respective exclusive economic zones and on the high seas, a balance that the Tribunal must assume was deliberately established by the States Parties to UNCLOS." Arbitral Tribunal, Southern Bluefin Tuna Case, Award of 4 August 2000, Rn. 62.

[722] Romano, C. P. R., "The Southern Bluefin Tuna Dispute: Hints of a World to Come ... Like It or Not" 32 Ocean Development and International Law (2001), S. 313, 332.

[723] Arbitral Tribunal, Southern Bluefin Tuna Case, Award of 4 August 2000, Rn. 62.

densein des obligatorischen Verfahrens gerichtet werden und nicht auf das Vorhandensein von erst in einem zweiten Schritt anwendbaren Ausnahmen zu diesem.

Ein weiterer Aspekt des Teils XV sollte ebenfalls noch kurz erwähnt werden. Für den Fall, dass nach Artikel 290 SRÜ vorläufige Maßnahmen erlassen werden, verpflichten sich die Parteien "umgehend die aufgrund dieses Artikels angeordneten vorläufigen Maßnahmen"[724] zu befolgen. Dieses ist im Hinblick auf die Tatsache interessant, dass eine entsprechende Vorschrift im Statut des IGH nicht gefunden werden kann. Dieses könnte sicherlich als ein Vorteil des Teils XV gegenüber dem IGH gesehen werden. Nach dem LaGrand Case zwischen Deutschland und den Vereinigten Staaten[725] hat sich diese Position aber geändert, als dort der Gerichtshof klarstellte, dass "orders on provisional measures under Article 41 [of the Statute of the International Court of Justice] have [a] binding effect."[726]

4. Ergebnis

Teil XV des Seerechtsübereinkommens hat zum Ziel, dass zwischen den Staaten entstehende Streitigkeiten einer Lösung zugeführt werden sollen. Auf diesem Weg gewährt Teil XV den Staaten eine weitestmögliche Autonomie und macht sie damit jederzeit zu den Herren des Verfahrens. Endziel soll eine Lösung der bestehenden Streitigkeit sein. Auf welchem Weg dieses Ziel erreicht wird und auch vor welchem (und was für einer Art) Tribunal eine solche Streitbeilegung erfolgt, ist nur von sekundärer Bedeutung. Ein Ausschluss der Verfahren des Seerechtsübereinkommens kann nur systemimmanent nach den entsprechenden Vorschriften des Seerechtsübereinkommens erfolgen.

D. Teil XV als zentrales Streitbeilegungssystem im Seerecht

Im Vorangegangenen wurde die Rolle dargestellt, die Teil XV im Seerechtsübereinkommen hat. Davon ausgehend soll im Folgenden gezeigt werden, welche Rolle diese Streitbeilegungsvorschriften im System der Vielzahl der Verträge haben, die sich mit Materien beschäftigen, die ebenfalls vom Seerechtsübereinkommen abgedeckt werden.

Gemäß Artikel 288 Absatz 1 SRÜ hat ein Forum, auf welches sich die Parteien verständigt haben, Zuständigkeit "für jede Streitigkeit über die Auslegung oder Anwendung [des Seerechtsübereinkommens], die ihm in Übereinstimmung mit

---

[724] Artikel 290 Absatz 6 SRÜ.

[725] Frowein, J. A., "The LaGrand Case" 62 Zeitschrift für ausländisches öffentliches Recht und Völkerrecht (2002), S. 55.

[726] International Court of Justice, LaGrand Case (Germany v. United States of America), Judgement of 27 June 2001, Rn. 109. Erhältlich unter <<www.icj-cij.org>>.

[Teil XV] unterbreitet wird." Soweit also die Voraussetzungen für die Anwendung des Abschnitts 2 erfüllt sind und die Parteien sich nach Artikel 287 SRÜ auf ein Forum geeinigt haben, ist die entscheidende nächste Frage, ob eine Streitigkeit vorliegt, deren Inhalt die Auslegung oder Anwendung des Seerechtsübereinkommens ist. Grundsätzlich gilt Teil XV nur für die Beilegung von Streitigkeiten, die das Seerechtsübereinkommen betreffen. Andere Streitigkeiten, die über die Auslegung und Anwendung anderer internationaler Übereinkünfte entstehen, können nur dann vor ein Forum nach Teil XV gebracht werden, wenn diese Übereinkunft zu diesem Zwecke Bestimmungen vorsieht.[727] Das Seerechtsübereinkommen setzt sich also nicht eigenmächtig zur Streitbeilegung anderer Streitigkeiten ein. Gleichzeitig können innerhalb des Systems des Seerechtsübereinkommens Streitigkeiten über dessen Auslegung wiederum aber nur dann nach anderen Verfahren beigelegt werden, wenn dieses in Übereinstimmung mit den Artikeln 280 bis 282 SRÜ erfolgt. Von dieser einfachen Position aus, ließe sich argumentieren, dass Streitigkeiten nach den Streitbeilegungsverfahren beurteilt werden müssen, die für das in Frage stehende Übereinkommen geschaffen wurden.

In zwei Fällen wurde diese Frage bisher ausführlicher erörtert. Sowohl der Southern Bluefin Tuna Case als auch der MOX Plant Case wurden beide im Verlauf dieser Arbeit schon mehrfach erwähnt. In beiden Fällen war die entscheidende Frage, was eigentlich genau einen Streit über die Auslegung und Anwendung des Seerechtsübereinkommens darstelle und welche Folgen sich daraus ergeben, dass eine weiteres Übereinkommen, bei dem die Streitparteien Vertragsstaaten sind, sich mit den gleichen Aspekten befasse.

1. Der Southern Bluefin Tuna Case

Der Southern Bluefin Tuna Case ergab sich aus der Existenz eines experimentellen Fischereiprogrammes, welches Japan durchführen wollte, um Daten über die Erholung der Bestände des Southern Bluefin Tuna zu sammeln und um so die Fangquoten neu beurteilen zu können, die zwischen den drei Staaten unter der Convention on the Conservation of the Southern Bluefin Tuna (im Folgenden CCSBT) vereinbart waren.[728] Die drei Streitparteien – Australien, Neuseeland und Japan – waren zu diesem Zeitpunkt die einzigen Vertragsstaaten dieses Übereinkommens. Das Ziel dieser Konvention ist "to ensure, through appropriate management, the conservation and optimum utilisation of southern bluefin tuna."[729] Dieses Ziel sollte durch die Einführung einer zulässigen Höchstfangmenge erreicht werden, die zwischen den drei Staaten aufgeteilt wurde. Im Verlauf der Zeit wurde die Fangmenge drastisch reduziert und Japan musste dabei

---

[727] Artikel 288 Absatz 2 SRÜ.
[728] 26 Law of the Sea Bulletin (1994), S. 57.
[729] Article 3 CCSBT.

die größten Einschnitte in Kauf nehmen. Die Parteien konnten sich nicht auf eine Neubewertung der Fangmenge einigen. Ob die Beschränkung der Fangmenge tatsächlich zu einer Erholung der Fischbestände des Southern Bluefin Tuna geführt hat, war die zentrale Frage des Streits.[730] Da Japan mit diesem Zustand unzufrieden war, führte es das angesprochene experimentelle Fischereiprogramm ein, um genauere Zahlen über den Fischbestand zu erhalten. Zu diesem Zweck sollte eine Fischmenge von 3000 metrischen Tonnen gefangen werden, *de facto* ein Drittel der Japan unter dem CCSBT zugeteilten Fangmenge. Sowohl Australien als auch Neuseeland bezweifelten die wissenschaftliche Notwendigkeit des Programms. Die drei Staaten konnten sich nicht auf eine Größe für Japans Fischereiprogramm einigen[731] und Japan führte das Programm in seiner ursprünglichen Größe unilateral ein.[732] Zu diesem Zeitpunkt begannen die Staaten Verhandlungen nach Artikel 16 CCSBT, die allerdings zu keinem Ergebnis führten. Artikel 16 CCSBT sieht eine Regelung vor, die lediglich eine allgemeine Verpflichtung zur friedlichen Streitbeilegung enthält.[733]

Nachdem die Verhandlungen im Rahmen des CCSBT kein Ergebnis zeitigten, leiteten Australien und Neuseeland jeweils ein Verfahren nach Abschnitt 2 des Seerechtsübereinkommens ein, die im weiteren Verlauf zu einem zusammengelegt wurden.[734] Beide Staaten behaupteten, dass Japan mit der Einführung des experimentellen Fischereiprogrammes gegen verschiedene Vorschriften[735] des Seerechtsübereinkommens verstoßen habe und dass dementsprechend eine Streitigkeit über die Auslegung und Anwendung des Seerechtsübereinkommens ge-

---

730 Arbitral Tribunal, Southern Bluefin Tuna Case, Award of 4 August 2000, Rn. 22.

731 Während der Verhandlungen über das experimentelle Fischereiprogramm hatten es die Parteien geschafft, die unterschiedlichen Vorstellungen über den Umfang des Fischereiprogramms bis auf einen Unterschied von 300 metrischen Tonnen anzunähern. Arbitral Tribunal, Southern Bluefin Tuna Case, Mündliche Verhandlung vom 7. Mai 2000, Vol. I, Plädoyer von Nisuke Ando.

732 Arbitral Tribunal, Southern Bluefin Tuna Case, Award of 4 August 2000, Rn. 24.

733 Siehe Fn. 739.

734 Der Southern Bluefin Tuna Case besteht aus zwei zusammengefassten Verfahren, Australien gegen Japan und Neuseeland gegen Japan. Die Parteien verständigten sich auf den offiziellen Titel im Singular: "Southern Bluefin Tuna Case – Australia and New Zealand v. Japan". Arbitral Tribunal, Southern Bluefin Tuna Case, Award of 4 August 2000, Rn. 11. Erhältlich unter <<www.worldbank.org/icsid/bluefintuna/main.htm>>. Einen kurzen Überblick über die Fakten bieten Bialek, D. "Australia & New Zealand v. Japan: Southern Bluefin Tuna Case" 1 Melbourne Journal of International Law (2000), S. 153; Schwebel, S. M. , "The Southern Bluefin Tuna Case" in Ando, N., et al (Hrsg.), Liber Amicorum Judge Shigeru Oda (2002, The Hague), S. 743; Churchill, R. R., "International Tribunal for the Law of the Sea The Southern Bluefin Tuna Cases (New Zealand v. Japan; Australia v. Japan): Order for Provisional Measures of 27 August 1999" 49 International and Comparative Law Quarterly (2000), S. 979 und Boyle, A. E., "The Southern Bluefin Tuna Arbitration" 50 International and Comparative Law Quarterly (2001), S. 447.

735 Artikel 64 und 116 bis 119 SRÜ.

mäß Artikel 288 Absatz 1 SRÜ vorliegen würde. Hiergegen wandte sich Japan hauptsächlich mit der Verteidigung, dass es sich bei der vorliegenden Streitigkeit um eine solche über die Interpretation des CCSBT und nicht des Seerechtsübereinkommens handeln würde. Außerdem habe das CCSBT die aus dem Seerechtsübereinkommen erwachsenden Verpflichtungen ersetzt und sei deswegen die entscheidende Quelle für die Beurteilung des Verhaltens der Parteien.

Diese für die Argumentation Japans zentrale Behauptung wurde von dem Schiedsgericht nicht akzeptiert. Es verwies darauf, dass das Nebeneinander von völkerrechtlichen Verträgen eine übliche Erscheinung des Völkerrechts sei und das ein Verhalten eines Staates durchaus die Verletzung mehrerer unterschiedlicher Verträge nach sich ziehen könne.[736]

Diese Feststellung des Schiedsgerichts entspricht insoweit dem ein Jahr später vom ITLOS in dem MOX Plant Verfahrenen getroffenen Beschluss. Ebenso wie das Schiedsgericht in dem Southern Bluefin Tuna Case, lehnte auch der ITLOS ein entsprechendes Argument des Vereinigten Königreichs ab.[737]

Was beide Tribunale deutlich machen, ist, dass ein Streit sehr wohl unter mehr als einem Vertrag entstehen kann, da die Verträge unabhängig voneinander existieren, sowohl in Bezug auf ihre materiell-rechtlichen Vorschriften als auch auf die Streitbeilegungsvorschriften. Die Konsequenz davon ist, dass das Streitbeilegungsverfahren angewandt werden muss, welches in dem entsprechenden Vertrag enthalten ist.

Hiervon ausgehend kommen die beiden Tribunale allerdings zu grundsätzlich verschiedenen Ergebnissen. Die entscheidende Frage im Southern Bluefin Tuna Case war, wie die Vorschrift des Artikels 281 Absatz 1 SRÜ gelesen werden muss, insbesondere die Formulierung, dass das zwischen den beiden Parteien vereinbarte friedliche Mittel "ein weiteres Verfahren nicht ausschließt." Hier stellte das Schiedsgericht fest, dass solch ein ausdrücklicher Ausschluss überhaupt nicht erforderlich sei.[738]

---

736 "[I]t is a commonplace of international law and State practice for more than one treaty to bear upon a particular dispute. There is no reason why a given act of a State may not violate its obligations under more than one treaty. There is frequently a parallelism of treaties, both in their substantive content and in their provisions for settlement of disputes arising thereunder." Arbitral Tribunal, Southern Bluefin Tuna Case, Award of 4 August 2000, Rn. 52.

737 Siehe S. 223.

738 "The terms of Article 16 of the 1993 Convention do not expressly and in so many words exclude the applicability of any procedure, including the procedures of section 2 of Part XV of UNCLOS. Nevertheless, in the view of the Tribunal, the absence of an express exclusion of any procedure in Article 16 is not decisive." Arbitral Tribunal, Southern Bluefin Tuna Case, Award of 4 August 2000, Rn. 56f. Ein Autor bezeichnete dies als "one of the more unusual exercises in creative treaty interpretation by an international tribunal." Boyle, Southern Bluefin Tuna Arbitration (siehe Fn. 734), S. 448.

Das Schiedsgericht begründete seine Entscheidung hauptsächlich mit der Wortwahl des Artikels 16 CCSBT.[739] Dieser mache deutlich, dass ein Verfahren zur Streitbeilegung nur mit der Zustimmung aller am Verfahren zu beteiligenden Parteien eingeleitet werden könne. Ohne Zweifel betont Artikel 16 CCSBT die konsensuale Natur einer Streitbeilegung unter diesem Artikel. Allerdings zieht das Schiedsgericht daraus den weitergehenden Schluss, dass damit auch das obligatorische Verfahren nach Teil XV des Seerechtsübereinkommens ausgeschlossen sei.[740] Für das Schiedsgericht gibt es keine Notwendigkeit, dass sich eine solch weitreichende Intention in irgendeiner Art sprachlich in der Wortwahl zeigen müsste. Es unterstützt seine Überlegungen durch zwei weitere Aspekte. Zum einen verweist es auf die in Abschnitt 3 enthaltenen Grenzen und Ausnahmen der Artikel 297 und 298 SRÜ[741] und kommt zu dem Ergebnis, dass sich dadurch zeige, dass das Seerechtsübereinkommen seinem Anspruch, ein umfassendes Streitbeilegungssystem zu sein, gar nicht gerecht werde.[742]

Die zweite Überlegung hingegen hat tatsächlich auf den ersten Blick etwas für sich. Es gebe eine Vielzahl von Verträgen, die sich mit einer Materie beschäftigen, die auch von dem Seerechtsübereinkommen erfasst wird und die keinerlei ausdrücklichen Ausschluss von Teil XV beinhalten würden.[743] Hauptsächlich würden diese Streitbeilegungsverfahren nur konsensuale Mittel enthalten, obli-

---

739 Artikel 16 CCSBT lautet im Original: (1.) If any dispute arises between two or more of the Parties concerning the interpretation or implementation of this Convention, those Parties shall consult among themselves with a view to having the dispute resolved by negotiation, inquiry, mediation, conciliation, arbitration, judicial settlement or other peaceful means of their own choice.
(2.) Any dispute of this character not so resolved shall, with the consent in each case of all parties to the dispute, be referred for settlement to the International Court of Justice or to arbitration; but failure to reach agreement on reference to the International Court of Justice or to arbitration shall not absolve parties to the dispute from the responsibility of continuing to seek to resolve it by any of the various peaceful means referred to in paragraph 1 above.
(3.) In cases where the dispute is referred to arbitration, the arbitral tribunal shall be constituted as provided in the Annex to this Convention. The Annex forms an integral part of this Convention.

740 "That express obligation equally imports, in the Tribunal's view, that the intent of Article 16 is to remove proceedings under that Article from the reach of the compulsory procedures of section 2 of Part XV of UNCLOS, that is, to exclude the application to a specific dispute of any procedure of dispute resolution that is not accepted by all parties to the dispute." Arbitral Tribunal, Southern Bluefin Tuna Case, Award of 4 August 2000, Rn. 57.

741 Siehe III.C.3.

742 "It thus appears to the Tribunal that UNCLOS falls significantly short of establishing a truly comprehensive regime of compulsory jurisdiction entailing binding decisions." Arbitral Tribunal, Southern Bluefin Tuna Case, Award of 4 August 2000, Rn. 62.

743 Vor dem Anlage VII Schiedsgericht legte Japan als Annex IV seiner Unterlagen eine Liste mit Streitbeilegungsklauseln aus einhundertundsieben verschiedenen Verträgen vor. Diese Liste ist nicht öffentlich zugänglich.

gatorische Verfahren seien die Ausnahme. Auch verweist das Schiedsgericht darauf, dass die Ursprünge des Artikels 16 CCSBT in Artikel IX des Antarktis Vertrags lägen, ohne jedoch weiter auf diese Beobachtung einzugehen oder die Folgen für Artikel 16 CCSBT darzustellen. Es merkt bloß an, dass im Rahmen des Antarktis Vertrags die Streitbeilegungsklausel obligatorische Verfahren ausschließen solle.[744] Von dieser gesamten Vertragspraxis ausgehend, kommt das Schiedsgericht dann zu dem Ergebnis, dass eine Interpretation, die Teil XV Anwendung finden lassen würde, all diese Verträge ihres substantiellen Zweckes berauben würde.[745]

Allerdings sieht das Schiedsgericht dennoch einen Fall vor, in dem Teil XV Anwendung finden kann, wenn eine Streitigkeit gleichzeitig auch unter einem anderen Übereinkommen entsteht. Zumindest stellt es diese Ausnahme in Hinblick auf Fischereiübereinkommen fest, die Vorschriften des Seerechtsübereinkommens implementieren. Soweit das Verhalten eines Staates unter einem solchen Übereinkommen das Risiko besonders schwerer Konsequenzen mit sich bringen würde, könnte eventuell eine Verletzung von Artikel 300 SRÜ vorliegen.[746]

Insgesamt scheint die Argumentation damit dorthin zu gehen, dass implementierende Übereinkommen die Streitbeilegungsvorschriften des Teils XV grundsätzlich ausschließen würden. Die sich aus dem Seerechtsübereinkommen ergebenden Verpflichtungen seien damit zwischen den Parteien durch das Implementierungsübereinkommen ersetzt worden. Quasi als Kontrollinstanz würde aber weiterhin die Verpflichtung zu Treu und Glauben und das Verbot des rechtsmissbräuchlichen Verhaltens bestehen.

Die offensichtlichste Kritik gegen die Argumentation des Schiedsgerichts ist, dass Artikel 16 CCSBT – und sonstige Streitbeilegungsvorschriften in anderen Übereinkommen – nur für die Beilegung der Streitigkeiten anzuwenden sind, die über die Auslegung und Anwendung des entsprechenden Übereinkommens entstehen. Ausnahme hiervon ist, dass das Übereinkommen nicht sprachlich etwas anderes zum Ausdruck bringt. Das hauptsächliche Abstellen auf konsensuale

---

744 Arbitral Tribunal, Southern Bluefin Tuna Case, Award of 4 August 2000, Rn. 58.

745 "To hold that disputes implicating obligations under both UNCLOS and an implementing treaty such as the 1993 Convention – as such disputes typically may – must be brought within the reach of section 2 of Part XV of UNCLOS would be effectively to deprive of substantial effect the dispute settlement provisions of those implementing agreements which prescribe dispute resolution by means of the parties' choice." Arbitral Tribunal, Southern Bluefin Tuna Case, Award of 4 August 2000, Rn. 63.

746 "[T]here might be instances in which the conduct of a State Party to UNCLOS and to a fisheries treaty implementing it would be so *egregious*, and risk consequences of such gravity, that a Tribunal might find that the obligations of UNCLOS provide a basis for jurisdiction, having particular regard to the provisions of Article 300 of UNCLOS." Arbitral Tribunal, Southern Bluefin Tuna Case, Award of 4 August 2000, Rn. 64 (Hervorhebung vom Verfasser).

Mittel in anderen Streitbeilegungsklauseln bedeutet nicht gleichzeitig, dass damit die unter bestimmten Voraussetzungen nicht-konsensualen Mittel des Teils XV ausgeschlossen wären. Die vom Schiedsgericht zitierte Vertragspraxis beweist lediglich, dass die Staaten sich bei dem Abschluss der anderen Übereinkommen darauf verständigt haben, Streitigkeiten über die Auslegung dieser Übereinkommen mit konsensualen Mitteln zu lösen. Während der Verhandlungen im Southern Bluefin Tuna Case brachte Japan das Beispiel der International Convention for the Regulation of Whaling.[747] Diese Konvention enthält überhaupt keine Streitbeilegungsklausel. Japan argumentierte, dass Streitigkeiten über Wale nun plötzlich über Teil XV vor ein Tribunal gebracht werden könnten, obwohl die ICRW gerade keine Streitbeilegung vorsehe und dies ausdrücklich dem Willen der Parteien entspreche. Hiergegen ist einzuwenden, dass es sicherlich dem Willen der Parteien unter der ICRW entspricht. Warum allerdings sollten die Verpflichtungen über den Schutz der Meeressäugetiere auf der Hohen See über Artikel 120 SRÜ in Verbindung mit Artikel 65 SRÜ einen geringeren Stellenwert haben als die Verpflichtungen unter der ICRW? Mit der Ratifikation des Seerechtsübereinkommens haben die Parteien gerade diesen "neuen" Verpflichtungen zugestimmt. Und sie haben auch zugestimmt, dass Streitigkeiten über die Auslegung und Anwendung des Seerechtsübereinkommens durch Teil XV beigelegt werden sollen, soweit Teil XV nicht systemintern ausgeschlossen ist. Der Wille der Parteien des Seerechtsübereinkommens muss mehr berücksichtigt werden, als dieses teilweise getan wird.[748]

Die zutreffendste Kritik an dem Urteil des Schiedsgerichts in dem Southern Bluefin Tuna Case kommt aus den Reihen der Richter des Schiedsgerichts selbst und wurde von Richter Sir Kenneth Keith in seiner dissentierenden Meinung vorgebracht. Seine Analyse unterscheidet sich in einem entscheidenden Punkt von der Interpretation der übrigen Richter. Für ihn liegt das wichtigste Kriterium darin, dass Artikel 16 CCSBT Teil XV des Seerechtsübereinkommens überhaupt nicht ausschließen könne, da Artikel 16 CCSBT in keiner Weise auf die Beilegung einer Streitigkeit über die Auslegung und Anwendung des Seerechtsübereinkommens verweise, so wie dieses aber von Artikel 281 SRÜ verlangt wird. Sprachlich werde deutlich, dass sich dieser Artikel nur auf die Beilegung von Streitigkeiten beziehe, die über die Auslegung und Anwendung des CCSBT entstehen.[749] Solange ein Konflikt besteht, der das Seerechtsübereinkommen betreffe, sei Teil XV anwendbar. Und solange die Voraussetzungen des Abschnitts 1 erfüllt seien und keine Grenze oder Ausnahme nach Abschnitt 3 greife, bestünde

747 Arbitral Tribunal, Southern Bluefin Tuna Case, Mündliche Verhandlung vom 7. Mai 2000, Vol. I, Plädoyer von Elihu Lauterpacht.

748 Wolfrum, R., "Konkurrierende Zuständigkeiten internationaler Streitentscheidungsinstanzen: Notwendigkeit für Lösungsmöglichkeiten und deren Grenzen" in Ando, N., et al (Hrsg.), Liber Amicorum Judge Shigeru Oda (2002, The Hague), S. 651, 662.

749 Arbitral Tribunal, Southern Bluefin Tuna Case, Award of 4 August 2000, Dissenting Opinion of Sir Kenneth Keith, Rn. 15.

auch Zuständigkeit nach den Artikeln 286, 288 SRÜ. "That the dispute may or may not also concern the interpretation or implementation of the CCSBT is beside the point."[750]

Das Urteil des Schiedsgerichts wurde in der Literatur stark kritisiert.[751] Verschiedene negative Auswirkungen wurden angemerkt, wobei der hauptsächliche Kritikpunkt war, dass das Urteil zu einer Schwächung der Streitbeilegungsvorschriften des Seerechtsübereinkommens führen würde. Zumeist wurde darauf verwiesen, dass durch die Entscheidung des Schiedsgerichts eine Vielzahl von Fischereiübereinkommen aus dem Wirkungskreis des Seerechtsübereinkommens genommen werden würden. Und dass dieses sogar dann der Fall sei, wenn diese Übereinkommen überhaupt keine Streitbeilegungsklauseln enthalten würden. Neben dieser eher allgemein gehaltenen Kritik wird aber auch zurecht angemerkt, dass nun eigentlich alle Übereinkommen, die zwischen den Parteien geschlossen werden, um ihre Kooperationsverpflichtungen aus dem Seerechtsübereinkommen zu erfüllen, zu dem unerwünschten Ergebnis führen würden, dass diese Übereinkommen nun – mehr oder weniger automatisch – den Staaten die Möglichkeit nehmen würden, ihre Streitigkeiten nach Teil XV beizulegen.[752] Die Staaten würden damit ohne größeren Aufwand ihr Recht auf obligatorische Streitbeilegung verlieren. Es erscheint fraglich, ob dies das Ergebnis des Abschlusses von Implementierungsabkommen sein soll, die immerhin für das Funktionieren des Seerechtsübereinkommens notwendig sind.

Ein positiver Aspekt, der auch von dem Schiedsgericht selbst angemerkt wird,[753] ist, dass sich diese Situation ändern könnte, wenn das Fish Stocks Agreement in

---

750 Arbitral Tribunal, Southern Bluefin Tuna Case, Award of 4 August 2000, Dissenting Opinion of Sir Kenneth Keith, Rn. 12.

751 Oxman (siehe Fn. 276), S. 277; Devine, D. J., "Compulsory Dispute Settlement in UNCLOS Undermined?" 25 South African Yearbook of International Law (2000), S. 97; Morgan, D. L., "Implications of the Proliferation of International Legal Fora: The Example of the Southern Bluefin Tuna" 43 Harvard International Law Journal (2002), S. 541; Peel, J., "A Paper Umbrella Which Dissolves in the Rain? The Future For Resolving Fisheries Disputes Under UNCLOS in the Aftermath of the Southern Bluefin Tuna Arbitration" 3 Melbourne Journal of International Law (2002), S. 53; Otani, Y., "Quelques réflexions sur la juridiction et la recevabilité vis-à-vis de l'Affaire du thon à nageoire bleue" in Ando, N., et al (Hrsg.), Liber Amicorum Judge Shigeru Oda (2002, The Hague), S. 731; Colson, D. A., Hoyle, P., "Satisfying the Procedural Prerequisites to the Compulsory Dispute Settlement Mechanisms of the 1982 Law of the Sea Convention: Did the Southern Bluefin Tribunal Get It Right?" 34 Ocean Development and International Law (2003), S. 59. Für einen eher begrüßenden Blick auf das Urteil siehe Kwiatkowska, B., "The Australia and New Zealand v Japan Southern Bluefin Tuna (Jurisdiction and Admissibility) Award of the First Law of the Sea Convention Annex VII Arbitral Tribunal" 16 International Journal of Marine and Coastal Law (2001), S. 239.

752 Devine (siehe Fn. 751), S. 105.

753 Arbitral Tribunal, Southern Bluefin Tuna Case, Award of 4 August 2000, Rn. 71.

Kraft getreten sei, da dieses eine Streitbeilegungsklausel enthalte, die die Vorschriften des Seerechtsübereinkommens *mutatis mutandis* anwende. Nun da das Fish Stocks Agreement tatsächlich in Kraft getreten ist, besteht durchaus die berechtigte Hoffnung, dass dieses zu einer besseren Möglichkeit der Streitbeilegung führen wird.[754] Die Bedeutung der Streitbeilegungsvorschriften des Seerechtsübereinkommens wird durch das Fish Stocks Agreement besonders betont. Allerdings verbleibt als Konsequenz, dass für Staaten, die das Fish Stocks Agreement nicht ratifiziert haben, auch weiterhin die Southern Bluefin Tuna Konstellation gilt.

Insgesamt kann die Kritik an dem Urteil des Schiedsgerichts in dem Southern Bluefin Tuna Case nur unterstützt werden. Wenn das Urteil so genommen werden würde wie es steht, würde das einen schweren Rückschlag für die Effektivität des Seerechtsübereinkommens bedeuten und dies zu einem Zeitpunkt als die Streitbeilegung unter dem Seerechtsübereinkommen gerade deutlicher in Erscheinung tritt. Ein Ausschluss des Teils XV des Seerechtsübereinkommens kann nach Artikel 281 nur dann erfolgen, wenn das friedliche Mittel eigener Wahl, auf das sich die Parteien verständigt haben, zum einen auch tatsächlich für die Beilegung einer Streitigkeit über die Auslegung und Anwendung des Seerechtsübereinkommen geschaffen ist und zum anderen, wenn dieses Verfahren auch weitere Verfahren ausdrücklich ausschließt. Ein weiterer Umstand, der bisher nicht weiter betont wurde, ist, dass das Seerechtsübereinkommen in Teil XV und Anlage VIII ein besonderes Schiedsverfahren für bestimmte Kategorien von Streitigkeiten vorsieht, unter anderem auch für Streitigkeiten über Fischereifragen. Das in Anlage VIII enthaltene besondere Schiedsverfahren zeichnet sich dadurch aus, dass hier die Richter des Schiedsgerichts aus Sachverständigenlisten ausgewählt werden sollen. Das Schiedsgericht besteht damit aus Richtern, bzw. Sachverständigen, "deren rechtliche, wissenschaftliche oder technische Fachkenntnisse auf dem jeweiligen Gebiet feststehen."[755] Damit erkennt das Seerechtsübereinkommen die Bedeutung von wissenschaftlichen und technischen Überlegungen an, die in einigen Streitigkeiten bestimmend sein können.[756] Dadurch dass diese Möglichkeit überhaupt besteht, zeigt sich deutlich, dass davon ausgegangen wurde, dass unter Teil XV auch Streitigkeiten über die technischen Aspekte von Fischereifragen geklärt werden müssten. Wäre ein Ausschluss des Teils XV tatsächlich so einfach zu erreichen, wie es der Southern Bluefin Tuna Case suggeriert, so wäre eine solche Vorschrift praktisch überflüssig gewesen. Die Staatenvertreter müssen während UNCLOS III angenommen haben, dass die Fischereivorschriften des Seerechtsübereinkommens zu Streitigkeiten führen können, die wissenschaftliche und technische Aspekte enthalten. Sie hielten es deswegen für angebracht, innerhalb des Streitbeilegungssystems

---

754 Siehe II.K.

755 Artikel 2 Absatz 3 Anlage VIII.

756 Virginia Commentary, Bd. V, A.VIII.1.

des Teils XV zu diesem Zwecke entsprechende Möglichkeiten vorzusehen. Es passt nicht, wenn die Anwendung des Teils XV dann tatsächlich so leicht durch ein Fischereiabkommen ausgeschlossen werden kann, wie es nach dem Southern Bluefin Tuna Case der Fall zu sein scheint.

2. Der Beschluss des ITLOS im MOX Plant Case

Seit der Entscheidung im Southern Bluefin Tuna Case, hat die Bewertung der Frage, in welchem Verhältnis Streitbeilegungsvorschriften zueinander stehen eine entscheidende Wendung erfahren. In dem Beschluss des ITLOS im MOX Plant Case, der kaum ein Jahr nach dem Urteil im Southern Bluefin Tuna Case erlassen wurde, hatte der ITLOS die Möglichkeit einen erneuten Blick auf die Frage zu werfen. In dem MOX Plant Case ging es um einen Streit zwischen Irland und dem Vereinigten Königreich über die Zulässigkeit der Einleitung bestimmter atomarer Stoffe in die Irische See. Irland behauptete, dass das Vereinigte Königreich dadurch gegen verschiedene Vorschriften des Seerechtsübereinkommens verstoßen würde, indem es den Bau und Betrieb einer Fabrik zur Gewinnung von Mixed Oxide Fuel (dem MOX Plant) erlauben würde.[757] Das Vereinigte Königreich bestritt während der Verhandlungen vor ITLOS dessen Zuständigkeit, da der von Irland gerügte Sachverhalt von den Streitbeilegungsvorschriften regionaler Übereinkommen erfasst würde, die zu einer bindenden Streitbeilegung führen würden. Gemäß Artikel 282 müßten diese Vorschriften an Stelle des Teils XV angewandt werden.[758]

Auch hier war der ITLOS nach Artikel 290 Absatz 5 SRÜ angerufen worden, um über vorläufige Maßnahmen zu entscheiden. In seinem Beschluss führte ITLOS eine eingehende Überprüfung der Zuständigkeit des zu gründenden Schiedsgerichts durch und argumentierte für deren Vorliegen nach dem *prima facie* Maßstab.[759] Diese deutliche Überprüfung mag auch vor dem Hintergrund des Southern Blufin Tuna Case gesehen werden, in dem der ITLOS einer solchen Überprüfung nur wenig Raum eingeräumt hatte. Ebenso wie das Schiedsgericht in dem Southern Bluefin Tuna Case stellte der ITLOS fest, dass eine Streitigkeit sehr wohl unter zwei unterschiedlichen Verträgen existieren kann. Die Ausführungen sollten insgesamt wiedergegeben werden:

---

[757] Für eine kurze Übersicht zu den Hintergründen des MOX Plant Case siehe Kwiatkowska, B., "The Ireland v. United Kingdom (MOX Plant) Case: Applying the Doctrine of Treaty Parallelism" 18 International Journal of Marine and Coastal Law (2003), S. 1, 6ff. und Brown, C., "International Tribunal for the Law of the Sea: Provisional Measures before the ITLOS: The MOX Plant Case" 17 International Journal of Marine and Coastal Law (2002), S. 267, 269ff.

[758] Irland begann gleichzeitig auch noch ein Verfahren nach Artikel 32 OSPAR über die Zurverfügungstellung von Informationen nach Artikel 9 OSPAR. Siehe hierzu unten III.D.4.

[759] International Tribunal for the Law of the Sea, MOX Plant Case, Order of 3 December 2001, Rn. 35-53. Erhältlich unter <<www.itlos.org>>.

"48. Considering that, in the view of the Tribunal, article 282 of the Convention is concerned with general, regional or bilateral agreements which provide for the settlement of disputes concerning what the Convention refers to as "the interpretation or application of this Convention";

49. Considering that the dispute settlement procedures under the OSPAR Convention, the EC Treaty and the Euratom Treaty deal with disputes concerning the interpretation or application of those agreements, and not with disputes arising under the Convention;

50. Considering that, even if the OSPAR Convention, the EC Treaty and the Euratom Treaty contain rights or obligations similar to or identical with the rights or obligations set out in the Convention, the rights and obligations under those agreements have a separate existence from those under the Convention;

51. Considering also that the application of international law rules on interpretation of treaties to identical or similar provisions of different treaties may not yield the same results, having regard to, inter alia, differences in the respective contexts, objects and purposes, subsequent practice of parties and travaux préparatoires;

52. Considering that the Tribunal is of the opinion that, since the dispute before the Annex VII arbitral tribunal concerns the interpretation or application of the Convention and no other agreement, only the dispute settlement procedures under the Convention are relevant to that dispute;"[760]

Allerdings kommt der ITLOS von dieser Position aus zu einem anderen Ergebnis. Nach seiner Ansicht muss jeder Vertrag in seinem eigenen Lichte interpretiert werden und dies gelte selbst dann, wenn die Vorschriften ähnlich oder quasi identisch seien.[761] Die Verpflichtungen behalten vor dem Hintergrund des Entstehungszusammenhangs und des Ziels und Zwecks des jeweiligen Übereinkommens ihre eigene Identität. Wenn man das Ziel des Teils XV berücksichtigt, so muss jeglicher Ausschluss dieses Streitbeilegungsverfahrens eindeutig zum Ausdruck gebracht werden. Dieser Ansatz findet sich latent auch schon in dem Beschluss des ITLOS zum Southern Bluefin Tuna Case, auch wenn es hier allerdings noch nicht direkt zur Sprache gebracht wurde.[762] Diese Auffassung ist grundsätzlich unterschiedlich zu der des Schiedsgerichts im Southern Bluefin Tuna Case und deutlich näher an der dissentierenden Meinung des Richters Sir Kenneth Keith im selben Fall. Allerdings sollte beachtet werden, dass im MOX Plant Case Artikel 282 SRÜ im Mittelpunkt der Diskussion stand und nicht Artikel 281 SRÜ. Richter Treves wies in seinem Sondervotum zu dem Beschluss auf diesen Unterschied hin, als er feststellte, dass "[w]hile other provisions of Section 1 (such as, in particular, articles 281 and 283) set out obstacles to the possibility of resorting to compulsory adjudication in general, article 282 expresses a preference between different means of compulsory adjudication that

760 International Tribunal for the Law of the Sea, MOX Plant Case, Order of 3 December 2001, Rn. 48-52.

761 Siehe S. 223.

762 International Tribunal for the Law of the Sea, Southern Bluefin Tuna Cases, Order of 27 August 1999, Rn. 51.

would otherwise be applicable."[763] Richter Wolfrum brachte die Auffassung, dass ein Ausschluss des Teils XV eindeutig sein müsse, am deutlichsten und direktesten zum Ausdruck.[764]

Als Resultat dieser Argumentation kommt der ITLOS zu dem Ergebnis, dass das zu gründende Schiedsgericht *prima facie* zuständig wäre.[765] Diese Ansicht wurde auch von dem daraufhin gegründeten Schiedsgericht bestätigt.[766] Allerdings sollte noch einmal betont werden, dass der ITLOS zu dem Ergebnis, dass *prima facie* Zuständigkeit vorliegt nur nach dem "kursorischen" Verfahren der vorläufigen Maßnahmen in Rahmen des Artikels 290 Absatz 5 SRÜ kam. Der Prüfungsmaßstab ist im Vergleich zu einem Hauptsacheverfahren ein anderer. Der Beschluss wurde von allen Richtern mitgetragen. Vizepräsident Nelson und Richter Anderson melden allerdings beide in ihren separaten Meinungen bezüglich der Reichweite und des Prüfungsmaßstabes Bedenken an. Und auch Richter Jesus bringt eine leicht unterschiedliche Auffassung zum Ausdruck. Nach Ansicht von Vizepräsident Nelson könnte Folge von der von ITLOS vorgebrachten Argumentation sein, dass es die Anwendung der Artikel 281 und 282 SRÜ ineffektiv werden lassen könnte.[767] Seiner Ansicht nach ist die in Randnummer 51[768] gewählte Formulierung zu weit. Allerdings stimmt er dem Beschluss insoweit zu, als *prima facie* die Zuständigkeit des Schiedsgerichts gegeben sei. Die Kritik scheint direkt von Richter Wolfrum in dessen separater Meinung aufgenommen worden zu sein, wenn dieser ausdrücklich feststellt, dass die gewählte Interpretation Artikel 282 SRÜ nicht inhaltslos werden lasse.[769]

Nach Ansicht von Richter Anderson bietet sich ein Verfahren im vorläufigen Rechtsschutz nur bedingt an, um die komplexen Rechtsfragen zu erörtern, die sich dem Tribunal gestellt hätten und das alles was der ITLOS festzustellen hatte

---

763 International Tribunal for the Law of the Sea, MOX Plant Case, Order of 3 December 2001, Separate Opinion of Judge Treves, Rn. 4.

764 "An intention to entrust the settlement of disputes concerning the interpretation and application of the Convention to other institutions must be expressed explicitly in respective agreements." International Tribunal for the Law of the Sea, MOX Plant Case, Order of 3 December 2001, Separate Opinion of Judge Wolfrum, S. 2.

765 International Tribunal for the Law of the Sea, MOX Plant Case, Order of 3 December 2001, Rn. 62.

766 Arbitral Tribunal, MOX Plant Case, Order of 24 June 2003, Rn. 14, 41. Siehe hierzu III.D.5.

767 International Tribunal for the Law of the Sea, MOX Plant Case, Order of 3 December 2001, Separate Opinion of Vice-President Nelson, Rn. 7.

768 Siehe S. 223.

769 "[t]he interpretation of article 282 of the Convention [applied by the ITLOS] *does not render this provision devoid of substance*. The possibility exists that States Parties agree on a system for the settlement of disputes under the Convention different from the one envisaged in Part XV, section 2, of the Convention." International Tribunal for the Law of the Sea, MOX Plant Case, Order of 3 December 2001, Separate Opinion of Judge Wolfrum, S. 3 (Hervorhebung vom Verfasser).

eine *prima facie* Zuständigkeit sei.[770] Der Beschluss solle auch dementsprechend gelesen werden. Auf einen anderen Umstand wird von Richter Jesus hingewiesen. Für ihn liegt der Grund, dass die Voraussetzungen von Artikel 282 SRÜ nicht vorliegen ausschließlich darin, dass die OSPAR Konvention nicht alle strittigen Aspekte abdeckt. Sollte aber, allgemein gesprochen, dieses der Fall sein, so würde ein solches Übereinkommen an Stelle von Teil XV angewandt werden.[771] Die abweichenden Meinungen von Vizepräsident Nelson und Richter Anderson mahnen eigentlich lediglich zur Vorsicht und können deswegen nur unterstützt werden. Dieses wurde auch indirekt von dem unter Anlage VII gegründeten Schiedsgericht im MOX Plant Case bestätigt, als es zwar die Feststellung der *prima facie* Zuständigkeit erneut bestätigte aber darüber hinaus darauf verwies, dass es sich nun ausdrücklich vergewissern müsse, dass es tatsächlich Zuständigkeit habe, bevor es die materiell-rechtlichen Aspekte des Falls könne.[772] Die Anmerkungen des Richter Jesus gehen vom Tenor her in die gleiche Richtung wie die Entscheidung des Schiedsgerichts im Southern Bluefin Tuna Case und sind mit der gleichen Begründung wie diese abzulehnen. Das Schiedsgericht im MOX Plant Case geht auf diese Argumentation nur insoweit ein, als es feststellt, dass die Tatsache, dass die Streitigkeit gleichzeitig unter dem Seerechtsübereinkommen als auch unter OSPAR erwächst nicht den Charakter der Streitigkeit ändern würde, deren Inhalt hauptsächlich die Auslegung und Anwendung des Seerechtsübereinkommens bleibe.[773]

3. Zwischenergebnis

Diese zwei unterschiedlichen Ergebnisse des – auf der einen Seite – Schiedsgerichts im Southern Bluefin Tuna Case und – auf der anderen Seite – des ITLOS und des Schiedsgerichts im MOX Plant Case können als die Auswirkungen zweier grundsätzlich unterschiedlicher Auffassungen zu der Rolle des Teils XV des Seerechtsübereinkommens gesehen werden. Oxman kategorisiert diese beiden Auffassungen als die "Westphalian conception" beziehungsweise das prozedurale Modell und die "regime building conception" beziehungsweise das substantielle Modell.[774] Für das substantielle Modell steht Teil XV und die obligatorische Streitbeilegung im Mittelpunkt, wogegen das prozedurale Modell die Betonung auf die implementierenden Abkommen legt, die zwischen den Vertragsstaaten des Seerechtsübereinkommens geschlossen werden, um ihren aus diesem erwachsenden Verpflichtungen nachzukommen. Von dieser Kategorisierung

---

770 International Tribunal for the Law of the Sea, MOX Plant Case, Order of 3 December 2001, Separate Opinion of Judge Anderson, S. 3.

771 International Tribunal for the Law of the Sea, MOX Plant Case, Order of 3 December 2001, Separate Opinion of Judge Jesus, Rn. 8.

772 Arbitral Tribunal, MOX Plant Case, Order of 24 June 2003, Rn. 14f.

773 Arbitral Tribunal, MOX Plant Case, Order of 24 June 2003, Rn. 18.

774 Oxman (siehe Fn. 276), S. 281ff.

ausgehend kann man feststellen, dass das Urteil im Southern Bluefin Tuna Case den prozeduralen Ansatz zum Ausdruck bringt, indem es die Bedeutung eines Übereinkommens betont, welches materiellrechtliche Überschneidungen mit dem Seerechtsübereinkommen hat und dessen Streitbeilegungsvorschriften deswegen dem Teil XV vorgehen würden. Die Beschlüsse des ITLOS im Southern Bluefin Tuna Case vor allem aber im MOX Plant Case können hingegen als Ausdruck des substantiellen Modells gesehen werden, da es ohne Zweifel die Streitbeilegungsvorschriften des Teils XV stärkt, wenn es dessen Rolle als zentrales Streitbeilegungssystem betont.

4. Das OSPAR Schiedsgerichtsverfahren

Die zuvor wiedergegebenen Äußerungen des ITLOS wurden von dem Schiedsgericht im OSPAR Schiedsgerichtsverfahren aufgegriffen. Irland leitete dieses gegen das Vereinigte Königreich unter Artikel 32 der OSPAR Konvention ein, mit dem Ziel die Herausgabe bestimmter Informationen nach Artikel 9 der OSPAR Konvention zu erreichen.[775] Im Verlaufe dieser Verhandlungen argumentierte das Vereinigte Königreich, dass alle relevanten Aspekte des Falles von dem Vertrag zur Gründung der Europäischen Gemeinschaften abgedeckt seien und das deswegen das Tribunal keine Zuständigkeit habe, den Fall zu hören.

Ebenso wie der ITLOS in seinem MOX Plant Beschluss betont auch das Schiedsgericht im OSPAR Schiedsgerichtsverfahren in seiner Entscheidung vom 2. Juli 2003, dass in unterschiedlichen Verträgen enthaltene Vorschriften auch voneinander unterschiedliche rechtliche Verpflichtungen darstellen und das diese deswegen auch unabhängig voneinander interpretiert werden müssen, wofür wiederum die in dem entsprechenden Vertrag vorgesehene Streitbeilegung zuständig sei.[776] Es folgt also gerade nicht der gegenteiligen Interpretation.

---

775 Permanent Court of Arbitration, Dispute Concerning Access to Information Under Article 9 of the OSPAR Convention, Final Award of 2 July 2003.

776 "Each of the OSPAR Convention and [the EC] Directive 90/313 is an independent legal source that establishes a distinct legal regime and provides for different legal remedies. The United Kingdom recognizes Ireland's right as an EU Member State to challenge the implementation of the Directive in the United Kingdom's domestic legal system before the ECJ. Similarly, a Contracting Party to the OSPAR Convention, with its elaborate dispute settlement mechanism, should be able to question the implementation of a distinct legal obligation imposed by the OSPAR Convention in the arbitral forum, namely this designated Tribunal." Permanent Court of Arbitration, Dispute Concerning Access to Information Under Article 9 of the OSPAR Convention, Final Award of 2 July 2003, Rn. 141 (zitiert ohne Fußnoten).

5. Schiedsgericht im MOX Plant Case

Die von dem ITLOS angewandte Argumentation in dem MOX Plant Beschluss bezieht sich gleichermaßen auf die Vorschriften der OSPAR Konvention als auch auf europarechtliche Vorschriften. Der ITLOS differenziert nicht weiter zwischen der Quelle aus welcher diese anderen Vorschriften erwachsen.[777] Insgesamt geht damit die Argumentation des ITLOS in die Richtung, dass solange die in anderen Verträgen enthaltenen Streitbeilegungsklauseln nicht ausdrücklich auch für die Beilegung von Streitigkeiten über die Auslegung und Anwendung des Seerechtsübereinkommens anwendbar sind, diese Vorschriften dann auch nicht die Streitbeilegungsklauseln des Seerechtsübereinkommens ausschließen können.

Das Schiedsgericht in dem MOX Plant Case wählte in seinem Beschluss vom 24. Juni 2003 einen etwas vorsichtigeren Ansatz. Allerdings hatte es zu diesem Zeitpunkt schon den großen Vorteil gegenüber dem ITLOS genossen, eine komplette mündliche Verhandlung ausschließlich zu der Frage der Zuständigkeit zu hören und insbesondere über die Rolle des Rechts der Europäischen Gemeinschaften. Im Bezug auf die allgemeinen völkerrechtlichen Vorschriften teilte das Schiedsgericht die Ansicht des ITLOS als es feststellte, dass die Vorschriften der OSPAR Konvention zumindest im Hinblick auf einige zwischen den Parteien streitigen Fragen relevant sind, dies aber nicht den Charakter der Streitigkeit ändere, der weiterhin die Auslegung und Anwendung des Seerechtsübereinkommens zum Inhalt habe.[778] Im Gegensatz zum ITLOS unterscheidet das Schiedsgericht aber bei den Vorschriften aus dem Recht der Europäischen Gemeinschaften genauer. Es stellt fest, dass die Fragen im MOX Plant Case teilweise auch die interne Funktionsweise einer separaten Rechtsordnung betreffen und dass innerhalb dieses Rechtssystems der Europäischen Gemeinschaften bestimmte Rechte und Verpflichtungen ausschließlich die Hoheitsbefugnisse und Kompetenzen der Europäischen Gemeinschaften betreffen könnten.[779] An dieser Stelle sieht sich das Schiedsgericht nicht in der Lage, weitergehende Überlegungen anzustellen, beziehungsweise will zunächst abwarten, welche Resultate innerhalb des Rechtssystems der Europäischen Gemeinschaften gefunden werden. Die Parteien werden aufgefordert im Rahmen ihrer Möglichkeiten eine entspre-

---

777 International Tribunal for the Law of the Sea, MOX Plant Case, Order of 3 December 2001, Rn. 50.

778 Arbitral Tribunal, MOX Plant Case, Order of 24 June 2003, Rn. 18.

779 Arbitral Tribunal, MOX Plant Case, Order of 24 June 2003, Rn. 26.

chende Feststellung herbeizuführen.[780] Insbesondere die Frage, welche Konsequenzen die Tatsache hat, dass es sich bei dem Seerechtsübereinkommen um ein gemischtes Übereinkommen nach dem Recht der Europäischen Gemeinschaft handelt, ist von besonderer Bedeutung. Sollte der Europäische Gerichtshof zu dem Ergebnis kommen, dass die Auslegung des Seerechtsübereinkommens ausschließlich in seine Kompetenz falle (eine Ansicht, die weder von Irland noch von dem Vereinigten Königreich vertreten wird) so würde dies zu einer Anwendung des Artikels 282 SRÜ führen und die Folge haben, dass das Streitbeilegungsverfahren des Vertrages über die Gründung der Europäischen Gemeinschaften an Stelle des Teils XV Anwendung finden würde. Damit hätte das Schiedsgericht keine Zuständigkeit mehr. Allerdings gilt es hierzu anzumerken, dass es eigentlich die Aufgabe des Schiedsgerichts selbst wäre, die Voraussetzungen des Artikels 282 SRÜ zu überprüfen und es nicht verpflichtet ist, sich auf die Feststellungen anderer Tribunale zu verlassen. Auch unter dem Seerechtsübereinkommen gilt, dass ein Tribunal zum Zwecke der Feststellung seiner Zuständigkeit zuständig ist.[781] Aber auch ein weiterer Punkt muss angemerkt werden. Sollte der Europäische Gerichtshof feststellen, dass die Europäische Gemeinschaft bezüglich der Rechte und Pflichten des Seerechtsübereinkommens, die zwischen Irland und dem Vereinigten Königreich strittig sind, Vertragspartei ist, so hätte dies zur Folge, dass weder Irland noch das Vereinigte Königreich Parteifähigkeit besitzen würden. Damit würde dann überhaupt keine Streitigkeit über die Auslegung und Anwendung des Seerechtsübereinkommens zwischen ihnen mehr vorliegen, da weder Irland noch das Vereinigte Königreich Inhaber der entsprechenden Rechte und Pflichten wäre.

6. Ergebnis

Insgesamt lässt sich jetzt wohl tatsächlich so etwas wie eine übereinstimmende Ansicht darüber feststellen, welche Rolle das Streitbeilegungssystem des Teils XV gegenüber anderen Streitbeilegungssystemen aus dem Bereich des Seerechts hat. Um das Streitbeilegungsverfahren des Seerechtsübereinkommens einzuleiten, muss ein Staat zunächst zeigen, dass eine Streitigkeit über die Auslegung und Anwendung dieses Übereinkommens vorliegt. Die Argumentation des beklagten Staats, dass eine solche Streitigkeit überhaupt nicht vorliegt, da es tat-

---

780 Arbitral Tribunal, MOX Plant Case, Order of 24 June 2003, The Tribunal's Order No.6. Schon am 26. November 2001 forderte die Europäische Kommission Irland auf, den Fall weder unter dem Seerechtsübereinkommen noch unter der OSPAR Konvention weiter zu verfolgen, Kwiatkowska (siehe Fn. 757), S. 18. Zum Zeitpunkt Beschlusses des Schiedsgerichts prüfte die Europäische Kommission die Möglichkeit, ein Verfahren gegen Irland nach Artikel 226 EG Vertrag einzuleiten, Arbitral Tribunal, MOX Plant Case, Order of 24 June 2003, Rn. 21. Mittlerweile ist unter dem Aktenzeichen C-482/03 vom 15. Oktober 2003 ein Verfahren gegen Irland vor dem Europäischen Gerichtshof anhängig.

781 Artikel 288 Absatz 4 SRÜ.

sächlich um die Auslegung eines anderen Übereinkommens gehe, ist nicht mehr haltbar, da übereinstimmend alle dargestellten Entscheidungen zum Ausdruck bringen, dass eine Streitigkeit sehr wohl gleichzeitig unter mehr als einem Vertrag entstehen kann. Dass die Streitigkeit auch die Auslegung eines anderen Vertrages betreffe, ist insoweit irrelevant. Soweit die Voraussetzungen der Artikel 283, 297 und 298 SRÜ nicht weiter problematisch sind, ist es dann höchstwahrscheinlich, dass sich der weitere Verlauf der Diskussion um die Auslegung der Artikel 281 und 282 SRÜ dreht. Hier sollte das Urteil des Schiedsgerichts im Southern Bluefin Tuna Case nur eingeschränkte Anwendung finden und auf die eher speziellen Umstände dieses Falles beschränkt bleiben.[782] Damit Teil XV über Artikel 281 SRÜ ausgeschlossen werden kann, ist zu diesem Zwecke eine solche Absicht ausdrücklich in dem entsprechenden Abkommen deutlich zu machen. Vor allem muss das entsprechende Streitbeilegungssystem auch für die Beilegung einer Streitigkeit über die Auslegung und Anwendung des Seerechtsübereinkommens zuständig sein. Die Art und Weise wie das Schiedsgericht in dem Southern Bluefin Tuna Case Artikel 281 SRÜ interpretiert hat, würde quasi eine "automatische" Einrede gegen jegliche Versuche obligatorischer Streitbeilegung darstellen und passt nicht zu der Zielsetzung des Teils XV. Obwohl das dem Artikel 282 SRÜ zugrundeliegende Prinzip unterschiedlich zu dem des Artikels 281 SRÜ ist, sollte auch in diesem Fall die Wortwahl eindeutig sein. Da allerdings Artikel 282 SRÜ nur die Wahl zwischen bindenden Streitbeilegungssystemen lässt, kann hier die Ausdrucksweise gegenüber Artikel 281 SRÜ etwas leichter gewertet werden. Artikel 282 SRÜ lässt unter keinen Umständen das Ziel einer bindenden Streitbeilegung aus den Augen, so dass die Charakteristik des Teils XV, anderen Streitbeilegungssytemen Vorrang zu gewähren, voll berücksichtigt werden kann. Es bleibt aber der alles entscheidende Grundsatz, dass die Rechte und Verpflichtungen des Seerechtsübereinkommens gegenüber anderen Vorschriften ein eigene Existenz haben. Diese Rechte und Verpflichtungen haben die Vertragsstaaten akzeptiert, als sie das Seerechtsübereinkommen ratifiziert haben.

Dieser Ansatz ist auch in Übereinstimmung mit den wenigen generellen Prinzipien, die das Verhältnis internationaler Tribunale untereinander umschreiben. Um das Verhältnis internationaler Tribunale zu bestimmen, bieten sich zunächst Prinzipien des internationalen Privatrechts an, wo das Verhältnis von unterschiedlichen Tribunalen ein alltägliches Problem darstellt. Insbesondere Prinzipien wie *forum non conveniens*, *lis pendens*, rechtsmissbräuchliches Verhalten und *res judicata* bieten sich hier an. Allerdings ist ein Wort der Vorsicht angebracht, da sich die Situation im internationalen Privatrecht vom Völkerrecht grundsätzlich unterscheidet. So kann ganz sicherlich das Konzept des *forum non conveniens* nicht einfach übernommen werde. Es müssen völlig unterschiedliche

---

782 Oxman schlägt verschiedene Gründe vor, die eine enge Interpretation des Urteils rechtferigen, Oxman (siehe Fn. 276), S. 292ff.

Überlegungen getroffen werden, wenn es darum geht, dass Verhältnis nationaler Gerichte von circa 190 Staaten untereinander zu bestimmen, gegenüber der – im Verhältnis dazu – immer noch sehr geringen Zahl internationaler Tribunale. Aber auch das Konzept des *lis pendens* kann nach Ansicht des Permanent Court of International Justice auf der völkerrechtlichen Ebene nur in außergewöhnlichen Umständen Anwendung finden. Hierfür müssen zwei Voraussetzungen gegeben sein. Es müssen zwei identische Streitigkeiten gleichzeitig vor einem Tribunal desselben Charakters ("of the same charakter") anhängig sein.[783] Insbesondere das Kriterium, dass die Tribunale des gleichen Charakters sein müssen, lässt einen eindeutigen Inhalt vermissen, da es auf der internationalen Ebene kaum klar ist, was dies bedeuten soll. Aber auch die Prinzipien des rechtsmissbräuchlichen Verhaltens und der *res judicata* bieten sich nur begrenzt an. Nichtsdestotrotz können diese Prinzipien zumindest bei Berücksichtigung ihrer Schwächen zumindest einen ersten Anhaltspunkt für das Verhältnis internationaler Tribunale liefern.

Die ausdrücklichste Feststellung, was das Verhältnis internationaler Tribunale ausmacht, stammt von dem Präsidenten des Schiedsgerichts in dem MOX Plant Case und Richter am ITLOS, Thomas Mensah. In einer Erklärung, die dem Beschluss, die Verhandlung zu vertagen vorausging, brachte er zum Ausdruck, dass gegenseitiger Respekt und *comity* das Verhalten internationaler Tribunale leiten solle.[784]

Auch in dem offiziellen Beschluss des Schiedsgerichts findet sich dieser Verweis auf den notwendigen gegenseitigen Respekt und *comity* zwischen internationalen Tribunalen.[785]

Wie gezeigt finden sich im Völkerrecht keine absoluten Aussagen darüber, unter welchem Vertrag oder vor welchem Streitbeilegungsorgan eine zwischenstaatli-

---

783 Permanent Court of International Justice, Case Concerning Certain German Interests in Polish Upper Silesia (Germany v. Poland), Judgement of 25 May 1926, PCIJ Series A., No. 6, S. 19f.

784 "The Tribunal considers that a situation in which there might be two conflicting decisions on the same issues would not be helpful to the resolution of this international dispute. Nor would such a situation be in accord with *the dictates of mutual respect and comity that should exist between judicial institutions* deciding on rights and obligations as between States, and entrusted with the function of assisting States in the peaceful settlement of disputes that arise between them." Arbitral Tribunal, MOX Plant Case, Statement by the President, 13 June 2003, Rn. 11 (Hervorhebung vom Verfasser).

785 "In the circumstances and bearing in mind *considerations of mutual respect and comity which should prevail between judicial institutions* both of which may be called upon to determine rights and obligations as between two States, the Tribunal considers that it would be inappropriate for it to proceed further with hearing the Parties on the merits of the dispute in the absence of a resolution of the problems referred to. Moreover, a procedure that might result in two conflicting decisions on the same issue would not be helpful to the resolution of the dispute between the parties." Arbitral Tribunal, MOX Plant Case, Order of 24 June 2003, Rn. 28 (Hervorhebung vom Verfasser).

che Streitigkeit beigelegt werden sollte. Am ehesten dürfte sich hier wohl tatsächlich die *comity* anbieten, die zwischen den Völkerrechtssubjekten vorliegen sollte.[786] Dieses mag wenig zufriedenstellend sein, ist aber die Folge davon, dass es jedem Tribunal selbst überlassen bleibt, festzustellen ob es für die Beilegung einer Streitigkeit zuständig ist oder ob die Ausübung dieser Zuständigkeit durch andere Umstände gehindert ist. Dieses gilt natürlich nur soweit wie auch die übrigen prozeduralen Voraussetzungen für die Ausübung der Zuständigkeit gegeben sind. Im Hinblick auf Teil XV würde dies die wichtige Feststellung bedeuten, dass tatsächlich eine Streitigkeit über die Auslegung oder Anwendung des Seerechtsübereinkommens vorliegt. Zum gegenwärtigen Zeitpunkt scheint es so zu sein, dass die *comity* zwischen internationalen Tribunalen der einzig bestehende Anhaltspunkt ist, ein Verhältnis zwischen diesen zu bestimmen.

Internationale Tribunale sind sich ihrer besonderen Rolle bewusst, die sie im System des Völkerrechts innehaben. Solange ihr Verhalten nicht zu einer Rechtsschutzverweigerung für den Kläger führt, bleibt es ihnen überlassen, ihre eigene Zuständigkeit zu beurteilen. Dies entspricht dem Grundsatz der klassischen *competénce de la competénce.*

---

[786] Für eine einschränkerende Sicht auf *comity* siehe Macalister-Smith, P., "Comity" in Bernhardt, R., et al. (Hrsg.), Encyclopedia of Public International Law, Vol. I (1992, Amsterdam), S. 671.

V. Schlussbemerkungen und Ausblick

Zum gegenwärtigen Zeitpunkt bleibt es offen, ob Teil XV des Seerechtsübereinkommens tatsächlich die wichtige Rolle einnehmen wird, die der obligatorischen Streitbeilegung während der Verhandlungen zu UNCLOS III zugedacht war. Wie andere Tribunale über die hier dargestellten Rechtsfragen denken, wird die Zukunft zeigen. Es bleibt aber zu hoffen, dass sich die hier dargestellten Ansätze als im Prinzip brauchbar und richtig erweisen. Der Versuch, ein wirklich alles umspannendes Netz rechtlicher Verpflichtungen im Bereich des Seerechts zu schaffen, bedarf eines effektiven und starken Streitbeilegungssystems. Die Rolle, die das Seerechtsübereinkommen implementierenden Übereinkommen zuteilt, darf nicht den negativen Effekt haben, das System des Seerechts wieder zu lösen. Das Seerechtsübereinkommen und sein Streitbeilegungssystem muss im Mittelpunkt der Überlegungen stehen. So hat zum Beispiel der ITLOS seine Effizienz schon einige Male beweisen können, wenn es etwa im Rahmen vorläufiger Maßnahmen in erstaunlicher Schnelligkeit seine Beschlüsse erlässt. Der hier vertretene Ansatz hat nicht zum Ziel, dass der ITLOS mehr Fälle bekommen soll, so wünschenswert dieses auch wäre. Eine solche Lösung kann es nicht geben, da die Parteien immer die Wahlmöglichkeit verschiedener Tribunale nach Artikel 287 SRÜ haben werden. Es gibt (abgesehen vom vorläufigen Rechtsschutz) kein Tribunal, welches eine vorrangige Rolle innehätte.

Weiter oben wurde festgestellt, dass es einer der Vorteile der gewachsenen Zahl internationaler Tribunale ist, dass verschiedene Sichtweisen unterschiedliche Lösungsansätze und damit auch bessere Lösungen zusammentragen werden können.[787] Diese können dann auf der Gesamtheit der internationalen Ebene bewertet werden. Ironischerweise scheint das genau der Fall zu sein, der mit der vorliegenden Problematik eingetreten ist. Unterschiedliche Tribunale haben unterschiedliche Ansätze und langsam scheint sich ein Konsens herauszubilden.

Was immer ein Problem im Völkerrecht darstellen wird, ist, dass die enge Verzahnung von Politik und Recht in diesem Bereich oftmals dazu führen kann, dass Entscheidungen getroffen werden, die mehr der politischen Realität als der reinen Rechtsanwendung verpflichtet sind. Der Wunsch Kelsens, dass die Welt ein friedlicherer Ort werden würde, wenn die einflussreichsten Staaten Mitglied der (damals noch zu gründenden) Vereinten Nationen werden würden und dass dieses deren Rolle stärken würde, hat sich nicht dergestalt realisiert, wie Kelsen es gehofft hatte.[788] Die politische Wirklichkeit bleibt, dass Staaten letztendlich nicht altruistisch handeln. Aber die Möglichkeiten einer effektiven Streitbeilegung können dazu beitragen, dass Staaten aus Situationen Auswege finden, die in vergangenen Zeiten zu drastischeren Auseinandersetzungen als rein sprachlichen gezwungen haben.

---

[787] S. 196.

[788] Kelsen (siehe Fn. 623), S. 66f.

Schriften zum internationalen und zum öffentlichen Recht

Herausgegeben von Gilbert Gornig

Band 1 Michael Waldstein: Das Asylgrundrecht im europäischen Kontext. Wege einer europäischen Harmonisierung des Asyl- und Flüchtlingsrechts. 1993.

Band 2 Axel Linneweber: Einführung in das US-amerikanische Verwaltungsrecht. Kompetenzen, Funktionen und Strukturen der "Agencies" im US-amerikanischen Verwaltungsrecht. 1994.

Band 3 Tai-Nam Chi: Das Herrschaftssystem Nordkoreas unter besonderer Berücksichtigung der Wiedervereinigungsproblematik. 1994.

Band 4 Jörg Rösing: Beamtenstatut und Europäische Gemeinschaften. Eine Untersuchung zu den gemeinschaftsrechtlichen Anforderungen an die Freizügigkeit der Arbeitnehmer im Bereich des öffentlichen Dienstes. 1994.

Band 5 Wolfgang Wegel: Presse und Rundfunk im Datenschutzrecht. Zur Regelung des journalistischen Umgangs mit personenbezogenen Daten. 1994.

Band 6 Sven Brandt: Eigentumsschutz in europäischen Völkerrechtsvereinbarungen. EMRK, Europäisches Gemeinschaftsrecht, KSZE – unter Berücksichtigung der historischen Entwicklung. 1995.

Band 7 Alejandro Alvarez: Die verfassunggebende Gewalt des Volkes unter besonderer Berücksichtigung des deutschen und chilenischen Grundgesetzes. 1995.

Band 8 Martin Thies: Zur Situation der gemeindlichen Selbstverwaltung im europäischen Einigungsprozeß. Unter besonderer Berücksichtigung der Vorschriften des EG-Vertrages über staatliche Beihilfen und der EG-Umweltpolitik. 1995.

Band 9 Rolf-Oliver Schwemer: Die Bindung des Gemeinschaftsgesetzgebers an die Grundfreiheiten. 1995.

Band 10 Holger Kremser: "Soft Law" der UNESCO und Grundgesetz. Dargestellt am Beispiel der Mediendeklaration. 1996.

Band 11 Michael Silagi: Staatsuntergang und Staatennachfolge: mit besonderer Berücksichtigung des Endes der DDR. 1996.

Band 12 Reinhard Franke: Der gerichtliche Vergleich im Verwaltungsprozeß. Auch ein Beitrag zum verwaltungsrechtlichen Vertrag. 1996.

Band 13 Christoph Eichhorn: Altlasten im Konkurs. 1996.

Band 14 Dietrich Ostertun: Gewohnheitsrecht in der Europäischen Union. Eine Untersuchung der normativen Geltung und der Funktion von Gewohnheitsrecht im Recht der Europäischen Union. 1996.

Band 15 Ulrike Pieper: Neutralität von Staaten. 1997.

Band 16 Harald Endemann: Kollektive Zwangsmaßnahmen zur Durchsetzung humanitärer Normen. Ein Beitrag zum Recht der humanitären Intervention. 1997.

Band 17 Jochen Anweiler: Die Auslegungsmethoden des Gerichtshofs der Europäischen Gemeinschaften. 1997.

Band 18 Henrik Ahlers: Grenzbereich zwischen Gefahrenabwehr und Strafverfolgung. 1998.

Band 19 Heinrich Hahn: Der italienische Verwaltungsakt im Lichte des Verwaltungsverfahrensgesetzes vom 7. August 1990 (Nr. 241/90). Eine rechtsvergleichende Darstellung. 1998.

Band 20 Christoph Deutsch: Elektromagnetische Strahlung und Öffentliches Recht. 1998.

Band 21 Cordula Fitzpatrick: Künstliche Inseln und Anlagen auf See. Der völkerrechtliche Rahmen für die Errichtung und den Betrieb künstlicher Inseln und Anlagen. 1998.

Band 22 Hans-Tjabert Conring: Korporative Religionsfreiheit in Europa. Eine rechtsvergleichende Betrachtung. Zugleich ein Beitrag zu Art. 9 EMRK. 1998.

Band 23 Jörg Karenfort: Die Hilfsorganisation im bewaffneten Konflikt. Rolle und Status unparteiischer humanitärer Organisationen im humanitären Völkerrecht. 1999.

Band 24 Matthias Schote: Die Rundfunkkompetenz des Bundes als Beispiel bundesstaatlicher Kulturkompetenz in der Bundesrepublik Deutschland. Eine Untersuchung unter besonderer Berücksichtigung natürlicher Kompetenzen und der neueren Entwicklung im Recht der Europäischen Union. 1999.

Band 25 Hermann Rothfuchs: Die traditionellen Personenverkehrsfreiheiten des EG-Vertrages und das Aufenthaltsrecht der Unionsbürger. Eine Gegenüberstellung der vertraglichen Gewährleistungen. 1999.

Band 26 Frank Alpert: Zur Beteiligung am Verwaltungsverfahren nach dem Verwaltungsverfahrensgesetz des Bundes. Die Beteiligtenstellung des § 13 Abs. 1 VwVfG. 1999.

Band 27 Matthias Reichart: Umweltschutz durch völkerrechtliches Strafrecht. 1999.

Band 28 Nikolas von Wrangell: Globalisierungstendenzen im internationalen Luftverkehr. Entwicklung der Regulierung und Liberalisierung unter Berücksichtigung strategischer Allianzen und des Code-Sharing. 1999.

Band 29 Marietta Hovehne: Ein demokratisches Verfahren für die Wahlen zum Europäischen Parlament. Legitimation gemeinschaftlicher Entscheidungsstrukturen im europäischen Integrationsprozeß. 1999.

Band 30 Nina Kaden: Der amerikanische Clean Air Act und das deutsche Luftreinhalterecht. Eine rechtsvergleichende Untersuchung. 1999.

Band 31 Brigitte Daum: Grenzverletzungen und Völkerrecht. Eine Untersuchung der Rechtsfolgen von Grenzverletzungen in der Staatenpraxis und Folgerungen für das Projekt der International Law Commission zur Kodifizierung des Rechts der Staatenverantwortlichkeit. 1999.

Band 32 Andreas Fürst: Die bildungspolitischen Kompetenzen der Europäischen Gemeinschaft. Umfang und Entwicklungsmöglichkeiten. 1999.

Band 33 Gilles Despeux: Die Anwendung des völkerrechtlichen Minderheitenrechts in Frankreich. 1999.

Band 34 Michael Reckhard: Die rechtlichen Rahmenbedingungen der Sanktionierung von Beitragsverweigerung im System der Vereinten Nationen. 1999.

Band 35 Carsten Pagels: Schutz- und förderpflichtrechtliche Aspekte der Religionsfreiheit. Zugleich ein Beitrag zur Auslegung eines speziellen Freiheitsrechts. 1999.

Band 36 Bernhard Mehner: Die grenzüberschreitende Wirkung direktempfangbaren Satellitenfernsehens aus völkerrechtlicher Sicht. 2000.

Band 37 Karl-Josef Ulmen: Pharmakologische Manipulationen (Doping) im Leistungssport der DDR. Eine juristische Untersuchung. 2000.

Band 38 Jochen Starke: Die verfassungsgerichtliche Normenkontrolle durch den Conseil constitutionnel. Zum Kompetenztitel des Art. 61 der französischen Verfassung. 2000.

Band 39 Marco Herzog: Rechtliche Probleme einer Inhaltsbeschränkung im Internet. 2000.

Band 40 Gilles Despeux: Droit de la délimitation maritime. Commentaire de quelques décisions plutoniennes. 2000.

Band 41 Christina Hackel: Der Untergang des Landes Braunschweig und der Anspruch auf Restitution nach der Wiedervereinigung Deutschlands. 2000.

Band 42 Peter Aertker: Europäisches Zulassungsrecht für Industrieanlagen. Die Richtlinie über die integrierte Vermeidung und Verminderung der Umweltverschmutzung und ihre Auswirkungen auf das Anlagenzulassungsrecht der Bundesrepublik Deutschland. 2000.

Band 43 Karsten Bertram: Die Gesetzgebung zur Neuregelung des Grundeigentums in der ersten Phase der Französischen Revolution (bis 1793) und deren Bedeutung für die deutsche Eigentumsdogmatik der Gegenwart. 2000.

Band 44 Ulrike Hartmann: Die Entwicklung im internationalen Umwelthaftungsrecht unter besonderer Berücksichtigung von *erga omnes*-Normen. 2000.

Band 45 Thomas Jesch: Die Wirtschaftsverfassung der Sonderverwaltungsregion Hongkong. Eine Darstellung vor dem Hintergrund der Wiedereingliederung in die Souveränität der Volksrepublik China. 2001.

Band 46 Sven Gottschalkson: Der Ausschluß des Zivilrechtsweges bei Eigentumsverlusten an Immobilien in der ehemaligen DDR. 2002.

Band 47 Gilbert Hanno Gornig/Gilles Despeux: Seeabgrenzungsrecht in der Ostsee. Eine Darstellung des völkerrechtlichen Seeabgrenzungsrechts unter besonderer Berücksichtigung der Praxis der Ostseestaaten. 2002.

Band 48 Andreas Zühlsdorff: Rechtsverordnungsersetzende Verträge unter besonderer Berücksichtigung des Umweltrechts. 2003.

Band 49 Katja Schmitz: Durchgriffswirkung von Maßnahmen der UN und ihrer Sonderorganisationen unter besonderer Berücksichtigung von Resolutionen des UN-Sicherheitsrates - Die Entwicklung supranationaler Strukturen. 2003.

Band 50 Stefanie Rothenberger: Die angemessene Nutzung gemeinschaftlicher Ressourcen am Beispiel von Flüssen und speziellen Ökosystemen. Eine vergleichende Betrachtung zum modernen Verständnis eines klassischen völkerrechtlichen Nutzungsprinzips. 2003.

Band 51 Christoph von Burgsdorff: Die Umsetzung der EG-Datenschutzrichtlinie im nicht-öffentlichen Bereich. Möglichkeit einer zukunftsorientierten Konzeption des Datenschutzes in der Privatwirtschaft unter besonderer Berücksichtigung des BDSG. 2003.

Band 52 Frank Reinhardt: Powerline. Verfassungs-, verwaltungs- und telekommunikationsrechtliche Probleme. 2003.

Band 53 Chie Sato: Immunität Internationaler Organisationen. 2004.

Band 54 Johannes Thoma: EU-Recht und Schranken hoheitlicher Staatstätigkeit. 2004.

Band 55 Wolf Peterhoff: Rechtsansprüche enteigneter Volksgruppen und ihre Durchsetzbarkeit. 2004.

Band 56 Do-Hyub Kim: Das deutsche parlamentarische Regierungssystem als mögliches Modell für Korea. 2004.

Band 57 Alexander Koberg: Die Exilregierung im Völkerrecht. Eine Untersuchung ihrer rechtlichen Klassifikation. 2005.

Band 58 Nils Christian Carstensen: Das Verhältnis des Seerechtsübereinkommens der Vereinten Nationen von 1982 zu fischereirechtlichen Übereinkommen und deren Streitbeilegungsvorschriften. 2005.

www.peterlang.de

FSC
www.fsc.org
MIX
Papier | Fördert
gute Waldnutzung
FSC® C083411

Kolibri 360 GmbH
Ferdinand-Jühlke-Straße 7
99095 Erfurt, Deutschland
produktsicherheit@kolibri360.de

Druck:
CPI Druckdienstleistungen GmbH
im Auftrag der
Kolibri 360 GmbH
Ferdinand-Jühlke-Str. 7
99095 Erfurt